重庆工商大学"重庆市经济学拔尖人才培养示范基地"

财政金融风险叠加视角下
地方政府隐性债务的化解路径研究

韩 健 王宇昕 等◎著

CAIZHENG JINRONG FENGXIAN DIEJIA SHIJIAOXIA
DIFANG ZHENGFU YINXING ZHAIWU DE
HUAJIE LUJING YANJIU

中国财经出版传媒集团
经济科学出版社
Economic Science Press
·北京·

图书在版编目（CIP）数据

财政金融风险叠加视角下地方政府隐性债务的化解路径研究／韩健等著 . -- 北京： 经济科学出版社，2025.
3. -- ISBN 978 - 7 - 5218 - 6882 - 1

Ⅰ. F812.7

中国国家版本馆 CIP 数据核字第 2025AQ6613 号

责任编辑：宋　涛
责任校对：隗立娜　郑淑艳
责任印制：范　艳

财政金融风险叠加视角下地方政府隐性债务的化解路径研究

CAIZHENG JINRONG FENGXIAN DIEJIA SHIJIAOXIA DIFANG
ZHENGFU YINXING ZHAIWU DE HUAJIE LUJING YANJIU

韩　健　王宇昕　等著
经济科学出版社出版、发行　新华书店经销
社址：北京市海淀区阜成路甲 28 号　邮编：100142
总编部电话：010 - 88191217　发行部电话：010 - 88191522
网址：www. esp. com. cn
电子邮箱：esp@ esp. com. cn
天猫网店：经济科学出版社旗舰店
网址：http：//jjkxcbs. tmall. com
北京季蜂印刷有限公司印装
710 × 1000　16 开　25 印张　370000 字
2025 年 3 月第 1 版　2025 年 3 月第 1 次印刷
ISBN 978 - 7 - 5218 - 6882 - 1　定价：118.00 元
（图书出现印装问题，本社负责调换。电话：010 - 88191545）
（版权所有　侵权必究　打击盗版　举报热线：010 - 88191661
QQ：2242791300　营销中心电话：010 - 88191537
电子邮箱：dbts@ esp. com. cn）

摘　要

　　党的二十大报告提出，提高防范化解重大风险能力，严密防范系统性安全风险。地方政府隐性债务风险无疑是现阶段我国重大风险的主要表现形式之一，特别是在财政金融风险叠加的视角下，探讨如何科学化解地方政府隐性债务风险具有较强的理论与现实意义。从理论层面看，本书丰富了地方政府隐性债务的相关理论研究，拓宽了化解地方政府隐性债务风险的研究范畴：一是本书拓展了财政风险与金融风险的内涵与外延，特别是详尽分析了财政金融风险叠加的机理、特征与效应；二是将财政金融风险叠加的相关指标嵌入地方政府隐性债务风险的识别中；三是将财政反应函数测算财政空间的方法运用到地级市财政可持续性指数的测算中。从现实层面看，1994年分税制改革之后，地方政府长期面临着财政收支不平衡的问题，为了缓解财政收支矛盾、筹集发展资金，地方政府开始在全国范围内搭建各类投融资平台。2008年美国次贷危机之后，我国扩大内需为保证经济平稳发展，导致了地方政府融资平台数量骤增，在财政金融风险叠加的局面下，地方政府隐性债务规模日益攀升。本书不仅在地方政府隐性债务中嵌入了财政金融风险叠加的因素，更加精确地测度了地方政府隐性债务规模，为相关研究提供素材，同时形成了财政金融协同作用的一系列化解路径方案，供中央相关财经主管部门、地方政府及金融机构决策参考，有利于从系统性的角度对地方政府隐性债务的化解进行精准施策。本书梳理相关文献时发现，国内外学者从地方政府隐性债务内涵及成因、地方政府隐性债务风险，以及化解地方政府隐性债务等方面进行了较为系统和全面的分析，其研究框架也具有一定的相似性。但是，较少学者在地方政府隐性债务风险的分析框架中引入财政金融风险叠加的综合因素，也只有少量文献研究政府性债务管理对地方财政可持续的影响。因此，本书通过文献研究、规范分析及实证分析等方法，拓宽新的研究视角，引入新的研究方法，构建理论分析、历史演变、实证分析（财政金融风险叠加视角下地方政府隐性债务影响因素、政府性债务管理对地方财政可持续的影响）、国际经验借鉴及路径选择的分析框架，从深化财税体制改革、深化金融体制改革及强化财政金融协同效应三个方面，系统性地研究了如何缓解地方财政压力、健全举债融资机制、化解地方政府隐性债务。但是，因为数据的可及性，截至本书的研究时间只能查找到 2021 年的相关数据，所以预测地方政府综合风险评价指数为 2022～2024 年的各地区综合风险评价指数。同时，在地方政府隐性债务规模和风险的数据收集上，考虑到我国债务数据类型复杂、统计口径不一致、透明度低等问题，所搜集到的地方政府隐性债务数据（尤其是城投债等隐性债务规模）可能与真实数据存在一定差异，不甚全面。具体本书从以下八点进行分析。

第一，本书首先对财政金融风险叠加视角下地方政府隐性债务进行了理论分析。从理论角度对财政金融风险的内涵与外延、财政金融风险叠加的机理、特征与效应、地方政府性债务的界定与类别、地方政府隐性债务的特征与统计口径、地方政府隐性债务管理进行了分析。同时，本书还对财政风险和金融风险诱发地方政府隐性债务风险的路径、财政金融风险叠加视角下地方政府隐性债务的风险识别，以及财政金融风险叠加诱发地方政府隐性债务风险的路径进行了探究。

第二，基于地方政府隐性债务的历史发展，通过分析地方政府隐性债务发展阶段中的特点，将其历史演变过程大致分为五个时期，系统分析五个时期的社会历史背景、债务概况及债务特点。特别地，梳理了1994 年分税制改革以来地方政府隐性债务的历史演变过程，旨在摸清各时期阶段我国治理地方政府隐性债务的总体思路和脉络，为我国今后制定更为精准的"中国式"债务管理制度提供了经验证据。

第三，通过系统比对地方政府隐性债务测算方法，结合本书研究目的，本书选择间接法测算的研究框架，同时借鉴基建投资和政府债务的收支恒等式，对财政金融风险叠加视角下地方政府隐性债务风险进行预测与分析。同时，本书结合地方政府隐性债务规模及研究目的，选用KMV模型识别我国地方政府隐性债务风险，并将测算结果及财政金融风险的评价指标一起纳入预警指标体系，运用熵值法和TOPSIS法构建综合评价指数。通过相关数据分析，发现我国地方政府隐性债务存量呈现隐性"双高"现象，我国地方政府隐性债务风险水平总体偏高，债务形式的多样性、债务管理的复杂性及债务风险的不确定性，已经严重影响到了地方财政可持续性和经济增长，亟待化解地方政府隐性债务。

第四，通过地方政府隐性债务的预测与分析，结合财政金融风险叠加的相关机理分析，以及我国地方政府隐性债务历史演变过程的回顾，本书进一步运用熵值法和TOPSIS法构建的综合评价指数作为财政金融风险叠加视角下地方政府隐性债务的代理变量，并从财政体制、金融环境、债务管理制度等多个视角选取了相关解释变量，进行了回归分析，深入研究了影响财政金融风险叠加视角下地方政府隐性债务的因素，发现财政、金融及债务管理等因素均对地方政府隐性债务产生了显著的影响。

第五，地方政府隐性债务所产生的最主要的根源就是地方财政的收支缺口，而地方财政收支缺口不是静态的，随着地方经济增长的变化而改变。本书发现隐性债务规模等债务管理制度因素会对综合隐性债务风险产生显著影响。因此，基于系统性思维，本书进一步探究了政府性债务管理对地方财政可持续性的影响，旨在防控地方债风险，促进地方政府债务资金使用提质增效，改善财政收支缺口。

第六，地方经济的可持续健康增长是未来地方政府债务偿还的重要保证。本书通过实证分析了中国的地方政府性债务对经济增长的非线性影响。实际中，不同地区的政府债务对经济增长的影响存在显著的差异，为什么会出现这样的结果？影响经济增长的路径本身又存在哪些区域差异？因此，有必要对地方政府性债务影响经济增长路径的区域异质性进行深入的分析，从而为不同区域的地方政府性债务管理方案的制定奠定基础。

第七，为了助力我国实施更加精准的地方债政策，有效化解地方政府隐性债务，并且鉴于不同国家的财政管理体制不同，如美国、德国等国家对隐性债务没有正式披露，地方政府债务多以市政债券的形式存在，本书还以地方政府性债务风险防控作为研究对象，深入分析国际上其他国家的典型案例，进一步有助于以系统性的思维去研究地方债的综合治理。

第八，本书从深化财税体制改革、深化金融体制改革及强化财政金融协同效应三个方面，系统性地研究缓解地方财政压力，健全举债融资机制，化解地方政府隐性债务。特别地，本书着重从提升财政金融政策协同效率、完善财政金融风险防控体系及规范财政金融信息披露过程等方面，深入研究了如何强化财政及金融协同效应，有效化解地方政府隐性债务。

本书是国家社会科学基金项目《财政金融风险叠加视角下地方政府隐性债务的化解路径研究》的成果，共包括九个部分。作者排序依次为韩健（重庆工商大学）、王宇昕（重庆工商大学）、李江宇（中南财经政法大学）、沈泉江（德阳市统计局）、黄廖鑫芮（重庆科学学与科技政策研究会）、张又文（中南财经政法大学）与陈娟（重庆市学生科学体育艺术发展中心）。其中，韩健撰写摘要、第二章、第七章和第九章（约10.6万字）；王宇昕撰写第三章第五节（约5.3万字）；李江宇撰写第四章、第五章（约5.4万字）；沈泉江撰写第一章、第三章第一、二节（约3.1万字）；黄廖鑫芮撰写第三章第三、四节、第八章第二、五节（约3.1万字）；张又文撰写第八章第一、三、四、六节（约3.1万字）；陈娟撰写第六章（约3.4万字）。全书由韩健统稿审定，研究过程中得到诸多学界同仁的宝贵建议。尽管团队力求研究严谨，但受限于部分数据与资料的可及性，书中难免存在疏漏之处，恳请专家读者指正。同时，感谢经济科学出版社编辑团队的专业支持，使本书得以更完整地呈现给公众。

目 录
CONTENTS

第一章

导　论

第一节　选题背景与研究意义

一、选题背景

1994年，我国实施了分税制改革，对中央政府与地方政府间的财政关系进行了重大调整，形成了财权上移、事权下移的局面。此后，地方政府长期面临着财政收支不平衡的问题，为了缓解财政收支矛盾、筹集发展资金，地方政府开始在全国范围内搭建各类投融资平台，这也为后续的隐性债务问题埋下伏笔。2008年，美国次贷危机爆发，波及我国的经济稳定。我国为保证经济平稳，推出了"四万亿"经济刺激计划，这就导致了地方政府融资平台数量骤增，地方政府债务规模扩大，此类债务大致是最早形成的隐性债务。

在财政金融风险叠加的局面下，地方政府隐性债务规模日益攀升。2018年，全国财政工作会议就地方政府隐性债务问题进行讨论，强调地方政府必须通过各种路径控制地方债，防范财政金融风险叠加，以保证地方财政可持续发展。根据IMF度量，我国地方政府隐性债务规模在2019年底已达

42. 17 万亿元人民币（下文没有标注币种的金额，均指人民币），其统计数据几乎为当年显性债务的两倍。

在国家各项政策的强力实施之下，地方政府隐性债务的增速虽然逐渐减缓，但是其存量依然十分庞大。再加上 2020 年新冠疫情对经济社会的影响，地方政府偿债压力的增加使得财政金融风险叠加视角下的地方政府隐性债务风险不断加大，而地方政府债务问题往往关系到地方财政可持续发展，影响国家经济的持续健康稳定发展。因此，有必要积极探索财政金融风险叠加视角下化解地方政府隐性债务的主要模式和路径，强化地方债管理，保证地方财政可持续，维护地方财政稳定运行。

同时，隐性债务问题也一直影响着地方财政的可持续发展。财政可持续是一个历久弥新的话题，它不仅是政府长久运行的基础，更关系到国民经济的稳定发展，而地方财政可持续是整个财政系统可持续的重要部分，也是关键所在。政府性债务管理是地方财政实现可持续发展的重要一环，不仅是财政学范畴的内容，更关系到经济、政治、社会及生态等各个领域。2023 年政府工作报告再次强调进一步完善地方政府债务管理体系，推进财税金融体制改革。立足于新发展阶段，我国地方债偿还压力较大，对地方政府的财政可持续性已经产生了不利影响。因此，政府性债务管理面临着新的调整和改善。

政府性债务管理是一个动态推进的过程，在不同的历史背景下，中国政府性债务管理有着不同的内容：在计划经济时期，中央政府对地方政府的举债行为严格管控，除少数的地方政府债券发行以恢复经济外，我国不允许地方政府举债；在 20 世纪 90 年代，"既无外债，又无内债"的思想依旧存在，中央政府采取"一刀切"的方式，明令禁止地方政府发债（特殊情况除外）；在"十二五"时期，中央政府逐渐放开对地方政府举债的限制，从中央代发代还，演变为地方代发、中央代还，到地方自发自还。其中，影响最为深远的是党的十八大以来的政府性债务管理改革。地方债规模急速膨胀，防范化解地方政府隐性债务风险变得尤为重要，引起了社会各界的重视。2014 年，国务院连续发布了一系列文件以规范地方政府管理债务、防控地方财政风险①。而后，积极响应国家政策，各地政府陆续开展了政府性债务管理改革。这一改革从根本上改变了地方政府性债务管理的模式，其对地方财政可持续发展的积极效应也随着各地政府改革推进而逐渐体现。但是，部分地方政府仍然通过各种隐蔽的手段进行债务融资，这类债务普遍被认为是地方政府隐性债务。

地方债的规模不断扩大严重影响了我国地方财政，2017年7月，中央政治局会议首次提到要"坚决遏制隐性债务增量"，并在2018年相关文件②中正式定义隐性债务的概念。之后，中央高度重视防范和化解地方政府隐性债务风险，并多次作出明确指示，充分说明了有效化解隐性债务存量是未来发展的主要趋势。随着我国经济发展进入"新常态"，经济由高速发展转变为高质量发展，地方政府财政收入大幅度减少。但是，公共设施建设支出、社会民生保障支出等刚性支出不断增长，收入的下降和支出的增加使得地方财政收支缺口扩大。与此同时，为了缓解经济下行压力和疫情减收问题，我国实施了一系列大规模的减税降费政策，地方财政收支缺口日益扩大，地方政府面临的财政风险不断增大。面对较大的财政收支压力，除了发行地方债券，地方政府还通过多样化的渠道进行融资。例如，向金融机构贷款、信托、"明股实债"、违规担保等，但这并没有从根本上解决财政可持续的问题，反而爆发了各种债务违约事件。每一次的违约事件对于金融系统都无疑是一次巨大的冲击，导致很多金融机构出现了盈利降低、不良贷款率上升的状况，有的甚至濒临倒闭，形成了潜在的系统性金融风险。为了挽回局面，地方政府不得不通过财政为金融风险兜底，又给未来财政造成进一步的负担，最终陷入财政金融风险叠加的恶性循环境地（韩健和李林，2018）。

已有文献显示，许多学者对地方政府隐性债务、政府性债务管理及其改革后的成效和不足进行了规范性分析。但是，对于金融风险叠加视角下化解

①　《国务院关于加强地方政府性债务管理的意见》（国发〔2014〕43号）、《国务院关于深化预算管理制度改革的决定》（国发〔2014〕45号）。
②　《中共中央　国务院关于防范化解地方政府隐性债务风险的意见》（中发〔2018〕27号）。

地方政府隐性债务的主要模式和路径，强化地方债管理，保证地方财政可持续这一问题研究较少。基于此，本书将以强化地方债管理，保证地方财政可持续作为研究目标，研究财政金融风险叠加视角下化解地方政府隐性债务的主要模式和路径，通过研究发现当前化解路径的不足之处，进而优化未来政府性债务管理的路径。

二、研究意义

1. 理论意义

本书丰富了化解地方政府隐性债务的相关理论研究。地方政府隐性债务问题涉及财政、金融等各个方面，尽管学者们从不同角度运用多种模型对其进行了大量研究，但在地方政府隐性债务的概念、分类、统计、成因、治理等关键性问题上仍旧缺乏统一共识，并且没有考虑到当前财政金融风险相互叠加的背景，致使所识别的债务风险程度可能偏低。因此，本书从以下三个方面丰富了化解地方政府隐性债务的相关理论研究：一是本书系统分析了财政风险与金融风险的内涵与外延，财政金融风险叠加的机理、特征与效应；二是将财政金融风险叠加的相关指标嵌入地方政府隐性债务风险的识别中，进一步对地方政府隐性债务进行更加精确的测算，提高了地方政府隐性债务实证研究的精准度；三是将财政反应函数测算财政空间的方法运用到地级市财政可持续性指数的测算中，并引入财政支出效率这一指标，增加了财政可持续性测度的科学性，将可持续发展理念应用到政府性债务管理的研究中，研究促进地方财政可持续发展的政府性债务管理，拓宽了化解地方政府隐性债务的研究范畴。

2. 现实意义

我国多次颁布各类减税降费政策，助企纾困的同时也进一步加剧了地方财政收支矛盾，既给未来财政造成沉重负担，又容易形成潜在的系统性金融风险。一旦发生债务违约事件，无论是对经济发展还是财政运行都会造成极大的影响。同时，"防范化解重大风险"也是党的二十大报告中的重点内容①。因此，本书为研究财政金融风险叠加视角下地方政府隐性债务的化解路径、地方政府进一步加强债务管理以促进财政可持续发展提供了实证支持，有助于地方财政实现安全与发展，且具有非常重要的现实意义。

第一，测度地方政府隐性债务规模，为相关研究提供素材。随着地方政府隐性债务规模的不断扩大，如何稳妥化解地方政府隐性债务成为政府和学术界的关注重点。但是，由于地方政府隐性债务存在债务形式的多样性、债务管理的复杂性及债务风险的不确定性等特征，且目前缺乏对于隐性债务的统一界定，科学合理地测算地方政府隐性债务规模、评估其风险一直是学术界的研究难点。本书从以下三点为后续学者的研究提供素材：一是本书通过对比和借鉴已有的测算方法，基于间接法测度出了 2015～2021 年的地方政府隐性债务规模，更有利于地方政府明确当前隐性债务的实际状况；二是通过相关数据预测了 2022～2024 年财政金融风险叠加视角下地方政府隐性债务风险的实际大小，并对预测结果进行深入分析，有利于后续研究；三是对国际上地方政府债务风险爆发的典型案例进行梳理，着重分析不同国家应对地方债的策略，为我国化解地方政府隐性债务提供正反两方面的经验教训。

第二，通过系统研究，本书最终形成了一系列化解地方政府隐性债务的路径方案，供中央相关财经主管部门、地方政府及金融机构决策参考，有利于从系统性的角度对地方政府隐性债务的化解进行精准施策。一是本书在对我国地方政府隐性债务进行深入的研究基础上，着重从财政金融协同作用提出有效化解地方政府隐性债务的路径选择；二是从地方财政可持续的视角，提出地方政府隐性债务动态管理策略，进而更加有效地化解地方政府隐性债务；三是通过对我国地方政府隐性债务历史演变过程的回顾，特别是地方政府隐性债务管理的历程进行归纳整理，有助于找到更为精准地化解地方政府隐性债务的"中国式"路径。

---

① 党的二十大报告：https://www.gov.cn/xinwen/2022－10/25/content_5721685.htm。

第二节 国内外文献述评

一、关于地方政府隐性债务内涵及成因的研究

哈维·S. 罗森（Harvey S. Rosen，1992）在其最著名的代表作《财政学》中，明确提到了"政府隐性债务"。他认为除了直接负有偿还的债务，政府债务还包括政府负有担保责任的隐性债务，这部分债务多由政府承诺支付部分债款，因此从概念界定也属于政府债务。通过构建风险矩阵的形式，布里西（Brixi，1998）从不同视角将债务划分为了隐性债务和显性债务，他认为隐性债务是政府职能原因不得不承担的债务，从社会角度为分析隐性债务搭建起了清晰的理论框架。到了 2011 年，莱因哈特（Reinhart，2011）将政府债务领域的研究范围进一步延伸，扩充了隐性债务的研究范围，他认为隐性债务应该分为五类，其中包括担保、央行、衍生的表外债务等。

有关地方政府隐性债务的形成原因，国内外学者主要从以下三个视角展开研究。第一，财政体制不够合理。1994 年，分税制改革实施后，财权上升、事权下移让地方政府财政收入减少。同时，地方政府还面临着更多的经济建设职责。为了弥补财政收支缺口，大多数地方政府不得不在体制之外寻求更为隐蔽的债务融资（马海涛和吕强，2004）。进一步综合分析了 33 个新兴市场国家的政府债务，阿马·梅尔（Amaud Mehl，2012）认为因财政体制不合理导致的地方政府财政负担过重及债务负担率过高都会形成债务风险。陈宝东等（2017）通过研究地方债务增长的影响因素发现，因财政制度安排不合理导致的地方财政收支缺口将促使地方政府违规举借隐性债务。刘尚希（2018）也认为事权过于下沉、财政责任不清晰使得地方政府承担了经济发展、民生保障、精准扶贫等较多的支出责任。因此，举借地方政府隐性债务变成了弥补地方政府收支缺口的重要渠道。第二，经济性举债扩

张。布里西（1998）是较早对隐性债务形成原因进行定义的学者，他认为隐性债务产生的原因不是源于法律关系的义务，而是政府迫于社会责任、公众期望或社会压力对公共投资项目所做出的未来经常性支出、长期性的政策承诺。这些风险因素虽然没有直接划归于政府的财政预算之内，但是在未来随时都有可能转为财政支出的一部分。研究或有债务对财政风险的影响可以发现，为了追求地方经济快速增长，地方政府将会对非金融机构、国有企业、社保基金进行财政兜底，这将会形成地方政府隐性债务（王金龙，2005）。约翰·L. 米克尔（John L. Mikesell，2011）则指出造成隐性债务逐渐增加的原因可能是地方财政收入大幅下降，或者出于政府想要发展区域经济的需要。借助因子分析法对我国地方政府债务风险进行测度的过程中，缪小林等（2012）发现地方政府为了完成经济增长目标，并不会长远考虑地方财政可持续性的问题，即使财力有限也会大量举借债务，为未来隐性债务风险埋下隐患。财政分权体制下的政治晋升激励是隐性债务产生的根本诱因，地方政府出于加大投资建设以推动经济迅速增长的强烈动机，倾向于采取各种不规范的隐蔽措施进行变相举债，使得地方政府隐性债务风险不断攀升（吉富星，2018）。第三，债务管理制度不够完善。切博塔里和阿利奥娜（Cebotari and Aliona，2008）对或有债务进行研究发现，政府若采取救助或财政补贴的行为去干预负外部性问题时，有可能会导致隐性债务的出现。同时，当前地方政府债务管理制度不够健全和规范，负责债务融资管理的部门所做的基础性工作较为薄弱，导致决策层及上级政府难以把握负债的整体状况，并提出相应措施（赵全厚，2014）。苏英（2015）运用动态博弈模型，综合分析了地方政府债券的监管模式，研究认为中央政府应当维持对地方政府债务融资行为的监督职责，通过严格的监督评级机制，加快地方政府财政预算的透明化管理，才能有效控制债务规模的总量。龙俊桃等（2017）认为地方债务管理监督机制缺乏、债务信息不透明，难以掌握真实可靠的债务数据，导致地方政府在不断缩减的财政空间下更加主动去违规举借债务。

同时，国内学者对地方政府隐性债务规模的测算也做了研究。因为地方政府隐性债务的透明度差、统计口径不一，所以基于不同的视角对其进行测算，各自的结果都存在较大的差距。具体来看，刘少波等（2008）根据地方政府债务的支出事项角度，测算出 2006 年底我国地方政府隐性债务规模大概为 5.5 万亿元。吴盼文等（2013）利用现行统计体系公开数据，测算出我国地方政府隐性债务规模从 2001 年的 17.7 万亿元大幅上涨为 2012 年的 74.3 万亿元，且隐性债务与显性债务基本保持同步增长，整体攀升速度较为迅速。基于三种不同的口径，毛振华等（2018）测算出 2016 年的地方政府隐性债务规模分别为 27.14 万亿元、30.45 万亿元、21.01 万亿元，大概是显性债务的 1.77 倍、1.99 倍、1.37 倍。虽然其风险整体可控，但是隐性债务问题依然严峻，需要重点关注。对传统资金投向角度的估算方法进行修正，经测度后发现 2018 年地方政府隐性债务处于 21.39 万亿 ~ 45.14 万亿元（汪德华等，2019）。

二、关于地方政府隐性债务风险的研究

国内外学者主要从地方政府隐性债务风险的识别与评估、财政金融风险叠加对地方政府隐性债务风险的影响等方面进行研究。其中，国外学者主要通过不同视角和不同方法来识别和评估地方政府隐性债务风险。威廉·伊斯特利等（William Easterly et al.，1999）通过对哈娜（Hana）提出的财政风险矩阵进行总结，认为传统财政赤字的计算方式忽视了隐性债务的问题，基于此，该学者运用资产负债表的方法对政府的财政风险进行有效评估，并提出了财政机会主义行为框架，以便更加深入地探究地方政府隐性债务的产生根源。艾伦·希克（Allen Schick，2002）深入研究传统预算编制制度，总结了各国隐性债务的研究成果，认为地方政府可以通过市场化的方法来处置和管理隐性债务风险，评估未来借贷的新增隐性债务所带来的财政风险度数，进一步还要设置一个新型独立的债务风险管理标准，并在最后由政府定期汇报所负担的隐性债务余额，以限制政府预算中的担保总额，从而降低财政风险发生的可能性。艾肯格林等（Einchengreen et al.，2003）开创性地以"政府或有负债"视角，考察了国家财政和政府债务风险问题。从政府担保的角度分析地方政府隐性债务问题，可以发现地方政府的隐性担保极易

引发地方政府隐性债务风险（Timothy Irwin，2007），而国内学者近年来基于财政金融风险叠加的视角下，来研究地方政府隐性债务风险的问题。财政金融风险叠加主要表现为双方之间的相互影响和风险转移，比如财政风险的金融化与金融风险的财政化。这不仅会形成叠加共振从而加剧地方政府隐性债务风险，还会对宏观经济产生叠加的冲击影响。吴文锋和胡悦（2022）基于金融部门的视角分析了金融资源与地方债务风险之间的关系，认为财政风险与金融风险会向各自领域过度转移，并形成叠加共振，导致地方政府信用危机，从而对地方政府产生不利影响。从风险联动的视角剖析当前地方政府债务风险管理的现状，还可以发现财政风险金融化和金融风险财政化能够产生风险互溢现象。一方面，这会弱化政府的偿债能力，导致地方财政出现收支矛盾；另一方面，又会恶化金融机构的资产负债表，破坏金融生态，冲击和触发地方政府隐性债务风险（赵治纲，2022）。张甜和曹廷求（2022）利用城商行的微观数据考察了财政金融风险的相互转化路径，认为地方财政风险会导致城商行负债增加，积累形成流动性风险，产生财政风险的金融化。同时，随着城商行期限错配加剧和负债融资成本的提高，也会进一步加大地方财政压力和债务负担。

三、关于化解地方政府隐性债务的研究

世界各国普遍存在地方政府隐性债务的问题。对于如何治理隐性债务，国内外学者进行了不同角度的研究。针对地方政府违规举债融资的难题，科恩·克鲁格（Coen Kruger，1998）认为在维持宏观经济环境稳定的前提下，通过提升财政透明度可以有效防止地方政府违规举债。在此研究的基础上，朱利安等（Jullian et al.，2002）、凯文（Kevin，2004）等提出，通过制定完善透明的信息披露制度，并借助金融市场为债务评级作数据支撑，就能够有效降低地方政府隐性债务风险，而志野等（Shino et al.，2010）认为，隐性债务不仅会降低地方财政和外汇市场的稳定性，还会严重影响地方政府债务的流动性，除了制定完善的债务信息披露制度，还可以通过加强金融体系建设和做好金融风险防控，来减小地方政府隐性债务风险。劳拉－卢比奥等

（Lara – Rubio et al.，2017）考察分析了西班牙148个大型自治市有关地方政府信用风险的影响因素，研究发现国内生产总值、城市人口、人均收入等因素会对债务违约概率造成影响，为地方政府防范化解隐性债务风险提供了相关经验和参考依据。基于邻近政府债务问题，详细剖析地方政府债务的性质、成因和构成，可以提出协调债务发展、化解债务存量的有关理论和措施（Jamil et al.，2019）。国内学者大致从完善财政体制、完善市场主体、加强债务管理、加快预警体系建设等方面提出相应的隐性债务化解对策和政策参考。李升和陆琛怡（2020）从财政自主度、专项转移支付、债务管理效率等因素细致分析了隐性债务风险的产生机制，认为完善财政体制改革、完善官员绩效考核体系、强化债务风险管理等措施能够有效防控地方政府隐性债务风险。韩健和程宇丹（2020）深入剖析了我国地方政府隐性债务的现状、统计口径及成因等，提出可以通过完善地方债的市场环境、健全隐性债务市场化运作的机制，从而达到有效化解地方政府隐性债务风险的目标。刘贯春等（2022）指出，地方政府债务管理体制改革能够对企业融资成本和银行信贷决策产生显著影响，从而控制隐性债务规模的快速攀升，并对化解系统性金融风险和政府隐性债务风险具有重要意义。熊琛等（2022）利用SVAR模型和网络模型系统分析了地方政府隐性债务风险的外溢效应和传导渠道，认为有必要构建系统性债务风险的识别与预警体系，来有效管控隐性债务风险。

从系统性角度看，强化政府性债务管理、保证地方财政可持续发展也是化解地方政府隐性债务的重要思路。因此，本章进一步对财政可持续和政府性债务管理的相关文献进行了梳理。地方财政可持续发展的问题一直以来都是世界各国专家学者和决策层关注的重要问题。在早期，地方财政可持续发展的相关研究主要是围绕财政的支出政策是否可持续的问题展开的。20世纪初，凯恩斯在讨论公债问题时就提出地方政府应该在国家预算的约束下将财政政策发展为可持续发展的政策。1981年，布朗（Brown）对地方财政可持续发展做了系统的阐述，指出地方政府在保证自身财政体系的健全和高效运行的同时，能够为系统外，诸如国民经济、资源配置等社会运行提供长久、可靠的支持，是为地方财政可持续。直到比特（Buiter）在1985年首次提出财政可持续性的概念，并将财政可持续性作为衡量一个政府作为经济实体能否长久存续的指标。我国的地方财政可持续发展相关研究将其内涵定义为地方政府自身的财政良性循环和财政对经济社会的支撑作用可循环（李顺明等，2017；张东玲和何洲娥，2017），并从地方财政收入、支出、风险等方面进行探讨。在财政收支方面，孙正（2017）在研究地方财政可持续发展问题时将税收竞争纳入研究范畴，指出从长期视角来看，地方政府的财政收入能够承担其财政支出，则财政的发展是可持续的。马海涛等（2022）在研究党的十八大以来中国财税领域改革的成就及经验后，提出地方财政要统筹考虑安全与发展，即财政收支的可持续和对经济支撑的可持续发展。在财政风险方面，程瑜和张琦（2021）基于风险对冲的视角，遵循虚拟和风险双重逻辑，重新认识了地方财政可持续发展的新时代内涵，并立足于当前区域发展，提出要全面深化改革以控制公共风险，从而促进地方财政可持续发展。在财政与社会经济发展方面，邓达等（2021）分析了 2011～2018 年中国数字经济发展对地方财政可持续性的影响，研究发现数字经济和地方财政可持续性之间存在显著的正向相关，且数字经济发展能够促进地方财政收入的增长，从而促进地方财政可持续发展。崔惠玉等（2022）研究了税收优惠政策、地方产业结构、地方财政可持续性之间的关系，研究发现实施税收优惠政策能够促进地方财政可持续发展，在地方产业结构的拓展讨论中这一效应仍然显著。

自中国政府性债务管理改革以来，许多学者对政府性债务管理的影响效应不断进行探讨（杨雅琴，2013；鲍静海等，2017；王志刚，2018；温来成和张庆澳，2022）。在政府性债务管理影响经济发展的研究方面，胡奕明等（2016）使用多元统计分析方法分析了地方债相关数据，发现地方债可以在一定程度上提高区域 GDP。毛捷等（2018）研究了 2004～2015 年 11 年的中国地级市面板数据分析并发现，地方债提高地区 GDP 存在平衡点，地方政府的债务水平如果在平衡点以内，那么其举债行为能够显著促进地方经济增长；地方政府的债务水平超过该平衡点后，随着债务规模的扩大，GDP会减少，则其举债行为会显著抑制经济增长。地方政府举债对经济增长的影响主要通过私人投资、公共投资及公共支出三条路径影响经济增长（韩健和程宇丹，2019）。梁若冰和王群群（2021）利用2007～2017年207个地级市数据，实证分析了政府性债务管理改革对企业融资困境的缓解作用，进而提出改革能够改善市场融资、促进经济增长。胡玥等（2022）进一步研究了政府性债务管理改革对企业人力资本升级的推动效应，发现政府性债务管理改革可以促使企业创新能力和生产效率提升，最终促进经济增长。

在政府性债务管理影响债务风险的研究方面，贾晓俊等（2017）通过综合评价模型估算地方政府债务风险，发现部分省份的债务风险呈增大的趋势，认为2014年以来经济下行压力大，地方政府新增债务规模加大，所以债务风险变大。喻凌云（2017）通过分析债务管理体制改革以来的地方政府债券发行量和存量债务置换情况，发现地方政府债务偿还能力依然较弱，债务风险依然存在。冀云阳（2021）回溯了中国以往政府性债务管理经验，认为通过地方政府债券的自主发行、隐性债务的甄别、置换来实现管理并不科学，进而提出要以绩效考核为导向，建立覆盖地方政府债务全过程、全生命周期的绩效评价体系。郑方方和陈素云（2021）认为中国地方政府性债务管理改革已经造就了一定的制度基础和技术基础，应该在此基础上进一步加强地方政府债务绩效管理。

随着政府性债务管理改革的推进，债务管理对地方财政可持续发展的影响讨论越来越多。从地方经济发展的角度来看，促进地方经济发展是地方政府债务形成且规模不断扩大的根本原因，而地方经济红利会反哺地方财政的缺口，保持地方财政的可持续（李一花等，2017）。但陈宝东等（2018）使用中国23个省份2008～2016年的面板数据，来分析地方政府举债规模扩张对财政可持续性的影响效应，研究结果说明了绝大部分地方政府的财政具有可持续性，但是个别省份财政面临着不可持续。更多学者认为不同的经济发展时期、发行债务规模大小及政府债务资金的用途都会左右地方政府债务对经济增长的影响，因此他们认为这种影响具有不确定性（寇宏伟和陈璋，2020；刘楠楠，2022）。从财政缺口的角度来看，作为财政收入的补充形式，地方债从时间和空间上为财政运行带来了便利，其收入职能保证了财政发挥其逆经济周期的调节作用（李燕等，2017）。许多学者认为适度规模的地方政府性债务管理对财政的可持续性具有有利作用（贾康和赵全厚，2000；

贾俊雪与郭庆旺，2011）。从政府债务风险的角度来看，地方政府债务风险一旦爆发，就会演变成债务危机。作为地方政府债务的兜底主体，地方政府必定需要承担债务危机引起的经济、社会损失（刘昊和杨平宇，2019），因而地方债风险是地方财政可持续的重要影响因素。刘扬等（2021）在梳理2014年政府性债务管理改革最新进展的基础上，提出地方政府债务增长速度较快、规模较大，地方财政可持续水平还有待提高。

随着政府性债务管理的加强，中国地方政府债务体制不断完善，地方政府债务治理水平不断提高。但是，仍然存在许多问题（马恩涛和任海平，2022）。温来成（2014）基于2014年的政府性债务管理改革分析，认为本次改革仍存在发债主体规定、发债规模控制、发债形式、发债担保等局限性。罗海山（2016）通过分析广西政府性债务管理改革的实际情况，认为改革政策落实不到位，存在短期偿债风险增大、长期偿债压力增大等问题。尹启华等（2016）从国家治理的视角分析地方政府性债务管理改革的历史演进和现状，提出完善顶层设计、强化政绩考核、优化政企关系、理顺财权事权、加强综合改革等建议。夏诗园和郑联盛（2020）指出，中国债务管理体制改革以来，虽然地方政府债务风险处置已经取得一定的成果，但是地方政府债务治理仍然存在地方主义盛行、法治观念欠缺、认识理念模糊等问题。

四、文献述评

从研究视角看，通过梳理参考文献可以发现，国内外学者对于地方政府隐性债务已经进行了较为系统和全面的分析，其研究框架也具有一定的相似性。具体来看，国外学者很早就对地方政府隐性债务的内涵和分类进行了相关界定，做出了许多开创性的贡献（Harvey S. Rosen，1992；Brixi，1998），有利于我国学习借鉴国外研究地方政府隐性债务的经验与教训。相较于国外学者，国内学者的研究起步较晚，有关隐性债务的风险评估和管理方法大多数仍然沿用国外的思路和体系。但是，因为我国经济体制和政治体制与国外存在一定的差异，照搬国外的研究方法是行不通的，所以要考虑国情差异，只有立足我国当前财政金融风险叠加的实际情况，才能更好地识别地方政府隐性债务风险。我国相关文件已经对地方政府隐性债务做了较为明确的界定，但是由于地方政府隐性债务管理的复杂性、风险的不确定性等，学术界对于其内涵、分类、评估等尚未有统一的认识。同时，目前的文献较少在地方政府隐性债务风险的分析框架中引入财政金融风险叠加的综合因素。因此，需要进一步从风险叠加的视角下分析地方政府隐性债务，厘清地方政府隐性债务的表现形式，形成更为严密准确的理论框架体系。另外，既有文献只是研究了与地方政府隐性债务直接相关的问题（赵全厚，2014；苏英，2015；龙俊桃等，2017），较少文献从政府性债务管理出发研究地方财政可持续问题。大多数文献以政府性债务管理改革为背景，分析地方政府债务的规模、风险及其对地方财政可持续的影响，如李燕和陈金皇（2017）、刘扬等（2021）、王莹（2021）；但是，政府性债务管理改革后，中央政府和地方政府的财权和支出责任发生深刻调整，地方财政面临更大的发展压力，随之而来的是地方政府的债务规模持续膨胀、财政收支失衡加剧，这些都降低了地方财政的可持续性。

这表明了地方财政可持续发展对化解地方政府隐性债务有重要影响。少数文献直接将地方财政可持续作为政府性债务管理改革的目标之一，分析其影响效应。因此，需要从系统性的角度对政府性债务管理和地方财政可持续发展的影响进行研究，从而有效化解地方政府隐性债务。

从研究方法来看，由于地方政府隐性债务的数据可得性问题，大多研究都采用定性分析的方式，定量分析和实证分析是相对比较缺乏的。加上地方政府隐性债务的统一口径不一，诸多学者测度的债务规模存在较大的差异（刘少波和黄文青，2008；吴盼文等，2013；毛振华等，2018；汪德华和刘立品，2019）。因此，未来也需要统一标准，方便"摸清底数"，化解地方政府隐性债务。从研究方法来看，有的文献对政府性债务管理的分析主要采用规范分析法，如冀云阳（2021）、郑方方和陈素云（2021）等；有的文献分析采用了实证分析法研究管理体制的改变，使用的数据有省级层面的，如胡奕明和顾祎雯（2016）、喻凌云（2017）等，也有城市层面的，如梁若冰和王群群（2021）、胡玥等（2022）。因此，本书在上述研究的基础上，使用定性分析与定量研究相结合的方法综合分析了财政金融风险叠加视角下地方政府隐性债务的现状和成因，对其规模和风险分别进行了测度，并选取相关指标进行了影响因素的实证分析。同时，对于地方政府性债务管理对财政可持续的影响也做了实证研究。最后，提出地方政府隐性债务化解路径，希望帮助我国进一步健全地方政府隐性债务风险的防控体系，从财政金融协同作用的视角下探究化解地方政府隐性债务的有效路径。

第三节　研究内容与研究方法

一、研究内容

本书围绕强化地方政府性债务管理，紧扣财政金融风险叠加视角下我国地方政府隐性债务的识别与化解路径展开研究，主要分为八个章节，每个章节的主要内容如下。

第一章，导论。这一章节介绍了本书的选题背景及研究意义，对相关国内文献进行梳理，明确了政府性债务管理、财政可持续性及地方政府隐性债务的内涵及成因等相关问题。同时，这一章节还介绍了本书基于财政金融风险视角下化解地方政府隐性债务的路径的研究内容和研究方法，指出了本书的创新点与不足点。

第二章，财政金融风险叠加视角下地方政府隐性债务的理论分析。这一章节从理论角度对财政金融风险的内涵与外延、财政金融风险叠加的机理、特征与效应、地方政府性债务的界定与类别、地方政府隐性债务的特征与统计口径、地方政府隐性债务管理进行了分析。同时，基于此，本章节还对财政风险和金融风险诱发地方政府隐性债务风险的路径、财政金融风险叠加视角下地方政府隐性债务的风险识别及财政金融风险叠加诱发地方政府隐性债务的路径进行了探究。

第三章，我国地方政府隐性债务的历史演变。这一章节系统分析了1840～1948 年、1949～1993 年、1994～2013 年、2014～2017 年、2018 年至今四个时期的地方政府债务，其中包括各时期的社会历史背景、债务概况及债务特点，梳理了新中国成立70余年以来地方政府债务的管理制度及历史演变过程，旨在摸清各时期阶段我国治理地方政府隐性债务的总体思路和脉络，为我国今后制定更为精准的债务管理制度提供经验证据。

第四章，财政金融风险叠加视角下地方政府隐性债务风险的预测与分析。这一章节介绍了KMV模型的构建思路、KMV模型的相关参数测算，测算了我国地方政府隐性债务规模。通过数据，我们发现地方政府隐性债务总体规模偏大的现状，并评估了我国地方债风险。之后，本章节介绍了隐性债务风险、财政风险及金融风险的风险预警指标选取方法，并确定了各指标的权重。最后，本章节运用TOPSIS等方法，结合财政金融风险因素评价各省（市）地方政府隐性债务风险。

第五章，财政金融风险叠加视角下地方政府隐性债务影响因素的实证分析。这一章节运用第四章节所得结论作为财政金融风险叠加视角下地方政府隐性债务风险的代理变量，从财政体制、金融环境、债务管理制度等多个视角选取了相关解释变量（包括地方财政压力、转移支付率、金融资源配置效率、不良贷款率、隐性债务规模、资金支出效率及债务清偿率），进行了回归分析。本章节主要从研究假设、实证检验、计量模型设定、计量回归结果、影响综合隐性债务风险的财政体制因素（金融环境因素、债务管理制度因素）及模型的稳健性检验进行了分析。

第六章，政府性债务管理影响地方财政可持续发展的实证分析。这一章节围绕政府性债务管理对地方财政可持续性的影响进行实证研究，主要介绍了本章节的研究设计与模型设定、变量选取与说明、对数据的描述性统计、多期双重差分模型的适用性分析、基准回归结果分析、财政支出缺口机制（债务支出效率机制、地方债务风险机制）检验、基于地方经济区域差异（地方政府财力差异、地方政府债务风险差异）视角下的异质性分析、提前改革时间（生成虚拟变量、替换被解释变量、分不同时间段回归）检验的稳健性检验及内生性检验。

第七章，本书基于中国各省市的地方性政府债务数据，实证研究发现地方政府债务规模存在显著的阈值效应。地方政府债务规模增加对区域经济增长的影响是倒 U 型的，当政府债务/GDP 规模超过一定比例时，负面作用开始显现。同时，地方政府性债务影响经济增长的路径具有显著的区域异质性，这种异质性研究有利于加强地方政府性债务管理的有效性。公共投资、私人投资与公共支出是地方政府性债务影响经济增长的三条主要路径。文章在提出债务规模对三条路径影响都是非线性，且作用可能存在异质性假设的基础上，选取相关数据，对全国、东、中、西部地区，影响经济增长的三条路径进行实证研究。东部地区的地方政府性债务规模增加，对公共投资无显著的影响，对私人投资有倒 U 型影响（拐点约为 19%），对公共支出有显著的负面影响。中部地区的政府性债务规模增加对公共投资、私人投资的影响都是倒 U 型的（拐点分别约为 30% 和 28%），对公共支出有显著的负面影响。西部地区的政府性债务规模增加对公共投资、私人投资和公共支出都存在倒 U 型影响（拐点均在 70% 以上）。

第八章，防范地方政府性债务风险的国际经验借鉴。这一章节以地方政府性债务风险防控作为研究对象，深入分析了日本、美国、德国、巴西、波兰、澳大利亚六个国家的典型案例，从债务风险爆发之前的概况、应对债务风险的主要举措及举措的效果对案例进行分析。特别是以系统性的思维去研究地方债的综合治理，进而有助于我国实施更加精准的地方债政策，有效化解我国地方政府隐性债务。

第九章，财政金融风险叠加视角下化解地方政府隐性债务的路径选择。这一章节基于上述章节的研究，从深化财税体制改革、深化金融体制改革及强化财政金融协同效应三个方面，系统性地研究缓解地方财政压力、健全举债融资机制、化解地方政府隐性债务；同时，充分考虑了政府性债务管理对财政可持续发展的影响，提出促进地方财政可持续发展的政府性债务管理政策建议。

二、研究方法

第一，文献研究法。首先，本书对财政金融风险叠加视角下地方政府隐性债务风险研究的文章进行了搜集与梳理，系统地整理了国内外关于财政金融风险叠加及影响、地方政府隐性债务风险特征、影响因素、识别方法和防范举措等的研究，对前人的研究成果有了一定掌握。在此基础上，为进一步探讨财政金融风险叠加视角下地方政府隐性债务风险的识别与防范问题奠定了方向，保证了研究成果的前沿性与创新性。同时，通过中国知网、万方数据、维普数据、SCI–HUB、Google Scholar 等线上平台和线下图书馆收集政府性债务管理影响地方财政可持续发展的国内外相关文献，并对文献的研究内容、研究方法、研究结论进行分类，全面学习地方财政可持续发展、政府性债务管理的影响、政府性债务管理影响地方财政可持续发展的研究成果。最后，将所有文献整理成综述，为全书的研究奠定基础。

第二，规范分析法。本书为了深入了解财政金融风险叠加视角下地方政府隐性债务的风险情况，不仅从理论出发定性研究风险叠加视角下地方隐性政府债务风险的成因、传导及影响，还通过定量研究对其风险程度进行度量，为风险化解的研究奠定充分的基础。同时，学习政府性债务管理的相关政策，了解其内容及成效，以及在管理体制改革的背景下地方财政可持续发展的现状。之后再阅读政府性债务管理和地方财政可持续发展相关文献，分析这一领域研究现状和研究结论。最后，分析既有研究中衡量债务管理改革、地方财政可持续性的方法，以及相关计量模型原理，运用相关模型对政府性债务管理和地方财政可持续发展的影响进行分析，进而更系统地完善了财政金融风险叠加视角下化解地方政府隐性债务的路径。

第三，实证分析法。本书在对数据处理及分析的基础上，借助 MATLAB、Stata 等软件，采用二次指数平滑法、KMV 模型、TOPSIS 熵值法等对财政金融风险叠加视角下地方政府隐性债务风险进行识别。同时，利用综合评价指数，采用横截面回归模型对其影响因素进行了实证分析。此外，第六章中计算了地级市层面的地方财政可持续数据，结合相关控制变量等数据，构建多期双重差分模型检验政府性债务管理改革对地方财政可持续发展的净效应。最后，通过实证分析了地方财政支出缺口、地方政府性债务支出效率、地方政府债务风险三个机制的影响效应，并从地方经济区域差异、地方政府财力差异、政府债务风险差异三个视角做了异质性分析。

第四节　研究的创新点与不足

一、创新点

本书以财政金融风险叠加视角下化解地方政府隐性债务为研究对象，实证分析了风险叠加视角下地方政府隐性债务风险的预测、地方政府隐性债务影响因素，以及政府性债务管理对地方财政可持续的影响，具有一定的创新之处。

第一，研究视角的创新。本书在地方政府隐性债务的研究中引入了财政金融风险叠加的综合因素，所得结论更能体现当前地方政府隐性债务的实际情况。同时，本书还以可持续性发展为视角，从地方财政的政府性债务管理切入，对地方债管理改革影响地方财政可持续发展进行分析，以更加系统性的思路，综合考虑推进政府性债务改革，有效化解地方政府隐性债务。

第二，研究方法的创新。在研究地方政府隐性债务时，本书不仅测算分析了最近七年的地方政府隐性债务规模存量，还结合 KMV 模型、熵值法、TOPSIS 法将财政金融风险纳入地方政府隐性债务的风险识别中。同时，本书还利用综合评价指数，采用横截面回归模型对综合风险的影响因素进行了实证分析，将财政反应函数测算财政空间的方法运用到地级市财政可持续性指数的测算中，为财政金融风险叠加视角下地方政府化解隐性债务提供具有可行性的政策建议，具有一定的实际意义。

二、不足之处

由于能获取的资料、数据及研究团队能力有限，本书仍存在不足之处。第一，将财政金融风险叠加引入地方政府隐性债务风险的研究框架的相关文献著作较少，故在分析的部分可能不够周全。第二，相关数据不尽精确。在地方政府隐性债务规模和风险的数据收集上，考虑到我国债务数据类型复杂、统计口径不一致、透明度低等问题，所搜集到的地方政府隐性债务数据（尤其是城投债等隐性债务规模）可能与真实数据存在一定差异，不甚全面。在政府性债务管理方面，由于部分地级市数据缺失，本书未能研究改革对全部地级市的影响效果。这些问题可能会使得财政金融风险叠加视角下地方政府隐性债务规模与风险的测量结果与现实状况有所差异。

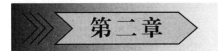

第二章

财政金融风险叠加视角下地方政府
隐性债务的理论分析

经济学家弗兰克·奈特在其名著《风险、不确定性与利润》中，首次从经济学领域提出了风险的概念，风险是一种能被预先计算概率与期望值，并且可以采取适当措施来降低的不确定性[①]。德国著名学者乌尔里希·贝克在其著作《风险社会》中，总结了风险的特征，他认为风险具有普遍性、不可感知性、关联性、破坏性等特征[②]。国内经济学者在国外的基础上进一步提出了主观风险决策和客观风险决策，并且两者之间可以随着决策者信息和知识的扩充相互而转化。在财经领域，学者根据自己的相关领域定义了相关风险。例如，财政风险、金融风险、债务风险等。

第一节 财政金融风险叠加的理论分析

一、财政风险的内涵与外延

（一）财政风险的内涵

财政风险从 20 世纪 80 年代开始受到相关领域学者的关注。1985 年，

[①] 弗兰克·奈特：《风险、不确定性与利润》，商务印书馆 2010 年版，第 17～38 页。
[②] 乌尔里希·贝克：《风险社会》，译林出版社 2004 年版。

美国政府间关系咨询委员会指出财政风险包括以下三种形式：一是官方政府正式宣布的破产；二是政府无法按时足额支付工资、养老金以及供货商贷款；三是政府无法按时兑付的债券、票据、支票等；由此可见，在早期西方财政研究主要从财政风险现象的共性入手，将财政风险的内涵概括为政府的收支已经完全失衡，且无力偿还的债务（Corsetti，1991；Trehan et al.，1991）。但经济的发展使得学界对财政风险的内涵逐渐产生了不同的看法。布里西等（2002）指出财政收支失衡只是财政风险爆发的表现形式，对研究财政风险和防范化解财政风险具有滞后性，应该从政府负债和财政跨期等视角对财政风险进行新的研究，并进一步把财政风险定义为一定时间范围内，财政变量偏离预算或实际和预期之间出现某种财政差异的可能性（Cebotari et al.，2009；George Kopits，2014）。

国内较早对财政风险的研究是从 20 世纪 90 年代开始的，1996 年官方首次明确了财政风险的内涵。财政部在相关文件中指出，在国家经济发展历程中，国家财政会因为各种因素而波动，甚至会因为不利因素而混乱，这种可能性就是财政风险，其表现为国家财政收支失衡。1998 年，我国开始实施积极的财政政策。同时，财政风险也受到了国内财政学界极大的重视，越来越多的学者开始聚焦于财政风险的研究，主要从财政收支（杨小军，1999；王美涵，1999）和政府债务（张春霖，2000；丛明等，2000）两个层面给出财政风险的内涵，他们认为财政风险是国家资不抵债和无力支付的风险，集中表现为财政赤字和政府债务的不断增加，其可能引发一国政治、经济、文化等各个方面的全方位危机。然而，刘尚希（2003）却提出只从财政赤字和政府债务角度定义财政风险，无法形成对财政风险的整体性认识，应该全盘考虑财政风险对社会的影响。从政府的特征、资产结构及政府所掌握的公共资源等角度，可以将财政风险界定为政府的责任大于资源（表现为支出大于收入），最终影响国家 GDP 与社会稳定的一种可能性。（武彦民，2003；欧林宏，2003；殷士浩等，2004）。

（二）财政风险的外延

财政风险无处不在，只要政府存在决策，就一定会具有潜在的财政风险。一是学者基于财政风险不同时期的表现，进一步拓展了财政风险外延的研究。王美涵（1999）刚开始研究财政风险时，就细化了财政的收入、支出、平衡、管理四个方面，认为财政风险包括财政体制风险、财政反周期政策风险、国有资产管理风险等。理查德等（Richard et al.，2002）基于时间维度，将其分为短期财政风险和长期时间风险。其中，短期财政风险对宏观经济变量的变化是非常敏感的，债务负担、收支的波动等都会导致短期财政风险。二是在财政分权的理论基础上，从政府分级管理的体制制度出发，可以发现大多数国家的财政风险是由中央政府和地方政府共同承担的。根据这样的现象，巴勃罗等（Pablo et al.，2004）从中央与地方的关系这一角度，进一步扩充了财政风险外延的研究。孙焰炜（2011）结合国内外文献，从财政收支、平衡管理、预算层级及诱发因素等方面，把财政风险细分为中央财政风险、地方财政风险、外部财政风险、内部财政风险等多个类别。三是财政风险相较于其他类型的公共风险，具有许多特殊性，学者从财政风险的特点出发，进一步扩展了财政风险的外延。从地方财政风险的表现形式（张守凯，2003；汪柱旺，2004）、政府的"双重主体"（刘尚希，2003）、政府的行为和手段对财政风险的影响（刘志强，2011）、财政风险和社会风险的叠加（Hanson，2016）、财政风险在各层级政府以及各领域的转化（杨志安等，2014）等角度，发现财政风险具有区域性、传导性、溢出性等特点。

　　进入 21 世纪，在促进经济增长和调节经济波动的过程中，各国政府的债务不约而同地呈现出增长的态势，并且伴随着经济结构的转型，政府破产的事件时有发生。仅在财政领域范围内研究财政风险已经略显不足，许多学者和专家结合其他领域进一步扩展对财政风险外延的研究（Bandiera et al.，2019；李成威，2020；Makin et al.，2021；于海峰等，2021；刘建民等，2022）。特别是对政府和社会资本合作（Public – Private Partnership，PPP）项目褒贬不一。刘晓凯等（2015）认为 PPP 项目可以有效解决政府融资问题，帮助政府提高公共服务质量，提升政府公信力，进而提高公民生活幸福度。赵福昌（2019）和石绍宾（2019）等则提出 PPP 模式虽然为政府资金困境开辟了新的路径，但同时也为地方财政带来了风险。PPP 合约往往会累积系统性财政风险，加剧了地方财政的脆弱性，破坏了财政的可持续性（姜迪等，2020）。段艺璇和郭敏（2020）在分析 PPP 模式给东西部地区带来财政风险时发现，PPP 模式在缩小地方政府财政收支缺口的同时，会造成新的地方政府财政风险，即地方政府面临的需求和落地率之间不匹配的风险。与此同时，财政风险对金融的影响逐渐加深，大量学者也在关注财政风险和金融市场之间的联系，并从此角度对财政风险的研究进行了拓展。席尔瓦等（Silva et al.，2020）在研究地方政府财政风险与金融稳定的过程中发现，一个州的高债务水平对当地金融市场发展不利，并且会严重影响金融稳定。张甜等（2022）认为地方财政风险放大了国企债券的信用风险，滋生了向金融领域的外溢风险。不仅如此，中央政府的救助（郭玉清等，2016；韩健等，2018）和债券发行现象（袁海霞等，2021；麦丽斯，2022）等，容易导致系统性金融风险的形成。

二、金融风险的内涵与外延

（一）金融风险的内涵

伴随着金融市场的扩大，资本变得更加抽象，资本的主体定位异质多元，运作方式迷幻虚拟，从 1992 年的欧洲货币危机（Glick et al.，1992），到 1994 年的墨西哥金融危机（Edwards，1996），再到 1997 年的亚洲金融危机（Goldstein，1998），全球各地的金融风险频频出现。学者关于金融风险的研究始于 20 世纪 80 年代，基于金融系统或实体经济损失的概率层面（Diamond et al.，1983；Crockett A，1996）将金融风险定义为金融市场构成要素的不确定性导致一定时期内金融资产实际收益受到损失的概率。戈尔茨坦（Goldstein，1998）和班特等（Bandt et al.，2000）从宏微观层面角度出发，指出金融风险是指进行金融活动期间所产生的风险，市场主体的不规范行为会导致金融资产价格波动，影响金融市场的稳定，最终危害整个国民经济的健康发展。阿方索和申（Afonso and Shin，2007）认为金融风险主要来源于金融市场、制度本身的内生性风险和宏观经济波动等外生风险。基于此，阿方索和申将金融风险定义为由于外生风险或内生风险引起的金融市场损失的某种不确定性，其中外生风险主要是指宏观经济波动和突发事件，内生风险主要是指金融市场不稳定及金融制度不完善。

早期国内学者主要从资产损失（陈立新，1996；李宝庆，1997）和对金融系统稳定的影响（冯中坚，1999）等方面界定金融风险的内涵。金融风险是因偶然性因素和不确定因素，对资金、资产、信誉及整个金融体系造成损失或破坏的可能性。张谦（1999）提出金融风险是金融机构实际效益与预期效益发生偏差的概率，这种概率的大小受到一系列不确定因素影响，而这种不确定性可以归纳为宏观金融风险和微观金融风险的总和，并且这两种风险在特定条件下可以相互转移（刘尚希，2006）。邹小芃等（2008）从地方金融机构的视角下分析地方金融风险，将其界定为地方金融机构在经营过程中由于种种原因出现了经营困难，这可能导致地方金融市场不稳定，造成社会福利损失。这种可能性就是地方金融风险。

（二）金融风险的外延

金融资本的高度逐利性使得金融风险几乎随着金融资本的产生而出现。学者基于金融风险爆发的现象，进一步从不同层面深入研究了金融风险。

一是从金融风险外部性和传染性的视角去研究金融危机（Krugman，2007；IMF，2009；Brunnermeier，2009；赵修议，2022；高惺惟，2022）。他们发现传染性堪比病毒的金融风险不但削弱了金融机构某些功能，而且引起的社会损失远大于金融机构的损失。特别是杨子晖等（2018）构建的风险溢出模型，也说明了中国市场存在跨部门风险传染效应，并且极易引起连锁效应。更加值得关注的是，2008年美国次贷危机之后，杰曼等（Jerman et al.，2012）和格特勒等（Gertler et al.，2010）认为金融风险具有强的负外部性，而这种强的负外部性体现在经济周期方面。他们借鉴了马克思的"金融不稳定假说""金融加速器"等经典理论，将周期理论与金融风险理论完全联系在一起，认为金融风险具有外部性，与经济周期具有密不可分的联系，并基于此开创了金融经济周期理论。

二是从金融风险与经济增长相互影响的视角拓展风险的外延。其主要基于银行和机构的月度收益率（Billio et al.，2012），以及金融风险与实体经济的双向作用（Leroy et al.，2019）等角度指出金融风险与经济有着辩证的联系。一方面，宏观经济的波动会通过金融系统加剧金融风险的累积；另一方面，经济衰退使金融风险成为金融系统的最大危害动机，间接对实体经济产生不利影响，而杨子晖等（2020）根据我国经济的不确定性与金融市场极端风险的双向影响机制，认为金融风险除了通过金融领域对经济产生影响，还对财政货币政策产生影响，进而循环影响我国经济。

三是面对捉摸不透的金融风险，国内外学者从其预警测度方面对金融风险的外延进行了进一步探索。其主要从汇率市场、股票市场等金融市场（Sotirios et al.，2018；Huang，2021；刘超，2022）和房地产市场（Capozza，2011；Tian，2014；白鹤祥，2020）等视角，运用机器学习、深度学习等方法对各种市场的金融风险进行预警，发现国际金融环境的波动加大了金融风险的冲击效应。特别是关于金融风险预警测度指标的建立，尹相颐（2020）运用 KLR 模型，利用具备预警特征和顺周期特性的监管指标，对系统性金融风险进行预警测度，而王竹泉等（2020）认为宏观金融风险实质上是微观主体财务风险的镜像，所以对短期财务风险进行综合评估预警可以更好为政府防范金融风险提供微观支撑。同时，越来越多的学者对于如何防范化解金融风险，保证金融市场稳定也做了研究。其主要从货币政策（宋玉臣等，2018；王妍等，2021）、跨境资本流动宏观审慎政策（胡小文，2020；王有鑫等，2022）、政府监管（何国华，2017；张怀文等，2022）等角度，研究防范化解金融风险的政策建议，进一步扩展了金融风险的外延。他们提出，从政府和市场两方面入手，利用金融体系自我优化资源配置的能力，匹配一套监管防范措施，可以有效防范化解金融风险。

三、财政金融风险叠加的机理、特征与效应

（一）财政金融风险叠加的机理

经济的不确定性让诸多学者发现财政金融风险并不是相互孤立的，现实

中的风险往往是财政金融风险相互传导并不断积累的复杂现象，即金融市场的波动或政府财政危机大多是由财政金融风险叠加后的共同爆发所导致的，故越来越多的研究聚焦于财政金融风险叠加的现象（王金龙，2006；Broner et al.，2011；Acharya，2014）。学者从以下三个视角对财政金融风险叠加进行了研究。

一是财政金融风险叠加的逻辑起点。阎坤等（2004）和秦海林（2010）认为，财政金融风险叠加的逻辑起点是国家遭受到财政（金融）风险时，运用金融（财政）的手段实现风险的转移，即金融风险财政化与财政风险金融化。金融风险财政化是指政府运用财政手段来化解金融风险，比如向银行注资以防其破产、收购不良资产等（秦海林，2014）。而财政风险金融化是指当政府遇到财政风险时，如财政赤字过大、债务压力过大等，运用金融手段化解财政风险，也就是所谓的货币创造和货币借贷（Acharya，2014；张甜等，2022）。运用这两种风险规避方式虽然可以规避财政风险和金融风险，但是也会引起财政领域和金融领域的共振，即财政金融风险的叠加。

二是财政金融风险是一个极其复杂的叠加过程。李兰英等（2012）、王正耀（2006）、约书亚（Joshua，2009）和布斯特菲尔德（Obstfeld，2010）等分别从房地产、国有商业银行不良资产、投资市场的角度刻画了风险的复杂叠加过程。一方面，单一的金融风险会通过财政收支、货币政策等途径与财政风险进行叠加；另一方面，不同类型的金融风险还会共同通过破产保护、政府注资等途径叠加风险。除了金融风险传导的叠加效应，地方政府为弥补财政收支缺口运用了财政融资、市场融资等各种手段，无疑增添了潜在风险叠加过程的复杂性，而金融机构抗风险的能力也会随财政金融风险叠加过程的复杂而大大降低（Leonello，2018；张甜等，2022）。熊琛等（2018）认为这种财政金融风险叠加的复杂性表现为"双螺旋"结构，即资产负债表和实体经济衰退的相互作用、相互叠加，并基于2009～2017年金融市场和财政领域相关数据构建 DSGE 模型，证明了财政金融风险的"双向"叠加过程。

三是影响财政金融风险叠加的相关因素。阿塔纳西奥斯·塔卡拉基斯

（Athanasios Tagkalakis，2013）基于经合组织二十国作为数据样本分析，认为经济波动会直接形成财政金融风险的叠加。阿查里亚（Acharya，2014）分析了银行不良资产对于其叠加的影响，认为地方政府债务和银行不良资产通过风险溢出效应，加剧了财政金融风险的叠加，最终可能诱发严重的系统性金融风险（秦海林，2014）。多纳托·马安西达罗等（Donato Masciandaro et al.，2013）研究发现，政府管制强度越低，财政金融风险叠加的概率越低。同时，唐云锋（2020）认为，所有影响因素的源头都离不开对国家财税体制的分析。从长期来看，财税体制变革政策效应的时滞性会导致财政金融风险的不断叠加与累积。

（二）财政金融风险叠加的特征

基于前文对财政风险、金融风险等相关文献的梳理，综合财政金融风险叠加机理的分析，不难发现，财政金融风险叠加具有以下几个显著特征。

1. 交叉性

一是财政金融风险在相互转化中不断累积。其主要从财政金融风险的共生（郭平等，2005）、财政金融资金的相互交叉（王金龙，2010）及国家经济体制（李伟，2010）等方面对财政金融风险叠加进行了研究，他们认为分税制改革直接促使财政赤字对信贷资产的挤占，金融资金和财政资金交叉联系，导致财政风险与金融风险相互联系、相互交叉。张圆圆（2019）从政府投融资及金融机构业务的联系中发现，政府投融资活动与金融机构信贷业务息息相关，这样的业务往来周期长，这就说明财政金融风险叠加是不断累积的过程。二是财政金融风险的叠加不是简单的风险相加，而是更加复杂的叠加共振。从土地财政对系统性金融风险的影响入手，李玉龙（2019）发现地方政府债务风险和金融风险会互相强化，这种强化并不是简单的相加，而是在财政金融风险叠加之后的转移和扩散中存在的蝴蝶效应与耦合效应。与此同时，张璇等（2022）基于空气动力学模型提出财政金融风险叠加，不仅放大了地方政府债务的杠杆，还对宏观经济稳定造成不同程度的冲击。这导致了在风险发生的时间、空间、程度均有不确定性，增加了财政金融风险叠加的复杂性。

2. 隐蔽性

一是有关于财政金融风险测度的统计口径不一致。顾建光（2004）和辜胜阻（2018）主要从风险叠加的防范及化解等方面说明了财政金融风险叠加难以测度。他们认为只能通过数据发现财政金融风险的爆发，无法通过数据说明财政金融风险叠加的过程，并且提出财政风险与金融风险在一定范围内只是隐性叠加，仅仅表现为政府和金融机构等有资金往来。只有在财政风险与金融风险超过某一阈值时，这时风险才会出现显性，突出表现为政府和金融机构资金链的断裂。同时，贾彦东等（2015）和吉嘉（2021）认为由于区域的财政收支结构、宏观经济政策等不同，对财政风险与金融风险的测度相关数据无法直接观测，统计口径难以协调，增加了财政金融风险测度的难度。二是风险预警措施面临双重困难。一方面在制定措施时，地方政府行为存在隐蔽性。依靠投资刺激发展和以 GDP 为核心的地方官员考核使得地方政府行为愈加隐蔽和极端，这样会对防范化解财政金融风险叠加造成阻碍（秦海林等，2010）。另一方面在措施执行时，加强政府的监管也有可能强化风险叠加。贝克斯等（Beck et al.，2003）用 152 个国家（地区）的数据作为样本以研究政府措施对财政金融风险的影响，发现政府在执行加强风险监管的措施时，银行体系的稳定性受到了影响，从而对财政金融风险叠加提供了更好的环境。与此同时，从法律角度研究，虽然中央政府在 2016 年出台了相关文件[①]，要求各地方政府严格按照该预案进行债务处理，但是地方政府的隐蔽行为还是会对实施风险预警措施造成困难（宋琳，2018）。

3. 多变性

一是影响风险相关因素多变。吴晓求（2015）和益平等（2019）发现数字金融的发展降低了金融机构资信、抵押品等准入门槛，形成了金融市场

---

① 《地方政府性债务风险应急处置预案》（国办函〔2016〕88 号）。

的监管盲区，对财政金融风险叠加产生正向影响。金洪飞等（2020）却认为运用大数据可以提升数字金融的风险识别和处置效率。同时，数字金融的普惠性可以提高社会资本的使用率，不会对财政金融风险叠加产生负面影响（郭丽虹等，2021）。周晔等（2022）通过8年中国各省市的数据，采取空间杜宾模型，发现数字金融对财政金融风险叠加的影响存在区域性，数字金融的发展抑制了当地的财政金融风险叠加，却激化了周边地区财政金融风险的叠加。

二是风险涉及的领域及规模多变。伊安诺塔·G.等（Iannotta G. et al.，2013）认为银行业风险和主权信用风险的相互叠加会涉及多个领域的波动，并且规模各有不同。郭敏等（2019）进一步细化了两种风险叠加之后的影响，发现风险叠加之后对政府债务普遍都存在显著的正向影响，这种影响程度在欧洲边缘国家表现得更加深远。刘佳（2022）改变角度，从财政金融风险叠加对国内房地产市场产生的影响入手，发现财政金融风险叠加可能产生房价泡沫，并且房价泡沫扩散效应存在空间异质性，在东部地区最为强烈，中部、西部地区次之，东北地区最为薄弱，其原因可能是区域土地价格存在差异。

（三）财政金融风险叠加的效应

针对地方政府债务交叉性、隐蔽性、不确定性的特征，国内外学者展开了对财政金融风险叠加效应的研究，分析梳理这些研究，有利于更加精准地找到化解地方政府隐性债务的路径。

1. 多米诺效应

多米诺效应源自多米诺骨牌，外力导致第一枚骨牌倒下时，后续骨牌会产生连锁反应，依次倒下，并且倒下速度越来越快。艾森伯格（Eisenberg，2001）在研究银行间清算支付违约时首次将多米诺效应运用于金融风险中，指风险在叠加传导过程中风险传染所产生的累积效应，一个接一个不断爆发的现象。阿塔纳西奥斯·塔卡拉基斯（2013）和陈守东等（2020）通过研究地方政府债务发现，财政金融风险叠加一旦进入恶性循环，风险就像多米诺骨牌倒下一样，连续的全部爆发。比如政府财政资金不足导致地方政府债务风险爆发，紧接着就引起银行信贷风险爆发，最终导致区域性金融风险和地方财政风险（刁伟涛，2017）。吉勒·杜弗雷诺等（Gilles Dufreno et al.，2016）和李伟（2018）基于金融压力对财政可持续影响的视角，通过测度系统性金融风险在财政领域的溢出效应，再次证实了这一观点，并指出多米诺效应突出表现为风险在行业间的传染。

2. 信息传染效应

信息传染效应指风险叠加后同时冲击多个领域，或风险的多点爆发导致区域性风险。包全永（2005）和王营（2017）等指出，商业银行系统性金融风险的破坏性极强，易形成多点传染、多点爆发的现象。特别是与财政风险叠加之后，对银行业、房地产行业等行业产生同时冲击，引起地方政府债务的偿债危机。此外，沈丽等（2021）和尹李峰（2022）分别从地方政府债务扩张路径、地方政府隐性债务规模等方面研究财政金融风险叠加效应，均认为这种共同冲击效应还显著表现为空间上的多点爆发，特别是近年来与金融机构的关联度不断加强，使得财政金融风险叠加更容易在空间中传染与扩散。区域性金融风险形成的大规模跨区域多点传染，无疑是对风险的化解产生了巨大的阻力。

3. 杠杆效应

杠杆效应是指财政金融风险叠加之后，风险对经济的影响程度呈指数倍增的现象，该效应反映出风险叠加的复杂性。秦海林（2010）和李连基（Li Lianjie，2017）发现叠加之后的财政金融风险对经济增长的影响远远大于财政金融风险直接对经济造成的影响，主要原因就是叠加的杠杆效应放大了风险的破坏程度。与此同时，刘尚希等（2018）、李建强等（2020）及封北麟（2022）分别从经济增长的多元化、政府债务水平、政策组合的角度，发现财政金融风险叠加后的杠杆效应十分显著，不仅产生挤出效应，还显著提高地方政府债务的实际规模，抑制经济增长的多元化，严重影响金融市场的稳定与地方财政的可持续发展。

第二节 地方政府隐性债务的理论分析

一、地方政府性债务的界定与类别

地方政府性债务的提出，是对政府债务的进一步延伸，区别于过去政府直接作为借债主体的形式，将具有偿还或担保责任的债务或是地方融资平台债务均纳入政府性债务的范畴，这将对地方债务规模的评估和管理提供更为准确的理论依据。

（一）地方政府性债务的界定

1. 债务来源渠道

地方政府性债务源自地方政府的举债行为，举债形成的资金链长，债务结构具有复杂性，债务来源渠道呈现多样性，具体来看主要有三种渠道。

第一，以市场资金渠道为主的地方政府性债务，史密斯（Smith，1776）和大卫（David，1817）指出政府性债务就是公债，资金来源于市场，举债行为对经济可能产生负面影响，但向市场借债也能成为政府管理的工具，积极地调节所产生的正面作用能在一定程度上掩盖其消极作用（Keynes，1936）。地方政府性债务也可能与税收关联，地方政府的适度借债可能是为了平滑代际税率，促进代际收入的重新分配，在税收当期性的前提下，通过向当期当时的居民进行税收融资的渠道来实现横向公平（Schuitz，2001），进而完成代际公平和资源最优配置（Oates，1972；Barro，1979；Alesina et al.，1990）。这些观点大多集中在地方政府的借债是通过贷款的方式来实现的（Musgrave，2000），同时在具体实践中，日本政府于2008年成立日本地方政府金融组织（JFM）也是直接向市场来进行举债的，市场成为地方债不断增长的重要力量。

第二，以土地融资渠道为主的地方政府性债务，刘守英等（2005）提出地方政府通过土地融资获得的资金是政府性债务的主体，这类债务形成于地方政府成立的融资平台，对土地实施建设或改造来完成举债筹资的过程。周飞舟（2007）分析东西部城市数据得出，地方政府利用土地作为中间润滑剂，不断通过财政和金融手段来获得资金，最终形成了规模庞大的地方政府性债务。通过进一步引入 DSGE 模型来进行界定，可以发现地方政府债务与土地出让密切相关（郭长林等，2013），同时，张佐敏（2013）开创性地将税收融资与债务融资进行比较，得出政府对通过债务融资来形成的地方债务具有较为明确的倾向，这也就意味着，伴随土地价格的上涨，地方政府的信贷约束放宽，地方政府性债务会进一步增加（高然等，2017；赵扶扬等，2017）。

第三，以发放财政补贴为主的地方政府性债务。徐军伟等（2020）通过建立城投债数据库，并分析相关数据指出，在融资平台获得财政补贴后，其本身债务将会扩大（周文婷等，2020）。同时，地方政府将对债务采取进一步的扩张性债务策略，政府债务规模也随之不断扩大（张路，2020；刘畅等，2020）。

2. 按债务承担主体

根据债务主体的不同，学术界较早地将政府债务直接分为中央政府债务和地方政府债务，仅将直接进行举债的地方政府作为债务主体。随后，债务承担主体进一步向着地方政府性的方向不断完善，将地方政府在履行自身职能、促进当地经济发展过程中的融资形式均纳入考量范围。《财税大辞海》也从债务使用和责任承担的视角下对地方政府债务进行了界定，提出了地方公债的概念。沿着这一路径，郭琳（2001）指出地方政府是举债主体，地方政府性债务应包括由政府这一主体所进行的全部活动款项。肯尼斯（Kenneth，2011）等分析商业银行主体在市场中对政府债务的影响后指出，宽松性政策辅助下的商业银行将对地方政府债务产生有利影响。顾建光（2006）认为地方政府的轮换并不会产生债务责任的实际转移，在我国财政分权的背景下，政府都直接或间接地作为这种债务承担的主体（时红秀，2007）。但这类债务与一般经济主体所产生的债务也存在着区别，要在充分认识地方政府债务承担主体的基础上，才能对其偿还义务进行更为准确划分（李萍等，2009；魏加宁等，2012；罗林，2014）。为此，审计署2013年第35号审计公告中明确指出地方政府所承担的债务包括政府部门和机构、特定事业单位和地方融资平台公司直接举借或政府提供担保的部分，这也就意味着地方政府这一债务主体将承担相关的全部债务（王志浩，2016）。对地方政府而言，这样的负担往往是难以应对的，为此，李培等（Pei Li et al.，2018）指出社会资本主体的适当引入将缓解地方政府的偿债压力，帮助降低政府债务率。李羿君（2020）对不同国家政治体制的差异进行了比较，认为单一制国家的地方政府债务由中央级别以下的政府承担，采取其他体制的国家则由市、州级别以下的政府承担，通过自身信誉直接或间接地取得财政收入（王曼，2020），但地方政府性债务承担的主体始终是举借债务的本级政府。

3. 按债务实际用途

地方政府性债务的界定也可以按照其实际用途进行界定，张红安（2005）从宏观层面提出，地方政府举债应是用于促进人民幸福生活与地区内经济的快速发展，沿着这一路径，学者们逐渐将其界定拓展到具体领域。赵全厚（2011）认为地方政府性债务是指政府向公益性项目支出的资金，但地方政府性债务是包含多种类型债务的，其范围也广于地方政府性债务（刘尚希，2012），因而，对于债务类型的界定能够将地方政府性债务的定义更加明确化。为此，萨尔斯曼（Salsman，2017）直接指出投入国家基建、军队和法治类建设所用的资金就是地方政府性债务。郭传辉（2019）认为地方政府性债务不仅是举借用于满足政府日常财政支出，而是投入能够产生经济社会价值的公益性项目或促进经济社会健康发展的资金（赵如波，2020）。

（二）地方政府性债务的类别

哈娜（Hana，1998）根据财政风险矩阵，按照政府债务发生的可能性将债务分为直接债务和或有债务，提出了现在国际上公认的矩阵分析法。在债务可能性的基础上，根据债务履行的条件和手段，作为下级政府和国有企业债务最终承担者的政府债务应当补充为显性负债、隐性负债、直接负债和或有负债（平新乔，2000；安秀梅，2002）。依赖于财政风险矩阵理论的提出，债务分类正不断拓展。

第一，从债务来源的角度出发。王锐（2004）认为地方政府性债务是通过投融资平台所发行的，这类债务应分为显性债务与隐性债务。沈明高等（2010）认为地方政府也会考虑利用金融渠道进行借债，部分经济欠发达地区甚至也通过等待上级政府的转移支付渠道来获得资金（郭玉清等，2016）。对地方政府隐性债务进行分类对理解隐性债务具有重要意义，但对于完整把握地方政府性债务的类别则需要更为系统和准确的分类。针对这一客观需要，地方政府性债务也可分为：PPP、利用专项资金等变相举债形成的债务（梁朋，2018；吉富星，2018）。

毛捷（2019）认为，地方政府性债务不仅包含了地方政府利用职权要求国有企事业单位帮助地方政府举借的债务，还包含了地方政府的中长期债务[1]。除对具体项目的准确分类外，也可以分为以地方政府融资平台债务和PPP等项目中非政府性主体债务为主的主动型隐性债务，以及因政府被动利用公共资源深度介入市场后所承担的被动型隐性债务（徐玉德，2022）。

第二，从债务责任的角度出发。在我国，地方政府主要指省、市（州）、县（市）、乡（镇）四级政府，因此，地方债就是这四级政府的债务，主要由地方政府负有偿还责任（担保责任）的债务及其他相关债务组成。在此前提下，2009年财政部进一步将地方政府债务细化，除了显性债务，地方政府债务还有显性或有债务，以及隐性或有债务[2]。2011年，中国审计署在审计中也从债务的偿还、担保及救助责任出发，将地方政府债务分为了三类。陈磊（2017）进一步根据债务的偿还责任归属研究了地方政府隐性债务的实质，他认为地方政府隐性债务就是地方政府必须或可能承担偿

---

[1]　这类中长期债务通常指借助 PPP、政府投资基金等资金，通过约定回购投资资金及承诺收益等方式而形成的中长期债务。

[2]　《2009 年政府性债务报表》中将地方政府债务分为了三类，即负有直接偿债责任的显性债务、负有担保责任的显性或有债务、负有兜底责任的隐性或有债务。

还责任但没有被记录的债务，这种可能性实质上是针对地方政府债务责任承担意愿。因此，地方政府隐性债务可以分为地方政府违规借债（未披露）和迫于财政压力所借债务（封北麟，2018）。

二、地方政府隐性债务的特征分析与统计口径

（一）地方政府隐性债务的特征分析

2014 年修正的《预算法》的颁布为地方政府举借债务提供了重要的法律依据，而在实际履行过程中地方政府往往因举债形式、举债风险等因素的制衡，出现资金短缺等问题，迫于地方经济发展的压力，政府试图在规定范围以外提供担保或直接举债的行为仍十分普遍，地方政府债务进一步向隐性债务延伸发展。布里西（Brixi，1998）指出地方政府隐性债务之所以能够形成，是因为依托于政府在社会经济运行中的特殊地位，通过向社会表明承担意愿并由其他会计主体予以兑现的债务履行行为。因此，我国的地方政府隐性债务实际上是政府的变相举债或违规举债行为，同时，因受到预算法的约束，地方政府往往不愿公开政府实际债务，采取各自为政的分散管理（刘少波等，2008），这就导致了地方政府隐性债务呈现出多种形式，且资金来源追溯困难（吉富鑫，2018）。针对地方隐性债务的复杂性，刘金林等（2022）认为应充分结合政府债务的共性，重点突出隐性债务的特征，以便更好地识别地方政府的隐性债务。基于这种观点，本章将隐性债务的特征分为债务形式的多样性、债务管理的复杂性以及债务风险的不确定性。

1. 债务形式的多样性

地方政府通过大规模举债为地方经济发展带来了活力，同时，也催生了多种形式的地方隐性债务，其中早期形式表现为以城投债为主的地方融资平台债务（徐军伟，2020）。郭敏等（2020）认为地方政府对融资平台的依赖，使得融资债务直接参与地方政府隐性债务的构成，成为地方政府债务负

担的主要来源。随着地方经济的进一步发展，地方政府仍迫切需要解决资金短缺的问题。因此，地方政府考虑通过风险共担、利益分配的模式鼓励和吸引社会资本的参与，即政府与社会资本合作形式（PPP）。这种形式一定程度上达到了纾困的效用，也使得我国一跃成为全球最大的区域性市场，同时，还进一步演化出包含明股实债、BT 模式及 EPCO 模式（吉富星，2018）在内的多种债务形式。但由于存在地方官员短期晋升（Guo，2009），以及部分 PPP 项目未严格落实审批流程（沈坤荣，2022）的情况，导致地方政府隐性债务问题未能得到有效解决（贾康等，2020）。

作为地方政府举债的又一新形式，以棚改专项债为典型代表的地方政府购买服务规模也开始逐渐扩大，郑春荣（2018）指出这类专项债券具有较高的投资效益，有效推进项目实施的同时，降低了地方政府通过违规融资来推进土地项目的意愿，对于地方基建项目投资和地方经济发展有良好的促进作用（马海涛等，2018；明明等，2019）。然而，沈坤荣等（2022）从地方发行专项债周期长、收支平衡难等实际问题出发，指出地方隐性债务将随政府购买服务规模的扩张而进一步加重。

除上述主要债务形式外，政府投资资金、地方商业银行不良贷款、地方国有企业负债等形式的债务也正在发展成为地方隐性债务的重要组成部分（沈坤荣等，2022）。

2. 债务管理的复杂性

地方政府债务受到政治、经济等诸多因素的影响，在实际管理中管理方向、模式、制度都存在差异，导致地方政府债务的管理也呈现出复杂性。特蕾莎等（Teresa et al.，1997）对多个国家的地方债务管理问题进行了梳理分类，并分别对缺陷和适用条件进行了阐述。英曼（Inman，2003）认为地方政府债务管理是高效率的政府、完善的金融体系等在内的多因素通力协作的结果，适应于这种复杂性，在考虑实际管理时需要以政府对债务问题的合理承诺为前提（Robert，2005），借助相关模型的测度（Wales et al.，2006），来完成对地方政府债务问题管理制度的建立与完善。拉朱等（Raju et al.，2005）分析了44个国家近20年的数据进一步指出，单一制度无法实现对地方政府债务的最优管理，实现对相关体制的完善与配套决定了制度管理的有效性。此外，克里斯（Chris，2006）还从对税收政策和项目审批等方面提出对地方政府性债务的管理措施。

国内学者的研究起步稍晚，裴育等（2007）认为地方政府的债务管理要首先从显性债务开始，按照循序渐进的原则逐步过渡，利用制度约束与行政控制相结合的方式（赵晓宏，2007）。但管理水平也受到实际情况的影响，包括债务数据统计的缺失（马金华等，2010）、债务信息的透明度（肖鹏，2010）、资产负债的管理能力（王蕴波等，2012）等。为此，可以从多角度对地方政府债务的管理进行完善，如充分运用财政和金融的双重手段来进行管理（财政部科学研究所课题组，2015），将政府管理水平纳入信用评级（肖瑞卿，2016），纳入负债率、债务率等具体的指标（马恩涛等，2017），从财政可持续性角度管理（姚阳，2019）及构建土地财政与隐性债务关系的理论模型等（向辉等，2020）。管理手段的多样性对于评估政府债务管理水平具有重要意义，也折射着地方政府在管理政府债务问题时所面临的复杂性。

3. 债务风险的不确定性

地方政府的举债行为受到财政制度的约束，但地方发债制度设计需要逐步完善，并且在具体落实发债制度过程中也存在执行不一的可能性，在这一过程中未及时化解的存量债务会进一步累积形成巨大的债务风险，债务风险存在着不确定性，对这一特征的分析将有助于厘清地方政府隐性债务问题。为此，学者从不同角度来分析这种不确定性，布兰查德等（Blanchard et al.，1990）认为一定时间内的政府债务与 GDP 平均比率可以反映债务风险，比率的变化意味着政府债务规模的膨胀，政府的违约率也将大幅提升，增大风险发生的可能性（Alberto et al.，1992），但这种风险也可能并不来自经济制度，而是受到政治等因素的影响（Brixi et al.，2002）。受此启发，部分学者还从个人、市场等视角提出了引发债务风险的因素，比恩韦尼多（Bienvenido，2008）认为官员出于个人原因会以过分举债的形式来实现任期内的政绩，债务风险将随偿还责任的转移而进一步扩大。阿莫等（Amaud et al.，2010）对 33 个新兴经济体的数据进行分析，发现投资者、通胀等市场因素都可能引发债务风险，这种市场因素有时也可以具体到房地产业等特定领域（Dobbs，2015）。

随着我国地方债规模的不断增大，国内学者对债务风险的不确定性进行了深入研究。一方面，从风险的累积过程来看，曹信邦等（2005）较早地提出财政制度的缺陷加重了基层政府的财政压力，面对收支矛盾和融资渠道不足问题，地方政府被迫采取了难以预估风险的举债方式。加之，因监管缺失所导致的腐败、寻租等问题频发，债务风险不断加剧和扩散（黄国娇等，2011），增加的债务风险会沿着融资平台的金融、投资和政府三条路径不断传导，持续与经济相互作用（张英杰等，2013；杨华领等，2015；刘楠楠等，2016）。财政部与世界银行合作报告（2016）中明确指出，风险的不透明，以及由此带来的不确定性是中国地方政府债务风险的主要表现形式。潘俊等（2016）进一步通过实证分析得出了地方财政透明度越低，地方政府债务融资规模越大，反之亦然；另一方面，从债务监管力度来看，张宇润（2016）认为缺乏强制性的预算制度没有给地方政府的举债行为形成有力约束，这种预算软约束使得中央成为地方政府的隐性担保，债务风险会迅速传递难以阻隔（马蔡琛，2018；林源等，2021；王莹，2021）。

（二）地方政府隐性债务的统计口径

1. 大致匡算推断

喻桂华等（2005）采取相关方法，大致估算了我国地方政府的负债规模。刘少波（2008）将地方隐性债务分为地方政府担保外债、政策性债务等五类债务后，初步估算了地方债的规模。借助这种分类别估算的方法，魏加宁（2012）进一步估算了以省市县债务为主的四类地方政府债务规模，杨灿明等（2015）也从城投公司等三个角度估算了地方政府债务的规模。

2. 利用审计署公布的数据推算

曹远征（2012）根据审计署发布的《全国地方性债务审计结果》，以及公布的 1997 年、1998 年、1998～2002 年、2002～2007 年、2008～2010 年的增长率数据推算全国的历年地方债规模。徐家杰（2014）在审计署公布的 2010 年债务余额基础上，根据政府预算约束恒等式来推算了各个省份的债务余额。

3. 利用金融数据估算

沈明高（2010）运用中国人民银行统计的商业银行中长期贷款规模与国家统计局发布的相关数据[①]估算了地方政府的新增债务。史宗翰（2010）通过地方政府和银行签订的授信合作协议来估算银行给地方融资平台的授信规模，并通过上市公司年报及分析报告中有关地方融资平台的债权和股权融资部分来估算规模。封北麟（2018）基于国际清算银行和财政部公布的地方政府债务余额差额，从违法违规举债或变相举债角度估算出我国地方政府"一类隐性债务"。此外，对于特定具体年份隐性债务的统计，还提出了基于政府债务风险矩阵（吉富星，2018）筹资方式、融资主体、投资项目（姜超等，2018）等不同口径。

4. 利用政府收支估算

兴业银行（2012）利用政府收支平衡估算了全国的地方债总规模。莫纳切利（Monacelli，2016）使用了 1999～2016 年意大利市政预算数据，采用工具变量法研究现行的地方财政公约，来估计这一系列规则下的借贷投资规模。张海星（2016）采用 1994～2014 年大连的财政收支数据对未来五年的财政收支情况进行了预测。此后，王鸿等（2020）进一步利用黑龙江省 2003～2018 年财政收支与政府负债的相关资料，对 2019～2023 年的政府可担保性财政收支规模进行了预测，并利用修正的 KMV 模型得出了各年度的最大负债规模。

无论是采取哪种统计口径进行统计，现有的地方隐性债务的测算主要分为直接法和间接法两种，直接法主要测算的是地方政府过去年度的隐性债务积累存量与当年新增的隐性债务增量的总量，受到过去年度的数据影

---

① 主要是银行中长期贷款与城镇固定资产投资中的贷款资金规模之差。

响较大，测算的准确度较难保证。对比直接法、间接法则不用考虑隐性债务的实质形式，将地方用于基础设施建设的投入记为总支出，预算内资金等各项收入记为总收入，受债务形式的分类不明、政策变动等因素的影响小，数据的获得更为全面和连续，越来越多的学者采用间接法来测度地方隐性债务的规模。因此，本书实证部分也选用间接法对地方政府隐性债务规模进行测度。

三、地方政府隐性债务管理

（一）债务运行管理

在财政体制、经济发展和公共服务需求等诸多原因下，地方政府需要同金融机构、企业乃至个人保持债务关系以满足日益增长的公共支出需求，大量政府债务游离于预算体系之外，我国地方政府债务管理严重滞后于地方政府债务发展的需要（张国盛，2008），成为地方政府债务面临的最大挑战。从债务资金使用角度来看，目前我国政府性债务管理存在的问题包括以下四个方面：一是举债大规模分散、政府决策不严；二是债务管理机构权力分散、管理制度不完善；三是债务偿还意识不强、债务偿还体制不健全；四是债务管理手段过于单一、缺失相关法律法规管理（马金华等，2009）。为此，赵云旗（2011）分析了贷款政策、制度建设、管理使用等三个方面，提出了加强地方政府债务管理的政策建议。苏明等（2011）以浙江省、江苏省的部分区县作为案例，对我国沿海发达地区地方政府债务情况进行分析，得出监管机制的不健全加重了地方政府债务的结论。地方政府债务管理是服务于地方政府职能的终极目标，虽不能起到消除地方政府债务的作用，但合理高效的地方政府债务管理体系是地方经济得以良性运行的基本标准（李永刚，2011；龚强，2011；杨大楷等，2014）。

随着我国地方政府隐性债务规模的日益扩大，合理、有效的债务管理也成为学术界普遍关注的问题，为此不少学者从学术角度出发不断探索债务管理的实践。樊丽明等（2006）研究了地方政府债务管理，提出了将地方政府债务编入预算的建议。他们认为，将债务编入预算不仅有利于债务收支管理，同时也可以为债务管理提供数据支持。不仅如此，债务纳入预算也是债务管理机构完善的表现，逐步提高债务管理的效率。贾康（2009）也提出了治理地方政府债务风险的十二字方针："治存量、开前门、关后门、修围墙"，这将有效化解地方政府隐性债务。为了使地方政府债务管理走上透明化、法治化的道路，马海涛等（2011）通过研究提出，想要有效化解我国地方政府债务，必须要实现地方政府债务证券化。但地方政府自主发债也存在一定的难点，需要合理设计地方政府自主发债的制度框架（黄芳娜，2012）。闫坤等（2012）以审计署公布的地方政府性债务审计结果为依据，认为应建立有效的地方政府债务融资机制，正确引导和约束地方政府债务融资行为，从根本上改变 GDP 导向的政绩制度，将长期债务引入政绩考核中，引起历任政府当局者的重视（吕健，2014）。

此外，合理、有效的债务管理也依托于科学的管理手段。余霞民（2016）认为要运用财政手段而非金融手段解决地方政府债务问题，这样才不会造成风险转移，同时政府应该对本级债务和下级债务规模进行动态监测，以便债务管理，而张晓晶等（2017）通过研究认为，想要解决地方政府债务问题，就必须要去杠杆，尤其是以不同形式出现的隐性杠杆，更加值得关注。刘海玲（2018）认为要加快地方政府的债务公开和债务审计工作。在建立债券资金使用绩效评价制度方面，马文扬等（2020）认为要建立一套绩效考核的指标体系。构建和健全地方政府债券投资绩效评估制度，并对一般债券、专项债券都要进行绩效评估。同时，加强对新债的监管，明确各级政府的新债发行额度，合理调整负债结构，提高资金使用效率，降低融资成本（刘子园，2020）。冀云阳（2022）认为可以通过地方政府债券的自主发行、隐性债务的甄别和置换，进而实现地方政府债务的预算内管理。

（二）债务偿还管理

在地方政府债务偿还方面，郭玉清（2004）认为地方政府债务管理的问题还是在资金的使用不透明和偿还能力较弱上，政府应该合理运用风险权重测算偿债资金总额，健全财政偿债机制。林胜（2005）从发挥地方政府职能角度提出政策建议，地方政府职能包括建立债务偿还机制、建立偿债基金、签订责任状、制定相关法律法规等。赵云旗（2013）通过研究发现，限制债务规模、建立健全财政金融风险预警机制等可以规范管理地方政府隐性债务，进而有效化解地方政府隐性债务。饶云清（2014）从发行主体、发行程序、发行方式、偿还机制等角度介绍美国市政债券的发行与偿还后，建议从合理规划固定资产投资、控制地方政府债券发行规模、优化政府间财政分配、合理分配财政资源及各级政府财政收入来源等方面，提高地方政府的长期持续的偿付能力。但是，从目前的地方政府债务规模来看，地方政府缺乏稳定的偿债资金来源、过度依赖土地财政。因此，亟须完善法律法规和预算约束，规范地方政府偿还债务（钱红军，2016）。

在地方政府债务偿还的配套制度建设方面，李晓新（2012）认为我国针对地方政府债务危机的研究还不够，尤其是对债务危机产生之后的管理措施研究还存在滞后，因此应该加快研究相关管理措施以应对地方政府债务危机。需要明确的是，我国地方政府债务偿还管理存在监管主体缺位、地方政府缺乏偿债积极性、管理制度不健全等问题，因而亟须完善债务管理法律机制、完善债务约束机制、完善债务风险预警与监管机制等（鲍静海等，2017），在这一过程中，应配套相应的地方政府债务的监管权责和监管手段，采取制度与行政相互配合的地方政府债务管理模式，严格控制债务规模、建立风险评估和预警机制，加强预算管理和审计、健全信息披露机制，改进信用评级制度、完善利率定价机制、设立纠错和惩罚机制、强化责任追究（廖乾，2017；王璐，2020；杜烽，2021）。

（三）债务风险管理

债务风险的管理是隐性债务管理的重要一环，阿莱西娜等（Alesina et al.，1992）认为控制迅速扩大的债务规模将有助于控制债务风险，但财政调整并不能有效地帮助管理债务风险（Easterly，1999）。为此，博默等（Bommer et al.，2002）提出了通过灾害保险计划来管理风险。同时，还应注重债务的审批（王朝才，2007），借助资产证券化（肖耿等，2010）强化市场对于地方政府隐性债务的约束与监管（王克冰等，2010；冯静，2019）。

地方政府隐性债务的风险管理最为重要的是建立起与之相应的制度，何杨（2011）认为，加强制度监管将有效提高资金管理和使用的透明化，帮助地方政府建立合理稳定的收入来源，增强偿债能力。赵云旗（2013）认为，风险管理需要建立健全控制与化解机制，同步制定相应的地方政府债务法律，完善地方领导干部绩效考核制度（王世成等，2014），分阶段建立地方政府破产制度（温来成等，2015），实现对债务的加强管理。王印（2016）认为，合理把控资产与负债、配合市场机制也是管理风险必不可少的一种经济手段。对于具体资金，李升（2018）分析城投债模式后指出，要关注地方财政职能的转变，提高资金使用效率，引导养老产业基金实现对社会资金的聚拢作用（杨复卫，2019）。

除学者理论研究外，众多国家也在债务风险管理中提供了宝贵的实践经验，大致的管理方式分为以下五类：一是硬预算约束。包括中国在内的一些国家，中央政府对地方政府都存在预算软约束，中央政府不允许地方政府财政破产，因此在地方政府没有能力偿还债务时，中央政府都会对地方政府实施救助。二是规范债务管理。日本、澳大利亚等国家将地方政府债务纳入预算，这样可以及时获取债务相关数据，分析债务风险，以便于合理调配政府公共资源，并根据各地方政府实际情况控制债务规模。三是建立预警机制。美国等国家都根据各国国情建立了相应的地方政府债务预警机制，有效防范地方政府债务风险。四是强化债务监督。日本设有地方监察委员会、德国建立了财政稳固委员会等，这些债务监管机构的设立都严格监控了地方政府的债务规模。五是强化债务信息披露，增加债务透明度。澳大利亚规定地方政府必须定期定时向公众披露债务信息，包括直接债务和或有债务；巴西规定地方政府一年至少公布四次政府债务报告，这样有助于债务管理，便于控制债务规模和债务风险，防止债务风险的扩大。

第三节　财政金融风险叠加视角下化解地方政府隐性债务的逻辑推演

一、财政风险诱发地方政府隐性债务风险的路径分析

（一）地方财政收入持续减少

近十年来，受到国际严峻复杂的形势影响，国内发展条件深刻变化，使得大部分中小型民营企业生存艰难。为了减小企业生存压力，稳住就业，我国继续实施各种组合式的减税降费支持政策，减降规模从 2014 年的 2000 亿元左右增加到 2022 年的 2.6 万亿元以上①，大力度的减税降费政策虽然减轻了企业的经营成本，但是减税降费政策实施力度的不断扩大也导致了短期内地方政府财政收入的极大减少，降低了地方政府财政的可持续性。面临着日益激增的财政压力，地方政府只能通过频繁的债务融资来筹措更多的财政资金。依据地方政府债券信息公开平台的统计数据显示，地方政府在"十三五"时期发行债券（包括一般债券和专项债券）共计 25.38 万亿元，其中还并不包含 15.45 万亿元的城投债务，是同时期减税降费规模的五倍之多②。虽然适当规模的地方政府债务可有效扩大内需，刺激民间投资，缓解经济社会发展压力，但是频繁的举债融资行为却会积累庞大的地方政府债务存量，不仅会使各级政府面临较大的偿付压力，还会诱发地方政府的短期机会主义和财政机会主义，使得地方债风险不断扩大。

2020 年，正当中央经济工作会议提出要"抓实化解地方政府隐性债务风险工作"的同时，国内新冠疫情暴发，经济增长进一步放缓，导致地方政府的财政收支缺口进一步扩大。即使地方政府不断加大对各类民营企业的

---

① 资料来源：中国青年报 2022 年 6 月 10 日 3 版。
② 资料来源：中国地方政府债券信息公开平台，http：//www.celma.org.cn/ndsj/index.jhtml。

减税降费力度，但也只能是杯水车薪，疫情对国内居民消费水平和企业经营状况产生了极大的影响，不仅降低了地方税源质量，还使得一些地方税源逐渐流失，对地方政府的财政可持续性提出了极大的挑战。在财政收入有限、税收来源不足、债务存量庞大的情况之下，个别政府不得不通过各类隐蔽的渠道违规进行举债融资，主要包括伪 PPP 项目、明股实债等违法操作，造成隐性债务规模不断膨胀，并将地方政府隐性债务风险不断扩散至金融行业、房地产行业等，给经济发展带来严重影响（庞德良等，2020）。

（二）地方财政支出持续增加

财政支出是地方政府实行分配活动的重要内容，能够起到有力支撑社会经济发展的作用。相较于近年来财政收入的中低速增长状态，财政支出的增速却一直保持在较高水平，这也是造成地方政府隐性债务风险不断攀升的主要原因（徐玉德，2021）。在经济发展进入新常态，经济转型和结构调整的任务加大的情况下，地方财政运行一直处于紧平衡状态，财政收支缺口呈现出不断扩大的趋势。归根结底，财政脆弱性问题突出的原因有以下三点：一是财政项目变更和退出机制不完善，债务偿还机制不健全。根据财政部数据①显示，截至 2022 年 12 月，地方政府债务余额已超 35 万亿元，且地方政府债务余额明显高于中央政府，再加上地方债务存量化解不及时，导致地方财政还本付息压力大。二是财政支出效率低下，地方官员为了寻求经济迅速增长，对某些基础性产业进行重复性投入，且部分支出固化和僵化的问题也未能得到妥善解决，导致部分财政资金被过度占用（甘行琼等，2022）。三是财政政策扩张程度加大，逐步提升财政赤字率，虽然刺激了经济增长、扩大了社会总需求、保障了政府承担的支出责任，但同时也增加了地方政府债务和相应的财政支出，给地方政府带来了更大的财政压力（邢丽等，2023）。在地方财政收入不足以覆盖财政支出的情况下，不仅赤字率大幅增加，地方债务也会迅速积累，从而诱发地方政府隐性债务风险，影响经济和社会稳定。

---

① 资料来源：http://www.gov.cn/xinwen/2023－01/30/content_5739128.htm。

（三）财政分权的调整不及时

1994 年分税制改革形成了以"财权上升、事权下移"为特征的财政分权体制，虽然使得各级政府之间的财政关系更为规范，但同时也导致了政府财权和事权的不匹配现象，这也是地方政府隐性债务风险产生的根源（李丽珍等，2019）。一方面，财政分权体制打破了以往地方政府"以收定支"的预算平衡模式，使得地方政府财政收支压力不断扩大。地方政府只能通过融资平台进行大规模的举借债务来缓解财政压力，甚至审核通过了许多明股实债项目，并以财政预算收入、项目资产等形式提供违规隐性担保，过度依赖债务资金，形成了十分庞大的隐性债务规模，扩大了地方政府隐性债务风险。另一方面，在"晋升锦标赛"背景之下，地方官员为了追求区域 GDP 的迅速增长而加大对基础设施建设的投资，但是此类的资源密集型工程对资金的需求十分庞大，极易造成地方政府的财政收支缺口加大，面对巨大的财政压力，地方政府可能会通过各种隐性的融资平台贷款或者发行城投债的方式进行举债融资，从而造成地方政府隐性债务水平大幅增加（赵聚军，2014）。因此，之所以地方政府隐性债务规模不断攀升，其原因是财政分权的调整不及时。现有的财政分权体制不仅没有对中央和地方政府之间的财政事权和支出责任进行有效合理的划分，还使得地方政府没有足够的财力满足其职能的需要，未来需要及时地调整好各级政府间的收支范围和管辖权力，统筹中央与地方政府财权与事权，才能实现共同发展。

（四）财政管理体制不健全

地方政府隐性债务风险的成因十分复杂，既有债务管理制度不完善的原因，又有绩效评价考核不恰当的原因，但是综合起来，学术界一致认为 1994 年的分税制改革才是产生地方政府债务的政策性根源。1994 年以前，我国的财政管理体制是"包干制"，地方政府拥有极大的财政自主权，能够独立编制预算支出，并获得地方财政收入增加或者支出结余的部分，这虽然调动了地方政府的积极性，但也出现了某些地方政府故意隐藏经济发展成果以少向中央政府缴纳税收的情况，使得中央财政收入逐渐减少（温来成等，

2022）。为了实现国家财政的综合平衡，明确划分中央和地方的收支范围，国家实行了分税制体制改革，此时财政收入已经呈现出"中央增、地方减"的情况，而财政支出却出现了"中央减、地方增"的情况，导致地方政府的财权上升、事权扩大，此时地方政府的财力已经明显不足、财政赤字严重，为了弥补巨额的财政收支缺口，地方政府大肆举借外债，使得债务规模急剧上升，还通过抵押土地的方式以获取大量银行贷款，这部分抵押贷款也逐渐形成了地方政府的显性债务。

解决地方政府隐性债务问题是一项非常艰巨的任务。为了扎实推进债务管理体制改革，防范化解地方政府债务风险，国务院于 2014 年发布相关文件规范地方政府举债行为①。此后，地方政府唯一合法的方式就是发放一般债券和专项债券，但在经济下行压力大、地方债券发行成本高、制约因素多的背景下，地方政府仍旧利用融资平台公司的各种渠道（如城投债、商业银行与政策性银行贷款、非标融资等）来获取财政资金，部分企事业单位认为有地方政府为其信用背书，并没有对其项目风险进行严格评估，这助推了地方政府违规举债获得大量违规融资资金的行为。此外，地方政府还凭借PPP 项目、资产证券化或购买服务等形式变相举债，这使得地方政府债务规模的增长更加隐蔽，甚至大幅超过了财政收入和地区经济的增长，不利于地方财政的可持续性，极大地增加了地方债风险。

二、金融风险诱发地方政府隐性债务风险的路径分析

（一）隐性金融分权的助推作用

金融风险不仅是地方政府隐性债务规模过于庞大的结果，还是形成地方政府隐性债务扩张的主要原因之一（韩健等，2018）。本书从金融体制的视角分析了地方政府隐性债务的形成机制，发现隐性金融分权是债务扩张的关键因素之一。金融分权是指金融资源的配置权、监管权和稳定权在中央和地

---

① 《国务院关于加强地方政府性债务管理的意见》（国发〔2014〕43 号）。

方政府之间的具体划分，而地方政府为了掌握更多的金融资源，在除了中央统一的金融制度安排外，还进行一系列的非规范性的隐性金融活动，从而产生了隐性金融分权（李桂君等，2022）。

隐性金融分权之所以对地方隐性债务的膨胀起到了助推作用，其原因主要有两点，一是中央政府为了经济发展和社会稳定，在金融集权的全面布局下完善了现代金融监管体系，使得中央对地方的金融监管能力得到了加强。但是地方政府的政治目标和中央却是背道而驰，为了满足地方经济发展和政治晋升需要，地方政府通过金融机构干预信贷配置，以及追求最大化的营利性投资，试图获取更多的金融资源，而处于弱势方的地方金融机构也只能被动参与其债务融资；二是尽管处于中央政府严格监管的债务约束机制下，地方政府依然对本区域的金融资源具有极大的支配控制权力（丁骋骋和傅勇，2012）。地方政府会通过融资平台公司、PPP项目、招商引资等一系列隐性渠道进行举债融资，使得隐性债务大规模地非理性扩张。这些举债主体与地方政府在频繁的合作关系中形成了各自稳定的经济利益，融资平台和金融机构等通过一系列投融资活动得到了政府政策的有力支持，而地方政府也缓解了财政压力和偿债压力。但是在尝到了财政预算软约束的甜头之后，地方政府就会更加渴望追求预算外的额外资金收入，如借助土地融资等，在这种强力的激励机制下，地方政府会调动更多的金融资源进行举债融资，逐渐积累了规模庞大的地方政府隐性债务，随着金融机构的广泛参与，逐渐演变成了多部门的系统性金融风险，并诱发形成地方政府隐性债务风险（马万里等，2020）。

（二）金融机构的不良投资行为

金融机构不论是迫于"政治弱势"的处境还是存有"合谋共赢"的动机，作为地方政府债券承销和认购的主力军，为其提供融资资金的支持，都被动或是主动地参与了地方政府隐性债务扩张的过程（侯世英等，2021）。一方面，地方政府对于金融机构具有极大的管理监督权，掌握国有银行分支行、城商行、村镇银行等地方金融机构的人员任命，出于其财政压力和政治晋升需求，通常会派遣地方官员担任银行董事，直接干预金融机构的信贷资源配置，而金融机构在政治压力下不得不被动配合地方政府进行融资活动，使得现在大量的地方政府隐性债务以银行贷款的形式存在（施宇等，2023）；另一方面，金融机构认为有地方政府提供隐性担保，存在"获利后全归自己、损失由政府兜底"的盲目幻觉，在没有经过严格审批的情况下，就给地方政府投资的一些重点或热点项目提供信贷资金，在此过程中往往忽视了银行自身的经营发展状况，没有经过精准评估就想当然地认为该风险是可控的，其结果必然是不断提高了地方政府的融资成本，使得隐性债务规模大量积累。金融机构如此盲目地为地方政府提供融资资金，不仅导致了银行自身坏账率的上升，还使得地区信贷资源配置无效率，容易演化成系统性的金融风险（黄倩等，2021），而地方政府在满足了扩大发债的冲动和偏好以后，会渴望追求更多的金融资源，甚至绕开法律法规违规举债，为地方政府隐性债务危机埋下隐患。

另外，2014 年相关文件明确要求剥离融资平台的政府融资功能，因此再想通过融资平台向银行进行大规模借贷变得愈加困难，作为应对，地方政府又创新了影子银行体系，进一步导致地方政府隐性债务规模大幅扩张。影子银行通过发行一系列金融衍生产品，像商业银行一样参与金融市场交易，并进行大规模的次级贷款发放，由于缺乏严格的金融监管及存款制度的保护，在利益驱动下影子银行会逐渐扩大其负债和资产业务，不断为政府提供地方隐性债务的融资途径，一旦借款方无法如期偿还信贷资金，则会触发系统性的金融风险，并且金融机构积累的债务风险会再通过高债务杠杆率传导到地方政府，进而诱发地方政府隐性债务风险。

（三）金融市场波动的不确定性

系统性的金融风险既涉及金融机构，又和金融市场有所关联，从宏观环境上来看，近年来全球通胀压力持续走高，国际金融市场剧烈动荡，使得外部输入性的金融风险逐渐上升（秦朵等，2021），在当前国内、国际金融市场联系日益紧密的背景下，一旦其他国家陷入债务危机，有可能会通过实体或者金融链条蔓延至国内，不仅影响到中国金融市场的稳定性，还会提升全球债务杠杆率，致使地方政府和企业过度负债，实体经济债务的违约风险升高，形成跨境风险的传染；从微观环境上来看，当前我国地方金融市场结构并不完善，在经济下行和偿债压力的双重叠加下，各类企业的经营状况恶化，其资金链难以为继，没有经过严格评估就频繁放贷推升了银行的不良贷款率，与此同时，中小金融机构为了支持实体经济、完成普惠金融的政策目标，也过度承担信贷风险，导致债务杠杆率过高，金融市场的脆弱性增加。投资者面对动荡的金融市场，也难以有信心进行投资经营发展，从而可能出现集体违约的情况，对金融市场的稳定性造成极大的负面冲击，不仅影响到新的债务发行，甚至会导致债务接续困难，诱发地方政府隐性债务风险（张至敏等，2019）。

流动性风险往往是系统性金融风险的触发点，流动性风险暴露会加速金融市场的信用风险，从而引发隐性债务风险。金融市场流动性是保障金融资产价格稳定的重要基础（陆江源等，2022），当金融主体不能及时获取到足够的资金来偿还到期债务本息时，就可能导致银行坏账，发生流动性危机，与此同时，流动性的短缺或骤停会不断推升债券市场的利率，引起隐性债务风险的连锁爆发。在隐性债务风险的叠加下，金融市场的价格必然会产生剧烈波动，而城投债等隐性地方债务本身的资产价格就极不稳定，一旦发生债务主体风险事件，其资产价格的下跌幅度比普通债券要更大，更加扰乱了金融市场的稳定，一旦经济遭遇下行冲击，整个金融系统都将受到威胁，诱发地方政府隐性债务风险。

三、财政金融风险叠加视角下地方政府隐性债务的风险识别

（一）地方政府隐性债务风险识别的模型比较及选择

本书基于公司金融中的信用风险概念来识别地方政府隐性债务风险，并通过对比多种信用风险度量模型的优劣点，最终确定地方政府隐性债务风险的识别方法。信用风险评估最早是从商业银行等金融机构开始发展的，当时的金融机构需要在长期的信贷活动中对客户的信用风险有一个明确、量化的评级，并根据评级做出是否放贷的评定标准及后续的贷款跟踪策略。依据巴

塞尔对于信用风险度量准则的阐述，信用风险度量模型分为传统评估方法和现代度量模型，传统的信用风险评估方法主要有 5C 法、多元线性判别法、财务比率法等，这类传统分析方法大多是基于主观分析或是定性分析的角度来识别企业的代偿能力和信用风险，但由于之后金融危机和欧债危机所导致的风险危机加剧，传统的信用风险评估方法已经无法满足金融机构发展所需，为了更好地管理信用风险，衍生出了四种主要的现代风险度量模型[①]，它们在传统的理论基础上进行了改进创新，且均可以对各类资产组合进行估计，并确定其在险价值，以期进行更为精确的信用风险评估，适用性很广。

第一，Credit Metrics 模型。是 J. P. Morgan 在 1997 年研发的用于度量信用风险状况的模型，又称为信用计量模型。该模型是 VaR 模型的拓展，其分析方法考虑了企业的违约损失、违约概率和违约风险等多个因素，它以标准的信用评级为基础，计算出贷款组合的价值分布，并以此来确定贷款在置信水平下的最大损失，从而度量出资产组合的信用风险（曹道胜等，2006）。使用 CM 模型测算信用风险的具体步骤大致有三步，即计算违约贷款的回收率和企业信用等级变化的概率、估计贷款的市场价值和市值变动率、测算信贷资产的在险价值 VaR。

Credit Metrics 模型应用简单广泛，运算逻辑又是依据基础的结构化模型，可以在一定程度上避免资产收益率的正态性假设，不仅适用于测量单一贷款的风险，还适用于测量非交易型的资产组合风险，为投资者进行组合管理决策提供了较为准确的量化依据。但使用 CM 模型测度地方政府债务风险可能会产生两点问题，一是过度依赖信用评级，两只刚发行的债券，在规模和评级都相同的情况下，在一段时间后却出现信用风险息差不同的情况，这是由于信用评级是静态的风险指标，而违约是一个突发的过程，会导致分析结果出现偏失，不能及早反映地方政府的信用状况；二是模型中的必要因子违约率采用历史数据的平均值，但我国地方政府债券出现时间较晚，导致无法获取一定数量的债券违约数据，制约了模型的使用。

第二，Credit Risk + 模型。基于财险精算方法，瑞士信贷银行（CSFB）

---

① Credit Metrics 模型、Credit Risk + 模型、Credit Portfolio View 模型、KMV 模型。

进一步建立 Credit Risk + 违约模型，该模型框架主要由信用风险管理、资源配置管理和积极的组合管理三个部分组成。其中，信用风险管理主要是设定好相关的变量，如违约率、回收率等；资源配置管理主要是根据损失判断在一定的置信水平下非预期信用违约的损失水平，以此配置相应的经济资源；最后一个部分主要是根据对风险的偏好来进行积极的组合管理。Credit Risk + 模型的假定是贷款组合的违约率为随机的，并服从于泊松分布，且每笔贷款仅有违约和不违约两种情况，以此为前提来度量预期损失、未预期损失及其变化，利用该模型可以得到贷款组合损失的概率分布，最后做出系统性评价（李琦等，2015）。

该模型的优点是原理简单、计算速度快、操作性强、处理数据的能力很强，且所需的主要变量仅包括债务工具的违约数据和风险暴露数据。其缺点是在计算过程中，外部经济因素可能会影响地方政府债务的信用风险，无法保证平均违约率是恒定不变的，并且需要大量的政府违约数据，数据收集困难，从而会影响模型的度量结果。

第三，Credit Portfolio View 模型。1998 年，基于宏观经济环境的角度，McKinsey 公司开发了多因素信用风险量化模型，即 Credit Portfolio View 模型。该模型可以看作是 Credit Metrics 模型的拓展和补充，它将信用迁移概率和违约概率与宏观经济因素（如经济周期、汇率波动、通货膨胀率等）联系起来，通过运用多元经济计量模型对债务主体进行信用等级分析，采用蒙特卡罗模拟法，从而测算出债务主体的违约概率和信用等级转换概率，并对其信用风险进行评估（曹裕等，2017）。

CPV 模型的特点是违约率会随着宏观经济的演变而发生变化，考虑到了多种宏观经济环境因素对债务主体带来的影响，具有很强的适应性和动态性。但是它的局限性在于模型统计样本太大，需要获取长期的地方政府债务数据和精准的宏观经济变量，且无法反映出债务主体的具体风险值，只是将其进行排名，因此 Credit Portfolio View 模型也不适合对我国地方政府的隐性债务风险进行评估。

第四，KMV 模型。基于 Black – Sholes 期权定价理论和 Merton 风险债务定价理论，美国 KMV 公司建立违约概率信用模型，即 KMV 模型。KMV 模型的中心思想是：将企业的权益视为看涨期权，企业负债视为看跌期权，在债务到期日，若企业资产价值大于未偿债务价值，此时企业有还款能力，股东则会行权清除债务；而当该时的企业资产价值小于未偿债务价值，企业就会有违约的可能性。所以，企业的预期资产价值离违约点距离越近，即违约距离越小，违约可能性就越大；反之，则违约的可能性更小。

KMV 模型的优点是作为一个动态模型，能充分利用股票市场的资料进行估计，而非企业的历史数据，不仅能更好地度量当前企业的信用情况，迅速更新的数据和结果也让其对未来的信用风险预测能力也更强、更及时，具有一定的前瞻性。当前 KMV 模型也存在一些明显的缺点，比如模型假定资产价值必须是严格的正态分布，所以对非线性产品的预测效果较差，而且模型主要是针对上市公司来进行信用风险度量，对非股票上市公司的预测准确度也较低等（潜力等，2020）。

通过以上四种主要信用风险度量模型的比较分析，本书最终确定使用 KMV 模型来识别地方政府隐性债务风险，选择原因包括以下三点：首先，该模型进行风险测算需要的数据主要是财政收入、发债规模及可偿债收入的波动率和增长率等，较为容易获取，而且不需要大量的历史数据，在计算过程中也不涉及违约损失和债券定价，相对简单；其次，政府债务属于单一的资产模式，其信用风险不涉及资产的投资组合，所以不适用于其他三类风险度量模型；最后，KMV 模型不仅能很好地度量过去和当前的地方政府债务风险大小，还能通过对偿债能力的预测来对未来几年的债务风险进行综合测量，有利于地方政府进行对比分析，从而保障财政收入的稳定性和控制好地方的发债规模，减小地方政府隐性债务风险。因此在经过上述对比分析后，本书认为 KMV 模型的特点更加契合我国地方政府债务的具体情况，故拟采用 KMV 模型对地方政府债务隐性风险进行度量。

（二）财政金融风险叠加视角下地方政府隐性债务风险的识别方法

在使用 KMV 模型度量出地方政府隐性债务风险之后，接下来需要对财政风险和金融风险叠加之后的地方政府隐性债务风险进行风险识别。与上面单纯的风险模型测算不同，为了从财政金融风险叠加的视角来准确反映地方政府隐性债务风险，并针对综合隐性债务风险程度，提出对应的防范化解路径，本书决定建立一套科学严谨的预警体系，该预警体系应以综合隐性债务风险的预测和化解为目标，内容包括数据收集、风险识别等环节。常用的综合预警分析方法主要包括 Z-Score 模型、层次分析法（AHP）、模糊综合评价法和 TOPSIS 法等，以下对这些方法的基本原理和优缺点做一个简单介绍。

第一，Z-Score 模型①。该模型以多变量的统计方法为基础，以破产企业为样本，再抽样筛选出其配对的正常企业，对它们进行 1∶1 的对照观察，以此进行与企业财务危机相关的预警研究。该预警研究中一共分析筛选了 22 个财务指标和五大变量，分别从企业的财务结构、获利能力、偿债能力和发展能力等方面来建立起 Z-Score 模型，并对其财务状况做出评级，预测企业破产的可能性（徐秀渠，2010）。Z 的得分②能衡量企业的财务结构是否稳定，若 Z 得分越低，则企业的破产风险越高，其判断准则为：若 $Z < 1.8$，则企业处于破产期；若 $1.8 \leqslant Z < 2.99$，则企业处于灰色区域，无法准确判断；若 $Z > 2.99$，则企业处于安全期。

Z-Score 模型经过不断发展，现在已经建立起了一套完整的评价体系，它的优势是能明确地反映出企业在一定时期内的信用状况（是否具有破产风险），并针对企业的财务状况提出针对性的建议，帮助企业预防未然，具有很强的便捷性、实用性和预测能力，是当前预测企业破产的核心方法之一。但是，该模型也存在不少缺点。一是缺乏一定的理论基础，对于一部分结论无法给出合理的解释，仅考虑了两个极端的状况（破产或是不破产），对于中间区域没有做出合理的分类；二是没有考虑到系统性风险的影响，如2008 年发生的金融危机，这些外部风险又必然会对企业的破产概率造成极大影响。因此，该模型不太适合作为财政金融风险叠加视角下地方政府隐性债务风险的识别方法。

---

① 1968 年，纽约大学斯特恩学院 Edward I. Altman 教授提出该模型。

② Z-Score 模型的具体公式为：$Z = 1.2X1 + 1.4X2 + 3.3X3 + 0.6X4 + 0.999X5$，其中 Z 为分数判别值，X1 = 净营运资本/总资产；X2 = 留存收益/总资产；X3 = 息税前收益/总资产；X4 = 优先股和普通股市值/总负债；X5 = 销售额/总资产。

第二，层次分析法（AHP）[①]。层次分析法主要适用于处理评价指标分层交错而目标值又难于定量描述的决策问题，该方法将决策问题分解为二级、三级目标或准则，通过分析系统内不同层级的非序列关系，利用求解判断矩阵特征向量的办法，能够求得每一个层次的各元素对应权重，最后通过加权和的方法合并各类方案求出总的目标方案排序，权重最大的一个则为最优解决方案。

层次分析法常用于政府或者企业债务违约预警方面的研究，能够针对实际的债务风险状况，进行多方面风险因素的联合分析，帮助债务主体进行风险监测，为地方政府举债规模提供相应的参考标准（马恩涛等，2022）。虽然层次分析法简洁实用，但是其指标的选择中多是一些定性数据，不符合本书的定量数据要求，在权重的确定上也太过主观，导致测算结果难以服众。最重要的是层次分析法仅能从备选方案中选择优秀方案，并不能独立创造或者提供新的决策方案，不利于后续的分析改进，所以也不太适合作为财政金融风险叠加视角下地方政府隐性债务风险的识别方法。

第三，模糊综合评价法。模糊综合评价法是一种基于模糊数学的定量评价方法，根据其隶属度理论将一些边界不清的定性评价转变为定量评价，并提取评价体系中多种因素的制约关系，用构建出的理想拟合模型来解决各种非确定性的问题。用模糊综合评价法来构建风险评价体系的步骤如下：第一步，选取合适的风险评价指标，并构建相应的风险指标集，评价指标的选取是否合适对最后综合评价结果的准确性影响很大；第二步，确定评价隶属矩阵，这一步主要是根据合适的隶属函数来构建隶属矩阵，可以根据风险评价等级表对各个指标进行风险评价，并做出风险隶属程度表；第三步，进行模糊综合评价，采用适合的合成因子对隶属度矩阵和相应的权重集合进行模糊合成运算，并对计算出的评价结果向量进行分析和解释。

模糊综合评价法是在层次分析法的基础上发展起来的，能够做出更为科学精确的量化评价，其评价结果作为一个矢量，包含更加丰富的信息，具有清晰、系统性强的特征，能更好地解决难以量化的模糊性问题（卿固等，

---

① 20世纪70年代，美国运筹学家 T. L. Saaty 提出了一种层次权重决策分析方法。

2011）。但是模糊综合评价法的计算相对复杂，对各类指标权重的确定不够客观，可能会降低其结果的可信度和稳健性，甚至导致评判结果失败，而且从理论来讲，虽然模糊综合评价法能够测算出具体的风险值，并衡量相应的财政风险和金融风险，但是最后却不能把财政金融风险和隐性债务风险融合成为综合隐性债务风险，故也不适合本书作为风险的识别方法。

第四，TOPSIS 法（Technique for Order Preference by Similarity to an Ideal Solution），亦称逼近理想解排序法。这是一种根据多个评价对象和理想化目标的接近程度来进行排序的方法，能够十分有效地处理多目标的决策问题。其中，最优解代表最理想的方案，即备选方案中最好的方案，而最劣解代表最劣的方案，当对评价对象进行排序时，若该评价对象越接近最优解（越远离最劣解），则受到的评估越好，综合评价指数越高；反之，若该评价对象越接近最劣解（越远离最优解），则受到的评估越坏，综合评价指数越低，而距离的计算可参考欧几里得距离公式（刘烨等，2016）。

TOPSIS 法常用于构建与地方政府债务风险有关的评估与预警模型，它具有以下三个优点：首先，该方法对样本量和参数分布均无严格假设，能够充分利用数据的原始信息，十分适合当前我国地方政府隐性债务难以获得的特点；其次，TOPSIS 法的计算简便，与熵权法结合不仅可以避免数据的主观性，还可以将财政风险和金融风险叠加进地方政府隐性债务风险之中，能够进行多方面、多层次的风险分析；最后，TOPSIS 法测算出的综合评价指数能够精准反映出财政金融风险叠加下地方政府隐性债务的风险大小，并划分相应的预警等级，提高了政策分析的科学性和准确性，有利于地方政府进行风险监测处理。综上考虑，本书选择 TOPSIS 法构建预警模型作为财政金融风险叠加视角下地方政府隐性债务风险的识别方法。

四、财政金融风险叠加视角下化解地方政府隐性债务的路径分析

（一）深化财税体制改革，缓解地方财政压力

财政体制是国家治理的重要支柱，在改善居民收入分配、控制系统性风

险和转变经济发展方式中始终发挥着基础性作用。但是，自从1994年以来，我国地方政府债务快速增长，究其制度性根源，财税体制的不合理是我国地方政府债务呈现快速增长的关键原因。现阶段财税体制的不完善导致了地方政府过度依赖举债融资来推动区域经济发展。因此，为了从根本上遏制隐性债务膨胀的冲动，需要深化财政体制改革，加强地方政府隐性债务管理，并建立激励相容、风险责任清晰的现代财政体制（吕炜等，2022）。其中关键是要建立权责明晰的央地事权财权划分模式。1994年实行的分税制改革仅仅明确了中央政府和地方政府的财权划分问题，但是在事权划分上却显得十分模糊，这就令地方政府在财力减少的同时承担了更多的支出责任，所以地方政府在财政预算约束下不得不频繁举借债务完成经济发展目标，导致地方政府隐性债务规模过度膨胀（贾康，2022）。因此，首先要有效地管控地方政府隐性债务规模，一方面，要厘清中央和地方政府事权关系，明确两者在养老保险、医疗卫生、交通运输、知识产权保护、环境保护等跨区域领域的支出责任划分，具体而言，中央政府需要在公共服务提供中应该承担更大的财政支出责任，地方政府也要因地制宜，主动承担起更具信息优势的财政支出领域。同时，不能局限于口头承诺，要积极推进央地间事权与支出责任划分的法治化与实体化，并建立相关机构对其决策、执行和管理进行实时监督，对新型的央地关系形成法律上的硬约束，这不仅有利于协调中央和地方间的利益平衡关系，还可以切实减小地方政府事权压力，从根本上抑制地方政府举债冲动（吕冰洋，2019；杨志勇，2023）。另一方面，要构建地方政府收入的稳定增长体制，持续扩大地方政府税收收入，使得事权有财力支撑。首先，地方政府要建立健全现代税收体系，通过扩大税基等方式实现税收收入增加，同时要提高税收质量，为经济社会发展提供财力保障。其次，要合理分配中央政府和地方政府的税收收入，着力提升地区之间的财力均衡水平，激励地方政府发展经济、培植税源，减少地方政府的过度举债行为。最后，中央政府可以下放部分地方税权，或者通过税收返还、转移支付、专项补助等方式减小地方政府财政压力，不仅缩小了央地间财力差距，还保障了财政困难地区的政府运转与基本公共服务供给，减少了财政资金不足所滋生的腐败行为，实现了债务与偿债能力之间的良性循环，从根本上遏制了地方政府隐性债务规模的膨胀（秦家顺，2022；徐玉德，2022）。

（二）深化金融体制改革，提高金融资源配置效率

前文基于金融体制的角度，指出了隐性金融分权也是地方政府隐性债务风险扩张的重要原因。从地方政府债务规模膨胀的根源来看，地方政府为了与中央政府争夺更多的金融资源，通过不断发展地方性金融机构和干预金融机构的管理和信贷分配来进行各种投融资活动，以获取预算外的财政资金打破预算硬约束。这些举债融资渠道十分隐蔽，游离于中央政府的金融监管体系以外，并逐渐形成了地方政府自己的一套隐性金融制度安排，从而导致了地方债务非理性扩张。因此，要有效地管控地方政府隐性债务规模，首先要深化金融体制改革，理顺中央与地方之间的金融关系。中央政府要做好对地方政府的财政和政治激励，不仅要确保各级金融机构业务的透明化和规范化，加强和完善对地方政府的金融约束，打破地方政府有金融系统兜底的"财政幻觉"，还要重新设计一套金融领域统一的垂直管理体系和监督体系，维护地方金融市场的稳定性和公平性，这才能避免当地金融机构被动成为地方政府无理性扩张债务的帮凶，更好地限制地方政府过度干预金融活动（宋立，2005）；其次，要推进金融市场改革，提高资源配置效率。要发挥市场利率的资源配置作用，加快建设适应市场需求的利率形成和调控机制，防止金融杠杆率攀升，还要加强对金融机构在地方政府融资方面的监管，防止地方政府过度挤占大量资金，中小微企业无法进行融资发展的问题出现。最后，要加强金融系统监管，抑制金融机构盲目恶性扩张。从地方政府债务萌芽的过程来看，地方政府利用自身信用担保不断进行举债融资，而债务资金作为政府财政预算以外的资金，其来源一定是金融市场和金融系统（沈国庆，2019）。为了打破这种全方位的预算软约束，一方面，中央政府应当借鉴国际金融监管改革经验，强化对地方性金融机构的监督力度，并在法律上进行顶层设计，强化市场对资源配置的决定性作用；另一方面，中央政府应当加强金融体系宏观审慎管理，聚焦于金融机构的流动性安全。在预防系统性金融风险爆发的同时，还要关注个体金融机构，密切关注金融机构的资本充足率，防止金融资本空转。只有全面深化了金融体制改革，打破金融系

统的预算软约束，确保政资分开，才能严格控制地方政府隐性债务的扩张（徐玉德，2022；张牧扬，2022）。

（三）提升财政金融政策协同效率，健全财政金融风险防控体系

由于地方政府无节制、不理性的投融资需求，导致了财政与金融风险的相互交织和叠加，仅仅从财政或金融领域的单一角度，都不足以化解地方政府隐性债务所带来的财政和金融的双边风险问题。要防范化解地方政府隐性债务风险，首先，中央政府需要在财政金融联合治理框架下增强财政政策和金融政策的协调性，通过促进财政资源和金融资源的结合，保障经济社会的可持续和高质量发展（吴文锋等，2022）。针对财政风险的金融化，中央政府要有效发挥财政政策的积极引导作用，把政策着力点从拉动需求转移到改善供给上，同时也要注意到财政政策与经济政策及经济制度的协同作用，防止财政政策目标与国民经济发展目标脱节而带来相应的政策风险。针对金融风险的财政化，中央银行要有效发挥金融政策的调节稳定作用，引导资金更多地流向实体经济、创新科技领域，维护金融市场的正常运转，在制定金融政策过程中，应当重点关注金融资源稀缺地区的存量债务再融资问题，通过进一步规范地方政府举债融资行为和提升金融机构内部风控专业化水平，有效防止金融风险转向地方政府债务风险。其次，中央政府应当优化隐性债务相关的风险监管机制，联合财政管理部门和金融管理部门健全财政金融风险防控体系，统筹考虑各级政府、金融机构、中小微企业等各方的道德风险、偿还能力和社会影响，可以建立一个科学严谨的金融财政支付机制，保障社会资金的安全使用，或是通过建立财政相关的偿债基金制度，帮助进行财政资金的偿还，都可以协同保证到期的债务本息得到顺利偿付。另外，还可以将地方政府进行债务活动的资金纳入信贷考核，并通过第三方机构对其开展管理监督和绩效评价，其评估结果能够与政府的绩效分成挂钩，从而对政府融资行为进行有效监测，降低地方政府债务所产生的财政金融风险。最后，地方政府要建立完善的信息披露制度，增强当前地方政府隐性债务或者债券发布信息的透明度与完整性，提升财政金融的协同效率。虽然当前政策法规明确要求地方政府对于基金运作、资金流向、债务活动进行清晰的信息披

露，但是由于缺乏有效的监管手段和信息披露制度，使得地方政府隐性债务规模、化解方案、化解进度等信息的可获得性很低，而较低的信息共享程度也进一步导致了财政金融部门难以对隐性债务问题进行统筹监管。因此，只有提升了信息公开透明度，才能保证财政资金和金融资源在市场上的合理分配与流动，避免财政金融风险诱发的地方政府隐性债务风险（徐玉德，2021；陈蔚，2022；温来成，2022；苏振兴，2022）。

（四）推进地方政府性债务管理制度建设，建立隐性债务清理偿还机制

随着我国经济发展进入"新常态"，地方政府的财政支出增大，而财政收入增长缓慢，为确保地方经济稳定增长，地方政府通过影子银行、发放债券、出让土地等手段频繁大量融资，导致隐性债务的规模日益增大，这些盲目举债行为使得地方政府面临较大的财政压力，难以保证到期债务资金的本息偿付，一方面，扩大了地方政府的财政收支缺口，加剧了系统性的财政风险；另一方面，金融机构难以把握地方政府的总体债务情况及财政担保承诺情况，诱发系统性的金融风险，从而形成了财政金融风险叠加的局面，而在财政金融风险叠加的背景下，地方政府隐性债务结构显得更为复杂，监管更加不易，要妥善化解地方政府隐性债务风险，完善地方政府性债务管理制度，建立隐性债务清理偿还机制是非常重要的。一是严控新增债务。首先，要限制政府债券发行规模，将相关资金纳入预算绩效管理，促使地方政府在自身财政承受能力的范围内举债（王银梅等，2016）。其次，要建立健全融资审批及责任追究机制，确定每一笔融资资金的来源、还款主体及还款责任，抑制地方政府违规举债的冲动。最后，要严格控制项目投资，防范投资风险，对于非刚性政府投资的项目，以及超越财政承受能力的政绩工程和面子工程要一律取消，实现项目资金利用的最大化。二是逐步化解存量债务。首先，在短期内可以通过发行地方政府债券置换存量债券的方式化解存量债务，在长期则需要推动地方政府隐性债务规模审计工作，厘清地方政府隐性债务口径和边界，使隐性债务更加的显性化和透明化，才能根据隐性债务的实际结构、规模和风险状况制定相应的化解对策，制定完整精确的隐性债务清理偿还机制，从源头上治理地方政府隐性债务。其次，要多渠道筹集资

金，如通过加大税收征管力度、处置地方政府资产、推进社会资本合作模式等，并合理调配当地政府的可偿债资金、资产和资源，来保障对到期债务本息的偿付能力。最后，可以建立隐性债务化解成本分担机制，统筹考虑地方政府、金融机构、企业等各方的偿债能力，综合运用政府股权、债务置换、资产重组等手段健全偿债保障和风险处置机制，推动存量隐性债务的化解进度。三是健全隐性债务监管机制。首先，要建立跨部门的协同监管机制，通过信息共享、线索移交、会商研讨的方式加强财政部门、国家发展改革委、融资平台公司、人民银行、审计署之间的协同配合，动态监督债务资金使用的全部过程，并对各个节点制定评价指标，尝试建立监督信息的共享平台。其次，要强化隐性债务监督，动态监督债务资金的使用过程，同时加大对债务资金的来源、真实用途、还款主体、还款责任的调查监督力度，并严厉打击重要事实隐瞒和散布虚假信息的行为，尽可能减少隐性债务可能诱发的各种风险。最后，要健全违法违规举债融资的问责机制。规范地方政府举债程序，严格限定资金用途，对违法违规举债行为应当实行终身问责和倒查责任制度，并且对于各类形式的隐性债务，地方政府不能以任何名义进行违规担保，金融机构也要遵循信贷管理规则，不能违法向地方政府提供融资，才能最大限度地做好地方政府性债务管理各项工作（郑洁和昝志涛，2019；赵全厚，2021；刘红忠，2021；张牧扬，2022）。

第三章

我国地方政府隐性债务的历史演变

根据相关史实记载，我国最早的地方政府债务可以追溯到公元前 256 年的东周朝代，当时的最后一任天子周赧王麾下仅有三十六座小村（现洛阳周围）及三万人口。周赧王为联合楚考烈王攻打秦国，向豪门富户借债以应付军费，并立下字据，承诺在打败秦国之后，将本息一次性付清。但是秦国兵强马壮，周赧王最终战败，其欠下的债务也无力归还，最终被债主逼到了一座高台上，故有"分为二周，有逃责之台"，留下了"债台高筑"的典故[1]。宋朝的商品经济、文化教育高度繁荣，但是朝廷的财政资金却很紧张，中央政府和地方政府有过因财力不足而强制性地向臣民"借债"的现象。这是因为宋朝战争较多，"公债"几乎全部用于军费。例如，宋孝宗淳熙年间，四川主帅郑损亲自出面向富户王珙借钱粮，"郑制置与富人王珙借钱粮，就请赴面饭"[2]。虽然我国地方政府债务在古代就开始出现，但是封建社会严密的等级制度和"君权神授"的思想始终抑制着地方政府债务的发展。当举借的地方政府债务在不能满足地方资金需求时，就会滋生出各种形态的地方政府债务，其中也就包括了隐性债务。换言之，在我国封建时代地方政府债务面临着社会阶级关系的硬约束[3]，这种硬约束被资本主义的入

---

① 班固：《汉书·诸侯王表》十二下，第四十二条。
② 无名氏：《湖海新闻夷坚续志》前集卷一《见龙富贵》，中华书局 1986 年版。
③ 樊丽明、黄春蕾、李齐云等：《中国地方政府债务管理研究》，经济科学出版社 2006 年版。

侵打破，鸦片战争的发动不仅改变了我国的社会性质，同时也滋生了现代意义上的地方政府隐性债务。值得注意的是，1994 年之前我国并没有地方政府隐性债务的说法，主要有以下几点原因：一是当时我国对地方政府债务没有清晰的认识，也没有对其进行科学的划分；二是当时的经济体制决定了地方政府的财政权力主要由中央政府控制；三是当时的金融市场相对封闭，金融体系还不够完善，地方政府融资渠道有限。因此，本章前两节主要将从债务总规模的角度分析我国地方政府债务的历史演变，第三节起将着重梳理地方政府隐性债务的发展历程。

第一节　1840~1949 年的地方政府债务

一、社会历史背景

1840 年，我国被资本主义用武力强行打开了国门，社会性质变为了半殖民地半封建社会，我国近现代史也由此开启。从政治局面看，当时的社会动荡剧烈，清政府不仅要攘外，还要竭力抵抗资本主义国家的贪婪霸占。同时，还要对内镇压人民起义，以维护政府的封建统治。当时的中央财力紧张，地方政府不得不自谋出路，自建武装力量，中央政府对这种做法也只能默许，相当于承认了地方政府武装力量的合法性①。中央与地方关系的改变主要从两个方面加速了高度集权财政体制的瓦解：一方面，当时的财政制度（解协饷制和奏销制）因为战乱无法正常运行，具体表现为地方政府因为组建了武装力量开始截留应解的协饷和军饷，甚至截留其他省份路过的协饷和军饷，这就导致了本就紧张的晚清国库雪上加霜；另一方面，地方政府的行政、军事支出因为此起彼伏的人民起义而大幅度增加，中央政府无法满足地方政府庞大的转移支付需求。基于这两个方面，中央政府被迫同意地方政府

---

① 樊丽明、黄春蕾、李齐云等主编：《中国地方政府债务管理研究》，经济科学出版社 2006年版。

自行寻找财政资金，打破了高度集权的财政体制。地方财政在收支上具有了更大的独立性与自主性，在一定程度上促进了地方政府债务的形成。从经济发展看，中日甲午战争的落败使清政府认识到了自身的不足，光绪帝便提出了"力谋实政"，全国各地都开始发展开矿、筑路、工厂等实业，并形成了"实政"热潮。但是，清政府刚刚签订了丧权辱国的《马关条约》，中央国库并不能帮助各地进行兴办实业，地方政府只能自己解决资金问题。除了税收和各种筹款外，地方政府也开始尝试举债。从融资渠道看，各类金融机构的产生与发展为地方政府债务的融资来源提供了基础，主要包括两类：第一，官方金融机构的兴起。1897 年成立的我国通商银行是我国近代银行业的开端，成立的初衷就是向地方政府借债，以帮助地方政府填补财政亏空及兴办"新政"，银行的盈利成为当时晚清政府财政的主要来源。据统计，吉林管钱局 1904 ~ 1907 年的盈利增长率逐年递增，并且增长率均超过了150%，在 1907 年更是超过了 300%[1]。第二，外资银行的大量涌入。这个时期资本主义发展迅速，向全世界扩张，急需资本输出。据不完全统计，19世纪末到 20 世纪初，外资银行涌入我国（包括中外合资银行）设立营业机构共 35 家[2]。银行业的发展虽然缓解了中央政府和地方政府财政资金短缺的局面，但也助长了地方政府的举债倾向，加剧了中央与地方的财力分割，促进了地方专权的发展，出现了"军需政费，胥赖于是，新债旧债，愈积愈巨"的局面[3]。

　　1912 年 3 月，袁世凯就任临时大总统，由此，我国进入了北洋军阀的统治时期。次年 12 月，护国战争爆发，贵州、广西、广东等省相继宣告独立。从政治局面看，各省纷纷宣告独立的同时，财力也被地方分割，这就导致了中央政府已无力维持整个国家的正常运作，中央财政试图与地方财政进

---

　　① 吉林官钱局 1904 ~ 1907 年的盈利增长率分别为 189.28%、212.89%、280.43% 和300.04%（彭泽益主编：《中国社会经济变迁》，中国财政经济出版社 1990 年版，第 676 页，第714 ~ 715 页）。

　　② 樊丽明、黄春蕾、李齐云等主编：《中国地方政府债务管理研究》，经济科学出版社 2006 年版，第 8 页。

　　③ 万必轩著：《地方公债》，大东书局 1948 年版。

行合作，最终以失败告终。这主要包括以下三点原因，一是中央政府失信严重；二是地方政府拥有武装力量，中央政府无法强制性与其瓜分收入；三是地方财政本就入不敷出，无力与中央财政共分一杯羹。地方政府各自为政，完全将我国财政功能分割开来，缺少了中央的宏观调控，地方政府举债更加大胆，也更加频繁，加速了地方政府债务的滋生。从经济发展来看，这个时期地方政府能够大量举借债务的原因主要是第一次世界大战爆发之后，我国得到了暂时的喘息机会，民族工业取得了发展，如纺织、火柴、水泥、卷烟、面粉等，这些社会资本的财富积累使得地方政府有钱可借。

1928 年，国民革命军进入北京，北洋政府在我国的统治最终结束，南京国民政府统一全国。相较于北洋政府时期，这个时期注重的是统一财政、加强中央财权、划分收支。吸取了北洋政府的教训，国民政府对于地方政府发债管理更加严格，通过颁布一系列法案等[1]限制地方政府举债。从法律的角度规定了省级以下债务由省财政厅办理，与财政厅平级的其他各厅局不得自行举借债务。除此之外，国民政府对举债用途也进行了规定，限制地方政府债务只能用于建设有利事业，不得用于消耗途径[2]。除了颁布法案，国民政府还制定了分级预算制度、实地稽查制度等财政制度，加强财政管理与监督，同时组织了整理国内外债务委员会，专门处理地方政府债务问题。但是，由于国民政府时期我国战争不断，各省对于债务的需求依然较大，部分地方政府债务由中央政府代借，形成了地方公债到国债的转移。同时，国民政府建立的政府债务管理和监督机制效果并不显著，地方政府仍然大量乱发公债。债务制约的失效主要表现在两个方面：一方面，我国依旧面临着地方割据和对峙的局面，加上长时间的抗日战争等原因，债务监督和债务制约并没有得到贯彻执行，地方政府不上报而擅自借债的现象依然普遍[3]；另一方面，这些制约与监督形同虚设，呈报中央政府的省公债条例，只会在细微处

---

① 《财政部关于发行公债及订借款项限制案》等。

② 马金华、刘锐：《地方政府债务膨胀的历史比较研究》，载《中央财经大学学报》2018 年第 1 期。

③ 孙翊刚主编：《中国财政史》，中国社会科学出版社 2003 年版，第 417 页。

进行小幅度修改，但很少存在不通过的①。

二、地方政府债务的概况及特点

晚清时期，地方政府刚开始只是临时向票号借款，据统计在 1863 ~ 1893 年，汇兑额达到了 650 万两，平均每年 154.3 万两②，这些借款大多用于镇压人民起义和缓解财政之急。例如，左宗棠军在镇压捻军和回族起义的过程中，先后向上海等地方的票号短期借款超 800 万两③。但是，在庚子赔款（1900 年）之后，地方财政收支缺口日益扩大，加上风险更小、融资效率更高、借债规模更大的省官银钱号开始作为新的地方政府债务融资机构，地方政府的借债规模及次数开始增加。例如，20 世纪初，湖北省政府和事业单位的借款占到了往来款项的 90% 左右④。向省官银钱号的借款甚至成为湖南、湖北、江西等省份的财政支柱，其中，湖南财政公所借欠湖北官钱局超过了 100 万两，仅占到了湖北官钱局垫借公家款额的 1/4⑤。此外，外债也成为地方政府的借款来源之一。我国有记载的第一笔外债是在 19 世纪中叶，当时为镇压上海小刀会起义，吴健彰向上海的国外银行借款 12 万两。这个时期还有很大一部分的内债最终转化为了外债，如地方政府发行的公债大约有 620 万两转化为外债⑥。20 世纪初，地方政府也会发行债券来获得融资。但是，由于当时经济状况及政府公信力减弱，债券效果并不显著。据不完全统计，各地方政府共计划了 13 次债券发行，而实际发行只有 6 次，发行总额在 400 万两左右。清末地方公债发行简况如表 3-1 所示。

---

① 张连红著：《民国时期中央与地方财政关系研究》，南京师范大学出版社 1999 年版，第 40 页。
② 中国人民大学清史研究所编：《清史研究集》（第四集），四川人民出版社 1986 年版，第 330 页。
③ 中国人民大学清史研究所编：《清史研究集》（第四集），四川人民出版社 1986 年版，第 332 页。
④ 彭泽益主编：《中国社会经济变迁》，中国财政经济出版社 1990 年版，第 697 页。
⑤ 彭泽益主编：《中国社会经济变迁》，中国财政经济出版社 1990 年版，第 442 页。
⑥ 周育民著：《晚清财政与社会变迁》，上海人民出版社 2000 年版，第 442 页整理得到。

表 3 - 1　　　　　　　　　　　　清末地方公债发行简况

债券名称	年份	数额（万两）	发行情况
直隶公债	1905	480	民间筹集不足 100 万两
福建公债	1907	120	估计未曾发行
湖北公债	1909	240	实际远不足额发行
安徽公债	1910	120	几乎全部转为外债
湖南公债	1910	120	全部转为外债
直隶二次公债	1910	320	80 万两由银行垫借，其余均未发行

资料来源：樊丽明主编：《中国地方政府债务管理研究》，经济科学出版社 2006 年版，第 13 ~ 14 页资料整理。

　　到了北洋政府时期，军阀割据，财政分权，导致地方政府举借债务没有约束，地方政府债务得以迅速发展。为了缓解财政收支失衡的严重问题，地方军阀纷纷向外国借债，截至 1913 年，各省份举借外债超过了 1000 万两，并且大部分都实收到账①。除了外债的大量膨胀，各地军阀联合地方银行通过滥发货币，为地方政府提供军政服务，之后再通过公债的形式向公民转嫁危机，导致了债务的恶性循环及严重的通货膨胀。畸形的金融机构完全沦为了地方政府敛财的金融工具，发行了大量的公债和军用票来筹备军费，据统计，我国在北洋政府时期发行公债超过了 30 次②，其中江西、浙江、直隶位居发行榜前三。例如，湖北军政府仅在一个月之内就募集了 2000 万元，其中国外军事公债占到了募集资金的 5/6；奉系军阀张宗昌完全将山东省银行作为其敛财的金融工具，先后发行了近 3000 万军用票③。据统计，北洋军阀时期，各省所欠外债超过了 1200 万英镑，其中善后大借款包含了积欠五国银行团的旧债，280 余万英镑④。到了国民政府时期，地方政府的举债

----

　　① 樊丽明、黄春蕾、李齐云等主编：《中国地方政府债务管理研究》，经济科学出版社 2006 年版，第 16 页。

　　② 潘国旗：《近代中国地方公债研究——以江、浙、沪为例》，浙江大学出版社 2009 年版，第 242 ~ 276 页。

　　③ 姜宏业主编：《中国地方银行史》，湖南出版社 1991 年版，第 158 页。

　　④ 李飞等主编：《中国金融通史》（第三卷北洋政府时期），中国金融出版社 2000 年版，第 90 ~ 91 页。

受到了一定的限制，借债规模在一定程度上有所减小，但是，借债仍然是地方政府弥补财政赤字的主要手段。1932～1936 年全国部分地区债务收入情况如表 3 - 2 所示，可见地方政府债务规模仍然居高不下。除直接借债外，省级政府还可通过中央政府代为发行债券，以取得一定数量的债务收入。据不完全统计，南京国民政府时期，中央公债共计发行超 2.3 亿元①，其主要目的就是补助地方政府或帮其偿还债务。例如，20 世纪 40 年代初发行的"民国三十二年整理省债公债"，其金额达 1.7 万亿元，该公债的发行帮助地方政府偿还了大部分旧债。这种债务转移虽然缓解了地方政府财政压力，但随之带来的国民经济萧条和严重的通货膨胀也是不可逆的。

表 3 - 2　　　　　　　　1932～1936 年全国部分地区债务收入情况　　　　　单位：万元

年份	债务收入
1932	1679
1933	1068
1934	1260
1935	1998
1936	3332

资料来源：中国财政史编写组编著：《中国财政史》，中国财政经济出版社 1987 年版，第 595 页。

　　这段时期我国经历了从传统到现代的转变，以及社会性质的变化，不断寻找国家的出路，地方政府债务发展迅速。但是，由于体制制度的缺陷和金融市场的有限性等原因，地方政府债务最终成为遏制我国发展的绊脚石。总结这段时期的地方政府债务规模及形式等，可以发现清政府时期、北洋政府时期和国民政府时期的债务有一些共同点。

　　第一，借债途径多种多样。首先，地方政府可以向国内金融机构借款。清政府时期诞生的票号、省官银钱号等，以及北洋政府和国民政府时期的各

---

　　①　张连红著：《民国时期中央与地方财政关系研究》，南京师范大学出版社 1999 年版，第 47 页。

种商业银行，这些金融机构为地方政府举债提供了大量的资金来源。其次，地方政府可以举借外债。庚子赔款之后，地方政府开始频繁向国外的政府或金融机构借款以满足"新政"、自身开支和军政的需要，并以此作为筹款捷径[1]。各个地方以税收收入、矿产、地皮契纸等作为抵押，出卖国家主权以获得大量的借款，外国政府借机抓住了我国大多数省份的经济命脉。最后，地方政府可以发行债券以获得融资，"清末地方公债的举借虽然起于鸦片战争，但以债券形式向社会发行，则始于1905年的直隶"[2]。袁世凯为解地方燃眉之急，向社会发行480万两的债券。随后，在北洋政府和国民政府时期，地方政府也都相继发行了大量政府债券帮助地方政府获得债务收入。

第二，利率高昂。晚清政府的债务平均利率在5%～12%，有的地区利率达到了20%以上，北洋政府和国民政府时期的地方政府债务利率在4%～8%，但也有部分债券利率在12%以上。

第三，地方政府普遍存在债务违约现象，主要原因是债务规模巨大及利率高昂，例如，晚清时期的江苏省就存在违约现象，"光绪二十九年，省官私营债务遍地，唯江苏一省，已达债银二千万，兵荒马乱，终不能兑付"[3]。北洋政府和国民政府违约现象也很严重，仅1921～1923年，北洋政府就多次违约，违约金额高达数亿银圆。

第二节　1949～1993年的地方政府债务

一、1949～1978年：地方政府债务的探索

（一）社会历史背景

1949年10月1日，中华人民共和国中央人民政府在北京宣告成立，此

---

① 汪敬虞主编：《中国近代经济史（1825—1927）》（上册），人民出版社1999年版，第419页。

② 周育民著：《晚清财政与社会变迁》，上海人民出版社2000年版，第437页。

③ 谭嗣同等著：《清史稿·财政三·本朝债务》，第三十四卷第一百九十二页。

时的我国百废待兴，加上国民政府时期滥发债务带来的负面影响，恢复地方经济建设就显得尤为重要。但是，地方政府财政状况不足以支持恢复经济的工作，地方政府债务再次登上历史舞台。面对这样的情况，中央政府沉着冷静应对，避免了晚清政府滥发地方政府债务以填补财政赤字的现象，也没有像国民政府那样一味地发行中央政府债券来偿还地方政府的旧债，一切从我国的实际情况出发，严格控制地方政府债务。

辽沈战役后，东北全面解放，作为重工业基地，东北地区原有经济基础较好，在全国经济部署中占重要地位，恢复经济建设工作亟待开展。但是，恢复工作实施起来却面临着诸多的困难：第一，日军的破坏和苏联红军有计划地拆解让重工业基地破坏严重。第二次世界大战结束之际，日本炸矿山，烧兵营，对东北工业和交通运输业造成了不同程度的破坏，动摇了东北经济的根基。在此之后，苏联打败日本关东军，暂时占领东北，其间对东北大部分的工业基地、交通设施进行了拆解，将所有物资全部运回苏联国内。这样东北工业基地的情况雪上加霜。第二，解放战争还在继续，中央政府并无多余的资源支持东北恢复经济建设。第三，东北货币发行量并不低，物价上涨幅度大，通货膨胀严重。多方筹资来支持东北恢复经济建设俨然成为最好的选择，东北行政委员会在 1949 年向中央政府提出申请，发行公债筹集建设资金，多方筹集资金以取得资源恢复经济。由此，新中国的第一次地方政府债务尝试——东北生产建设折实公债应运而生。中央政府考虑到东北发行地方债是用来恢复建设经济，故而同意了这次地方债的发行。同年 2 月 20 日，刘少奇同志代表中共中央起草致东北局电，对东北生产建设折实公债作出重要指示，他提到该公债的发行应该真正地用于投资生产建设，不能够用来弥补财政赤字。同时，刘少奇同志还对该公债的期限提出建议，要稍稍延长偿还期限，降低地方政府还债压力①。第一个五年计划之后，中央为筹集更多的经济建设资金，全盘恢复经济，准备从第二个五年计划开始发行国家经济建设公债，总共预计发行

---

① 中共中央文献研究室：《刘少奇年谱》（下），中央文献出版社 1996 年版，第 182 ~ 183 页。

五期国债。在第二个五年计划接近尾声时，中央政府调整策略，逐步开始扩大地方政府财政管理权限，1957 年，国务院明确提出，地方财政应该有一部分财力用于灵活处理地方政府相关事宜①。

（二）地方政府债务的概况

1. 东北生产建设折实公债

1949 年 3 月，按照中央指示，东北行政委员会通过相关文件②发行了东北生产建设折实公债，该公债分为上下两期。次年，东北人民政府颁布《1950 年东北生产建设折实公债条例》，发行了新中国第一笔地方政府债券，开启了新中国地方政府债务的探索之路。在此期间，东北生产建设折实公债上期预计发行 1700 万分③，公债实销额为 2121 万分，超额完成 24%。下期计划发行约 3500 万分，实际发行约 4200 万分，超额完成 19%。东北生产建设折实公债的发行相对成功，取得了显著的效果，不仅为恢复经济建设筹集到资金，还减少了东北地区货币发行量，稳定了东北地方物价。公债的发行充分保障了公债购买者的物质利益，这使得人民政府的信誉大大增加，社会各界对该公债的评价也颇高。东北地区不负众望，让策略得到良好反响，使得东北的社会经济得以恢复和发展。可以说，新中国第一次地方政府债务的尝试是非常成功的。

2. 地方经济建设公债

1958 年 4 月，为扩大地方财政空间，中央政府决定转国债为地方公债④。中共中央停止发行全国公债，但是允许各地方政府依据地方实际情况，在必要的时候发行地方建设公债以筹集建设资金⑤。此外，中央政府要严格监管债务的偿还，地方建设公债必须确保按时偿还，偿还期限一般不能

---

① 《建国以来重要文献选编》第 10 册，中央文献出版社 2011 年版，第 597 页。
② 《发行生产建设实物有奖公债的命令》。
③ 为减少通货膨胀的损失，公债募集及还本付息均以实物为计算标准，单位定名为"分"。
④ 《关于发行地方公债的决定》（1958）。
⑤ 《中共中央文件选集（1949 年 10 月—1966 年 5 月）》第 27 册，人民出版社 2013 年版，第 237 页。

超过 5 年，利息在还本时一次性支付，保证购买者的物质利益，保持政府公信力。同年 6 月 5 日，为筹集资金以发展社会主义建设，加速各地方工农业生产，第一届人大常委会第 97 次会议通过了《中华人民共和国地方经济建设公债条例》（以下简称《条例》）[①]。积极响应国家号召，四川、吉林、福建等省份相继发行地方经济建设公债，这是我国第一次大规模、较为集中地探索发行地方公债。相关研究发现，四川的实际发行数额最多，高达 5982.9 万元[②]，而计划发行总额最多的是安徽省，计划发行总额共 6700 万元，但实际仅发行 2528 万元[③]，其主要原因是 1958 年之后，安徽农业生产遭到严重破坏，加上三年困难时期，农民生活水平大幅下降，这就导致了全省经济下行严重，财政收入急剧下降，这些原因导致了地方政府公债没有完成计划发行总额（万立明，2017）。

　　1956 年，社会主义三大改造完成，我国已经基本形成了高度集中统一的计划经济体制，社会经济状况有了根本性好转，加上"以收定支"的预算原则，中共中央领导层将社会主义计划经济思想贯彻到底，开始追求"无债一身轻"的状态，认为在计划经济体制下，无论是发行国债还是发行地方公债，都被认为是经济状况不良的表现。同时，国家已经基本能够通过税收、银行信用等方式集中财力，资金尚且充足，因此国家决定停止发行地方经济建设公债。1964 年 7 月，毛泽东在接见巴基斯坦商业部部长瓦希杜扎曼时指出，"苏联逼我们还债。就在困难几年中，我们已还了 95%，到明年就可以还清。我们不欠外债，也不欠内债，到 1968 年可以还清内债。以后内债外债都不借，完全靠自力更生"[④]。在此后的 20 年时间里，我国进入了"既无内债，又无外债"的时期，此后"既无内债，又无外债"被视为社会主义优越性的重要表现，地方政府债务的发行也就自此中断了近 20 年。

---

　　① 《人大常委会举行第九十七次会议　批准财政税收管理权下放　毛主席命令公布地方经济建设公债条例》，载《人民日报》1958 年 6 月 6 日。

　　② 《四川省志·政务志》中册，方志出版社 2000 年版，第 713 页。

　　③ 《安徽省志·财政志》，方志出版社 1998 年版，第 196 页。

　　④ 顾龙生编著：《毛泽东经济年谱》，中共中央党校出版社 1993 年版，第 604 页。

二、1978～1993 年：改革开放初期的地方政府债务

（一）社会历史背景

1978 年 12 月，党的十一届三中全会胜利召开，在会上决定了我国开始实行对内改革、对外开放的政策，标志着我国进入了改革开放和社会主义现代化建设新征程，而计划经济时期"统收统支"的财政管理制度已经不能够满足地方政府发展经济的需要，地方财税体系亟待改变。1980年，中央政府发布相关文件，决定与地方政府之间"分灶吃饭"，划分收支、分级包干，扩大地方财权空间①，改革开放的思想热潮，加上地方财权空间扩大，地方政府发展经济的热情被迅速点燃。地方政府开始争先恐后地发展经济，但地方政府发展经济情绪高涨却始终面临着地方财力不足等问题。于是，地方上开始充分发挥主观能动性，积极探索和尝试，以推进基础设施和社会公共福利体系建设。这段时期，地方政府主要通过以下几种方式来筹集经济建设性资金，弥补地方财政对发展经济建设资金不足的缺口。

第一，通过集资与行政事业性收费。改革开放以来，国家鼓励地方政府以社会集资的方式发展经济建设，但是金融体系和相关法规不健全导致了集资管理不到位、盲目集资、随意集资等问题，严重违背了集资原则，资金低效或者无效使用加重了社会矛盾。为此，中央政府紧急采取整治措施。1993年，国务院决定坚决制止乱集资，并且加强地方政府债券发行管理②，集资模式逐渐被地方政府所弃用，转而以税收附加、价外征费等行政事业性收费来作为政府筹集资金的重要手段。但当时预算管理尚不完善，全国各地方政府普遍存在乱收费现象。据统计，1982～1992 年，地方预算外收入占地方本级公共财政收入的比重接近 80%（赵斌等，2019；梅建明等，

---

① 《国务院关于实行"划分收支、分级包干"财政管理体制的通知》（国发〔1980〕33 号）。
② 《关于坚决制止乱集资和加强债券发行管理的通知》（国发〔1993〕24 号）。

2021）。因此，在 1993 年中央政府实行"收支两条线"改革，将行政事业性收费及罚没收入纳入预算管理，严厉治理地方政府滥用行政手段乱收费筹集资金的行为。自此，集资和收费逐渐退出地方政府筹集经济建设资金的舞台。

第二，通过土地有偿出让筹资模式筹集地方政府经济建设资金。1987年以前的计划经济体制下，我国土地长期采用无偿使用的方式，在 1982 年《中华人民共和国宪法》中明确禁止任何组织或个人采用侵占、买卖、出租等其他形式非法转让土地。1987 年，深圳首次通过公开招标有偿出让土地使用权，改变了以往我国土地无偿、无期限、无流动性的特性。之后，上海、广东等地区纷纷效仿，随着这些地区有偿管理模式的顺利推行，中央政府允许地方政府通过土地有偿出让模式筹集经济建设性资金。1988 年我国修正《中华人民共和国宪法》和《中华人民共和国土地管理法》，将允许依法转让国有土地和集体所有土地使用权，并由国家依法实行，从法律上认定了地方政府利用土地资源获取财政收入。

第三，通过银行贷款等形式举借债务。仅通过土地有偿出让还不能够满足地方政府对经济建设性资金的需求，于是，随着国家经济体制转型，1980年我国开始进行"拨改贷"改革，中央政府支持地方经济建设性资金由拨款改为了贷款，规定只要建设项目是独立进行核算，同时该项目具有还贷能力的，全部纳入"拨改贷"范围。同时，中央领导层打破"既无外债，又无内债"的传统思想，认为利用社会有用资源优先发展经济是迫在眉睫的大事。1981 年，中央政府决定打破"零负债"的束缚，发行了采用行政分配方式的全国性公债，并对其进行严格管控。各地方政府眼看着国债发行，加上经济建设对财政资金的需求，纷纷向中央政府提出发行地方政府债券的请求。但是，中央政府没有批准发行地方政府债券的诉求，主要考虑了以下几点原因：一是地方政府债券不易于管理。同时，发行地方政府债券有可能引起货币贬值和通货膨胀，造成经济出现"滞胀"现象。二是地方政府受制于金融市场体系，加上财力限制，无法保证地方政府债券发行之后的偿还责任。基于此，1985 年 9 月，国务院办公厅发布相关文件明确禁止了地方政府的发债融资权，并指出："国务院要求各地方政府不要发行地方政府债券，望严格执行。"① 虽然明令禁止地方政府发行债券，但是地方政府仍通过银行贷款、金融机构融资等形式进行举债以发展经济，各地政府在财力受限的背景下选择尝试"负债经营"。

(二) 地方政府债务的概况

从改革开放初期，地方政府陆续开始发展了负有偿还责任或担保责任的政策性借款、商业性借款及政府往来间拆借款。1979 年，全国共有 8 个区 (县) 举借了负有偿还责任的债务。自此，地方政府打开了债务的阀门，借贷发展成为地方政府发展经济的重要手段，仅在 1981~1985 年，就有约 28 个省级政府和计划单列市开始举借地方政府债务。据审计表明，1986~1990 年，市县级政府举借地方政府债务的数量高达 99.5%②。不仅如此，在国务院的批准下，地方政府在该时期内还向国外申请贷款。其中，包括利用境外银行、发行境外债券、出口信贷等外资形式发展地方基础建设，这就使得在 20 世纪 90 年代中期，地方政府对外资的利用达到高峰。但是，这些以地方政府隐性债务形式存在的"外债"，却因为地方政府财力困难无力偿还，中央政府最终被迫将其改为国家统借统还。另外，信托投资公司的发展催生了向国内外金融机构申请贷款的模式，地方政府通过这一模式不断筹集经济建设性资金，使得地方信托投资企业的数量剧增，在一定程度上增加了我国财政风险与金融风险，并促进财政金融风险的叠加。纵观这一时期，地方政府债务的初步形成过程存在以下特征：第一，中央政府默许地方政府举借债务。在以经济建设为中心的大环境下，中央政府虽明令禁止地方政府发行债券，但却默许甚至是支持地方政府通过某些特定方式举借地方政府债务，其目的主要是严格限制地方政府债务规模，避免影响刚刚建立且根基未稳的金融市场，严格控制通货膨胀的风险。同时，有利于调动地方政府的积极性，促进地方经济的快速增长。第二，地方政府借债过程和举债方式缺乏科学有效的管理。地方政府举债过程随意、中央政府管理缺位及行政摊派等问题依

---

① 《国务院办公厅关于暂不发行地方政府债券的通知》(国办发〔1985〕63 号)。

② 中华人民共和国审计署：《全国地方政府性债务审计结果》，2011 年第 35 号审计公告。

然突出，尽管这之后的城投公司发行债券也需要通过中央政府多部门审批，但仍存在寻租行为，城投债券的融资又不能满足地方政府，尤其是基层政府对于发展经济建设的投资需求。所以，随着银行体系与金融市场的逐步建立与完善，地方政府除了可以通过预算外资金和政府信用担保方式，还可以通过信托公司、向国外申请借款及加大向银行借款的规模，以此来满足对经济发展资金的需求或者用来弥补财政收支缺口。第三，地方政府债务规模小。在中央政府的严格管控下，该时期的地方政府隐性债务规模较小，未影响到银行体系和金融市场，对通货膨胀影响较小，地方政府隐性债务仍处在初始阶段，风险基本可控。

回看 1949 ~ 1993 年，地方政府债务发展速度总体缓慢，中间经历了长达 20 年的债务空窗期，地方政府债务的再次出现是时代的转变、是思想的转变、是辩证的发展过程。无论是新中国成立初期，助力恢复经济的地方政府债券，还是改革开放以后助力城市发展和经济建设的地方政府债务，在当时的环境下，对于地方政府以及地方经济都具有良好的促进作用和催化剂作用，作为新中国地方政府债务的开端，拓宽了地方政府举债的道路，为之后地方政府债务的爆发式增长埋下了伏笔。

第三节 1994 ~ 2013 年的地方政府隐性债务

一、社会历史背景

1994 年，我国开始进行分税制改革，决定对财政税收进行分权、分税、分管，采用"财权上移，事权下移"的财政分权制度体系，进一步形成新的央地财政关系。尽管如此，地方政府仍面临着财政收入减少、"由奢入俭难"的棘轮效应问题，地方政府迫切想要打破财政收支严重失衡的窘境。1994 年 3 月 22 日，《中华人民共和国预算法》出台，其中明确要求除法律和国务院另有规定外，地方政府不能擅自发行债券，应当量入为出，收支平衡，不列赤字。次年 10 月 1 日开始执行的《中华人民共和国担保法》也明确规定，"地方政府及其职能部门无权对经济合同进行担保"，这使得本就面临着财政收支失衡问题的地方政府举债更加困难。与此同时，20 世纪 90 年代中期，由于中央政府担心地方政府承付的兑现能力不足，国务院采取了更为严格的管控措施，力图避免地方政府因财力困难而无力偿还外债，容易出现偿债压力转嫁给中央政府的情况。但是，地方政府很快就适应了新的财政体制，效仿 1993 年上海城市建设投资公司成功发行的首只城投类企业债券的模式，改"投资"为"融资"。自此，地方融资平台成为解决地方政府融资问题的重要渠道，城投债迅速崛起，地方政府隐性债务出现并成为普遍现象。截至 1996 年底，全国所有省级政府、353 个市级政府及 2405 个县级政府举借了负有偿还责任或担保责任的债务，占比分别为 100%、90.05% 和 86.54%[①]（梅建明等，2021）。

1997 年，亚洲金融危机爆发，随后我国也受到此次危机的影响，宏观经济政策不得不调整，这也导致了地方政府隐性债务规模第一次大幅度上涨。当时，地方政府所依靠的地方投融资平台遭遇袭击，财政收支缺口扩大，导致了财政风险迅速暴露。1998 年，中央政府为应对亚洲金融危机所造成的通货紧缩，首次实施积极的财政政策，增发 1000 亿国债，旨在"扩内需，保增长"，并将部分国债转贷给地方政府[②]。这种转贷与国民政府时期将地方债和中央政府债务进行相互转化又有较大区别，作为过渡性制度安排，将部分国债转贷给地方政府，这既没有违背《中华人民共和国预算法》中对地方政府发行债券融资禁止的规定，又在风险可控的前提下，贯彻以经济建设为中心的理念，保障重点项目建设，保持地方上经济建设的热情。但在国债转贷执行过程中，存在转贷项目外部性协调机制不完善、审批工作不透明、资金分散、地方重复项目较多等问题。因此，在 2007 年这项过渡性政策退出舞台。地方政府也不断扩大债务范围和债务规模，打破了 1978～1993 年借债只为发展经济的紧箍咒，将"负债经营"继续扩大。不仅如此，

[①] 审计署：《全国地方政府性债务审计结果公告》（2011 年第 35 号）。
[②] 财政部关于制发《国债转贷地方政府管理办法》的通知（财预字〔1998〕267 号）。

官员考核管理体制开始提倡"唯 GDP 升迁论"，发展 GDP 成为地方政府领导升迁唯一要考虑的问题，加上债务偿还周期一般都比任期长，地方政府官员在任期内就不需要考虑本期债务的责任，这就导致了地方政府借债肆意，盲目借债以发展经济，开展基础设施建设，刺激 GDP 高速增长（娄飞鹏，2018）。同时，"以地生财"的模式也为地方政府借债提供了便利。除最主要、最直接的土地出让金全部归地方政府外，现行税种中有关于土地房产的大多数税种均 100%归入地方政府财政收入中，地方政府利用土地所有权借债，他们将原有储存的土地抵押给银行，获得高额贷款，再利用贷款及新一轮融资进行新一轮的土地征收，之后开发，再出让，如此循环，从而达到融资的目的（周飞舟，2007）。"以地生财"模式虽然让地方政府不断获得融资，以土地抵押为主的地方政府隐性债务弊端也逐渐显现，土地金融泡沫逐渐变大，炒房问题更是使得房价不断提高，给我国金融带来了不同程度的影响。2004 ~ 2014 年，十年间我国土地出让金年均增长率达到 20.7%，包括省级、市级、县级政府在内的，以土地担保或者负有偿还责任的地方政府隐性债务占债务余额的 37.23%（梅建明等，2021）。

2008 年，美国由于金融衍生品的泛滥导致了华尔街风暴，最终成为全球性的金融危机，此次金融危机也给地方政府的隐性债务进一步增加了压力。为应对此次金融危机对国内经济的冲击，我国中央政府采取了双宽松的财政及货币政策，推出"四万亿"经济刺激计划，中央政府也开始代理发行地方政府债券，与之前"国债转贷"的政策相比，共同点在于两者都是应对外部冲击的过渡性政策，而不同点在于中央财政代发地方债券是纳入地方政府预算管理，"代发代还"模式从此开启，然而代理发行地方政府债券也给地方政府造成了很大的困扰。一方面，地方政府自行发行债券的空间受到中央政府的严格管控；另一方面，中央政府要求地方政府"稳经济，保增长"，这就使得地方政府不得不通过其他渠道寻找资金。2009 年 2 月 28 日，财政部印发文件①，

---

①　《2009 年地方政府债券预算管理办法》（财预〔2009〕21 号）规定，"经国务院批准同意，以省、自治区、直辖市和计划单列市政府为发行和偿还主体，由财政部代理发行并代办还本付息和支付发行费的债券"。

明确定义了地方政府债券。同时，管理办法还明确了以下几点：一是地方政府债券的发行主体只能是省一级地方政府；二是债券的发行和还本付息均由中央财政安排；三是全国地方政府债券发行的总额度必须经由全国人大批准，而各地方政府发行债券的额度需报请国务院批准；四是地方政府债券发行的收入既可以用于省级直接支出，也可以转市、县级政府使用。因此，地方政府债券在代发代还的模式之下俨然成了国债转贷的延伸和拓展。央行于2009 年 3 月联同银监会发文指出①，为深入贯彻落实党中央、国务院关于进一步扩大内需、促进经济增长，为有条件的地方政府组建投融资平台，发行企业债等融资工具，拓宽中央政府投资项目的配套资金融资渠道做有力支撑。地方政府将其视为中央政府支持地方融资平台扩张的信号。于是，地方政府积极推动地方融资平台发展。这一时期的地方融资平台可以总结为时间战线短、融资规模大、融资范围广，为地方政府隐性债务的扩张提供了非常重要的渠道。

《地方政府自行发债试点办法》经国务院批准于 2011 年颁布，以引导债券发行工作的开展。该办法中批复上海、浙江等四省（市）当年开始尝试债券发行的试点工作。2013 年，新增试点山东、江苏两地，试点地区发行债券的债券期限、每期发行数额、发行时间等要素可以由地方政府同财政部协商确定，债券定价机制也由试点省（市）自行确定，其他未纳入试点的省（市）仍然由财政部代理发行，代办还本付息。在这一阶段中，地方政府发债受政策鼓励的驱动，债务发行规模呈现出明显的上升趋势，且始终维持着较高的增速。2013 年，中央提出了"开正门、堵偏门"的指导思想，以化解地方政府债务风险，在进一步规范发行的地方政府债券的同时，也对地方政府债务的监管方向提出了新要求。2013 年 12 月，国家发展和改革委员会出台相关政策支持各类融资平台采取以"企业债券"形式替代"短期限＋高利率"债务的置换策略，允许在借新还旧和未完工的项目建设中募集资金。

---

① 《关于进一步加强信贷结构调整、促进国民经济平稳较快发展的指导意见》（银发〔2009〕92 号）。

二、地方政府隐性债务的概况

在这一时间段内，分税制改革、1997 年亚洲金融危机及 2008 年全球金融危机等导致国内经济压力巨大，地方政府为应对巨大的经济压力，只能将负债经营继续扩大，从而形成了大量的地方政府隐性债务。从债务规模和债务形式上看，地方政府在不断创新，借助土地财政、地方融资平台等方式不断扩大债务规模。同时，地方政府借债用以发展经济的背后，还出现了债务资金用来弥补地方财政收支缺口、用于地方政府正常开销等现象。从地方政府隐性债务风险来看，地方政府隐性债务风险日益暴露，包括非银行金融机构、城市信用社、地方信托投资公司等，多年来形成了大量的不良资产，甚至还有许多无法兑付的巨额负债，最终都由地方财政通过各种渠道进行兜底。同时，供销社挂账、养老金欠款、工资拖欠等现象也普遍存在。

1997 年亚洲金融危机之后，地方政府隐性债务快速增长，1998 年地方政府债务余额超 4000 亿元，增长率达 48.20%。在 1998～2005 年，中央政府共发行了约 9900 亿元人民币建设国债，其中占国债近 1/3 的比例，约 2450 亿元人民币给地方政府用以投资中央要求的建设。根据审计署官网统计数据，37 个中西部市（县）瞒报财政赤字 10.6 亿元人民币。截至 2001 年底，共有 49 个市（县）累计债务达 163 亿元人民币。根据财政部官网数据统计，截至 2007 年底，我国地方政府债务总额达到 40000 亿元人民币，我国每个乡镇平均负债 400 万元人民币，当年地方政府债务余额（包括地方政府隐性债务在内）仍然超过 2000 亿元人民币，增长率达 24.82%①。针对亚洲金融危机爆发导致的地方政府隐性债务的大幅度增长，国债转贷、金融机构融资、地方政府融资平台债务频频出现的情况，中央政府对此也提出了对策②。对于特定经营棉花造成的财务挂账，全部由中央财政负担解决，本金停息挂账 5 年，5 年之后视情况处理，利息损失按照挂账金额以及流动

---

① 资料来源：中华人民共和国审计署官网，https：//www.audit.gov.cn/。
② 《国务院关于供销合作社财务挂账处理等有关问题的批复》（国函〔2001〕136 号）。

贷款利率进行核定。由此可见，地方政府举借具有偿还责任或担保责任的债务最终还是由中央财政兜底解决。

中央政府为应对 2008 年全球金融危机对地方经济造成的冲击，放宽了对地方政府隐性债务的管控，这使得地方政府隐性债务在这段时期内呈井喷式增长。为了防止前一阶段债务急剧扩张所导致的央地财政收支缺口，2009年 3 月，党的十一届全国人大二次会议上明确指出要安排中央财政赤字7500 亿元，而 2008 年的财政赤字只有 1800 亿元。同时，时任国务院总理温家宝在会议上表示，国务院同意地方政府发行债券，但是必须由财政部代理发行，同时将这 2000 亿元债券列入省级预算。据统计，在 2009～2012 年地方政府对融资的需求不断增加，由中央财政代理地方政府发行债券的规模达到 8500 亿元，地方融资平台数量也在快速增长，仅 2008 年至 2009 年底，全国激增了超 4000 家融资平台公司。截至 2010 年底，全国共设立 6576 家融资平台公司，这些融资平台依赖的担保和还贷来源，从土地出让金扩展到财政专项费用甚至财政一般公共预算收入，地方政府也绕过《中华人民共和国预算法》和《中华人民共和国担保法》等相关法律，通过隐性承诺函等方式为融资平台进行担保，甚至直接以财政收入和国有资产进行担保，更有甚者，政府部门和行政事业单位直接举借具有偿还责任或担保责任的债务，这为地方政府隐性债务管理带来了很大弊端。随着银行业的发展，利用地方融资平台向银行贷款成为地方政府司空见惯的手段。审计署公布数据显示，截至 2010 年末，79.10% 的地方政府债务来自银行贷款，这说明地方政府隐性债务的主要累积渠道已经改变，地方政府可以凭借地方优势，与地方金融机构产生更深入的利益关联。例如，地方政府引导金融机构向地方融资平台公司倾斜资源，作为交换，地方政府为金融机构争取政策支持或为其进行风险规避，这种现象在基层政府更加突出，这是因为基层政府的关系网更加复杂，寻租行为更加普遍。数据显示，截至 2011 年，在中国工商银行、中国银行、中国建设银行、中国农业银行四大国有商业银行中保有的债务余额已达到 2.58 万亿元。从 2009 年开始，地方政府隐性债务飙升主要有以下两点原因：一是地方政府拥有更加便捷的借债方式，加上表外举债技能拓宽融资渠道；二是地方官员之间激烈的晋升策略博弈，导致了政绩竞争转化为举债竞争，这些债务不但在任职期间不用考虑债务偿还，而且能够使政绩好看。审计署相关数据显示，地方政府负有偿还责任的债务超60000亿元，占比超60%，地方政府负有担保责任的债务超20000亿元，占比21.80%①。根据此数据可以看出，我国全部债务中，地方政府的隐性债务占比已经超过了80%。同时，这种借债行为存在传染效应，截至2010年，全国仅54个县级政府未举借地方政府债务，其余2802个县级行政单位均存在借债行为。2010年，地方政府债务增速18.86%，地方政府隐性债务的规模仍在不断扩大。

2011年，为更好地掌握地方政府的隐性债务概况，财政部连同各有关部门对各级政府的实际情况进行了一次集中摸查。具体摸查结果如下：一是基于偿还责任的视角。测算的结果显示，2010年度内政府负有偿还责任的债务为6.71万亿元，占比约为62%，政府负有担保责任的或有债务为2.34万亿元，占比约为21%，政府可能承担一定救助责任的其他相关债务为1.67万亿元，占比约为15%②。2011年，地方政府负有偿还责任的债务10.89万亿元，占比为60%，负有担保责任的债务2.67万亿元，占比为14%，可能承担一定救助责任的债务4.34万亿元，占比为24%。相比于2010年底，这些数据分别增长了66%、14%和159%③。二是基于债务人视角。数据显示，市级政府举借的债务仍然是最多的，为7.29万亿元，占全国地方政府性债务余额的40%。其次是县级政府，负债余额为5.41万亿元，占比30%，省级政府举债数量与县级政府差距较小，具体数据为5.19万亿元，占比29%。相较于2010年底，省市县三级政府债务余额的增长率分别为61%、56%和90%④。在这两年期间，县级政府的债务增长不论是增长率还是增长量都是相对较高的。结合两种测度视角综合来看，省级政府层级举借的三类债务规模仍然比较平均，分别占34%、30%和35%。在市级和县级政府负债中，政府负有偿还义务的债务占比依旧最高，分别为

---

① 2011年第35号《审计结果公告》。

②④ 资料来源：中国人民银行，http：//www.pbc.gov.cn/diaochatongjisi/116219/116319/116351/index.html。

③ 资料来源：审计署，https：//www.audit.gov.cn/n5/n521/index.html。

66%和78%。相比于2010年，变化最大的是政府可能承担一定救助责任的债务，这一债务数据在省市县三级政府中的增长率分别149%、162%和183%，均增加了1.5倍左右。除此之外，省市县三级政府负有偿还义务的债务也都呈增长趋势，其中县级政府的增长率最高，为94%[①]。

2012年，受融资平台贷款限制的影响，地方政府将资金需求转移到了以信托资金为主的融资模式上，导致信托资金和政信合作产品规模迅速增加，投向基础产业的信托资金余额在三年时间内增长了近1倍，政信合作产品余额也同样实现了近40%的增长速度，基础产业信托占全部信托的比重甚至在2013年第二季度达到了最高点。然而，当时正值地方政府债务期限到期高峰，并且政府基础设施建设的需求量也与日俱增，导致地方政府的融资需求始终处于高位水平，而当时的信托资金规模还远不足以满足地方政府的资金需求。为此，地方政府将城投债作为其重要的融资渠道，进行大力发展。其中，仅2012年一年间，政府融资平台就发行了746只债券，总规模达8775亿元，发债的规模创历史新高。城投债余额占地方政府新债务余额的比重也首次超过10%，达到11.12%[②]，地方政府隐性债务的规模也随之增加。

2013年4月，国家发展和改革委员会对政府发行债券进行分类管理，要求在保障地方融资的基础上，适度控制债券的发行规模。受此影响，2013年的债券发行状况有所回落，但总量规模仍较大。尽管地方政府债务得到一定的限制，但同一时期内地方政府隐性债务仍在不断发展，尤其是以地方融资平台为代表的隐性债务规模不断扩大。具体来看，地方融资平台举借的债务数量最多，占债务总额的46%。融资平台总计发行各类城投债803只，其中普通债券583只，总计7559.26亿元。在政府隐性债务的具体分类[③]中，融资平台的借债规模分别占各类债务总额的比例均超过了30%，甚至达到了60%，可以说每类债务中融资平台公司负担的都是最多的。到2013年6

[①②]　资料来源：财政部国库司，http：//www. mof. gov. cn/gkml/caizhengshuju/index_13. htm。

[③]　政府负有偿还责任的债务、政府负有担保责任的或有债务、政府可能承担一定救助责任的其他相关债务三类债务。

月底，融资平台举借的债务总额仍然居高不下，占到债务总额的40%。而在政府需要偿还的债务和其他相关债务中，融资平台公司占比依旧较大，分别占两类债务额的39%和48%[①]。

这一阶段，地方政府隐性债务始终处于高速发展中，债务规模持续壮大，债务增速不断上涨，地方政府隐性债务的增长反映出了这一阶段社会总体发展对资金的需求不断扩大。但是，随着经济发展开始逐渐要求提质增效，地方政府隐性债务的高风险和高增速并不能完全给经济带来积极影响，甚至出现了严重影响政府信用、给金融市场带来隐患等问题。为此，学术界针对这一问题开展了广泛的讨论，相关部门也在这一时期开始寻求对地方政府隐性债务的规范管理，以确保债务同经济间始终维持协调关系。2010年，中央政府连续出台多份文件[②]，明确指出要加强对地方政府融资平台公司及金融机构的信贷管理，合理处理地方政府存量债务。2012年3月，银监会发文[③]，要求各银行原则上禁止向融资平台提供新增贷款，力图从款项来源对政府融资平台进行加强监管。2012年12月24日，财政部等四部委联合发文[④]，限制规定地方政府选择BT模式建设项目，地方各级人民政府及所属机关、事业单位、社会团体等不得以委托单位建设，并承担逐年回购等方式举借债务。尽管地方政府融资面临着诸多监管，但迫于资金的压力，地方政府只能持续推进违规融资进度，这使得地方政府隐性债务的规模不断扩大，监管难度也在进一步增加，需要更多精准的政策和制度完成约束。

三、地方政府隐性债务的特点

纵观1994～2013年的地方政府隐性债务发展历程，分税制改革及两次

---

① 资料来源：中国人民银行，http：//www.pbc.gov.cn/diaochatongjisi/116219/116319/116351/index.html。

② 《国务院关于加强地方政府融资平台公司管理有关问题的通知》（国发〔2010〕19号）、《关于加强融资平台贷款风险管理的指导意见》（银监发〔2010〕110号）。

③ 《关于加强2012年地方政府融资平台货款风险监管的指导意见》（银监发〔2012〕12号）。

④ 《关于制止地方政府违法违规融资行为的通知》（财预〔2012〕463号）。

金融危机已然成为地方政府隐性债务爆发的主要原因。该时期的地方政府隐性债务主要有以下两个特点。

(一) 隐性债务风险高

该时段内地方政府隐性债务的风险水平居高不下,全国政府融资平台债务余额在 2009 年就达到了 13.8 万亿元人民币,巨大的债务偿还压力和债务风险也隐藏在如此大规模的债务余额背后。形成这种高风险的原因是 1949 ~ 1993 年中央政府对其管理严格,并且既无外债又无内债的思想还未完全转变,统收统支的财政管理使得地方政府举债仅仅是为了恢复及发展经济。而 1994 年分税制改革之后,财政管理体制改变,改革开放思想逐步建立,市场经济体制初步形成,这一切导致地方政府借债更加大胆,且借债目的不仅仅为发展经济建设,债务资金的用途也在不断扩大,地方债风险不断增大。2010 年的调查数据显示,超过 50% 的地方政府隐性债务没有经过法定的批准和备案程序。这类违规举借的地方政府隐性债务很可能对金融系统稳定性造成潜在风险,隐性债务的存在导致部分地方政府面临财政压力,难以履行公共服务职责,对基础设施建设、教育和医疗等领域的投资受到限制。但是,因为基层政府基础设施依旧未完善,建设资金需求比较大,地方政府举借隐性债务的意愿依然较为强烈,与之相应的地方政府隐性债务风险仍将处于较高水平。

(二) 隐性债务增速快

地方政府隐性债务在这段时期内呈现出迅猛增长的趋势。根据吴盼文等 (2013) 利用现行统计体系公开的数据,测算出我国地方政府隐性债务规模从 2001 年的 17.7 万亿元人民币大幅上涨为 2010 年的 60.4 万亿元人民币,债务增速平均每年约 27%。同时,叠加两次金融危机的影响,地方政府隐性债务的增速不断提高。据统计,1998 年的地方政府债务余额增长率高达 48.20%,之后有所下降;在 2008 年金融危机之后又上涨到 61.92%,债务余额增长率呈双峰形态[①]。隐性债务增速快也在一定程度上揭示了我国地方

---

① 资料来源:审计署 2011 年第 35 号《审计结果公告》。

政府隐性债务问题的严重性和复杂性。

第四节　2014~2017 年的地方政府隐性债务

一、社会历史背景

为了进一步维持地方经济的高增长，地方政府不断尝试通过提高举债规模，来解决发展所需要的资金问题，利用债务资金作为本金来驱动更多投资的加入，以实现对地方基础设施建设和地方经济发展的促进作用。与此同时，由于前一阶段地方政府举借的债务规模较大，地方政府隐性债务风险较高。为更好防范和化解地方政府隐性债务，要在前期既有管理的基础上，不断将债务管理推向更加精准、更加符合实际情况的方向。为此，中央和地方政府不断动态调整对地方政府隐性债务的管理力度，尝试通过更为完善的政策来引导地方政府举债，协调好地方政府债务和经济发展的关系。这种探索主要分为了三个阶段：首先是 2014 年初的"宽松"阶段，这一阶段采取相对宽松的债务管理，注重对地方政府债务管理的各项实施细节进行明确并加以引导，这期间债务规模仍保持着较高的增速；其次是 2014 年末到 2015 年初的"收紧"阶段，面对前一阶段经济发展中所采取的大量刺激性和鼓励性政策，地方经济开始出现大量泡沫。规模增大的同时，并没有为地区经济带来相匹配的质量提升，地方经济迫切需要去泡沫、去杠杆，对地方政府的举债行为需要加以限制；最后是 2015~2017 年的"松紧交替"阶段，在前一阶段对政府举债适度收紧的情况下，地方财政支出仍在不断增长，地方政府显然还未能适应这种过"紧日子"的方式，使得财政收支的平衡被严重打破，再加上地方经济发展的压力，中央政府不得不暂时性地对地方政府债务管理进行相应的调整，默许部分地方政府在政策法规的范围内适度举债。

2014 年作为开启全面深化改革进程的元年，对财税体制和金融体制的改革都得到了大力推进，而这些改革对地方政府债务也产生了一定的影响，这种影响主要表现在了政府债券的发行工作上。2014 年 4 月，国家发展和改革委员会允许非百强县的城投类企业发行债券。同年 5 月，国家发展和改革委员会再次发文，支持扩大企业债券资金用于棚户区改造。这表明了国家在这一时期内对于地方政府融资的支持，对城投债的发行监管也较为宽松。2014 年 5 月，财政部进一步放宽了对地方政府借债的管控，并印发相关文件，允许地方政府自行还本付息，并放宽债券期限①。同年 8 月，新的《中华人民共和国预算法》正式通过，以法律的形式赋予了地方政府举债的权利，具体规定了当地方政府具有融资需求时，省级政府可以为本级和下级政府发行债券，具体额度由国务院确定，并由全国人民代表大会审批。可以说，这一阶段的地方政府隐性债务管理给予了地方政府一定的自主权利，相对宽松的政策环境为债务规模的增大提供了可能性。面对债务增速超出预期的情况，中央的政策引导需要及时调整，向限制债务规模快速增长的方向进行持续努力。2014 年 9 月，国务院发文②，拉开了规范地方政府举债行为的序幕。规范债务的利刃挥向了风头正盛的城投债和地方融资平台。《国务院关于加强地方政府性债务管理的意见》明确了要剥离城投的政府性融资职能，要求融资平台不得新增政府债务，明确地方政府债券才是地方政府唯一的融资渠道。同时，只有在国务院确定报经全国人大批准的额度内，地方政府才可以发行债券，并纳入预算管理。

2015 年，我国实行地方债限额管理的同时，将地方债务分类纳入预算管理，并建立起与之相匹配的债务风险预警机制，通过一系列改革新举措的推行，搭建起了地方债务管理的新框架。在新的管理框架下，中央政府不断收紧城投债的发行政策。财政部发文，明确要求各级地方政府开展自查，清理甄别结果，并将甄别结果再次上报。国家发展改革委也要求不得新增政府债务。随着经济增长压力增大，为更好满足地区经济发展的需要，财政部要求对地方政府债务的管理要符合实际发展情况，适当鼓励和支持债务资金主

①《2014 年地方政府债券自发自还试点办法》：在还本付息上，从财政部代行进一步放宽至由发债地区自行还本付息，允许 10 个省、市发行自发自还地方政府债券，将债券期限由 3 年、5 年和 7 年变更为 5 年、7 年和 10 年。

②《国务院关于加强地方政府性债务管理的意见》（国发〔2014〕43 号）。

动发挥引领作用。2015 年 3 月以来，中央政府逐步确立了稳增长的政策基调，通过放宽城投债等专项债券的发行政策，处理好债务管理，不断完善地方政府举债融资机制，避免地方政府隐性债务规模恶意扩大。为敦促政策落实，国家发改委出台了《项目收益债业务指引》、四类专项债券的发行指引及《项目收益债券试点管理方法（试行）》等文件，提出财政补贴可作为项目的收益来源，其可以作为重点领域、重点项目融资需求的支撑，以期扩大城投债的发行规模。同年 6 月，银行间交易商协会发文①，同意在不增加地方政府债务的前提下，城投企业可以发债融资，对于重点领域、重点项目的后续融资给予重点支持。通过不断细化地方政府隐性债务的管理，规范地方政府举债行为，避免因债务举借违规而进一步导致风险叠加，但地方政府仍存在发行不规范、变相举债等诸多违规行为，这使得债务更加隐匿，对于科学有效监管的要求仍在不断提升。

2016 年，在前期充分鼓励和发展地方政府债务的情况下，地方政府债务规模增量大，增速较快，尤其是借助地方融资平台等进行融资的行为滋生了大量的地方政府隐性债务，债务风险水平在短时间内迅速提高，甚至有影响经济健康发展的趋势。为此，考虑到经济的可持续性发展，要改变原有态度，对地方政府债务要采取更为严格的监管措施，以加大地方政府债务的管理力度，限制地方政府债务规模，尤其是限制地方政府隐性债务的无序扩张。2016 年 1 月，财政部发文②，意见明确了确定限额的方式和程序，准确说明了针对存量债务的处理方式，确立了或有债务的处理原则，为合理规范地方政府隐性债务提供了政策支撑。同时，意见还明确了省级政府对地方隐性债务管理所应承担的义务和责任，要求提高举债信息的透明度，并对下一级地方政府提供必要的帮助和风险规避指导，以确保地方财政的正常运行。同年 11 月，财政部发文③，对地方政府债务风险防范和处置进行了更为详细的规定，有助于预警监测机制的完善，也预示着对地方政府债务的管理在

---

① 《关于进一步推动债务融资工具市场规范发展工作举措的通知》。
② 《关于对地方政府债务实行限额管理的实施意见》（财预〔2015〕225 号）。
③ 《关于印发〈地方政府性债务风险分类处置指南〉的通知》（财预〔2016〕152 号）。

不断收紧。

2017 年 3 月，财政部发文件①，规定了省级新增负债限额，将在全国人大或其常委会批准的地方政府债务规模内，由财政部测算，并报国务院批准后下达地方。对地方政府债务实行限额管理，等于给债务设置了天花板，目的是控制债务余额不超过上限，这对于合理控制地方政府债务，尤其是隐性债务规模而言，是十分关键的政策依据，有利于防范财政金融的叠加风险。同年，中国共产党第十九次全国代表大会胜利召开，党的十九大报告中强调要坚决打好防范化解重大风险等攻坚战，并且在中央经济工作会议上进一步提出，要切实加强地方政府债务管理。地方政府隐性债务的管理重要性不断凸显，化解地方政府隐性债务已成为政府及社会广泛关注的问题。

由此，随着新《中华人民共和国预算法》的实施和一系列相关文件的全面落实，对地方政府隐性债务的管理在不断探索调整中，逐步走向了规范化和严格化。相对应地，这一阶段的地方政府隐性债务规模呈波动上升的态势，债务风险趋于可控。但同时，地方政府的资金需求仍存在，致使地方政府不得不在严格的监管之下继续寻求新的借债手段，这也就使得地方政府隐性债务不断滋生出更多的存在形式。

二、地方政府隐性债务的概况

尽管 2014 年以前的地方政府隐性债务增速快、风险高，但经过这一阶段地方政府隐性债务管理政策的不断调整，债务增速一改以往的迅猛增长势头，开始呈现出波动上升的趋势。与此同时，也演变出了多种隐性债务的形式，债务管理的难度也有所提升。2014 年 8 月《中华人民共和国预算法》修订通过和《关于加强地方政府性债务管理的意见》的出台，为地方政府隐性债务的管理提供了新的政策指引。在积极引导地方政府融资平台中属于政府融资职能部门进行剥离，帮助其实现转型的同时，也对于关键的融资平台债务存量，有效地指导了其清理和减少工作。在政策的影响下，截至

---

① 《新增地方政府债务限额错配分配管理暂行办法》。

2014 年末，我国存量的城投债为 32386 亿元，其中企业债 18811 亿元、中期票据 6087 亿元、短期融资 2483 亿元、其他 5004 亿元。2014 年全年城投债总计发行 1395 只，发行规模为 15389 亿元。在此过程中，城投债的发行得到规范，债务规模仍在上升。

2015 年，根据国际清算银行测算的数据显示，全国隐性债务规模约为 2.1 万亿元。杨志勇等（2015）结合相关数据估算出地方政府隐性债务规模约为 4.3 万亿元，地方政府隐性债务规模增大，但相较于 2014 年而言，增量有所下降。但是，随着地方政府举债手段的增加，这一阶段的地方政府债务违约情况也不断增加，从具体省市数据来看，涉及城投企业非标违约的省份为贵州、陕西、内蒙古、云南、湖南、河南、天津、吉林、四川、辽宁、湖北、广西、甘肃、安徽 14 个省份。其中，贵州出现 121 例非标违约，是违约数量最多的省份，债务违约的背后反映的是地方政府没有相应的偿还能力，反而通过演化出多种举债形式继续满足地方的资金需求，并试图逃避监管。

2017 年，地方政府隐性债务规模仍在波动上升。据统计，2017 年地方政府隐性债务存量约 19.6 万亿元。在这种债务总体规模较大的情况下，隐性债务的控制的关键落在了对可能形成隐性债务的渠道进行及时封堵，尤其是规范专项债的管理，防止其衍生出更多的借债形式。同年 5 月、6 月，财政部分别与国土资源部、交通运输部联合发文①，在这些政策的规范下，我国推出了地方政府土地储备专项债、收费公路专项债等专项债券。但是，地方政府在巨大的资金需求下，仍试图借助专项债券来实现自身的融资需要。例如，陕西省韩城市违规举借政府性债务 3.57 亿元，被审计署点名通报。2017 年上半年，韩城市为市政基础设施建设和古城基础设施建设等支出，住房和城乡规划建设局等 4 个部门向投融资平台借款，并承诺未来以财政资金偿还，形成了地方政府隐性债务。由于监管力度的增大，地方政府融资行为受到限制，而用于地方经济发展的资金需求仍在不断扩大，这就滋生了更多违规举借债务的潜在问题。

---

① 《地方政府土地储备专项债券管理办法（试行）》《地方政府收费公路专项债券管理办法（试行）》。

三、地方政府隐性债务的特点

（一）隐性债务规模波动上升

受到这一阶段政策动态调整的影响，地方政府隐性债务规模呈现出明显的波动上升趋势。根据海通证券研究所测算的我国 2015 ~ 2017 年度隐性债务规模增量来看，2015 年度隐性债务规模增量约为 1.5 万亿元，2016 年度出现较大幅度增长，增量规模达到约 3.8 万亿元，2017 年度则出现了一定程度的回落，约为 3.4 万亿元①。这种波动上升的趋势既表现在宏观数据上，又表现在以 PPP 项目为代表的微观数据上，具体来看：一是储备清单内项目数量及规模，从 2016 年 1 月起，储备清单内项目数约 5500 个，并以每季度平均约 300 个的增长量持续增长了近一年半的时间。到了 2017 年 9 月起，项目数开始呈现明显下降趋势，仅三个季度左右，清单内项目数就回落到低于 2016 年初的水平，并且此后逐季度持续下降，到 2018 年底，这一数据仅为不到 4000 个。同时，在项目规模上同样呈现出这种波动上升的趋势，储备清单投资额在 2017 年 9 月达到最高点 7.7 万亿元后，持续下降，到 2018 年底投资额仅约为 4.6 万亿元。二是管理库内项目数量及规模，从 2016 年 1 月到 2018 年 12 月，管理库内项目数从 1493 个上升到 8634 个，以每季度平均 600 个的数量进行稳步增长，规模也从约 2.4 万亿元增长到了 13.2 万亿元。将两者数据进行综合，测算项目的实际落地率可以发现，从 2016 年 1 月到 2017 年 3 月的落地率不断攀升，而此后的近三个季度内落地率基本稳定在 34.5% 上下。到了 2017 年 12 月又开始呈现出明显的抬头增长趋势，但也仅仅持续到 2018 年 3 月，这一数据增长又有所放缓②，整体比率在持续地波动上升。

---

① 资料来源：海通证券研究所官网，https://www.htsec.com/ChannelHome/2016102402/index.shtml。

② 资料来源：全国 PPP 综合信息平台项目管理库各季度季报。

（二）举债形式多样化

发行地方政府债券作为中央允许用来筹措地方发展资金的一种形式，是以省级政府为主体发行一般债券或专项债券①的形式。2015 年，地方政府债券总计发行 3.8 万亿元，债务限额 16 万亿元，债务率约为 86%。2016 年，地方政府债券发行 6 万亿元，是 2015 年数据的 1.6 倍②，规模增长明显。作为法律明确允许的地方政府举债形式，其规模增长的背后反映的是地方政府不断增长的融资需求。但受限于发债主体和发债规模，省级以下的地方政府往往很难借助这种方式来满足自身发展需要，他们需要寻找更多的方式。

在地方政府债务管理逐渐走向规范化的同时，债务资金的偿还压力及地方经济发展的资金需求却一直困扰着地方政府，面对"先松后紧"的监管环境，地方政府借助多种形式来完成融资，这一过程催生出了形式多变的地方政府隐性债务。具体来看主要有以下几种形式：一是有收益的项目发行企业债券、项目收益票据等方式。这类债券由省级财政部门代为分类发行，转贷市县使用，由市县一级政府负责专项债券的发行前期准备、使用管理、还本付息等工作。相较于地方政府债券发行，政府发行企业项目收益债券将能够更好地匹配地方资金需要。因此，自财政部印发《关于试点发展项目收益与融资自求平衡的地方政府专项债券品种的通知》以来，2017 年全年发行项目收益债 59 只，发行金额为 442.2 亿元，项目收益票据 25 只，发行金额为 108.6 亿元③，相较于 2014 年时的仅有 4 只债券来看，发行数量和发行规模增长效果明显。二是"明股实债"。名义上以股权形式展开，实质上以债券形式进行交易，这种方式变相增加了地方政府债务负担，提高了地方政府隐性债务风险，为此，2017 年 1 月，发

---

①　新《中华人民共和国预算法》第三十五条规定，"经国务院批准的省、自治区、直辖市的预算中必需的建设投资的部分资金，可以在国务院确定的限额内，通过发行地方政府债券举借债务的方式筹措"。

②　资料来源：财政部预算司，https：//yss. mof. cn/zhuantilanmu/dfzgl/sjtj/201904/t20190417_3227000. html。

③　资料来源：中国人民银行，http：//www. pbc. gov. cn/diaochatongjisi/116219/116319/116351/index. html。

改委发文①，对明股实债进行叫停。三是 PPP② 模式，党的十八届三中全会提出，社会资本可以参与到城市的基础设施建设中，这样既可以弥补地方财政资金不足，同时也增加了资本使用效率。随后又有多项政策法规与地方性政策规章出台推动该模式的发展，这些举措让地方财政压力得到缓解。根据 2016 年的统计数据来看，全国入库项目共计 11260 个，总投资额 13.5 万亿元。其中，已签约落地 1351 个，投资额 2.2 万亿元，落地率 31.6%。2017 年，全国入库项目数量达 14059 个，项目规模共 17.74 万亿元③。值得注意的是，PPP 项目一边面临着入库难、项目审核要求高的问题，另一边又面临着诸如项目违规清退率高、监管不规范所导致的项目中途夭折等问题。可以说，PPP 项目在一定程度上为化解地方政府债务、缓解财政压力带来了新的可能性。但是，一旦出现监督和管理的失位，PPP 项目就会成为某种意义上的地方政府隐性债务，增加了化解地方政府隐性债务的难度。此外，地方政府还通过各种借债手段形成了多种其他债务形式，既有政府部门直接向企事业单位借款并承诺偿还的方式，又有以混淆地方政府债务和企业债务的方式，将地方政府隐性债务隐匿为国有企业隐性债务。此种方式具体包括了居民房屋抵押贷款、基础设施建设抵押贷款、城市公共交通设施抵押贷款、社会福利抵押贷款、"三农"政策抵押贷款和法律抵押贷款六种形式，均是地方政府采取抵押贷款后财政收支不许可所导致的隐性债务。

第五节　2018 年至今的地方政府隐性债务

一、社会历史背景

通过对地方政府隐性债务管理的不断调整，总体债务增量和风险水平在

---

① 《政府出资产业投资基金管理暂行办法》（发改财金规〔2016〕2800 号）。
② 政府与社会资本合作模式（Public—Private—Partnership），简称 PPP 模式。
③ 资料来源：全国 PPP 综合信息平台统计。

一定程度上得到了控制，债务治理水平不断提升。但地方政府隐性债务规模庞大、借债形式层出不穷等问题仍较为突出。为更好地解决相关问题，对隐性债务的治理手段要不断推陈出新，债务管理的法律法规要不断完善，以实现地方政府隐性债务的防范和化解工作向纵深推进。

2018 年，国务院办公厅发布相关文件①，明确提出要加强资金管理，保证在建项目和补短板重大项目资金透明管理，同时对于融资平台公司的融资要分辨清晰，正常融资要保障，违规融资要制止。同年，财政部再次对金融机构参与地方政府及国有企业投融资行为作出规范②，明确要求，金融机构不得给予地方政府任何形式的投融资，同时也不能新增地方政府贷款。此举使地方政府与国有企业投融资行为相分离，充分降低地方政府隐性债务风险的不确定性。同时，该文件还严令禁止违规担保行为、变相举债等举措，以守门员的姿态进一步加强对地方政府隐性债务的管理。

在强有力的监管措施之下，地方政府隐性债务发展在一定程度上得到了有效控制，风险水平整体可控。2018 年，中国的第三版"市政债"品种——地方政府棚户区改造专项债券在开"前门"、堵"后门"的债务管理思路引导下开始试点发行。这不仅是对专项债种类的进一步丰富，更是地方债管理的一项突破性举措。此举在发挥专项债遏制违规融资担保行为和防范财政金融风险等方面具有重要作用。为此，《关于做好 2018 年地方政府债务管理工作的通知》和《关于做好地方政府专项债券发行及项目配套融资工作的通知》文件相继出台，对地方政府专项债券的发行管理及项目运作进行了规范，并开始试点实施对专项债券的全生命周期管理，化解地方政府隐性债务风险。作为对债务管理工作的细化和落实，2018 年 3 月，财政部与住房城乡建设部联合发文《试点发行地方政府棚户区改造专项债券管理办法》。同年 5 月，财政部再次发文③，首次明确地方政府不得以非市场化手段干预地方政府债券的发行定价，如"指导投标""商定利率"等方式。

---

① 《国务院办公厅关于保持基础设施领域补短板力度的指导意见》（国办发〔2018〕101 号）。

② 《关于规范金融企业对地方政府和国有企业投融资行为有关问题的通知》（国发〔2014〕43 号）。

③ 《关于做好 2018 年地方政府债券发行工作的意见》（财库〔2018〕61 号）。

同时，对地方政府债券发行过程中定价过程进行严格监管，重点加强对承销团采取违规方式影响正常定价的行为，并相继颁布了多条关于地方政府债券发行承销的相关规章制度①。在第十三届全国人民代表大会常务委员会第七次会议上，财政部时任部长刘昆提议参照《中华人民共和国预算法》(2018) 提前下达转移支付预计数，并作《关于提请审议授权提前下达部分新增地方政府债务限额议案》的说明，以便加强对地方政府隐性债务的事前管理。

然而，2020 年初发生的新冠疫情，大大增加了地方政府"六稳""六保"的工作压力，管理的复杂性增加了地方政府隐性债务综合治理的难度。尽管因突发性事件导致经济发展压力增大，但不能因此而撕开债务监管的口子，对于地方政府隐性债务的管理要进一步从严、从细。为此，财政部发布《关于加快地方政府专项债券发行使用有关工作的通知》，指出要在各项发行审核程序上严格把关，在专项债务按对应项目上要信息公开，同时建立新增专项债券使用负面清单，严禁新增专项债券挪作他用，如支持商业化运作、置换存量债务及经常性支出的产业项目。在此基础上，新《中华人民共和国预算法实施条例》于 2020 年 8 月出台，该条例更深层次规范了地方政府的债务管理，完善地方政府举债机制，通过对地方政府隐性债务监管的加强，有效化解地方政府隐性债务，保证地方财政可持续，促进地方经济发展。

2021 年，中央经济工作会议召开，强调经济工作要以"稳字当头、稳中求进"，要求各地要担负起稳定宏观经济的责任，积极推出有利于经济稳定的政策。其中，地方政府隐性债务的稳定性在一定程度上关系到经济的稳定性，只有不断化解地方政府隐性债务风险才能为地方经济平稳发展注入强心剂。2021 年 2 月，财政部下发《关于梳理 2021 年新增专项债券项目资金需求的通知》，再次强调新增专项债券不得被用于偿还债务。同时，省级政府要负责债务风险管理，既要考虑地方项目资金需求，对国家重大战略项目多的地区适当倾斜，又要提高对风险的预见和预判能力，充分考虑各地财力

---

① 《地方政府债券公开承销发行业务规程》《地方政府债券弹性招标发行业务规程》。

和债务风险水平，防止单个地区债务规模过度增加所导致的风险水平急剧上升，避免高风险地区持续积累风险。

面对疫情等国内外多重超预期因素冲击及经济下行压力，防范和化解地方政府隐性债务风险，优化债务结构，降低风险的不确定性已然成为政府新一轮工作的重点。2022 年 6 月 13 日，国务院办公厅发文①，要求厘清各省级政府以下的财政事权、支出责任与收入相对等问题，明确省级党委和政府要对地方政府债务做兜底，建设更有力、更有保障的财政体制，促进加快建设全国统一大市场。该指导意见还强调要将坚持"因地制宜、激励相容"作为处理地方政府隐性债务的基本原则之一，尊重地方的自主性和首创精神，鼓励各地区因地制宜采取差异化的债务管理措施。同时，完善地方政府债务限额分配机制，促成一般债务限额与一般公共预算相契合，政府性基金预算收入及项目收益与专项债务限额等相适应。落实省级政府责任，按属地原则和管理权限压实市县主体责任，通过增收节支、变现资产等方式，切实降低偿债压力和隐性债务风险水平，化解地方政府隐性债务。

二、地方政府隐性债务的概况

在持续收紧的债务管理政策下，这一阶段我国的地方政府隐性债务各项数据相较于上一时期有了不同程度的下降，债务增速也逐渐放缓。根据我国财政部的决算数据，时至 2018 年末，我国中央政府债务余额 15 万亿元，其中全国显性债务规模 33.5 万亿元，负债率 37%，叠加上余额为 7 万亿元的城投债，总负债率 45%。借助城投债的详细数据来对隐性债务规模进行估计可得，2018 年地方政府的隐性债务规模在 37 万亿 ~ 40 万亿元的规模。因此，加总来看，2018 年末政府债务部门的债务总规模大约为 70 万亿元，杠杆率为 77%，② 与披露数据的其余 40 个国家相比，位居

---

① 《关于进一步推进省以下财政体制改革工作的指导意见》（国办发〔2022〕20 号）。

② 资料来源：Wind 资讯，https://www.wind.com.cn/portal/en/WindIndex/detail.html。

第 15 名，与加拿大、奥地利和匈牙利等国家相似。具体来看，全国范围内各省的具体数据如表 3-3 所示。

表 3-3   2018 年各省级行政区债务率一览

省份	显性债务 （亿元）	隐性债务规模 （亿元）	地方政府综合 财力（亿元）	显性债务率 （%）	全口径债务率 （%）
西藏	99	314	2062	5	20
北京	3877	33865	11230	35	336
上海	4694	11744	10722	44	153
河南	5548	9065	11567	48	126
广东	9023	13810	18622	48	123
甘肃	2069	5155	3829	54	189
重庆	4019	13150	7408	54	232
浙江	9239	25303	16917	55	204
江苏	12026	50012	20014	60	310
内蒙古	6217	2369	9965	62	86
黑龙江	3455	2409	5459	63	107
吉林	3193	3787	4900	65	142
湖北	5719	16986	8755	65	259
新疆	3378	5139	4987	68	171
四川	8503	22411	12129	70	255
山东	10197	13198	14170	72	165
天津	3424	22182	4483	76	571
江西	4269	9126	5206	82	257
海南	1719	3218	2071	83	238
湖南	7667	15050	8673	88	262
福建	5463	9887	6073	90	253
宁夏	1248	364	1384	90	117
陕西	5395	10074	5959	91	260

省份	显性债务（亿元）	隐性债务规模（亿元）	地方政府综合财力（亿元）	显性债务率（%）	全口径债务率（%）
河北	9737	4932	10125	96	145
云南	6725	11412	6498	103	279
青海	1529	1220	1450	105	190
辽宁	8455	2994	6814	124	168
广西	7790	10232	6044	129	298
贵州	8607	11775	5892	146	346

注：安徽省和山西省由于政府基金性预算收入、一般公共预算收入数据缺失，暂时未列入表中。

资料来源：Wind、各省级行政区财政决算表。

在有数据的 29 个省份中，江苏、北京、浙江等省份的隐性债务规模较大，宁夏、西藏、青海等省份的隐性债务规模较小，这部分数据的不同主要源于各地区地理条件、经济发展水平等存在较大的差异。其中，近 11 个省份将隐性债务总规模有效控制在了当年地方政府综合财力规模以下，且这部分地区中的多数属于经济欠发达地区，对财政转移支付的依赖较强，而这部分地区隐性债务规模能够小于当地财力水平，可能意味着地方政府将有能力自行化解债务问题，防止地方政府隐性债务风险累积，而其余隐性债务规模大于当年财力水平的地区，较多属于经济发达地区，这部分地区整体经济基础稳固，地方经济发展水平高，对于防范和化解地方政府隐性债务具有较强的应对能力。因此，整体来看，各省份地方政府隐性债务风险水平整体可控，对地方政府隐性债务的严格管理初见成效。

到了 2020 年，我国隐性债务的增速放缓态势更为明显，不少的权威机构都对这一时期的隐性债务规模进行了大致测算。以其中可信度较高的国际货币基金组织（International Monetary Fund，IMF）和国际清算银行（Bank for International Settlements，BIS）为例，根据国际货币基金组织的测算，隐性债务余额为广义政府负债与增扩概念的债务之间的差额。我国当年预算内广义政府债务为 46.3 万亿元，增扩概念的债务为 94.9 万亿元，隐性债务余额为 48.7 万亿元①。该部分债务主要由有可能被确认的地方政府融资平台额外债务、与专项建设基金和政府指导基金相关的额外债务组成。分析国际货币基金组织的数据可知，近年来隐性债务增速下降明显。国际清算银行数据显示，我国 2020 年政府部门信贷的名义价值为 68.05 万亿元，结合财政部公布的 2020 年末我国政府债务余额为 46.55 万亿元，两者数据的差额可理解为国际清算银行认定的地方政府隐性债务规模为 21.50 万亿元②。分析国际清算银行数据可知，我国地方政府隐性债务增速自 2018 年以来就呈现出较为明显的放缓趋势。综合国际货币基金组织、国际清算银行等权威机构的测算数据，2020 年末我国地方政府隐性债务规模在 20 万亿~40 万亿元。结合国内相关机构对该指标的测算，也能较好地印证这一点。国内研究机构借助发行城投债的有息负债规模对隐性债务规模进行大致匡算得出，2020 年地方政府潜在隐性债务为 45.30 万亿元，再次表明隐性债务规模增速在持续下降。

三、地方政府隐性债务的特点

（一）债务管理的复杂性

地方政府隐性债务的管理具有复杂性，这种复杂性表现在隐性债务的界定困难及构成形式多样等。具体来看：第一，隐性债务的界定困难。明确界定隐性债务和厘清隐性债务类别是推进隐性债务化解工作的重点和难点。从中央政治局会议上首次提出"隐性债务"这一概念以来，先后出台多份文件③，均在明确加强对地方政府隐性债务的概念，并在全国范围内开启了新

---

① 资料来源：国际货币基金组织（International Monetary Fund, IMF）官网，https：//www. org/en/Search#sort = relevancy。

② 资料来源：国际清算银行（Bank for International Settlements, BIS）官网，https：//www. org/annualeconomicreports/index. htm? m = 1024。

③ 《地方政府隐性债务问责办法》《地方政府债务和隐性债务口径及认定标准》《地方政府债务统计监测工作方案》《地方全口径债务清查统计填报说明》。

一轮的隐性债务甄别和统计工作。《关于推进政府和社会资本合作规范发展的实施意见》《关于梳理 PPP 项目增加地方政府隐性债务情况的通知》《关于防范化解融资平台公司到期存量地方政府隐性债务风险的意见》等文件进一步细化隐性债务的概念，明确利用项目结转资金偿还、国有资产权益偿还、出让政府股权及经营性、安排财政资金偿还的隐性债务类型。虽然如上文所述，中央不遗余力采取各种措施加强对于地方政府隐性债务的界定，完善地方政府隐性债务的定义和丰富隐性债务的涉及范围，但由于地方政府举债手段的多样性、隐蔽性所影响，地方政府隐性债务的界定工作仍然存在困难，这给地方政府隐性债务的识别和管理造成了较大的困难。同时，界定的不完善也造成了各部门对于地方政府隐性债务的理解存在不同，致使多种统计口径的出现，如将地方政府隐性债务按地方政府债券、地方政府债务、融资平台公司债务统计等。加之相关测度指标和测度模型也在一定程度上有所欠缺，对于地方政府隐性债务的规模无法较为准确的计算，更无法进行及时有效的分类整理。地方政府隐性债务准确数据的缺失，进一步增加了管理的复杂性。第二，地方政府与国有企业投融资边界不明。一些地方政府经常利用国有企业进行违规举债，如延安市新区投资开发建设有限公司、延安新区市政公用有限公司通过代政府借款等方式违规融资。截至 2018 年 3 月，延安市新区投资开发建设有限公司、延安新区市政公用有限公司将银行贷款等融资资金 69.07 亿元，按要求交由延安市新区管理委员会统筹使用，用于延安新区基础设施、道路工程等建设。2018 年 5 月底，形成政府承诺以财政资金偿还的债务 36.8 亿元，造成新增隐性债务。[①] 除此以外，地方政府利用国有企业参与变相举债的手段还包括：与国有企业合作设立投资基金但本质为债务融资的平台、利用国有企业发行资产管理产品筹资与地方建设项目债务对接、利用地方政府信用与国有企业签署一揽子协议等、参与"伪PPP"项目投融资、在地方国有企业发行债券过程中利用政府职权为其提供中介服务。这些地方政府借"壳"进行违规融资的行为，对于债务举借、

---

① 资料来源：财政部官网"财政部关于融资平台公司违法违规融资新增地方政府隐性债务问责典型案例的通报"。

债务偿还等流程的明确造成了较大的困难，借助相关主体的混淆，进一步增加了监督的难度，对于债务管理而言更是困难重重。

（二）债务风险的不确定性

地方政府的举债行为受财政制度的约束，但相关财政制度仍在逐步完善中，对于政策的执行程度也可能出现偏差。同时，政府在整个市场中占有一定的主动权，地方政府可能会利用自身权力干预金融机构或企业，甚至是将隐性债务进行转嫁等行为，这些行为都会进一步增加地方政府隐性债务风险的不确定性。具体来看，构成这种不确定性的来源主要有以下两种。

第一，政府干预融资行为。地方政府会要求金融机构和企业帮助其实现融资需求，而这种要求往往通过一些非正式性文件来提出。作为表外借债，对这种方式进行监管的难度较大，加之地方政府本身的权力影响，这类隐性债务风险具有极大的不确定性。2016 年 6 月，望城经济技术开发区管理委员会全资子公司望城经开区建设开发公司与中国农发重点建设基金有限公司签订基金投资协议借款 1.4 亿元，用于望城经开区电子信息化产业园配套基础设施建设项目，该协议为期 10 年，年投资收益率为 1.2%。地方政府承诺回购中国农发重点建设基金有限公司的投资资金，并向企业发送承诺函，这种形式很大程度上是将财政资金作为偿债来源，这使得地方债务负担不断加大[①]。这类承诺函并不能对隐性债务构成保障，债务风险的不确定性较大。2018 年 3 月，河南省信阳市通过医院采购药品名义违规融资。信阳市第三人民医院根据浉河区政府常务会议纪要，以采购药品为由向中信银行股份有限公司信阳分行贷款 2.5 亿元，用于支付应由财政预算安排的新院项目工程款，造成新增隐性债务[②]。这类没有任何正式文件，且对债务主体、期限等也未加以明确的情况，债务违约可能性较大，具有极大的不确定性。

第二，举债期限较长。与地方政府债券相对较短的期限相比，以城投债为代表的地方政府隐性债务则通常为 3～10 年的期限，期限相对宽泛。不仅如

---

① 资料来源：搜狐网《地方政府隐性债务内涵特征与案例》整理。

② 资料来源：网易新闻 https://www.163.com/dy/article/H8AU4HSU05149RLM.html 整理。

此，地方政府还可能对相关债务进行展期，进一步扩大潜在风险。以 2023 年贵州省遵义市最大的城投公司——遵义道桥为例，其发布公告称将近 156 亿元城投债务进行 20 年的展期，这种展期显然是在为巨额的城投债兑付问题寻找出路[1]。由于城投债等地方隐性债务大多依赖房地产、土地买卖等，通过获得的收益来偿还债务，而随着相关行业的回落，资金收益下降，地方债务偿还出现困难，导致债务违约现象层出不穷，债务风险的不确定性也不断增加。截至 2022 年 11 月，全国城投债发生违约事件 64 起，为五年内的最大值。在相关行业出现回落的大背景下，借债期限的变长并非权宜之计，叠加上地方官员的任期较短等因素，城投债为代表的地方政府隐性债务在后期极有可能面临无法按期偿还、借新还旧等问题。受此影响，在未来时间内将进一步导致债务风险的不确定性增加，加大了地方政府隐性债务的化解难度。

四、我国地方财政韧性水平的评测与空间格局分布

我国地方政府隐性债务风险并非一个孤立的单一问题，其与地方财政韧性水平存在着极为紧密且复杂的内在关联。地方政府隐性债务风险的形成、演变以及化解过程，皆受到地方财政韧性水平的显著影响，而地方财政韧性水平的高低也在很大程度上决定了地方政府应对隐性债务风险冲击的能力与效果。鉴于此，本节拟从地方财政韧性的视角出发，以期为完善地方政府债务风险治理体系、提升地方财政可持续发展能力提供更具针对性与前瞻性的理论依据与政策建议。

当前地方财政依然面临着诸多挑战，特别是财政收入增长放缓、财政支出压力增大、债务风险凸显等财政运行硬约束，因此，坚持稳健优先、可持续发展是当前地方财政处理收支平衡、债务风险防控以及保障公共服务供给关系的应对之策。财政收支平衡与债务风险防控要以财政韧性为基础，通过熵值法测算地方财政韧性刻画出财政安全红线，实现把地方财政建设成为可

---

[1]　资料来源：根据网易新闻（https://m.163.com/dy/article/HQDA7AE90552SWRI.html）相关资料整理。

持续发展的财政目标。为此，本节基于地方财政应对能力、恢复能力和成长能力三个维度构建地方财政韧性评价指标体系，运用熵值法从地级市层面对2004～2022年我国228个地级市的财政韧性进行测度计算，量化评估地方财政在收入多元性、支出效率、债务可持续性等方面的抗压与自适应能力，为破解"紧平衡"困局提供路径参照。

（一）地方财政韧性指标体系构建

1. 指标体系构建思路

依据财政学范畴上的界定，财政韧性为常规状态下地方政府合理组织财政收支、切实履行财政职能的成长能力，以及面对冲击时保持稳定、积极恢复与适应调整，实现地方财政持续发展的能力（谷彦芳等，2024）[①]。基于风险管理或应急治理视角，财政韧性为在遭受突发事件冲击时，财政系统运用财政应急治理手段提前做好应急预备，维持财政可持续状态，从中汲取财政应急治理经验，并促进财政治理现代化的能力（景宏军等，2024）[②]。基于我国地方财政的现状，以实现"发展财政、民生财政、效能财政、安全财政"的地方财政体系为目标，因此，对地方财政韧性的评价应该综合考虑到经济发展、社会发展和财政发展等各个方面。该评价指标体系不仅要把握地方财政的现状，还应该把握未来地方财政发展的前景，分别从地方财政应对突发事件的抵御能力、受到突发事件创伤后的恢复能力以及不断提升的成长能力三方面来刻度地方财政韧性的承载力水平。

2. 相关指标的选取

设计构建三级指标体系，包含一级指标1个、二级指标3个以及三级指标8个，评价指标体系详见表3-4。其中，一级指标是地方财政韧性；二级指标进一步地从应对能力、恢复能力、成长能力三个方面来测度地方财政

---

① 谷彦芳、胡欣蕊、张航：《数字经济发展对地方财政韧性的影响及空间溢出效应》，载《经济纵横》2024年第3期，第118-128页。

② 景宏军、吴婧源：《财政韧性：财政应急治理现代化的一种思路》，载《财政科学》2021年第8期，第34-47页。

韧性；三级指标则具体选用财政支出增长、财政赤字、财政自给力来量化财政应对能力，选用财政收入增长、财政收入结构两个指标描述财政恢复能力；选用财政收入弹性、财政支出弹性、财政支出结构三个指标衡量财政成长能力。

表 3 – 4　　　　　　　　　地方财政韧性评价指标体系

一级指标	二级指标	三级指标	指标说明	指标方向
地方财政韧性 X1	应对能力 X11	财政支出增长 X111	人均财政支出增长率	正
		财政赤字 X112	人均财政收支差额	负
		财政自给力 X113	一般公共预算/财政支出	正
	恢复能力 X12	财政收入增长 X121	人均一般公共预算收入增长率	正
		财政收入结构 X122	税收收入/非税收入	正
	成长能力 X13	财政收入弹性 X131	人均财政收入增长率/人均 GDP 增长率	正
		财政支出弹性 X132	人均财政支出增长率/人均 GDP 增长率	正
		财政支出结构 X133	(医疗卫生 + 教育 + 科技 + 社会保障就业) 支出/财政支出	正

3. 研究样本选取与数据来源

本节从地市级层面对地方财政韧性进行评价（见表 3 – 4）。鉴于我国直辖市的行政体制差异以及阿坝藏族羌族自治州、凉山彝族自治州等 16 个自治州和黑龙江省、吉林省的相关数据缺失较为严重，因此，本节未将上述地区纳入观察样本内，地市级样本对象为其他 228 个城市，研究时间段为2004～2022 年。相关数据来源于历年的《中国统计年鉴》《中国区域统计年鉴》《中国城市统计年鉴》，部分缺失值通过插值法进行相关处理。

(二) 地方财政韧性指标体系构建

1. 地方财政韧性水平的综合评价

熵值法是一种基于信息熵理论的客观赋权方法，可用于测算地级市地方财政韧性。在应用熵值法时，首先，收集与地方财政韧性相关的各项指标数据，如财政收入增长、财政支出结构、财政赤字等。然后，根据这些指标的变异程度确定其各自的客观权重，指标的变异程度越大，其权重也就越高。通过这种方式，熵值法能够综合考虑各个指标在财政韧性评价中的重要性。最后，利用所确定的权重对各指标进行加权求和，得出地级市地方财政韧性的综合评价结果。熵值法的优点在于其客观性，它依据数据的内在信息来确定权重，从而避免了主观因素的干扰，确保了评价结果的科学性和可靠性。基于上述优点，根据本节样本数据的特点，本节选用熵值法测度各地级市地方财政韧性的综合水平，综合得分的取值范围为 $[0, 1]$，若得分值越接近于1，则表明地级市地方财政韧性的水平越高；反之，则表明越低。熵值法的具体计算步骤如下：

第一步，使用极差法对地方财政韧性评价指标体系中的各指标 X_{ij} 进行标准化处理，消除不同指标在数量级和量纲方面不一致所造成的影响：

$$Y_{ij} = \begin{cases} \dfrac{X_{ij} - \min(X_{ij})}{\max(X_{ij}) - \min(X_{ij})}, & X_{ij} 为正向指标 \\[3mm] \dfrac{\max(X_{ij}) - X_{ij}}{\max(X_{ij}) - \min(X_{ij})}, & X_{ij} 为负向指标 \end{cases} \quad (3.1)$$

第二步，计算地方财政韧性评价指标体系中 Y_{ij} 的信息熵 E_j：

$$E_j = \ln \frac{1}{n} \sum_{i=1}^{n} \left[\left(Y_{ij} \middle/ \sum_{i=1}^{n} Y_{ij} \right) \ln \left(Y_{ij} \middle/ \sum_{i=1}^{n} Y_{ij} \right) \right] \quad (3.2)$$

第三步，计算地方财政韧性评价指标体系中 Y_{ij} 的权重 W_j：

$$W_j = (1 - E_j) \middle/ \sum_{j=1}^{m} (1 - E_j) \quad (3.3)$$

第五步，利用各指标的权重，对各地级市的地方财政韧性进行综合评价。计算公式为：

$$R_k = \sum Z_{ij} W_j \qquad (3.4)$$

其中，R_k 为第 k 个城市的财政韧性综合评价值。

2. 地方财政韧性水平的空间自相关分析

空间自相关分析作为测量邻近事物关联强度的方法和指标，常被用于研究区域时空格局的演绎（王庆喜，2014）[1]。本节通过测度地级市地方财政韧性水平的 Moran's I 指数，分别从全域空间自相关和局域空间自相关两个部分来分析。

（1）全局空间自相关。该分析用于描述整个研究对象上的全部空间单元之间是否存在集聚性的特征，Moran's I 指数的计算公式为：

$$I = \frac{n \sum_{i=1}^{n} \sum_{j=1}^{n} w_{ij}(x_i - \bar{x})(x_j - \bar{x})}{(\sum_{i=1}^{n} \sum_{j=1}^{n} w_{ij}) \sum_{i=1}^{n} (x_i - \bar{x})^2} \qquad (3.5)$$

式（3.5）中，$\bar{x} = \frac{1}{n} \sum_{i=1}^{n} x_i$，$x_i$ 代地级市 i 的属性值，n 表示地级市总个数，W_{ij} 表示空间关系权重矩阵元素。Moran's I 指数的取值范围一般是介于 -1 到 1 之间，当 Moran's I 指数大于 0 的时候，表示各地级市某属性值之间存在着正空间自相关性，即具有空间集聚特征；反之，当 Moran's I 指数小于 0 的时候，则表示各地级市某属性值之间存在着负空间自相关性，即具有空间分异性特征；当 Moran's I 指数越接近于 0 时，表示各地级市某属性值之间不存在着空间自相关性。

（2）局部空间自相关。该分析可以判别由于空间的位置不同而可能存在的不同空间关联模式。在空间位置 i 上，局域 Moran's I_i 指数的计算公式为：

$$I_i = \sum w_{ij} z_i z_j \qquad (3.6)$$

式（3.6）中，Z_i 和 Z_j 分别表示地级市 i 和地级市 j 标准化的观测值，表示进行标准化后的空间权重矩阵元素。如果 I_i 显著为正数且 Z_i 大于 0，则

---

① 王庆喜：《区域经济研究实用方法》，经济科学出版社 2014 年版。

表示区域单元 i 周边呈高高集聚特征；如果 I_i 显著为正 Z_i 小于 0，则表示区域单元 i 周边呈低低集聚特征；当 I_i 显著为负数时，Z_i 大于 0 或小于 0，则表示区域单元 i 周边呈高低或低高集聚特征。

（三）实证结果与分析

1. 地方财政韧性水平的测度计算

根据上述熵值法测算 2004～2022 年中国 228 个地级市财政韧性水平的综合评价得分，使用逐级累计求权处理方法确定各指标的权重，即首先通过对三级指标进行赋权，求出二级指标的得分；再对二级指标赋权进而求出一级指标得分，在此基础上通过熵值法对一级指标进行赋值，得到各地级市财政韧性的综合得分。各级指标的平均权重与各年地级市财政韧性水平的描述性统计结果分别如表 3－5、表 3－6 所示。需要说明的是，本节采用算术平均的方式对 2004～2022 年各级指标权重进行计算，此做法可以有效避免由于各年间各级指标权重不一致所造成的评价结果差异，使得评价结果更具有可比性。

表 3－5　　　　　　　　　　地方财政韧性各级指标的权重均值　　　　　　　单位：%

指标	权重
X11	81. 9500
X12	6. 3900
X13	11. 6600
X111	4. 0710
X112	51. 6965
X113	44. 2325
X121	91. 2697
X122	8. 7303
X131	0. 5188
X132	0. 6231
X133	98. 8580

表 3 - 6　　　　各地方财政韧性指标评价体系三级指标的描述性统计

指标	样本量	平均值	方差
X111	4329	0.0910	0.0200
X112	4329	0.2130	0.1330
X113	4329	0.2610	0.1410
X121	4329	0.1990	0.0470
X121	4329	0.3190	0.0230
X131	4329	0.9330	0.0150
X132	4329	0.6920	0.0130
X133	4329	0.0720	0.0280

从二级指标来看，应对能力在地方财政韧性水平中权重占比最大，其次是成长能力，恢复能力权重占比最小。这表明影响当前地方财政韧性水平高低主要是由其应对能力和恢复能力决定。从三级指标来看，在应对能力中，财政赤字和财政自给力权重占比较高，分别高达 51.6965% 和 44.2325%；在成长能力中，财政收入增长占了绝对主导地位，权重高达 91.2697%，财政收入结构所占权重仅有 8.7303%；在恢复能力中，财政支出结构权重也高达 98.8580%，明显高于财政收入弹性和财政支出弹性两者的权重 1.0420%。

表 3 - 6 报告了地方财政韧性指标评价体系中三级指标的描述性统计。表格中涉及的财政指标包括人均财政支出增长率、人均财政收支差额、财政自给率、人均财政收入增长率、财政收入结构、财政收入弹性、财政支出弹性以及财政支出结构，共计 8 项指标，每一项指标均基于 4329 个样本进行统计分析。

人均财政支出增长率：该指标的平均值为 0.0910，标准差为 0.02。从平均值来看，在所考察的样本范围内，人均财政支出呈现出较为稳定的增长态势，平均增长幅度为 9.1% 左右。较小的标准差（0.0200）反映出样本数据在人均财政支出增长率方面具有较高的集中性，大多数样本的人均财政支出增长率与平均值较为接近，波动幅度相对有限。这暗示着在财政支出规划与执行过程中，存在一定的稳定性和连贯性，政府在财政支出安排上可能遵循了较为稳健的策略，以保障公共服务供给、基础设施建设等常规支出项目的持续投入。

人均财政收支差额：其平均值达到 0.2130，标准差为 0.1330。相对较大的标准差表明人均财政收支差额在不同样本之间存在较为显著的差异。部分样本的人均财政收支差额可能远高于平均值，而另一些样本则可能明显低于平均值。这种差异源于多种因素，如不同地区的经济发展水平、产业结构、财政收入来源稳定性以及财政支出结构的差异等。较高的平均值意味着在整体上，财政收入与支出之间存在一定缺口，这对财政可持续性产生潜在影响，需要进一步分析财政收支的具体构成和差异形成原因，以便采取针对性的措施来优化财政收支平衡。

财政自给率：该指标平均值为 0.2610，标准差是 0.1400。财政自给率反映了财政收入满足财政支出需求的能力。平均值 26.1% 表明，从样本整体来看，财政收入仅能覆盖约 1/4 的财政支出，财政对外部资金来源（如上级转移支付、债务融资等）的依赖程度较高。标准差 0.1410 显示出不同样本在财政自给能力方面存在较大分化。一些地区可能拥有较高的财政自给率，自身的财政收入能够较大程度地保障当地财政支出，而另一些地区则可能面临较为严峻的财政自给压力，需要深入探究影响财政自给率差异的地区特定因素，如经济发展模式、税收征管效率、产业结构合理性等，从而为提升地区财政自给能力提供决策依据。

人均财政收入增长率：该指标平均值为 0.1990，标准差为 0.0470。平均值接近 20% 的人均财政收入增长率，显示出财政收入在样本范围内取得了较为显著的增长。不过，标准差 0.0470 说明样本数据在该指标上存在一定的离散程度，即不同样本的人均财政收入增长率存在一定的波动。这与宏观经济环境变化、税收政策调整、产业发展速度以及地方政府招商引资成效等多种因素在不同地区、不同时段的影响差异有关。深入分析这些因素对人均财政收入增长率的作用机制，有助于把握财政收入增长的内在规律，为实现财政收入可持续增长提供策略建议。

财政收入结构：该指标平均值为 0.3190，标准差为 0.0230。此指标衡量财政收入中不同来源或不同性质收入所占的比重及其组合情况。0.3190

的平均值反映了一种相对稳定的财政收入结构特征，而较小的标准差（0.0230）进一步表明在样本群体中，财政收入结构具有较高的相似性或稳定性。这意味着各地区在财政收入构成上受到相似的经济结构、产业结构以及税收政策等因素的制约或引导，形成了相对固定的收入结构模式。但同时也需关注这种稳定结构是否有利于适应经济环境变化、新兴产业培育以及财政收入质量提升等问题，以确保财政收入结构的合理性和可持续性。

财政收入弹性：该指标平均值高达 0.9330，标准差为 0.0150。财政收入弹性反映了财政收入增长对经济增长的敏感程度。接近 1 的平均值表明财政收入增长与经济增长之间存在较为紧密的联动关系，经济增长能够较为有效地带动财政收入增长，这在一定程度上体现了经济与财政之间的良性互动。极小的标准差（0.0150）显示样本数据在财政收入弹性方面高度一致，说明不同样本的经济结构和财政体制在收入弹性上表现出相似的特征。这与国家统一的税收制度、宏观经济政策框架以及相似的产业发展模式等因素有关，但对于一些具有特殊经济结构或发展路径的地区而言，需要进一步探讨如何在保持与经济联动的基础上，优化财政收入弹性，以实现更高质量的财政收入增长。

财政支出弹性：该指标平均值为 0.6920，标准差是 0.0130。财政支出弹性体现了财政支出增长对经济增长的响应程度。0.6920 的平均值意味着财政支出增长相对经济增长具有一定的滞后性或调节性，这可能与财政支出项目的规划、审批流程以及财政资金的使用效率等因素有关。与财政收入弹性类似，极小的标准差（0.0130）反映出样本在财政支出弹性上具有高度一致性，这同样受到统一的财政支出管理制度、宏观政策导向以及经济社会发展阶段等共同因素的影响。深入分析财政支出弹性对于理解财政政策的传导机制、评估财政支出效益以及优化财政支出结构具有重要意义。

财政支出结构：该指标平均值为 0.0720，标准差为 0.0280。财政支出结构涉及财政资金在不同领域、不同部门之间的分配比例和使用方向。0.0720 的平均值可能代表了一种相对集中的财政支出结构特征，而标准差 0.0280 表明在样本之间存在一定的差异。这种差异源于各地的社会经济发展需求、政策侧重点、公共服务供给水平以及财政管理偏好等因素的不同。

合理优化财政支出结构是提高财政资金使用效益、促进经济社会协调发展的重要途径，因此需要进一步剖析财政支出结构差异背后的原因，为制定科学合理的财政支出政策提供依据。

图3-1报告了2004~2022年期间我国地方财政韧性平均水平的测度结果。从整体层面看，综合地方财政韧性水平均值大体上呈现出稳步递增的变化趋势，从2004年期初的0.1697增长至2022年的0.2767，增长幅度为63.05%。这期间，只有2020年到2021年出现轻微下降，综合得分由0.2705下降到0.2690，下降幅度为0.56%，下降幅度很小，且该年度出现下降的情况是由于新冠疫情的冲击，全国经济增长放缓，财政支出增长较快，各地级市财政压力较大，但总体来说我国地方财政韧性的整体水平呈现出逐渐变好的趋势。表3-7报告了2004~2022年期间我国228个地级市财政韧性的水平测度结果。从总体看，相较于2004年，99%的地级市2022年财政韧性水平都有明显提升，其中，固原市财政韧性水平提升最大，综合得分从2004年的0.0766增加到2022年的0.4549。但温州市和乌鲁木齐市2022年的财政韧性水平较2004年来说是下降的，综合得分分别下降了0.0038和0.0376，下降幅度并不大。在这19年间，舟山市平均得分最高，为0.3165，周口市平均得分最低，为0.1563；其中，2017年临沧市综合得分最高，为0.5138，2004年固原市综合得分最低，为0.0766，说明无论是从整体还是从各城市来看，我国地方财政韧性呈现出稳步提升的变化趋势。

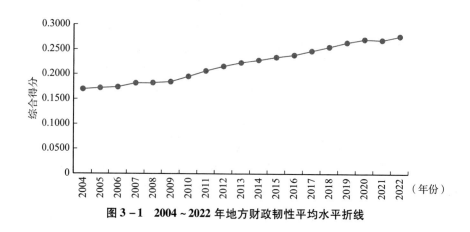

图3-1　2004~2022年地方财政韧性平均水平折线

表 3 - 7　2004～2022 年地方财政韧性水平的测度结果

城市	2004年	2005年	2006年	2007年	2008年	2009年	2010年	2011年	2012年	2013年	2014年	2015年	2016年	2017年	2018年	2019年	2020年	2021年	2022年
安康市	0.1140	0.0944	0.0995	0.1119	0.1171	0.1282	0.1476	0.1612	0.1834	0.1982	0.2090	0.2235	0.2380	0.2577	0.2920	0.3318	0.3596	0.3499	0.3595
安庆市	0.1576	0.1505	0.1491	0.1561	0.1530	0.1502	0.1592	0.1782	0.1847	0.1921	0.1959	0.2139	0.2200	0.2229	0.2352	0.2449	0.2686	0.2694	0.2844
安顺市	0.1356	0.1343	0.1477	0.1586	0.1469	0.1668	0.1498	0.1737	0.1961	0.2061	0.2207	0.2344	0.2357	0.2535	0.2607	0.2725	0.2729	0.2571	0.2602
安阳市	0.1798	0.1778	0.1789	0.1822	0.1844	0.1748	0.1810	0.1849	0.1837	0.1893	0.1954	0.1974	0.2022	0.2078	0.2189	0.2229	0.2279	0.2307	0.2362
巴中市	0.0841	0.0800	0.0843	0.0938	0.1038	0.1120	0.1233	0.1490	0.1695	0.1817	0.1908	0.2020	0.2122	0.2202	0.2301	0.2311	0.2635	0.2691	0.2768
百色市	0.1530	0.1436	0.1503	0.1537	0.1491	0.1456	0.1603	0.1707	0.1959	0.2006	0.2093	0.2247	0.2367	0.2489	0.2542	0.2880	0.3042	0.2760	0.2882
蚌埠市	0.1787	0.1621	0.1538	0.1637	0.1613	0.1629	0.1791	0.1979	0.2088	0.2161	0.2220	0.2313	0.2384	0.2421	0.2444	0.2544	0.2536	0.2562	0.2643
包头市	0.2189	0.2347	0.2226	0.2272	0.2336	0.2490	0.2454	0.2550	0.2631	0.2780	0.2756	0.2855	0.2887	0.2612	0.2807	0.2809	0.2969	0.2772	0.2965
宝鸡市	0.1843	0.1529	0.1492	0.1518	0.1486	0.1544	0.1648	0.1795	0.1937	0.1989	0.2041	0.2142	0.2165	0.2282	0.2410	0.2497	0.2591	0.2624	0.2779
保定市	0.1607	0.1500	0.1475	0.1513	0.1574	0.1533	0.1551	0.1699	0.1799	0.1808	0.1859	0.1903	0.1969	0.2058	0.2282	0.2198	0.2196	0.2453	0.2284
保山市	0.1179	0.1257	0.1303	0.1375	0.1375	0.1462	0.1566	0.1709	0.1866	0.1956	0.2015	0.2152	0.2267	0.2402	0.2533	0.2579	0.2582	0.2338	0.2401
北海市	0.2043	0.1948	0.1915	0.1992	0.1626	0.1819	0.2011	0.2096	0.2101	0.2084	0.2178	0.2235	0.2373	0.2495	0.2572	0.2714	0.2649	0.2439	0.2651
毕节市	0.1297	0.1297	0.1320	0.1365	0.1404	0.1463	0.1566	0.1694	0.1864	0.1922	0.1891	0.1922	0.1975	0.2118	0.2208	0.2419	0.2542	0.2402	0.2402
滨州市	0.1872	0.2043	0.2130	0.2200	0.2218	0.2164	0.2240	0.2324	0.2375	0.2416	0.2456	0.2486	0.2520	0.2532	0.2562	0.2580	0.2684	0.2763	0.2768
亳州市	0.1295	0.1075	0.1149	0.1117	0.1175	0.1240	0.1329	0.1491	0.1636	0.1763	0.1803	0.1898	0.1917	0.2015	0.2108	0.2196	0.2226	0.2242	0.2290
沧州市	0.1686	0.1664	0.1607	0.1689	0.1710	0.1664	0.1783	0.1858	0.1951	0.2028	0.2080	0.2145	0.2172	0.2240	0.2325	0.2415	0.2502	0.2452	0.2514
常德市	0.1681	0.1627	0.1621	0.1631	0.1596	0.1606	0.1753	0.1884	0.1938	0.2012	0.2084	0.2201	0.2278	0.2343	0.2484	0.2642	0.2670	0.2649	0.2752
常州市	0.2485	0.2659	0.2707	0.2772	0.2703	0.2702	0.2746	0.2703	0.2703	0.2712	0.2725	0.2719	0.2715	0.2729	0.2739	0.2763	0.2784	0.2796	0.2889
朝阳市	0.1676	0.1651	0.1638	0.1764	0.1834	0.1868	0.2054	0.2117	0.2304	0.2313	0.2262	0.1951	0.2064	0.2194	0.2374	0.2498	0.2646	0.2460	0.2341

续表

城市	2004年	2005年	2006年	2007年	2008年	2009年	2010年	2011年	2012年	2013年	2014年	2015年	2016年	2017年	2018年	2019年	2020年	2021年	2022年
潮州市	0.1159	0.1541	0.1487	0.1578	0.1640	0.1626	0.1690	0.1741	0.1769	0.1838	0.1854	0.1968	0.1910	0.1924	0.2076	0.2124	0.2223	0.2212	0.2219
郴州市	0.1796	0.1784	0.1661	0.1657	0.1616	0.1669	0.1780	0.2003	0.2115	0.2221	0.2314	0.2306	0.2381	0.2276	0.2346	0.2405	0.2465	0.2525	0.2602
沈阳市	0.2076	0.2096	0.2157	0.2285	0.2378	0.2358	0.2643	0.2715	0.2697	0.2699	0.2689	0.2602	0.2629	0.2653	0.2690	0.2721	0.2729	0.2687	0.2666
成都市	0.2056	0.2143	0.2193	0.2368	0.2240	0.2194	0.2291	0.2452	0.2482	0.2498	0.2523	0.2569	0.2538	0.2557	0.2595	0.2604	0.2621	0.2665	0.2707
承德市	0.1356	0.1461	0.1570	0.1711	0.1665	0.1733	0.1820	0.1983	0.2092	0.2225	0.2202	0.2248	0.2246	0.2387	0.2542	0.2699	0.2925	0.2826	0.2889
崇左市	0.1563	0.1338	0.1292	0.1481	0.1554	0.1591	0.1754	0.1848	0.2062	0.2135	0.2170	0.2327	0.2370	0.2465	0.2736	0.3027	0.2905	0.2830	0.2713
滁州市	0.1425	0.1444	0.1445	0.1515	0.1526	0.1586	0.1751	0.1937	0.2080	0.2156	0.2196	0.2302	0.2391	0.2478	0.2533	0.2636	0.2701	0.2711	0.2807
达州市	0.0969	0.0980	0.1049	0.1173	0.1215	0.1254	0.1373	0.1522	0.1638	0.1702	0.1808	0.1891	0.1964	0.2037	0.2119	0.2146	0.2205	0.2251	0.2195
大连市	0.2132	0.2250	0.2318	0.2470	0.2560	0.2606	0.2630	0.2745	0.2751	0.2852	0.2785	0.2774	0.2755	0.2792	0.2860	0.2837	0.2817	0.2783	0.2791
丹东市	0.1584	0.1639	0.1734	0.1848	0.1923	0.2003	0.2315	0.2412	0.2504	0.2515	0.2445	0.2235	0.2245	0.2325	0.2387	0.2478	0.2643	0.2421	0.2531
德阳市	0.1559	0.1686	0.1612	0.1806	0.1651	0.1643	0.1837	0.1938	0.1987	0.2009	0.2037	0.2098	0.2170	0.2200	0.2292	0.2337	0.2404	0.2470	0.2523
德州市	0.1847	0.1877	0.1791	0.1823	0.1753	0.1770	0.1825	0.1942	0.2021	0.2156	0.2234	0.2208	0.2212	0.2218	0.2275	0.2305	0.2377	0.2441	0.2551
定西市	0.0920	0.0805	0.0848	0.0939	0.1021	0.1113	0.1292	0.1490	0.1689	0.1878	0.1933	0.2052	0.2060	0.2141	0.2369	0.2438	0.2647	0.2641	0.2831
东莞市	0.2426	0.2456	0.2442	0.2665	0.2628	0.2659	0.2659	0.2562	0.2612	0.2578	0.2720	0.2607	0.2621	0.2609	0.2590	0.2564	0.2610	0.2660	0.2680
鄂州市	0.1655	0.1687	0.1749	0.1824	0.1821	0.1789	0.1843	0.2297	0.2268	0.2316	0.2353	0.2437	0.2545	0.2648	0.2643	0.2720	0.2649	0.2841	0.2696
防城港市	0.1804	0.1531	0.1549	0.1867	0.2039	0.2255	0.2183	0.2315	0.2475	0.2543	0.2649	0.3031	0.2902	0.2725	0.2840	0.3047	0.3102	0.2882	0.2972
佛山市	0.2168	0.2463	0.2510	0.2629	0.2621	0.2650	0.2507	0.2562	0.2584	0.2601	0.2670	0.2547	0.2625	0.2650	0.2666	0.2663	0.2675	0.2711	0.2721
福州市	0.2659	0.2831	0.2795	0.2789	0.2649	0.2659	0.2652	0.2578	0.2653	0.2585	0.2635	0.2603	0.2637	0.2688	0.2689	0.2700	0.2710	0.2725	0.2748
抚顺市	0.1748	0.1809	0.1851	0.2033	0.2102	0.2149	0.2405	0.2492	0.2614	0.2629	0.2629	0.2260	0.2402	0.2486	0.2590	0.2517	0.2556	0.2438	0.2406

续表

城市	2004年	2005年	2006年	2007年	2008年	2009年	2010年	2011年	2012年	2013年	2014年	2015年	2016年	2017年	2018年	2019年	2020年	2021年	2022年
抚州市	0.1598	0.1596	0.1664	0.1419	0.1486	0.1604	0.1813	0.1954	0.2019	0.2112	0.2210	0.2295	0.2314	0.2433	0.2607	0.2874	0.2981	0.3004	0.3145
阜阳市	0.1248	0.1119	0.1103	0.1178	0.1197	0.1250	0.1366	0.1494	0.1583	0.1668	0.1756	0.1867	0.1897	0.2017	0.2116	0.2218	0.2243	0.2185	0.2213
赣州市	0.1421	0.1384	0.1353	0.1448	0.1518	0.1536	0.1585	0.1745	0.1867	0.2009	0.2121	0.2191	0.2232	0.2334	0.2449	0.2652	0.2597	0.2579	0.2673
固原市	0.0766	0.0866	0.0916	0.1111	0.1261	0.1507	0.1904	0.2312	0.2613	0.2844	0.3092	0.3379	0.3761	0.4046	0.4252	0.4175	0.4492	0.4394	0.4549
广元市	0.0882	0.0922	0.1013	0.1130	0.1149	0.1906	0.2218	0.1751	0.1875	0.1996	0.2103	0.2226	0.2329	0.2483	0.2668	0.2575	0.2816	0.2737	0.2921
广州市	0.2281	0.2452	0.2458	0.2527	0.2578	0.2608	0.2618	0.2603	0.2627	0.2633	0.2653	0.2680	0.2706	0.2772	0.2861	0.3019	0.3041	0.3039	0.3057
贵港市	0.1676	0.1443	0.1450	0.1385	0.1407	0.1392	0.1345	0.1338	0.1436	0.1510	0.1572	0.1659	0.1727	0.1770	0.1877	0.1962	0.2074	0.2076	0.2036
贵阳市	0.2379	0.2449	0.2126	0.2232	0.2123	0.2147	0.2272	0.2373	0.2450	0.2486	0.2546	0.2599	0.2566	0.2592	0.2641	0.2718	0.2665	0.2671	0.2697
桂林市	0.1806	0.1584	0.1635	0.1618	0.1615	0.1682	0.1758	0.1848	0.1997	0.2085	0.2085	0.2166	0.2249	0.2301	0.2353	0.2430	0.2363	0.2379	0.2409
海口市	0.1924	0.1929	0.2058	0.1975	0.2195	0.2103	0.2220	0.2228	0.2300	0.2353	0.2399	0.2432	0.2409	0.2424	0.2595	0.2590	0.2617	0.2605	0.2666
邯郸市	0.1724	0.1696	0.1639	0.1814	0.1779	0.1720	0.1779	0.1921	0.1974	0.1921	0.1945	0.1946	0.1989	0.2039	0.2111	0.2183	0.2303	0.2303	0.2421
汉中市	0.1328	0.1114	0.1142	0.1195	0.1200	0.1312	0.1409	0.1576	0.1767	0.1865	0.1972	0.2094	0.2200	0.2362	0.2539	0.2769	0.2793	0.2860	0.3071
杭州市	0.2705	0.2775	0.2838	0.2975	0.2839	0.2802	0.2819	0.2765	0.2789	0.2784	0.2771	0.2739	0.2732	0.2729	0.2702	0.2734	0.2733	0.2751	0.2807
合肥市	0.2280	0.2282	0.2284	0.2792	0.2284	0.2343	0.2494	0.2411	0.2448	0.2499	0.2555	0.2613	0.2671	0.2726	0.2754	0.2844	0.2773	0.2798	0.2890
河池市	0.1510	0.1322	0.1295	0.1251	0.1306	0.1351	0.1459	0.1513	0.1597	0.1736	0.1853	0.1990	0.2113	0.2288	0.2390	0.2560	0.2931	0.2596	0.2777
河源市	0.1095	0.1210	0.1343	0.1404	0.1442	0.1464	0.1550	0.1659	0.1749	0.1916	0.2122	0.2356	0.2484	0.2449	0.2696	0.2890	0.2856	0.2784	0.2700
菏泽市	0.1451	0.1451	0.1509	0.1621	0.1635	0.1647	0.1750	0.1867	0.1957	0.1983	0.1971	0.2002	0.2015	0.2018	0.2079	0.2156	0.2203	0.2280	0.2341
贺州市	0.1544	0.1479	0.1471	0.1435	0.1248	0.1344	0.1427	0.1524	0.1738	0.1762	0.1837	0.2091	0.2125	0.2210	0.2310	0.2514	0.2656	0.2583	0.2560
鹤壁市	0.1639	0.1679	0.1808	0.1892	0.1836	0.1758	0.1801	0.1945	0.2008	0.2130	0.2229	0.2290	0.2296	0.2348	0.2408	0.2472	0.2523	0.2601	0.2832

续表

城市	2004 年	2005 年	2006 年	2007 年	2008 年	2009 年	2010 年	2011 年	2012 年	2013 年	2014 年	2015 年	2016 年	2017 年	2018 年	2019 年	2020 年	2021 年	2022 年
衡水市	0.1308	0.1343	0.1184	0.1240	0.1234	0.1356	0.1418	0.1545	0.1684	0.1826	0.1898	0.1970	0.2051	0.2082	0.2222	0.2309	0.2464	0.2421	0.2509
衡阳市	0.1508	0.1424	0.1409	0.1424	0.1425	0.1462	0.1668	0.1803	0.1944	0.1999	0.2058	0.2165	0.2244	0.2197	0.2214	0.2325	0.2303	0.2300	0.2425
呼和浩特市	0.1873	0.1958	0.2019	0.2077	0.2235	0.2325	0.2414	0.2470	0.2524	0.2523	0.2583	0.2670	0.2755	0.2675	0.2594	0.2715	0.2776	0.2702	0.2684
湖州市	0.2572	0.2531	0.2521	0.2566	0.2447	0.2318	0.2403	0.2505	0.2541	0.2527	0.2530	0.2588	0.2621	0.2687	0.2759	0.2857	0.2863	0.2890	0.3100
怀化市	0.1217	0.1182	0.1187	0.1163	0.1288	0.1394	0.1501	0.1626	0.1843	0.1889	0.1870	0.2054	0.2158	0.2260	0.2440	0.2470	0.2516	0.2503	0.2601
淮安市	0.1769	0.1746	0.1891	0.2010	0.2074	0.2161	0.2302	0.2411	0.2436	0.2501	0.2555	0.2626	0.2565	0.2447	0.2531	0.2663	0.2766	0.2877	0.2988
淮北市	0.2097	0.1918	0.1842	0.1833	0.1751	0.1743	0.1856	0.1956	0.2121	0.2009	0.2042	0.2140	0.2103	0.2143	0.2249	0.2317	0.2458	0.2546	0.2664
淮南市	0.1898	0.1960	0.1972	0.1959	0.1978	0.2020	0.2204	0.2196	0.2276	0.2269	0.1983	0.2048	0.2232	0.2246	0.2297	0.2366	0.2440	0.2415	0.2502
黄冈市	0.1304	0.1191	0.1163	0.1237	0.1285	0.1299	0.1405	0.1540	0.1659	0.1767	0.1877	0.2004	0.2066	0.2129	0.2164	0.2249	0.2434	0.2337	0.2428
黄山市	0.1518	0.1587	0.1586	0.1700	0.1760	0.1834	0.2121	0.2369	0.2494	0.2504	0.2628	0.2675	0.2758	0.2857	0.2845	0.2929	0.3113	0.3175	0.3248
黄石市	0.1742	0.1719	0.1712	0.1753	0.1758	0.1631	0.1789	0.2077	0.2135	0.2226	0.2299	0.2452	0.2450	0.2471	0.2547	0.2618	0.2653	0.2641	0.2697
惠州市	0.1792	0.2051	0.2075	0.2220	0.2262	0.2330	0.2297	0.2349	0.2414	0.2486	0.2571	0.2566	0.2594	0.2632	0.2601	0.2628	0.2644	0.2686	0.2705
吉安市	0.1448	0.1408	0.1391	0.1448	0.1481	0.1522	0.1697	0.1845	0.2013	0.2106	0.2206	0.2310	0.2330	0.2432	0.2581	0.2749	0.2788	0.2817	0.2966
济南市	0.2438	0.2447	0.2444	0.2495	0.2467	0.2429	0.2446	0.2515	0.2548	0.2673	0.2690	0.2698	0.2684	0.2706	0.2800	0.2802	0.2835	0.2815	0.2794
济宁市	0.2134	0.2189	0.2119	0.2166	0.2148	0.2151	0.2180	0.2261	0.2286	0.2365	0.2399	0.2428	0.2443	0.2425	0.2437	0.2447	0.2469	0.2513	0.2535
嘉兴市	0.2569	0.2538	0.2608	0.2709	0.2631	0.2535	0.2566	0.2679	0.2731	0.2659	0.2653	0.2618	0.2653	0.2688	0.2717	0.2833	0.2766	0.2806	0.2884
江门市	0.1926	0.2255	0.2309	0.2402	0.2394	0.2299	0.2385	0.2315	0.2341	0.2409	0.2441	0.2422	0.2436	0.2465	0.2500	0.2529	0.2548	0.2581	0.2555
焦作市	0.2057	0.2054	0.2033	0.2053	0.2008	0.1926	0.1956	0.2018	0.2077	0.2150	0.2187	0.2227	0.2273	0.2317	0.2372	0.2419	0.2452	0.2410	0.2449
揭阳市	0.1269	0.1364	0.1312	0.1383	0.1466	0.1524	0.1614	0.1606	0.1667	0.1756	0.1789	0.1786	0.1766	0.1780	0.1869	0.1901	0.1968	0.1968	0.2024

续表

城市	2004年	2005年	2006年	2007年	2008年	2009年	2010年	2011年	2012年	2013年	2014年	2015年	2016年	2017年	2018年	2019年	2020年	2021年	2022年
金华市	0.2214	0.2425	0.2468	0.2523	0.2516	0.2373	0.2346	0.2452	0.2485	0.2465	0.2499	0.2524	0.2571	0.2585	0.2527	0.2565	0.2589	0.2691	0.2722
晋城市	0.1922	0.2066	0.2130	0.2135	0.2201	0.2167	0.2185	0.2246	0.2353	0.2381	0.2386	0.2384	0.2355	0.2463	0.2649	0.2720	0.2846	0.2908	0.3106
晋中市	0.1552	0.1726	0.1528	0.2025	0.1965	0.2045	0.2025	0.2084	0.2224	0.2270	0.2261	0.2214	0.2240	0.2375	0.2542	0.2656	0.2756	0.2699	0.2863
荆州市	0.1429	0.1226	0.1118	0.1201	0.1199	0.1221	0.1305	0.1511	0.1611	0.1719	0.1827	0.1958	0.2053	0.2116	0.2201	0.2315	0.2458	0.2329	0.2442
景德镇市	0.1795	0.1645	0.1650	0.1687	0.1918	0.1897	0.2185	0.2270	0.2417	0.2436	0.2519	0.2635	0.2606	0.2714	0.2811	0.3033	0.2994	0.2918	0.3076
九江市	0.1647	0.1543	0.1602	0.1606	0.1577	0.1674	0.1835	0.2009	0.2192	0.2309	0.2426	0.2536	0.2577	0.2667	0.2743	0.2970	0.2940	0.2897	0.3058
酒泉市	0.1382	0.1268	0.1395	0.1696	0.1590	0.1676	0.1818	0.2110	0.2266	0.2390	0.2502	0.2523	0.2734	0.2869	0.2849	0.3130	0.3095	0.3145	0.3481
开封市	0.1373	0.1353	0.1308	0.1424	0.1497	0.1447	0.1531	0.1657	0.1751	0.1891	0.1967	0.2029	0.2067	0.2145	0.2241	0.2356	0.2368	0.2413	0.2505
昆明市	0.2294	0.2289	0.2275	0.2392	0.2332	0.0000	0.2372	0.2439	0.2492	0.2556	0.2569	0.2586	0.2587	0.2603	0.2623	0.2635	0.2640	0.2670	0.2627
来宾市	0.1413	0.1286	0.1402	0.1397	0.1520	0.1615	0.1703	0.1695	0.1891	0.1916	0.1939	0.1878	0.2014	0.2080	0.2127	0.2215	0.2546	0.2657	0.2612
兰州市	0.1944	0.1901	0.1822	0.1993	0.1917	0.1921	0.1998	0.2061	0.2133	0.2220	0.2325	0.2451	0.2585	0.2583	0.2637	0.2589	0.2643	0.2650	0.2662
廊坊市	0.1708	0.1714	0.1730	0.1903	0.1947	0.1957	0.2152	0.2247	0.2337	0.2422	0.2564	0.2618	0.2667	0.2725	0.2776	0.2793	0.2704	0.2696	0.2648
乐山市	0.1332	0.1438	0.1497	0.1609	0.1576	0.1628	0.1798	0.1938	0.2004	0.2040	0.2091	0.2174	0.2254	0.2338	0.2430	0.2483	0.2493	0.2517	0.2534
丽江市	0.1218	0.1222	0.1298	0.1517	0.1573	0.1644	0.1866	0.2153	0.2450	0.2446	0.2497	0.2659	0.2713	0.2784	0.2932	0.2986	0.2991	0.2929	0.3029
丽水市	0.1588	0.1676	0.1751	0.1866	0.1869	0.1876	0.2036	0.2206	0.2275	0.2417	0.2531	0.2888	0.3229	0.3437	0.3489	0.4009	0.3966	0.4043	0.4404
连云港市	0.1787	0.1744	0.1877	0.1993	0.2050	0.2131	0.2320	0.2343	0.2405	0.2449	0.2507	0.2567	0.2387	0.2431	0.2500	0.2558	0.2618	0.2704	0.2683
辽阳市	0.1836	0.1803	0.1925	0.2003	0.2124	0.2227	0.2562	0.2604	0.2575	0.2530	0.2543	0.2239	0.2347	0.2449	0.2510	0.2582	0.2803	0.2587	0.2615
聊城市	0.1747	0.1745	0.1795	0.1867	0.1835	0.1824	0.1831	0.2012	0.1941	0.2068	0.2122	0.2154	0.2187	0.2183	0.2213	0.2230	0.2305	0.2384	0.2417
临沧市	0.1028	0.1059	0.1095	0.1178	0.1247	0.1307	0.1492	0.1740	0.1947	0.2088	0.2135	0.2202	0.2278	0.5138	0.2983	0.2736	0.2770	0.2455	0.2564

续表

城市	2004年	2005年	2006年	2007年	2008年	2009年	2010年	2011年	2012年	2013年	2014年	2015年	2016年	2017年	2018年	2019年	2020年	2021年	2022年
临汾市	0.1597	0.1749	0.1827	0.1861	0.1858	0.1880	0.1924	0.2000	0.2116	0.2134	0.2150	0.2062	0.2140	0.2256	0.2467	0.2552	0.2649	0.2667	0.2934
临沂市	0.1753	0.1845	0.1834	0.1818	0.1814	0.1765	0.1813	0.1891	0.1931	0.2055	0.2122	0.2158	0.2157	0.2134	0.2186	0.2222	0.2260	0.2342	0.2378
六安市	0.1297	0.1207	0.1219	0.1285	0.1287	0.1314	0.1573	0.1745	0.1869	0.1979	0.2096	0.2208	0.2134	0.2271	0.2390	0.2563	0.2673	0.2617	0.2756
六盘水市	0.1636	0.1673	0.1669	0.1763	0.1792	0.1811	0.1913	0.2102	0.2309	0.2370	0.2384	0.2436	0.2472	0.2518	0.2605	0.2542	0.2578	0.2572	0.2583
龙岩市	0.1949	0.2036	0.2158	0.2148	0.2353	0.2123	0.2190	0.2283	0.2351	0.2399	0.2399	0.2509	0.2552	0.2642	0.2666	0.2732	0.2762	0.2812	0.2880
娄底市	0.1505	0.1512	0.1500	0.1446	0.1450	0.1432	0.1483	0.1641	0.1788	0.1868	0.1837	0.1922	0.2056	0.2070	0.2138	0.2219	0.2257	0.2322	0.2395
泸州市	0.1346	0.1280	0.1327	0.1435	0.1479	0.1539	0.1719	0.1850	0.1964	0.2129	0.2156	0.2235	0.2310	0.2369	0.2458	0.2548	0.2569	0.2575	0.2599
吕梁市	0.1404	0.1580	0.1658	0.1866	0.1987	0.1906	0.1970	0.2158	0.2353	0.2409	0.2255	0.2161	0.2211	0.2482	0.2730	0.2789	0.2884	0.2756	0.3072
洛阳市	0.2070	0.2086	0.2085	0.2161	0.2164	0.2037	0.2110	0.2176	0.2217	0.2279	0.2316	0.2346	0.2369	0.2420	0.2460	0.2511	0.2545	0.2525	0.2532
漯河市	0.1753	0.1708	0.1713	0.1692	0.1645	0.1552	0.1673	0.1790	0.1880	0.2034	0.2107	0.2166	0.2238	0.2283	0.2328	0.2432	0.2498	0.2489	0.2608
马鞍山市	0.2441	0.2621	0.2444	0.2843	0.2545	0.2479	0.2519	0.2424	0.2575	0.2589	0.2447	0.2551	0.2585	0.2610	0.2649	0.2716	0.2758	0.2831	0.2897
茂名市	0.1502	0.1598	0.1587	0.1655	0.1635	0.1642	0.1697	0.1755	0.1793	0.1858	0.1900	0.1995	0.2038	0.2091	0.2138	0.2182	0.2212	0.2234	0.2252
眉山市	0.1201	0.1185	0.1191	0.1319	0.1294	0.1387	0.1537	0.1701	0.1894	0.2026	0.2094	0.2173	0.2225	0.2257	0.2307	0.2383	0.2454	0.2490	0.2592
梅州市	0.1274	0.1327	0.1339	0.1449	0.1510	0.1520	0.1609	0.1681	0.1767	0.1899	0.2072	0.2377	0.2404	0.2469	0.2618	0.2636	0.2779	0.2674	0.2691
绵阳市	0.1360	0.1380	0.1436	0.1479	0.1693	0.1589	0.1941	0.1779	0.1894	0.1979	0.2028	0.2053	0.2100	0.2159	0.2284	0.2374	0.2362	0.2434	0.2497
南昌市	0.2328	0.2262	0.2186	0.2294	0.2221	0.2181	0.2227	0.2301	0.2428	0.2494	0.2553	0.2607	0.2612	0.2661	0.2768	0.2842	0.2830	0.2844	0.2948
南充市	0.0998	0.0974	0.1002	0.1113	0.1144	0.1231	0.1345	0.1500	0.1619	0.1725	0.1817	0.1906	0.2042	0.2140	0.2241	0.2408	0.2485	0.2376	0.2267
南京市	0.2487	0.2534	0.2575	0.2655	0.2644	0.2635	0.2664	0.2674	0.2692	0.2704	0.2710	0.2727	0.2728	0.2756	0.2762	0.2784	0.2816	0.2805	0.2940
南宁市	0.2041	0.1876	0.1899	0.1944	0.1938	0.2039	0.2129	0.2180	0.2237	0.2263	0.2273	0.2305	0.2320	0.2351	0.2394	0.2448	0.2461	0.2442	0.2481

续表

城市	2004年	2005年	2006年	2007年	2008年	2009年	2010年	2011年	2012年	2013年	2014年	2015年	2016年	2017年	2018年	2019年	2020年	2021年	2022年
南平市	0.1880	0.1895	0.1881	0.1939	0.1839	0.1764	0.1858	0.1928	0.2040	0.2165	0.2217	0.2370	0.2377	0.2534	0.2619	0.2680	0.2794	0.2699	0.2880
南通市	0.2060	0.2301	0.2344	0.2494	0.2410	0.2473	0.2625	0.2610	0.2560	0.2615	0.2647	0.2670	0.2639	0.2660	0.2706	0.2774	0.2899	0.2926	0.3031
南阳市	0.1485	0.1357	0.1309	0.1389	0.1410	0.1376	0.1434	0.1530	0.1605	0.1700	0.1771	0.1845	0.1894	0.1948	0.2020	0.2106	0.2165	0.2156	0.2255
内江市	0.1168	0.1136	0.1135	0.1228	0.1244	0.1277	0.1374	0.1469	0.1576	0.1679	0.1777	0.1873	0.1923	0.1995	0.2114	0.2234	0.2282	0.2237	0.2275
宁波市	0.2191	0.2396	0.2511	0.2578	0.2585	0.2562	0.2621	0.2659	0.2680	0.2701	0.2715	0.2813	0.2784	0.2801	0.2851	0.2943	0.2885	0.2903	0.3187
宁德市	0.1555	0.1661	0.1664	0.1737	0.1718	0.1680	0.1909	0.1992	0.2106	0.2198	0.2239	0.2325	0.2339	0.2455	0.2482	0.2606	0.2672	0.2661	0.2747
攀枝花市	0.1892	0.2157	0.2064	0.2115	0.2217	0.2194	0.2219	0.2420	0.2490	0.2479	0.2548	0.2405	0.2551	0.2660	0.2647	0.2665	0.2889	0.3040	0.2785
盘锦市	0.2187	0.2075	0.2094	0.2108	0.2141	0.2215	0.2734	0.2774	0.2803	0.2774	0.2795	0.2609	0.2790	0.2824	0.2897	0.3019	0.3162	0.2758	0.2833
平顶山市	0.1820	0.1900	0.1905	0.1959	0.2019	0.1917	0.1958	0.2026	0.2040	0.2092	0.2131	0.2048	0.2091	0.2161	0.2253	0.2327	0.2343	0.2360	0.2413
平凉市	0.1178	0.1138	0.1135	0.1194	0.1270	0.1357	0.1551	0.1680	0.1893	0.1938	0.1979	0.2166	0.2282	0.2436	0.2631	0.2893	0.2927	0.2869	0.3116
萍乡市	0.1668	0.1759	0.1780	0.1863	0.1842	0.1802	0.2081	0.2273	0.2374	0.2435	0.2480	0.2600	0.2629	0.2770	0.2896	0.3124	0.3144	0.3210	0.3336
莆田市	0.1848	0.2246	0.2181	0.2262	0.2120	0.2082	0.2118	0.2268	0.2287	0.2331	0.2405	0.2350	0.2314	0.2411	0.2409	0.2401	0.2418	0.2443	0.2447
濮阳市	0.1630	0.1555	0.1572	0.1647	0.1611	0.1498	0.1585	0.1690	0.1763	0.1881	0.1950	0.2024	0.1957	0.2090	0.2251	0.2381	0.2397	0.2259	0.2323
普洱市	0.1046	0.1127	0.1170	0.1345	0.1396	0.1467	0.1828	0.1894	0.2024	0.2181	0.2229	0.2264	0.2433	0.2600	0.2735	0.2783	0.2963	0.3122	0.2869
秦皇岛市	0.1830	0.1926	0.1934	0.1977	0.1931	0.2003	0.2089	0.2148	0.2283	0.2282	0.2291	0.2290	0.2325	0.2372	0.2472	0.2545	0.2620	0.2567	0.2582
青岛市	0.2275	0.2456	0.2610	0.2576	0.2602	0.2526	0.2531	0.2586	0.2625	0.2663	0.2691	0.2746	0.2789	0.2798	0.2867	0.2876	0.2872	0.2907	0.2944
清远市	0.1256	0.1399	0.1545	0.1695	0.1811	0.1893	0.2051	0.2066	0.2048	0.2083	0.2127	0.2211	0.2195	0.2230	0.2327	0.2481	0.2533	0.2537	0.2571
庆阳市	0.1172	0.1199	0.1204	0.1267	0.1534	0.1587	0.1825	0.2075	0.2167	0.2320	0.2278	0.2379	0.2377	0.2553	0.2674	0.2877	0.2986	0.3051	0.3150
曲靖市	0.1658	0.1779	0.1740	0.1815	0.1753	0.1768	0.1748	0.1826	0.1888	0.1987	0.1966	0.2018	0.2095	0.2195	0.2259	0.2385	0.2383	0.2361	0.2330

续表

城市	2004年	2005年	2006年	2007年	2008年	2009年	2010年	2011年	2012年	2013年	2014年	2015年	2016年	2017年	2018年	2019年	2020年	2021年	2022年
衢州市	0.1774	0.1832	0.1869	0.1935	0.1933	0.1878	0.2024	0.2144	0.2185	0.2305	0.2414	0.2603	0.2761	0.2920	0.3212	0.3748	0.3789	0.4121	0.4415
泉州市	0.2335	0.2482	0.2490	0.2458	0.2456	0.2374	0.2383	0.2451	0.2478	0.2494	0.2487	0.2434	0.2455	0.2465	0.2523	0.2482	0.2478	0.2563	0.2571
日照市	0.1858	0.1999	0.2000	0.2047	0.2081	0.2046	0.2098	0.2124	0.2174	0.2315	0.2359	0.2392	0.2403	0.2458	0.2531	0.2558	0.2590	0.2610	0.2618
三门峡市	0.1773	0.1818	0.1918	0.2017	0.2019	0.1949	0.2050	0.2107	0.2215	0.2323	0.2389	0.2400	0.2472	0.2588	0.2742	0.2849	0.2847	0.2758	0.2865
厦门市	0.2099	0.2468	0.2533	0.2677	0.2650	0.2628	0.2677	0.2712	0.2700	0.2716	0.2709	0.2741	0.2818	0.2816	0.2882	0.2881	0.2962	0.2982	0.3033
汕尾市	0.1257	0.1367	0.1438	0.1539	0.1575	0.1567	0.1778	0.1802	0.1897	0.1948	0.1923	0.1987	0.2025	0.2163	0.2339	0.2478	0.2445	0.2524	0.2641
商洛市	0.1061	0.0904	0.1042	0.1118	0.1198	0.1287	0.1448	0.1614	0.1820	0.1909	0.2018	0.2145	0.2158	0.2285	0.2566	0.3048	0.3087	0.3032	0.3220
商丘市	0.1304	0.1234	0.1213	0.1316	0.1331	0.1303	0.1388	0.1510	0.1601	0.1694	0.1764	0.1809	0.1847	0.1919	0.2019	0.2087	0.2131	0.2121	0.2176
上饶市	0.1441	0.1449	0.1423	0.1433	0.1417	0.1498	0.1693	0.1812	0.1985	0.2085	0.2180	0.2260	0.2286	0.2320	0.2447	0.2640	0.2665	0.2691	0.2774
韶关市	0.1512	0.1616	0.1671	0.1842	0.1877	0.1836	0.1914	0.1931	0.1997	0.2086	0.2199	0.2478	0.2395	0.2588	0.2722	0.2912	0.2866	0.2862	0.2776
邵阳市	0.1270	0.1214	0.1166	0.1171	0.1171	0.1189	0.1276	0.1388	0.1523	0.1640	0.1729	0.1894	0.1975	0.2039	0.2125	0.2235	0.2269	0.2292	0.2423
绍兴市	0.2280	0.2645	0.2693	0.2876	0.2734	0.2648	0.2555	0.2680	0.2689	0.2680	0.2669	0.2659	0.2665	0.2716	0.2737	0.2765	0.2778	0.2805	0.2939
深圳市	0.2460	0.2377	0.2530	0.2620	0.2636	0.2650	0.2684	0.2749	0.2712	0.2709	0.2732	0.3227	0.3461	0.3566	0.3164	0.3191	0.2895	0.2925	0.3354
十堰市	0.1410	0.1346	0.1318	0.1375	0.1439	0.1526	0.1780	0.1991	0.2047	0.2045	0.2191	0.2345	0.2402	0.2478	0.2592	0.2727	0.3038	0.2755	0.2855
石家庄市	0.1881	0.1901	0.1897	0.1933	0.1923	0.1880	0.1950	0.2049	0.2150	0.2205	0.2233	0.2247	0.2301	0.2363	0.2467	0.2514	0.2573	0.2598	0.2639
朔州市	0.1583	0.1995	0.1852	0.2365	0.2217	0.2275	0.2269	0.2391	0.2479	0.2531	0.2424	0.2219	0.2225	0.2559	0.2689	0.2747	0.2792	0.2919	0.3095
苏州市	0.2583	0.2602	0.2726	0.2818	0.2774	0.2779	0.2775	0.2767	0.2752	0.2751	0.2742	0.2711	0.2705	0.2693	0.2670	0.2691	0.2714	0.2776	0.2895
宿迁市	0.1283	0.1363	0.1510	0.1704	0.1775	0.1862	0.2022	0.2129	0.2258	0.2314	0.2376	0.2442	0.2434	0.2366	0.2408	0.2526	0.2706	0.2714	0.2784
宿州市	0.1253	0.1112	0.1121	0.1178	0.1194	0.1192	0.1333	0.1496	0.1608	0.1698	0.1764	0.1846	0.1898	0.1948	0.2068	0.2193	0.2345	0.2349	0.2426

续表

城市	2004年	2005年	2006年	2007年	2008年	2009年	2010年	2011年	2012年	2013年	2014年	2015年	2016年	2017年	2018年	2019年	2020年	2021年	2022年
随州市	0.1379	0.1184	0.1163	0.1157	0.1209	0.1199	0.1308	0.1628	0.1694	0.1806	0.1900	0.2091	0.2047	0.2086	0.2077	0.2118	0.2288	0.2258	0.2336
遂宁市	0.1009	0.0995	0.1060	0.1141	0.1129	0.1228	0.1380	0.1522	0.1609	0.1692	0.1782	0.1947	0.2010	0.2161	0.2272	0.2368	0.2425	0.2500	0.2540
台州市	0.2113	0.2367	0.2381	0.2475	0.2410	0.2341	0.2328	0.2385	0.2418	0.2427	0.2412	0.2415	0.2525	0.2539	0.2608	0.2712	0.2634	0.2712	0.2824
太原市	0.2229	0.2339	0.2367	0.2120	0.2421	0.2363	0.2367	0.2423	0.2506	0.2521	0.2540	0.2516	0.2515	0.2577	0.2656	0.2689	0.2730	0.2717	0.2817
泰安市	0.1893	0.1973	0.2030	0.2019	0.2165	0.2169	0.2182	0.2220	0.2244	0.2251	0.2295	0.2316	0.2312	0.2292	0.2326	0.2345	0.2397	0.2401	0.2399
泰州市	0.2077	0.2218	0.2301	0.2404	0.2388	0.2424	0.2437	0.2528	0.2456	0.2492	0.2533	0.2597	0.2602	0.2643	0.2704	0.2806	0.2859	0.2927	0.3007
唐山市	0.1911	0.1949	0.1973	0.2064	0.2062	0.2108	0.2143	0.2246	0.2326	0.2353	0.2356	0.2383	0.2423	0.2464	0.2556	0.2607	0.2729	0.2737	0.2758
天水市	0.0957	0.0988	0.1026	0.1110	0.1159	0.1251	0.1363	0.1517	0.1651	0.1750	0.1814	0.2026	0.2174	0.2301	0.2362	0.2479	0.2710	0.2644	0.2535
通辽市	0.1217	0.1338	0.1328	0.1506	0.1801	0.1850	0.1995	0.2087	0.2267	0.2427	0.2501	0.2677	0.2664	0.2408	0.2722	0.2743	0.2943	0.2910	0.3136
铜川市	0.1456	0.1507	0.1548	0.1737	0.1695	0.1858	0.2134	0.2336	0.2357	0.2541	0.2469	0.2697	0.2789	0.3235	0.3577	0.3481	0.3735	0.3573	0.3723
铜仁市	0.1123	0.1106	0.1120	0.1190	0.1164	0.1301	0.1483	0.1750	0.1940	0.2080	0.2173	0.2391	0.2517	0.2775	0.2812	0.2953	0.3040	0.2972	0.3007
威海市	0.2184	0.2351	0.2352	0.2377	0.2407	0.0000	0.2425	0.2460	0.2528	0.2630	0.2668	0.2746	0.2739	0.2770	0.2769	0.2723	0.2753	0.2747	0.2906
潍坊市	0.2108	0.2179	0.2237	0.2232	0.2220	0.2184	0.2231	0.2302	0.2358	0.2472	0.2530	0.2537	0.2573	0.2568	0.2579	0.2564	0.2572	0.2633	0.2609
渭南市	0.1328	0.1208	0.1228	0.1283	0.1313	0.1366	0.1414	0.1559	0.1692	0.1794	0.1836	0.1951	0.1985	0.2173	0.2384	0.2461	0.2573	0.2635	0.2829
温州市	0.2787	0.3090	0.2510	0.2530	0.2482	0.2351	0.2304	0.2336	0.2366	0.2383	0.2395	0.2429	0.2436	0.2469	0.2542	0.2666	0.2648	0.2699	0.2748
乌鲁木齐市	0.3033	0.3127	0.2969	0.2888	0.2786	0.2517	0.2649	0.2637	0.2633	0.2670	0.2695	0.2724	0.2702	0.2746	0.3100	0.2940	0.2751	0.2689	0.2657
无锡市	0.2608	0.2687	0.2744	0.2875	0.2799	0.2729	0.2755	0.2740	0.2719	0.2712	0.2714	0.2709	0.2708	0.2720	0.2732	0.2756	0.2814	0.2860	0.2924
吴忠市	0.1240	0.1383	0.2250	0.1614	0.1388	0.1675	0.1867	0.2169	0.2598	0.2523	0.2554	0.2631	0.2881	0.3144	0.3208	0.3370	0.3525	0.3448	0.3644
芜湖市	0.2139	0.2242	0.2104	0.2198	0.2202	0.2270	0.2410	0.2361	0.2477	0.2551	0.2591	0.2664	0.2709	0.2783	0.2763	0.2831	0.2842	0.2859	0.2989

续表

城市	2004年	2005年	2006年	2007年	2008年	2009年	2010年	2011年	2012年	2013年	2014年	2015年	2016年	2017年	2018年	2019年	2020年	2021年	2022年
梧州市	0.1768	0.1531	0.1509	0.1446	0.1520	0.1558	0.1722	0.1859	0.2157	0.2161	0.2179	0.2206	0.2246	0.2229	0.2270	0.2400	0.2464	0.2381	0.2356
武汉市	0.2183	0.2300	0.2167	0.2268	0.2336	0.2262	0.2345	0.2636	0.2684	0.2689	0.2715	0.2743	0.2795	0.2870	0.2943	0.3181	0.3421	0.2968	0.2995
武威市	0.0989	0.0917	0.1019	0.1032	0.1134	0.1240	0.1438	0.1763	0.1984	0.2100	0.2283	0.2528	0.2600	0.2833	0.2900	0.2964	0.3214	0.3064	0.3415
西安市	0.2444	0.2140	0.2117	0.2160	0.2119	0.2168	0.2228	0.2292	0.2379	0.2468	0.2519	0.2558	0.2532	0.2518	0.2536	0.2555	0.2586	0.2689	0.2756
西宁市	0.1565	0.1625	0.1586	0.1694	0.1686	0.1721	0.1852	0.2059	0.2256	0.2378	0.2577	0.2716	0.2686	0.2716	0.2785	0.2922	0.2922	0.2955	0.2924
咸宁市	0.1374	0.1336	0.1297	0.1354	0.1386	0.1454	0.1576	0.1822	0.1968	0.2091	0.2197	0.2271	0.2340	0.2384	0.2471	0.2612	0.2662	0.2615	0.2705
咸阳市	0.1520	0.1328	0.1264	0.1394	0.1367	0.1466	0.1568	0.1707	0.1806	0.1881	0.1922	0.1969	0.2040	0.2219	0.2368	0.2450	0.2520	0.2523	0.2741
湘潭市	0.1668	0.1658	0.1688	0.1744	0.1777	0.1833	0.1918	0.2081	0.2226	0.2276	0.2320	0.2398	0.2478	0.2545	0.2646	0.2665	0.2579	0.2541	0.2526
孝感市	0.1374	0.1274	0.1245	0.1317	0.1339	0.1355	0.1428	0.1633	0.1789	0.1910	0.2009	0.2089	0.2170	0.2178	0.2212	0.2279	0.2426	0.2480	0.2517
忻州市	0.1203	0.1368	0.1465	0.1582	0.1631	0.1658	0.1780	0.1925	0.2055	0.2164	0.2192	0.2250	0.2290	0.2515	0.2666	0.2982	0.3184	0.3150	0.3318
新乡市	0.1628	0.1667	0.1662	0.1738	0.1764	0.1694	0.1769	0.1867	0.1918	0.2012	0.2040	0.2041	0.2050	0.2091	0.2151	0.2221	0.2248	0.2262	0.2323
新余市	0.1918	0.2032	0.2102	0.2158	0.2204	0.2231	0.2520	0.2647	0.2696	0.2632	0.2679	0.2800	0.2766	0.2821	0.2643	0.2845	0.2883	0.2811	0.3134
信阳市	0.1185	0.1150	0.1149	0.1190	0.1232	0.1241	0.1360	0.1502	0.1625	0.1716	0.1790	0.1900	0.1950	0.2043	0.2207	0.2366	0.2411	0.2435	0.2502
邢台市	0.1473	0.1481	0.1392	0.1472	0.1437	0.1457	0.1537	0.1604	0.1688	0.1723	0.1726	0.1796	0.1855	0.1916	0.2045	0.2122	0.2279	0.2246	0.2334
徐州市	0.1931	0.1925	0.2021	0.2139	0.2073	0.2124	0.2242	0.2364	0.2391	0.2449	0.2489	0.2536	0.2523	0.2522	0.2563	0.2524	0.2597	0.2666	0.2689
许昌市	0.1782	0.1777	0.1780	0.1830	0.1864	0.1766	0.1848	0.1947	0.2025	0.2115	0.2192	0.2227	0.2181	0.2247	0.2324	0.2390	0.2389	0.2386	0.2429
宣城市	0.1490	0.1545	0.1611	0.1764	0.1711	0.1792	0.1995	0.2165	0.2281	0.2410	0.2458	0.2505	0.2538	0.2591	0.2643	0.2759	0.2819	0.2795	0.2897
雅安市	0.1132	0.1192	0.1240	0.1431	0.1456	0.1685	0.1762	0.1892	0.2086	0.3600	0.4212	0.3158	0.2442	0.2354	0.2360	0.2492	0.2734	0.2744	0.2861
烟台市	0.2064	0.2225	0.2275	0.2383	0.2376	0.2351	0.2374	0.2453	0.2506	0.2584	0.2626	0.2655	0.2666	0.2672	0.2697	0.2681	0.2734	0.2730	0.2804

续表

城市	2004年	2005年	2006年	2007年	2008年	2009年	2010年	2011年	2012年	2013年	2014年	2015年	2016年	2017年	2018年	2019年	2020年	2021年	2022年
延安市	0.2117	0.2424	0.2318	0.2344	0.2290	0.2338	0.2449	0.2567	0.2724	0.2825	0.2871	0.2878	0.2948	0.3126	0.3381	0.3698	0.3783	0.3631	0.4004
盐城市	0.1763	0.1748	0.1831	0.1879	0.1970	0.2063	0.2216	0.2330	0.2380	0.2451	0.2510	0.2609	0.2565	0.2560	0.2698	0.2746	0.3013	0.3137	0.3221
扬州市	0.2243	0.2301	0.2377	0.2532	0.2430	0.2416	0.2498	0.2535	0.2492	0.2550	0.2581	0.2625	0.2644	0.2665	0.2755	0.2839	0.2960	0.2999	0.3042
宜宾市	0.1225	0.1265	0.1354	0.1490	0.1569	0.1596	0.1741	0.1808	0.1928	0.2039	0.2073	0.2152	0.2223	0.2297	0.2416	0.2519	0.2743	0.2764	0.2849
宜昌市	0.1645	0.1628	0.1599	0.1694	0.1713	0.1734	0.1859	0.2161	0.2308	0.2479	0.2638	0.2801	0.2778	0.2691	0.2733	0.2985	0.3118	0.2799	0.2980
宜春市	0.1473	0.1434	0.1415	0.1503	0.1521	0.1586	0.1734	0.1903	0.2099	0.2190	0.2299	0.2378	0.2409	0.2476	0.2571	0.2776	0.2852	0.2858	0.2872
益阳市	0.1261	0.1222	0.1204	0.1267	0.1289	0.1295	0.1383	0.1544	0.1666	0.1756	0.1863	0.1998	0.2089	0.2198	0.2302	0.2404	0.2432	0.2375	0.2543
银川市	0.2028	0.1858	0.2126	0.2062	0.2120	0.2209	0.2274	0.2452	0.2445	0.2541	0.2619	0.2670	0.2759	0.2758	0.2818	0.2713	0.2665	0.2574	0.2711
营口市	0.1548	0.1653	0.1698	0.1851	0.1980	0.2127	0.2518	0.2607	0.2632	0.2634	0.2535	0.2318	0.2404	0.2469	0.2553	0.2588	0.2701	0.2635	0.2603
永州市	0.1275	0.1257	0.1203	0.1243	0.1268	0.1305	0.1425	0.1587	0.1707	0.1786	0.1892	0.2015	0.2126	0.2208	0.2289	0.2381	0.2389	0.2425	0.2519
榆林市	0.1921	0.1775	0.1887	0.1943	0.2098	0.2156	0.2326	0.2565	0.2749	0.2749	0.2740	0.2767	0.2831	0.3052	0.3192	0.3447	0.3299	0.3262	0.3204
玉林市	0.1697	0.1559	0.1546	0.1467	0.1470	0.1433	0.1462	0.1585	0.1715	0.1775	0.1852	0.1897	0.1943	0.1973	0.1991	0.2074	0.2076	0.1949	0.1953
玉溪市	0.2343	0.2256	0.2108	0.2137	0.2266	0.2143	0.2215	0.2254	0.2323	0.2433	0.2476	0.2552	0.2593	0.2701	0.2756	0.2812	0.2877	0.2710	0.2559
岳阳市	0.1702	0.1673	0.1635	0.1592	0.1505	0.1476	0.1559	0.1770	0.1881	0.1958	0.2047	0.2131	0.2280	0.2381	0.2475	0.2503	0.2549	0.2550	0.2642
云浮市	0.1390	0.1478	0.1494	0.1566	0.1622	0.1621	0.1647	0.1775	0.1854	0.1974	0.2048	0.2138	0.2153	0.2194	0.2340	0.2501	0.2627	0.2597	0.2504
枣庄市	0.2023	0.1922	0.2142	0.2114	0.2119	0.2051	0.2093	0.2211	0.2234	0.2272	0.2293	0.2326	0.2295	0.2297	0.2305	0.2313	0.2313	0.2406	0.2442
湛江市	0.1445	0.1479	0.1534	0.1565	0.1609	0.1659	0.1707	0.1761	0.1789	0.1810	0.1884	0.1954	0.1905	0.2028	0.2028	0.2100	0.2164	0.2213	0.2156
张家界市	0.1824	0.1243	0.1366	0.1441	0.1433	0.1506	0.1613	0.1775	0.1910	0.1940	0.2143	0.2290	0.2352	0.2447	0.2652	0.2791	0.2836	0.2760	0.3049
张家口市	0.1276	0.1435	0.1423	0.1608	0.1648	0.1646	0.1785	0.1941	0.2073	0.2120	0.2187	0.2326	0.2401	0.2537	0.2815	0.2961	0.3209	0.2854	0.3080

续表

城市	2004年	2005年	2006年	2007年	2008年	2009年	2010年	2011年	2012年	2013年	2014年	2015年	2016年	2017年	2018年	2019年	2020年	2021年	2022年
张掖市	0.1123	0.1104	0.1192	0.1274	0.1351	0.1463	0.1620	0.1922	0.2027	0.2241	0.2417	0.2545	0.2857	0.3062	0.3039	0.2933	0.3341	0.3041	0.3606
漳州市	0.1940	0.2181	0.2100	0.2143	0.2090	0.1999	0.2069	0.2140	0.2159	0.2214	0.2264	0.2272	0.2298	0.2383	0.2409	0.2419	0.2428	0.2468	0.2530
长沙市	0.2302	0.2330	0.2310	0.2395	0.2397	0.2426	0.2452	0.2546	0.2559	0.2565	0.2617	0.2667	0.2701	0.2764	0.2821	0.2874	0.2852	0.2842	0.2850
长治市	0.1681	0.1759	0.2111	0.2073	0.2149	0.2122	0.2104	0.2248	0.2388	0.2404	0.2342	0.2192	0.2238	0.2441	0.2571	0.2659	0.2796	0.2824	0.3032
昭通市	0.1042	0.1080	0.1086	0.1154	0.1203	0.1258	0.1340	0.1444	0.1612	0.1688	0.1871	0.2068	0.2102	0.2150	0.2294	0.2810	0.2787	0.2591	0.2664
肇庆市	0.1557	0.1694	0.1720	0.1853	0.1930	0.1925	0.2106	0.2132	0.2165	0.2236	0.2281	0.2276	0.2026	0.2108	0.2226	0.2318	0.2542	0.2482	0.2503
镇江市	0.2345	0.2529	0.2565	0.2726	0.2518	0.2481	0.2573	0.2635	0.2667	0.2666	0.2674	0.2697	0.2690	0.2723	0.2774	0.2883	0.2966	0.3084	0.3027
郑州市	0.2653	0.2693	0.2585	0.2587	0.2568	0.2520	0.2595	0.2592	0.2598	0.2631	0.2643	0.2649	0.2674	0.2738	0.2853	0.2929	0.2784	0.2743	0.2665
中山市	0.2282	0.2692	0.2777	0.2724	0.2726	0.2645	0.2703	0.2721	0.2690	0.2708	0.2717	0.2612	0.2596	0.2652	0.2623	0.2565	0.2587	0.2660	0.2650
中卫市	0.1165	0.1220	0.1197	0.1700	0.1247	0.1535	0.1762	0.2110	0.2333	0.2452	0.2407	0.2587	0.2930	0.3113	0.3179	0.3371	0.3533	0.3596	0.3734
舟山市	0.1848	0.2098	0.2203	0.2409	0.2391	0.2400	0.2573	0.2871	0.2860	0.3159	0.3097	0.3606	0.3647	0.3685	0.4164	0.4250	0.4078	0.4209	0.4582
周口市	0.1231	0.1072	0.0992	0.1093	0.1148	0.1167	0.1269	0.1369	0.1479	0.1574	0.1644	0.1708	0.1750	0.1809	0.1975	0.2041	0.2100	0.2106	0.2174
株洲市	0.1723	0.1782	0.1834	0.1843	0.1855	0.2021	0.1982	0.2183	0.2285	0.2299	0.2373	0.2468	0.2584	0.2660	0.2673	0.2884	0.2723	0.2771	0.2961
珠海市	0.2157	0.2553	0.2536	0.2685	0.2658	0.2612	0.2700	0.2719	0.2755	0.2843	0.2843	0.3243	0.3253	0.3556	0.3836	0.3935	0.4046	0.4356	0.4169
驻马店市	0.1214	0.1076	0.1125	0.1195	0.1237	0.1230	0.1324	0.1443	0.1549	0.1657	0.1753	0.1827	0.1891	0.1992	0.2156	0.2289	0.2333	0.2182	0.2273
资阳市	0.1075	0.1057	0.1054	0.1321	0.1227	0.1269	0.1455	0.1596	0.1711	0.1796	0.1884	0.1981	0.2094	0.2145	0.2218	0.2208	0.2294	0.2321	0.2604
淄博市	0.2311	0.2324	0.2346	0.2454	0.2432	0.2417	0.2471	0.2521	0.2555	0.2601	0.2607	0.2624	0.2644	0.2648	0.2672	0.2661	0.2658	0.2705	0.2711
自贡市	0.1385	0.1341	0.1328	0.1451	0.1434	0.1379	0.1537	0.1687	0.1745	0.1827	0.1882	0.1994	0.2045	0.2243	0.2376	0.2348	0.2405	0.2438	0.2498
遵义市	0.1413	0.1416	0.1422	0.1479	0.1429	0.1488	0.1571	0.1776	0.1926	0.2024	0.2117	0.2230	0.2265	0.2458	0.2546	0.2647	0.2668	0.2703	0.2613

表 3 - 8 报告了 228 个地级市在 2004 ~ 2022 年的平均财政韧性数据,从城市排名、平均值及排序三个维度呈现了各城市财政韧性状况。从排名前列城市来看,舟山市以 0. 3165 的平均值位居榜首,其财政韧性表现突出。这或许得益于其独特的经济结构与发展战略,在产业布局、财政收入稳定性等方面展现出较强优势。作为沿海城市,在海洋经济相关产业方面发展较为成熟,稳定的税收来源以及合理的财政支出规划共同促使其财政韧性领先。珠海市紧随其后,平均值为 0. 3129,排名第二。其作为经济特区,享有政策优势,高新技术产业、旅游业等多元化产业蓬勃发展,为财政收入提供了有力支撑,使其在应对财政风险时展现出强大的抵御能力,进而保持较高的财政韧性水平。延安市凭借 0. 2880 的平均值位列第三,这与当地资源型产业的稳定发展以及政府在财政管理方面的有效举措有关。通过对资源产业的合理调控与财政资金的优化配置,提高了财政的抗风险能力,使其在众多城市中脱颖而出。

表 3 - 8　　　　　2004 ~ 2022 年各地级市平均财政韧性水平测度结果

城市	平均值	排序	城市	平均值	排序	城市	平均值	排序
舟山市	0. 3165	1	南京市	0. 2700	14	湖州市	0. 2622	27
珠海市	0. 3129	2	镇江市	0. 2696	15	济南市	0. 2617	28
延安市	0. 2880	3	绍兴市	0. 2696	16	包头市	0. 2616	29
深圳市	0. 2876	4	广州市	0. 2695	17	盘锦市	0. 2610	30
乌鲁木齐市	0. 2785	5	福州市	0. 2683	18	马鞍山市	0. 2606	31
杭州市	0. 2778	6	青岛市	0. 2681	19	扬州市	0. 2604	32
无锡市	0. 2753	7	嘉兴市	0. 2676	20	南通市	0. 2602	33
固原市	0. 2749	8	郑州市	0. 2668	21	东莞市	0. 2597	34
苏州市	0. 2733	9	大连市	0. 2658	22	长沙市	0. 2593	35
常州市	0. 2724	10	武汉市	0. 2658	23	佛山市	0. 2591	36
厦门市	0. 2720	11	中山市	0. 2649	24	威海市	0. 2576	37
丽水市	0. 2713	12	榆林市	0. 2630	25	合肥市	0. 2565	38
宁波市	0. 2704	13	衢州市	0. 2624	26	新余市	0. 2554	39

续表

城市	平均值	排序	城市	平均值	排序	城市	平均值	排序
铜川市	0.2550	40	朔州市	0.2401	68	九江市	0.2253	96
泰州市	0.2548	41	晋城市	0.2400	69	鄂州市	0.2252	97
淄博市	0.2545	42	江门市	0.2395	70	宣城市	0.2251	98
温州市	0.2535	43	滨州市	0.2386	71	吕梁市	0.2244	99
沈阳市	0.2535	44	淮安市	0.2385	72	通辽市	0.2238	100
芜湖市	0.2525	45	景德镇市	0.2379	73	漳州市	0.2237	101
烟台市	0.2519	46	中卫市	0.2377	74	秦皇岛市	0.2235	102
南昌市	0.2505	47	辽阳市	0.2361	75	南平市	0.2229	103
金华市	0.2502	48	徐州市	0.2356	76	泰安市	0.2223	104
太原市	0.2495	49	宜昌市	0.2334	77	丹东市	0.2220	105
昆明市	0.2491	50	廊坊市	0.2332	78	枣庄市	0.2220	106
吴忠市	0.2480	51	抚顺市	0.2327	79	张掖市	0.2219	107
台州市	0.2475	52	唐山市	0.2324	80	韶关市	0.2215	108
泉州市	0.2466	53	长治市	0.2323	81	晋中市	0.2213	109
贵阳市	0.2460	54	三门峡市	0.2321	82	南宁市	0.2212	110
防城港市	0.2458	55	济宁市	0.2321	83	北海市	0.2207	111
呼和浩特市	0.2451	56	连云港市	0.2319	84	六盘水市	0.2196	112
玉溪市	0.2448	57	营口市	0.2319	85	石家庄市	0.2195	113
攀枝花市	0.2444	58	海口市	0.2317	86	湘潭市	0.2188	114
银川市	0.2442	59	酒泉市	0.2312	87	焦作市	0.2181	115
成都市	0.2437	60	株洲市	0.2311	88	忻州市	0.2178	116
萍乡市	0.2425	61	西宁市	0.2296	89	黄石市	0.2177	117
龙岩市	0.2418	62	洛阳市	0.2285	90	张家口市	0.2175	118
惠州市	0.2416	63	莆田市	0.2281	91	淮南市	0.2172	119
西安市	0.2409	64	日照市	0.2277	92	抚州市	0.2165	120
黄山市	0.2405	65	兰州市	0.2265	93	宿迁市	0.2157	121
盐城市	0.2405	66	丽江市	0.2258	94	临汾市	0.2149	122
潍坊市	0.2405	67	雅安市	0.2254	95	宁德市	0.2144	123

续表

城市	平均值	排序	城市	平均值	排序	城市	平均值	排序
庆阳市	0.2141	124	上饶市	0.2026	152	六安市	0.1920	180
承德市	0.2136	125	沧州市	0.2025	153	保山市	0.1911	181
鹤壁市	0.2131	126	临沂市	0.2025	154	衡阳市	0.1910	182
宜春市	0.2124	127	宝鸡市	0.2016	155	濮阳市	0.1898	183
崇左市	0.2114	128	岳阳市	0.2016	156	咸阳市	0.1898	184
肇庆市	0.2110	129	桂林市	0.2015	157	菏泽市	0.1891	185
朝阳市	0.2106	130	德阳市	0.2014	158	来宾市	0.1890	186
郴州市	0.2101	131	遵义市	0.2010	159	贺州市	0.1887	187
蚌埠市	0.2101	132	乐山市	0.2009	160	河池市	0.1886	188
淮北市	0.2094	133	河源市	0.2009	161	茂名市	0.1882	189
安康市	0.2093	134	梅州市	0.2005	162	眉山市	0.1880	190
平顶山市	0.2093	135	宜宾市	0.2003	163	自贡市	0.1860	191
十堰市	0.2087	136	梧州市	0.1998	164	开封市	0.1859	192
德州市	0.2086	137	曲靖市	0.1998	165	保定市	0.1856	193
滁州市	0.2085	138	咸宁市	0.1995	166	怀化市	0.1851	194
吉安市	0.2081	139	泸州市	0.1994	167	毕节市	0.1846	195
百色市	0.2081	140	安庆市	0.1993	168	孝感市	0.1843	196
许昌市	0.2079	141	广元市	0.1984	169	渭南市	0.1843	197
普洱市	0.2078	142	赣州市	0.1984	170	娄底市	0.1834	198
常德市	0.2077	143	平凉市	0.1981	171	湛江市	0.1831	199
临沧市	0.2076	144	安阳市	0.1977	172	潮州市	0.1820	200
武威市	0.2075	145	云浮市	0.1975	173	永州市	0.1805	201
张家界市	0.2072	146	邯郸市	0.1958	174	昭通市	0.1802	202
清远市	0.2056	147	新乡市	0.1955	175	益阳市	0.1794	203
铜仁市	0.2047	148	商洛市	0.1945	176	衡水市	0.1793	204
聊城市	0.2045	149	绵阳市	0.1938	177	天水市	0.1780	205
安顺市	0.2044	150	汕尾市	0.1931	178	邢台市	0.1768	206
漯河市	0.2031	151	汉中市	0.1925	179	黄冈市	0.1765	207

城市	平均值	排序	城市	平均值	排序	城市	平均值	排序
玉林市	0.1759	208	遂宁市	0.1725	215	揭阳市	0.1674	222
资阳市	0.1753	209	南阳市	0.1724	216	商丘市	0.1672	223
荆州市	0.1749	210	南充市	0.1702	217	驻马店市	0.1671	224
定西市	0.1742	211	宿州市	0.1685	218	阜阳市	0.1669	225
信阳市	0.1734	212	内江市	0.1684	219	达州市	0.1657	226
随州市	0.1733	213	邵阳市	0.1684	220	贵港市	0.1639	227
巴中市	0.1725	214	亳州市	0.1682	221	周口市	0.1563	228

从排名中游城市来看，从排名第 77 位的宜昌市（平均值 0.2334）至第 153 位的沧州市（平均值 0.2025）等众多城市处于财政韧性中间水平行列。这些城市平均值相对接近，表明它们在财政韧性方面存在一定的相似性，但又各有特点。以宜昌市为例，其作为中部地区的重要城市，在传统制造业与新兴产业发展上有一定的平衡，财政收入来源较为广泛，但也面临着产业转型、财政支出压力等挑战。而像廊坊市（排名第 78，平均值 0.2332），受到周边大城市经济辐射影响，在承接产业转移过程中不断优化财政结构，努力提升财政韧性，但受限于自身产业结构、经济规模等因素，提升幅度相对有限，处于中游水平。

从排名靠后的城市来看，如周口市（平均值 0.1563，排名第 228），其财政韧性较低，可能源于经济基础薄弱、产业结构单一、财政收入来源有限且不稳定等因素。在传统产业面临升级困境、新兴产业发展尚不成熟的情况下，财政支出压力较大，如社会保障、基础设施建设等方面的需求持续增加，导致财政平衡难度较大，财政韧性受到严峻考验。同样，列举排名靠后的揭阳市（平均值 0.1674，排名第 222），其在传统产业如纺织服装业等方面占据一定比重，但受市场波动、产业转移等因素影响，相关税收贡献不稳定，且在产业结构调整过程中，财政需要投入大量资金支持产业转型升级，这在一定程度上加重了财政负担，削弱了财政韧性。

从区域分布来看，东部沿海地区的城市整体财政韧性水平相对较高，如舟山市、珠海市等排名靠前的城市多集中于此。这主要得益于其优越的地理位置、发达的经济基础、完善的基础设施以及开放的经济环境,吸引了大量的人才、资本与技术,产业多元化且发展成熟,为财政收入提供了坚实保障,财政抗风险能力较强。而中西部地区部分城市排名相对靠后,如一些位于偏远内陆地区的城市,经济起步较晚,产业基础薄弱,在财政收入筹集与财政支出管理上面临更多困难与挑战,财政韧性有待进一步提升。但随着国家区域协调发展战略的推进,中西部地区部分城市也在不断挖掘自身优势,加大财政改革与产业培育力度,努力提高财政韧性水平,如一些中游城市在积极承接东部产业转移过程中,财政韧性呈现逐渐改善态势。

2. 地方财政韧性水平异质性分析

(1)按照地理位置异质性的分组。为进一步探究不同区域地方财政韧性的动态变化趋势,本节依据被学术界广泛认可的中国七大地理区域划分将228个地级市划分为7个区域。其中,华东地区包括山东、江苏、安徽、江西、浙江、福建6个省的地级市;华南地区包括广东、广西、海南3个省和自治区的地级市;华中地区包括湖北、湖南、河南3个省的地级市;华北地区包括河北、山西2个省的地级市;西北地区包括宁夏、新疆、青海、陕西、甘肃、内蒙古[①]6个省和自治区的地级市;西南地区包括四川、云南、贵州、西藏4个省和自治区的地级市;东北地区包括辽宁省的地级市。

表3-9报告了2004~2022年我国7个区域地级市财政韧性水平的平均值、最大值和最小值。在平均值方面,东北地区平均值最高,为0.2392,华东地区次之,为0.2376,而其他地区平均值相对接近,均在0.2左右。在最大值方面,西南地区最大值最高,为0.5137,东北地区次之,为0.3162,其他地区最大值相对较低,其中西北地区也达到了0.4548,与西南地区较为接近。在最小值方面,东北地区的最小值最高,为0.1548,华北地区次之,为0.1184,西北地区的最小值最低,为0.0766。

---

① 本节将内蒙古自治区划分为西北地区。

表3-9 不同区域地方财政韧性水平的测度结果

区域	华东地区	华南地区	华中地区	华北地区	西北地区	西南地区	东北地区
平均值	0.2376	0.2017	0.2244	0.2168	0.2264	0.2022	0.2392
最大值	0.4582	0.4356	0.3421	0.3162	0.4548	0.5137	0.3162
最小值	0.1075	0.1095	0.0992	0.1184	0.0765	0.0780	0.1548

在数据波动方面，每个地区数据波动情况各不相同，都与一定的政治经济因素相关。华东地区的财政韧性波动幅度较大，最大值与最小值之间的差距高达0.3507，这表明在2004~2022年，华东地区财政韧性存在显著的波动。这种波动可能与该地区经济产业结构的调整、国际贸易环境的变化以及国家宏观经济政策在区域内的实施等因素密切相关。

华南地区的财政韧性波动幅度为0.3261，其波动程度相对华东地区略低，但仍处于一个较为明显的波动区间。华南地区同样是我国经济活跃的区域之一，制造业和对外贸易在其经济结构中占有重要地位。经济周期的更替、产业转移以及区域竞争等因素可能导致财政收入的不稳定，进而影响财政韧性。

华中地区财政韧性波动幅度为0.2429。该地区的波动幅度相对较小，这可能与华中地区经济结构相对多元且较为稳定有关。华中地区是我国重要的制造业、农业和交通枢纽，多种经济产业相互支撑，使得在面对外部冲击时，财政韧性能够保持相对稳定。此外，国家对该地区基础设施建设和产业扶持政策的持续推进，也在一定程度上降低了财政韧性的波动。

华北地区财政韧性波动幅度为0.1614。其波动幅度较小，一方面，因为华北地区经济结构相对较为稳定，以传统工业和农业为主，经济转型速度相对平缓；另一方面，国家在京津冀协同发展等战略下，对该地区的产业布局和财政支持较为稳定，从而使得财政韧性波动较小。西北地区财政韧性波动幅度为0.3783，波动幅度较大。

西北地区经济相对欠发达，在过去几十年中，随着西部大开发等政策的推进，基础设施建设和资源开发等项目不断增加，这在一定程度上带动了经济增长和财政收入的提升，但也存在产业基础薄弱、对资源依赖度较高等问题。当资源价格波动或国家政策调整时，财政韧性容易受到影响而出现较大波动。

西南地区财政韧性波动幅度为 0.4357，波动幅度在所有地区中最大。西南地区经济水平相对较低，区域经济发展不平衡。然而，在国家政策支持下，一些地区正在积极进行产业布局和基础设施建设。例如，成渝地区双城经济圈建设等，这些举措有可能在短期内带来财政收入的较大增长，但也伴随着产业培育期的财政压力等不稳定因素，导致财政韧性出现较大波动。东北地区财政韧性波动幅度为 0.1614。

东北地区作为我国传统的老工业基地，在经济转型过程中面临着诸多挑战。近年来，虽然在国家政策扶持下进行产业结构调整，但进程相对缓慢。其经济主要依赖于传统的重工业，产业单一，市场竞争力下降，导致财政收入增长乏力且波动较小且幅度较低。不过，这并不意味着财政韧性稳定，相反，其长期处于较低的增长态势和产业结构困境使得财政韧性面临较大的潜在风险。

（2）按照行政等级异质性的分组。在中国地级市管理体系中，行政等级划分通常与资源获取挂钩。为进一步探究不同行政等级的地级市在财政韧性水平上的差异，本节将 228 个地级市中的省会城市划分为高行政等级，其余地级市为低行政等级（王海等，2023）[①]。表 3 - 10 报告了不同行政等级的地级市财政韧性水平结果。

表 3 - 10　　　　　不同行政等级地方财政韧性水平的测度结果

行政等级	高行政等级	低行政等级
平均值	0.2548	0.2156
最大值	0.1563	0.0766
最小值	0.3566	0.5138

① 王海、郭冠宇、闫卓毓：《机器人应用对城市碳排放影响的机理与效应研究》，载《财经问题研究》2023 年第 5 期，第 52 - 63 页。

高行政等级地级市财政韧性平均值为 0.2548,相对而言处于一个中等水平。在财政事务处理上,省会城市凭借其在行政体系中的优势地位,能够较为稳定地获取各类财政资源,如中央财政的专项转移支付和税收返还等。这些资源分布相对均匀,既不存在过高波动导致难以预测收支情况,也不会因资源匮乏而使财政运行受阻。例如在城市建设方面,省会城市可依据稳定财政投入进行基础设施的有序更新,保障公共交通等公共设施正常运转,提升城市居民生活便利度。最大值 0.1563 和最小值 0.3566 之间的差距较小。这表明省会城市内部财政韧性具有一定的稳定性,不同省会城市在财政应对突发事件、经济波动等方面的能力差异不大。从财政风险管理视角看,其财政结构相对稳健,不易因个别因素出现极端的财政危机。比如面对突发的自然灾害或经济衰退时,各省会城市都能凭借自身的经济基础、政府调控能力等,在较为接近的幅度内进行财政调整与应对,保障基本公共服务供给和社会稳定。

低行政等级地级市财政韧性平均值为 0.2156,低于省会城市,意味着其整体财政韧性稍弱。这可能是因为在行政资源分配过程中,低行政等级的地级市相对处于劣势,可获取的财政资金、政策扶持力度等有限。在区域经济发展竞争中,它们的产业基础、人才吸引力等可能不如省会城市,导致财政收入增长动力不足,应对财政风险的能力受限。例如在经济下行周期中,其财政收入下滑速度可能更快,维持公共事务正常运转的压力更大。最大值 0.0766 和最小值 0.5138 之间差距较大。一方面,部分低行政等级的地级市可能因其独特的地理优势、特色产业或政策倾斜,在财政韧性上表现相对较好,能够灵活应对财政波动,如一些沿海经济发达的地级市依靠港口经济、外向型产业等保持财政稳定增长。另一方面,部分地级市由于产业结构单一、经济发展滞后等原因,财政韧性极弱,一旦遭遇经济冲击或政策变化,就会面临巨大的财政困境,如一些依赖资源型产业的地级市,在资源枯竭或市场环境恶化时,财政收支平衡难以维持。

从整体来看,在 2004～2022 年期间 228 个地级市财政韧性按行政等级呈现明显差异。省会城市凭借高行政等级在财政资源获取、政策扶持等方面的优势,拥有相对稳定且中等水平的财政韧性,能够有效应对日常财政事务与一定规模的财政风险事件。而低行政等级的地级市财政韧性整体偏弱，且内部差异较大，部分地级市财政韧性较好，但也有不少地级市在财政事务处理上面临较大挑战，其财政稳定性易受多种因素干扰，更易出现财政困境。这种差异反映出我国地级市在行政层级体系下财政资源分配、经济发展基础等方面的不均衡状况，也提示在财政政策制定与调整过程中，应充分考虑不同行政等级城市的特点，有针对性地提升低行政等级地级市的财政韧性，促进区域间财政均衡与稳定发展，进而推动整个国民经济的可持续发展。

（3）按照地区人口特征异质性的分组。地方财政作为一个复杂且动态的系统，其展现出的韧性并非在所有情况下都呈现出统一的特征和表现，而人口特征正是影响这种差异的重要因素之一。不同的人口特征，如年龄结构、人口规模、人口素质以及人口流动性等方面，会在多个层面与地方财政韧性产生相互作用和影响。本节从地级市人口老龄化程度、地级市城区人口密度以及地级市人口平均受教育年限三个维度进行地方财政韧性的异质性分析，通过平均数将这三个维度分别分为人口老龄化程度高、人口老龄化程度低；城区人口密度大、城区人口密度小以及平均受教育年限高、平均受教育年限低六组。表 3 – 11 报告了不同人口特征下地级市的财政韧性水平结果。

表 3 – 11　　　　　　不同人口特征地方财政韧性水平的测度结果

人口特征	人口老龄化程度高	人口老龄化程度低	城区人口密度大	城区人口密度小	平均受教育年限高	平均受教育年限低
平均值	0.2294	0.2077	0.2094	0.2178	0.2355	0.1959
最大值	0.4250	0.5138	0.5138	0.4250	0.4250	0.5134
最小值	0.0766	0.0800	0.0805	0.0766	0.0766	0.0800

在人口老龄化程度维度，人口老龄化程度高的地级市财政韧性平均值为 0.2294，略高于人口老龄化程度低的 0.2077。这暗示在当前阶段，人口老龄化程度相对较高的地级市在财政韧性方面有一定优势。或许是因为这些城

市在应对老龄化过程中，已初步建立起较为完善的财政保障机制，如在养老金储备、老年医疗保障等领域的财政投入策略较为成熟，使得整体财政在面对人口结构变化带来的挑战时更具韧性。人口老龄化程度低的城市财政韧性最大值达到 0.5138，高于人口老龄化程度高的城市最大值 0.4250。这表明部分人口老龄化程度低的地级市在财政韧性方面具有极高的潜力，得益于其年轻劳动力人口较多，经济活力较强，能够为财政带来更充沛的收入来源，如企业税收、个人所得税等，从而在财政资源调配和应对风险时有着出色的表现。人口老龄化程度高的地级市财政韧性最小值 0.0766 低于人口老龄化程度低的 0.0800。说明存在一些人口老龄化严重的地级市在财政韧性方面面临较大的困境，由于老龄化导致社会抚养比上升，财政在养老、医疗等方面的支出压力剧增，同时年轻劳动力外流使得经济活力不足，税收等财政收入受限，进而影响了财政的抗风险能力和恢复能力。

在城区人口密度维度，城区人口密度大的地级市财政韧性平均值为 0.2094，而城区人口密度小的平均值为 0.2178。初看之下，城区人口密度小的城市财政韧性平均表现稍好。这与城区人口密度高的城市面临较大的公共服务供给压力有关，如教育、医疗、交通等领域，大量的财政资金用于满足密集人口的需求，可能会分散用于应对财政风险的资金和精力，从而在一定程度上影响地方财政韧性平均表现。城区人口密度大的城市财政韧性最大值为 0.5138，与人口老龄化程度小的城市财政韧性最大值相同，且高于城区人口密度小 0.4250。这说明部分城区人口密度大的地级市能够依托高密度人口所带来的经济集聚效应，如商业繁荣、产业多元化等，实现财政收入的多元化和规模效应，进而提升了财政韧性的上限，展现出强大的财政抗风险和恢复能力。城区人口密度大的城市财政韧性最小值为 0.0805，低于城区人口密度小的 0.0766，但差距较小。这表明城区人口密度大的城市在财政韧性方面虽然总体平均表现稍逊，但极少数城市的财政脆弱性相对城区人口密度小的城市稍高，这受到人口复杂多样、社会矛盾协调难度大等因素影响，导致在财政管理和服务提供上面临挑战，影响财政稳定性。

在人口平均受教育年限维度，平均受教育年限高的地级市财政韧性平均值为 0.2355，明显高于平均受教育年限低的 0.1959。受教育程度较高的劳动力人口更有助于推动技术创新、产业升级，从而提升城市的经济竞争力和稳定性，使得财政收入来源更加稳定和优质，增强财政在面对经济波动等风险时的韧性。平均受教育年限高的地级市财政韧性最大值为 0.4250，平均受教育年限低的城市为 0.5134。这一数据显示部分平均受教育年限低的城市在财政韧性方面有着较高的上限，可能是因为这些城市依赖某些资源型产业或特殊产业结构，在特定时期内能够带来丰厚的财政收入，使得财政韧性表现突出，但这可能具有一定的不可持续性，一旦产业形势变化，财政韧性面临较大考验。平均受教育年限高的城市财政韧性最小值为 0.0766，与平均受教育年限低的城市相同。这意味着无论平均受教育年限高低，都存在财政韧性较弱的城市，对于平均受教育年限高的城市来说，这是因为产业结构与人才资源不匹配，高学历人才未能充分发挥作用，导致经济和财政效益未能有效转化；对于平均受教育年限低的城市，是由于产业结构低端、抗风险能力弱等因素所致。

综合来看，人口特征对地级市财政韧性有着复杂且多层面的影响。平均受教育年限在提升地级市财政韧性平均表现方面具有显著优势，是地级市增强财政稳定性和抗风险能力的重要积极因素。人口老龄化虽在一定程度上带来了财政支出压力，但部分老龄化程度高的城市也通过相应机制建设展现出较强的财政韧性，而其对财政韧性的影响还与城市具体的发展策略和经济结构密切相关。城区人口密度高既可能因经济集聚带来财政韧性高上限的可能，也可能因公共服务压力等导致平均财政韧性受到一定抑制。

（4）按照是否属于长江经济带的分组。地方财政韧性并非孤立存在，它深受地区经济发展模式、产业结构、政策环境以及地理区位等多重因素的综合影响。而长江经济带作为我国具有独特战略地位和鲜明发展特征的区域，涵盖了一系列在经济、社会、生态等方面既相互关联又各具特色的地级市。开展关于是否为长江经济带地级市的异质性分析，有着重要的理论和现实意义。本节依据《长江经济带发展规划纲要》，将属于江苏、浙江、安徽、江西、湖北、湖南、四川、贵州、云南等九个省份的地级市划分为属于长江经济带地级市组，剩余省份地级市划分为不属于长江经济带地级市。

表 3 – 12 报告了属于与不属于长江经济带地级市财政韧性水平结果。

表 3 – 12   是否属于长江经济带地方财政韧性水平的测度结果

是否属于长江经济带	属于长江经济带地级市	不属于长江经济带地级市
平均值	0.2199	0.2211
最大值	0.5138	0.4549
最小值	0.0800	0.0766

对于属于长江经济带的地级市，其平均值为 0.2199，表明长江经济带地级市财政韧性整体处于中等水平，各城市财政在面对内外部冲击时，具备一定的应对能力，但仍有提升空间。从侧面反映出长江经济带内部经济结构、产业布局等方面具有一定的协同性，使得城市财政能保持相对稳定的韧性水平。最大值为 0.5138，说明部分属于长江经济带的地级市财政韧性较强，这些城市在产业结构多元化、经济基础雄厚以及政策支持等方面具有优势，使其在复杂经济环境下能够更好地抵御风险，维持财政的稳定运行。最小值为 0.0800，表明有个别地级市财政韧性较低，存在产业结构单一、财政收入来源有限、债务压力较大等问题，导致其在面对经济波动或突发事件时，财政稳定性受到较大挑战。

对于不属于长江经济带的地级市，其平均值 0.2211，与长江经济带地级市相比，平均值略高，说明非长江经济带地级市整体财政韧性也处于中等水平，与长江经济带地级市财政韧性水平接近。这反映出当前各地级市在财政管理、经济发展等方面存在一定的共性，使得两者的财政韧性平均值相近。最大值为 0.4549，该最大值小于长江经济带地级市的最大值，说明非长江经济带地级市中财政韧性最强的城市，其财政韧性水平仍低于长江经济带中部分城市，这与非长江经济带地区整体经济规模、产业结构复杂程度以及政策支持力度等因素有关。

最小值为 0.0766，比长江经济带地级市最小值略低，这意味着在非长江经济带中，财政韧性最弱的城市面临的财政风险可能更为严峻，是由于这些城市地处偏远，经济发展滞后，财政收入依赖单一产业，缺乏足够的资金储备和应对风险的机制，比如新疆、甘肃、青海等省份的大多数城市。

综合来看，无论是属于长江经济带还是不属于长江经济带的地级市，财政韧性都呈现出一定的分化态势。长江经济带地级市整体财政韧性与非长江经济带地级市相差不大，这与当前宏观经济环境、国家政策导向以及各地级市自身的努力和改革有关。但同时，长江经济带内部存在财政韧性较强和较弱的城市，其差异可能源于城市自身资源禀赋、产业优势、政策倾斜程度以及城市治理能力等方面的差异。

（5）按照数字经济发展水平异质性的分组。数字经济作为新兴且蓬勃发展的经济形态，其在各地的渗透程度与发展水平存在显著差异，这种差异不可避免地会对地方财政韧性产生多元且不均衡的作用效果。因此，深入探究地方财政韧性在不同数字经济水平下的异质性表现，具有极为重要的现实意义与理论价值。本节从数字基础设施水平和数字经济政策关注度两个维度对不同数字经济水平的地级市财政韧性进行分析。表 3 – 13 报告了不同数字经济水平下地方财政韧性水平的结果。

表 3 – 13　　不同数字经济发展水平下地方财政韧性水平的测度结果

数字经济水平	数字基础设施水平高	数字基础设施水平低	数字关注度高	数字关注低
平均值	0.2488	0.2240	0.2432	0.2024
最大值	0.4582	0.5136	0.5138	0.4549
最小值	0.0805	0.0805	0.0766	0.0843

在数字基础设施维度，从表格中的数字基础设施水平高与低的财政韧性平均值对比来看，数字基础设施水平高的地级市财政韧性平均值为 0.2488，而数字基础设施水平低的地级市财政韧性平均值为 0.2240。这表明数字基础设施水平更高的城市，其财政韧性相对更强。数字基础设施的完善能够为城市的经济活动提供更高效的信息传输与交互平台，降低交易成本，提升经济效率，从而增强财政收入的稳定性和抗风险能力。例如，良好的

网络基础设施能够促进电子商务、数字金融等新兴业态的发展，拓宽政府税收来源渠道；同时，在应对突发事件（如疫情）冲击时，能够更快速地实现经济活动的线上转移与恢复，保持财政收入的连续性。在最大值方面，数字基础设施水平高的地级市财政韧性最大值为 0.4582，数字基础设施水平低的为 0.5136。这一结果看似与平均值层面的结论不一致，但实际上反映了数字基础设施水平低的地级市在个别情况下可能具备较高的财政韧性，但这并不具备普遍性和稳定性。究其原因，是这些城市的经济结构相对单一，某些传统产业在特定时期表现出较强的盈利能力和抗风险能力，从而带动财政韧性指标升高。然而，这种高韧性是难以持续的，一旦市场环境或政策发生变化，财政风险将显著上升。在最小值方面，数字基础设施水平高的地级市财政韧性最小值为 0.0805，与数字基础设施水平低的 0.0805 持平。这说明数字基础设施水平低的城市在财政韧性最弱的情况下，与水平高的城市相比，不存在明显优势。数字基础设施水平低的城市在面对外部冲击时，由于缺乏有效的数字化应对手段，其财政韧性更容易受到侵蚀，且难以快速恢复。

在数字关注度维度，数字关注度高的地级市财政韧性平均值为 0.2432，高于数字关注度低的 0.2024。这表明数字关注度高的地级市，其财政韧性更强。较高的数字关注度通常意味着城市政府、企业和居民对数字技术的应用、推广与创新更加重视，能够更积极地投入到数字经济相关产业的发展中。例如，政府加大对数字经济人才的培养与引进力度，推动数字技术在公共服务领域的广泛应用；企业积极利用数字技术提升生产效率与产品质量；居民对数字消费方式的接受度更高，这些因素共同作用下，能够提升城市的整体经济活力与财政收入水平，增强财政韧性。在最大值方面，数字关注度高的地级市财政韧性最大值为 0.5138，显著高于数字关注度低的 0.4549。这进一步强化了数字关注度对财政韧性的重要推动作用。数字关注度高的城市能够更好地把握数字经济发展的机遇，通过数字化转型实现经济结构升级与优化。例如，一些城市积极打造数字经济产业园区，吸引高科技企业和创新型企业入驻，形成产业集聚效应，从而大幅提升财政收入规模与质量，使财政韧性达到较高水平。在最小值方面，数字关注度高的地级市财政韧性最小值为 0.0766，略低于数字关注度低的 0.0843。不过，两者差距较小，且数字关注度高的城市在极端情况下财政韧性相对较弱，是由于这些城市在数字经济领域的过度投入导致资源错配，或者在数字经济快速发展过程中未能及时调整产业结构，应对新的风险挑战。但总体而言，数字关注度高的城市在大部分情况下仍具有更强的财政韧性。

数字基础设施水平与数字关注度是数字经济背景下影响地级市财政韧性的两个重要维度。两方面因素相互关联且共同作用于地方财政韧性。数字基础设施为数字关注度的实现提供了物质基础，良好的基础设施能够吸引更多的人才与企业关注数字经济领域，促进数字技术的广泛应用与创新；而数字关注度的提升又会进一步推动数字基础设施的完善与升级，形成良性循环。从数据分析来看，数字基础设施水平高且数字关注度高的地级市，在财政韧性方面表现出更强的综合实力，其财政韧性平均值相对较高，在极端情况下也更具稳定性和抗风险能力。相反，数字基础设施水平低且数字关注度低的城市，财政韧性相对较弱，容易受到外部冲击的影响，且恢复能力较差。

3. 地方财政韧性水平的空间相关性分析

使用 Stata18.0 软件对 2004～2022 年地级市地方财政韧性指数的面板数据进行空间自相关检验，依次计算出各年份地方财政韧性指数的全局 Moran's I 指数，在空间权重矩阵的设定方面，选用地级市空间邻接矩阵[①]和空间权重矩阵[②]进行探讨。表 3 – 14 和表 3 – 15 的实证结果表明：在空间邻接矩阵和空间权重矩阵下，从 2004～2022 年，各年的 Moran's I 指数均为正值，且均通过了在 1% 水平的显著性检验，表明在这 19 年间，地级市的空间自相关性呈现出显著的正相关状态，且这种正相关性保持了较好的稳定性，未出现明显的波动或转向负相关的现象，说明区域间的某种相似性或关联性在空间上持续存在。

---

① 空间邻接矩阵下仅能找到 226 个地级市的相关信息，较之前 228 个城市而言少滨州市和铜仁市。

② 空间权重矩阵下仅能找到 225 个地级市的相关信息，较空间领接矩阵而言少通辽市。

表 3 – 14   空间邻接矩阵下地方财政韧性指标的 **Moran's I** 指数变化

Variables	Ii	E (Ii)	sd (Ii)	z	p-value*
C2004	0. 394	− 0. 004	0. 048	8. 244	0. 000
C2005	0. 487	− 0. 004	0. 048	10. 162	0. 000
C2006	0. 536	− 0. 004	0. 048	11. 171	0. 000
C2007	0. 549	− 0. 004	0. 048	11. 444	0. 000
C2008	0. 560	− 0. 004	0. 048	11. 668	0. 000
C2009	0. 554	− 0. 004	0. 048	11. 536	0. 000
C2010	0. 544	− 0. 004	0. 048	11. 324	0. 000
C2011	0. 550	− 0. 004	0. 048	11. 448	0. 000
C2012	0. 543	− 0. 004	0. 048	11. 296	0. 000
C2013	0. 493	− 0. 004	0. 048	10. 288	0. 000
C2014	0. 428	− 0. 004	0. 048	9. 026	0. 000
C2015	0. 387	− 0. 004	0. 048	8. 118	0. 000
C2016	0. 400	− 0. 004	0. 048	8. 409	0. 000
C2017	0. 323	− 0. 004	0. 047	6. 975	0. 000
C2018	0. 358	− 0. 004	0. 048	7. 582	0. 000
C2019	0. 341	− 0. 004	0. 048	7. 227	0. 000
C2020	0. 353	− 0. 004	0. 048	7. 464	0. 000
C2021	0. 369	− 0. 004	0. 048	7. 829	0. 000
C2022	0. 385	− 0. 004	0. 048	8. 162	0. 000

表 3 – 15   空间权重矩阵下地方财政韧性指标的 **Moran's I** 指数变化

Variables	Ii	E (Ii)	sd (Ii)	z	p – value*
C2004	0. 106	− 0. 004	0. 006	17. 956	0. 000
C2005	0. 125	− 0. 004	0. 006	21. 145	0. 000
C2006	0. 132	− 0. 004	0. 006	22. 321	0. 000
C2007	0. 137	− 0. 004	0. 006	23. 001	0. 000
C2008	0. 138	− 0. 004	0. 006	23. 252	0. 000

Variables	Ii	E（Ii）	sd（Ii）	z	p - value*
C2009	0.132	- 0.004	0.006	22.254	0.000
C2010	0.132	- 0.004	0.006	22.203	0.000
C2011	0.126	- 0.004	0.006	21.238	0.000
C2012	0.115	- 0.004	0.006	19.532	0.000
C2013	0.097	- 0.004	0.006	16.510	0.000
C2014	0.078	- 0.004	0.006	13.567	0.000
C2015	0.076	- 0.004	0.006	13.182	0.000
C2016	0.075	- 0.004	0.006	13.096	0.000
C2017	0.056	- 0.004	0.006	10.088	0.000
C2018	0.062	- 0.004	0.006	11.009	0.000
C2019	0.059	- 0.004	0.006	10.450	0.000
C2020	0.058	- 0.004	0.006	10.296	0.000
C2021	0.060	- 0.004	0.006	10.754	0.000
C2022	0.068	- 0.004	0.006	12.012	0.000

（1）基于空间邻接矩阵下地方财政韧性的空间自相关分析。

2004～2008年，Moran's I指数从0.394逐年上升至0.560，显示空间自相关性在这段时间内逐渐增强，各区域之间的相互影响或要素的空间集聚程度在加深；2008～2015年，Moran's I指数虽有小幅度波动，但整体在较高水平上保持稳定，大致在0.55左右；2015～2022年，Moran's I指数开始呈缓慢下降趋势，从0.387降至0.369后略有回升至0.385，表明空间自相关性有所减弱，但依然维持在正值区间，区域间的关联模式仍在一定程度上延续。

具体而言，2004～2008年为显著上升阶段。2004年Moran's I指数为0.394，对应的z值为8.244，p-value为0.000，表明该年空间自相关性显著，且随着后续几年指数的上升，如2005年0.487、2006年0.536、2007年0.549、2008年0.56，z值也随之增大，从8.244依次增至11.668，进一步凸显了空间自相关性的增强趋势，可能与当时区域经济发展战略的推进、产业转移以及基础设施建设等因素有关，促使区域间的经济联系和空间互动更为紧密，形成了更强的空间集聚效应。

2008～2015 年为高位稳定阶段。以 2009 年为例，Moran's I 指数为 0.554，z 值为 11.536，p-value 仍为 0.000；2010 年、2011 年、2012 年、2013 年等年份的 Moran's I 指数均在 0.540 以上，z 值均超过 10.000，这反映出在这一时期，区域空间格局相对稳定，各区域之间的相互作用和影响维持在较高水平，可能得益于区域协调发展战略的持续实施以及各地区在经济、社会等方面的发展逐步进入相对平稳阶段，区域间的差异没有出现大的起伏，空间自相关性得以保持。

2015～2022 年为缓慢下降阶段。2015 年 Moran's I 指数为 0.387，相较于之前几年的高值有所下降，z 值为 8.118，p-value 为 0.000；后续的 2016 年至 2022 年，Moran's I 指数在 0.323 至 0.400 之间波动，如 2017 年降至 0.323，但 2022 年又回升至 0.385，整体呈下降趋势。这暗示着区域间的发展差异在一定程度上有所缩小，或者区域间要素流动和相互作用的模式发生了变化，空间集聚效应有所弱化，但尚未改变正相关的本质，可能与近年来国家推动新型城镇化、乡村振兴等战略，促进区域均衡发展，以及一些新兴产业发展带来的区域间新的竞合关系等因素相关。

在空间邻近矩阵下，2004 年、2008 年、2015 年和 2022 年的 Moran's I 散点图如图 3 - 2 所示。基于各年份地级市地方财政韧性水平的 Moran's I 散点图，可依据横纵坐标轴所划分的四个象限将各地级市地方财政韧性水平分为四大类。其中，第一象限为"高—高"集聚区，即该地级市与其周边相邻地级市的地方财政韧性指数均处于相对较高水平，空间关联呈现扩散效应；第二象限为"低—高"集聚区，即该地级市的地方财政韧性水平较低而其周边相邻地级市的地方财政韧性水平较高，空间关联为过渡区域；第三象限为"低—低"集聚区，即该地级市与其周边地级市的地方财政韧性指数均处于相对较低水平，空间关联为低水平区域；第四象限为"高—低"集聚区，即该地级市的地方财政韧性水平较高而其周边相邻地级市的地方财政韧性水平较低，空间关联呈现极化效应。其中，第一和第三象限所对应的

Moran's I 指数为正，而第二和第四象限所对应的 Moran's I 指数为负，分别表明落在其各自范围内具有空间的正相关性和空间的负相关性。

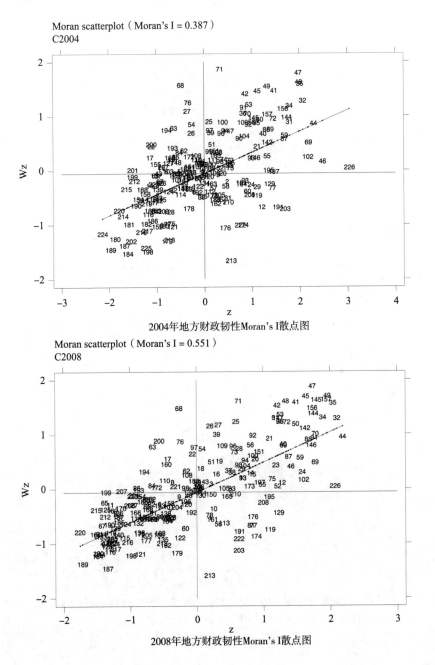

2004年地方财政韧性Moran's I散点图

2008年地方财政韧性Moran's I散点图

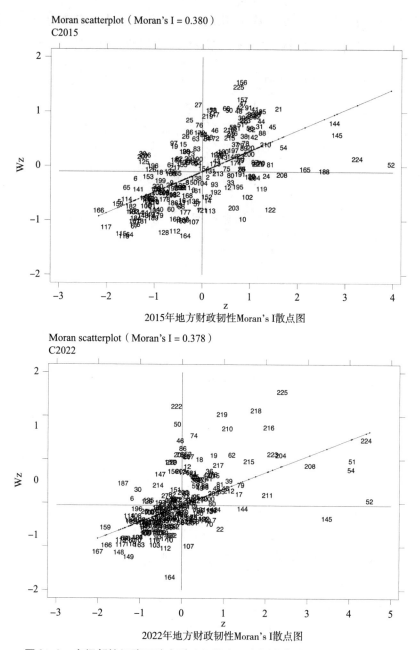

2015年地方财政韧性Moran's I散点图

2022年地方财政韧性Moran's I散点图

图 3 - 2　空间邻接矩阵下地方财政韧性水平空间分布的 Moran's I 散点图

注：因城市数量太多，散点图中数字编号为按照城市代码依次所编。

从 Moran's I 散点图的变化趋势来看，期初与期末整体散点分布情况发生些许改变，地方财政韧性的集聚由 2004 年主要出现在"低—高"和"低—低"集聚区变化为 2022 年主要集中在"低—低"集聚区和"高—高"。

从 2004 年地方财政韧性 Moran's I 散点图布局来看，点的分布较为分散，各象限均有分布。第一象限存在部分点，表明在这些区域内存在高财政韧性的地级市相互邻近的情况，形成了局部的"高—高"集聚区域，意味着这些地区的财政韧性具有一定的空间正相关性，主要得益于区域内相似的经济结构、产业布局或政策环境等协同因素，使得它们在财政韧性方面相互促进、共同提升。第四象限也有一定数量的点，反映出低财政韧性的地级市与高财政韧性地级市相邻的现象，显示出财政韧性在空间上存在一定差异和不均衡，可能是由于区域间经济发展水平、资源禀赋等方面的差异导致部分地级市难以达到周边城市的财政韧性水平。此外，第二象限和第三象限的点相对较少，整体来看，2004 年 226 个地级市财政韧性空间自相关性相对较弱，但已显现出局部集聚与差异并存的态势，为空间格局的后续演变奠定了基础。

与 2004 年相比，2008 年地方财政韧性 Moran's I 散点图中第一象限的点数量有所增多且分布更为集中，"高—高"集聚现象更为显著，说明财政韧性较高的地级市在空间上的连片性增强，这是因为在 2008 年前后，区域间产业协同发展、基础设施互联互通等合作机制逐渐深化，促使相邻地区在财政韧性构建方面相互借鉴、协同共进，形成了更稳定且范围更广的高韧性区域集群。同时，第三象限的点也相应增加，"低—低"集聚态势开始凸显，意味着财政韧性较低的地级市同样在空间上呈现出一定的集聚性，这与这些地区共同面临的经济转型困难、财政收入来源单一且易受外部冲击影响等因素有关，导致其在财政韧性发展上相互拖累、难以突破。而第二和第四象限的点相对减少，表明财政韧性空间分布的两极分化特征愈发明显，空间自相关性进一步增强，区域间的财政韧性差距在扩大，空间格局的分化趋势逐渐明朗。

从 2015 年地方财政韧性 Moran's I 散点图来看，第一象限的点占据了更大的区域且密集程度更高，"高—高"集聚区域的范围和强度都达到一个新高度，反映出经过多年的区域一体化发展和政策引导，部分地级市在财政韧性方面已经形成了成熟且稳定的空间关联网络，它们之间在财政管理经验交流、产业互补协作以及风险应对机制共建等方面更加成熟，能够有效提升彼此的财政韧性并维持其在空间上的集聚优势。第三象限的点也呈现出进一步增多和集中的趋势，"低—低"集聚区域的规模不断扩大，这与全球经济形势变化对部分本就脆弱地区产生更大冲击，以及区域内部自身发展动力不足、创新能力和产业升级缓慢等因素叠加有关，使得这些地级市在财政韧性上难以提升且相互影响，陷入低水平的发展困境。第二和第四象限的点所剩无几且分布零散，地方财政韧性空间自相关性呈现出极度强化的两极格局，区域间的分化程度在加深，空间分布的不平衡性成为该阶段的显著特征，不同集聚区域间的财政韧性差异可能引发更广泛的空间发展不均衡问题。

2022年地方财政韧性Moran's I散点图中第一象限的点几乎占据了半壁江山且呈现出高度聚集的态势，"高—高"集聚区域的稳定性和影响力都极为突出，这些地级市在财政韧性方面已经形成了具有强大竞争力和抗风险能力的空间集群，其背后是完善的区域协调发展战略、高度融合的产业生态系统以及先进的财政管理理念和技术创新能力在支撑，使其能够在复杂多变的经济环境中持续保持财政的稳定与韧性，并带动周边地区向更高水平发展。第三象限的点同样维持在较高数量且分布紧密，"低—低"集聚区域的固化程度加深，表明这些地级市在财政韧性发展上面临着更为严峻的挑战，受到产业结构老化、人口流失、资源环境约束等多重因素的制约，难以摆脱低韧性的困境，且在空间上相互强化这种不利状态。此时，第二和第四象限已基本无明显分布的点，地方财政韧性空间自相关性呈现出高度的两极分化且趋于稳定，整个226个地级市的财政韧性空间格局呈现出明显的集聚与非集聚区域的分明对立，区域间的发展鸿沟在财政韧性维度上愈发明显，对区域协调发展战略的实施提出了更迫切的挑战。

总的来说，从2004～2022年，226个地级市财政韧性的空间自相关性经历了由弱到强、由分散到集聚、由模糊分化到鲜明对立的演变过程。早期财政韧性分布相对较为随机和分散，但随着时间推移，区域间相互作用和影响不断加深，在政策引导、经济发展规律以及各种内外部因素共同作用下，逐渐形成了"高—高"集聚和"低—低"集聚的空间格局，并且这种格局在近年来愈发稳固和强化。高韧性集聚区域凭借自身优势不断拓展和深化区域协同效应，进一步提升整体财政韧性；而低韧性集聚区域则因多种制约因素难以突破困境，区域间财政韧性差距持续拉大。这一演变趋势反映了区域财政韧性发展在空间维度上的复杂性和动态性，也凸显了在制定区域发展战略时，需要重点关注如何打破低韧性集聚区域的发展瓶颈，促进区域间的协调发展，提升整个国家或地区财政韧性的均衡性和稳定性，以应对外部经济环境的不确定性冲击，实现可持续的经济社会发展目标。

（2）基于空间权重矩阵下地方财政韧性的空间自相关分析。

2004～2022 年 19 年间，225 个地级市的 Moran's I 指数呈现出较为明显的变化趋势。2004～2008 年，Moran's I 指数逐年升高，从 0.106 增长至 0.138，表明这段时间城市间的空间集聚特征在逐渐增强，相邻城市之间的相关性愈发显著，存在某种促使城市要素在空间上不断集聚的机制在发挥作用，如产业的集群化发展等，使得城市的经济、社会等属性在空间分布上呈现出更强的正相关性。

2009～2014 年左右，Moran's I 指数虽仍处高位，但整体呈缓慢回落态势，从 0.132 降至 0.078，这可能反映出区域协调发展战略推进背景下，城市间着力打破过度集聚的格局，通过政策引导等手段，促进资源在更广泛区域内的均衡配置，空间自相关性有所弱化。

2015～2022 年，Moran's I 指数在 0.056～0.068 之间波动，整体处于相对稳定且较低的水平，说明城市空间格局逐渐进入一种相对稳定且均衡的发展阶段，城市间的相互影响在空间上趋于相对稳定的状态，不再有明显的强化或弱化趋势，各城市在既有的空间关系网络中按一定规律有序发展。

在空间权重矩阵下，2004 年、2008 年、2015 年和 2022 年的 Moran's I 散点图如图 3 -3 所示。与空间邻接矩阵下地方财政韧性空间自相关分析相同，将散点图依据横纵坐标轴所划分的四个象限将各地级市地方财政韧性水平依次分为"高—高""低—高""低—低"和"高—低"四大类。

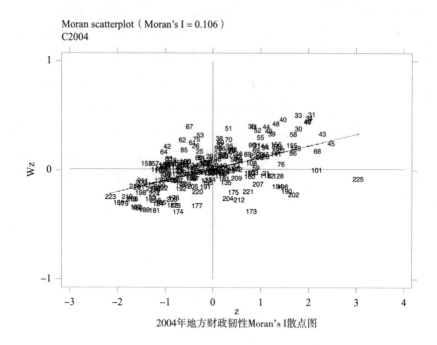

2004年地方财政韧性Moran's I散点图

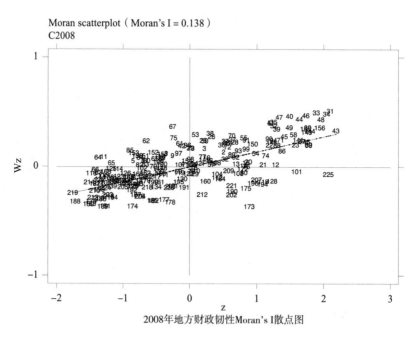

2008年地方财政韧性Moran's I散点图

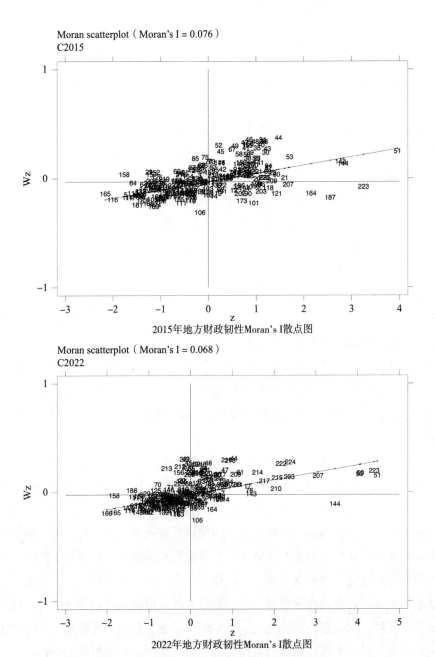

Moran scatterplot（Moran's I = 0.076）
C2015

2015年地方财政韧性Moran's I散点图

Moran scatterplot（Moran's I = 0.068）
C2022

2022年地方财政韧性Moran's I散点图

图3－3 空间邻接矩阵下地方财政韧性水平空间分布的 Moran's I 散点图

注：因城市数量太多，散点图中数字编号为按照城市代码依次所编。

从 2004 年散点图整体布局来看，点的分布呈现出一定的规律性，大部分点落在第一象限和第三象限，表明在 2004 年地方财政韧性存在较为显著的正空间自相关性，即高财政韧性的地级市倾向于与高财政韧性的地级市相邻，低财政韧性的地级市也多与低财政韧性的地级市邻近，初步显现出财政韧性在空间上具有一定的聚集特征，部分区域的财政韧性水平受周边城市影响呈现出协同发展的趋势，这与当时区域内的产业布局、基础设施建设水平以及区域经济合作等因素相关，不同区域在财政资源调配、应对风险能力等方面存在一定差异，导致了这种空间上的分化态势。

与 2004 年相比，2008 年的散点图分布状况发生了一定变化，第一象限和第三象限的点占比依然较高，说明正空间自相关性仍然占据主导地位，不过部分点开始向第二象限和第四象限迁移，意味着在某些区域出现了高财政韧性城市与低财政韧性城市相邻的情况，这是受到 2008 年全球经济危机的冲击，不同城市的经济结构和抗风险能力有所差异，部分城市财政韧性受到影响而出现波动，在空间分布上打破了之前的稳定聚集格局，一些原本与高财政韧性城市相邻的地区可能因产业结构单一、外贸依赖度高等因素，在危机中财政韧性下降较快，而一些经济基础较好、产业结构多元的城市则相对维持了较高财政韧性，凸显出不同城市在应对外部经济冲击时的空间异质性。

到了 2015 年，散点图呈现出更为复杂的状态，虽然正空间自相关依然存在，但第一象限和第三象限的点分布更为分散，而第二象限和第四象限的点数量有所增加且分布范围更广，这反映出地方财政韧性空间分布的不均衡性在加大，高、低财政韧性城市的空间交错现象更为明显，可能与我国这一时期经济进入新常态，不同区域经济发展速度和结构转型进度不一有关，一些中西部地区城市在承接东部产业转移过程中，财政收入结构得到优化、经济活力增强，财政韧性有所提升，而部分东部城市面临产业升级压力、成本上升等问题，财政韧性出现分化，在空间上形成了新的组合模式，同时区域间的政策差异、资源流动等因素也加剧了财政韧性空间分布的复杂性。

在 2022 年的散点图中，第一象限的点相对集中且数量有所增多，第三象限的点也较为密集，正空间自相关性有进一步增强的趋势，这表明在经历了多年的经济发展和政策调控后，地方财政韧性在部分区域又呈现出较强的聚集态势，高财政韧性城市之间的联系更加紧密，形成了一些财政韧性较强的经济圈或城市群，如长三角、珠三角等地区，这些区域内的城市在产业协同、科技创新、基础设施互联互通等方面不断深化合作，共同提升了财政韧性，而低财政韧性城市也多集中在一些经济发展相对滞后、产业结构不优的区域，且相对独立，与高财政韧性区域的空间分化更为明显，不过仍有部分点分布在第二象限和第四象限，说明在个别边界地带或特殊地理区域，高、低财政韧性城市仍存在一定交错分布情况，可能是受到特殊政策试点、资源禀赋独特性等因素影响。

总体而言，从空间邻接矩阵和空间权重矩阵的空间自相关分析来看，2004～2022年间地级市财政韧性在空间权重矩阵下呈现出动态演变的空间自相关性特征。2004年以较为明显的正空间自相关为主，初步显现出区域聚集态势；2008年受全球金融危机冲击，空间自相关性受到扰动，出现部分高、低值交错现象；2015年随着经济新常态发展，空间分布复杂性加剧，正、负空间自相关并存且复杂交错；2022年又逐步向正空间自相关增强的方向发展，形成了一些稳定的高财政韧性聚集区和低财政韧性聚集区。

（四）研究结论

为探究我国地方财政韧性的整体进程与演变特征，本节借鉴现有学者的研究成果，并结合地级市的发展现状和目标战略，设计出地方财政韧性评价指标体系。选用熵值法分别从地级市层面，对2004～2022年我国地级市财政韧性的水平状况展开深入评价。基于测度结果，运用空间自相关分析对其空间分布特征进行探究。通过研究分析，主要研究结论如下：

第一，2004～2022年期间我国地方财政韧性平均水平呈稳步递增态势，仅2020年到2021年因新冠疫情出现轻微下降，整体增长63.05%。2022年较2004年，99%的地级市财政韧性提升，固原市提升最高；仅有温州市和乌鲁木齐市下降。19年间舟山市平均得分最高，周口市最低，2017年临沧市综合得分最高，2004年固原市最低。

第二，各地级市的财政韧性因不同的地理、经济、人口等因素呈现出不同的特征。在地理位置方面：东北地区平均值最高，华东次之，其他地区接近；西南地区最大值最高，东北次之，西北最低；东北地区最小值最高，华北次之，西北最低。在行政等级方面：省会城市财政韧性相对稳定且中等，低行政等级地级市整体偏弱且差异大。在人口特征方面：平均受教育年限对财政韧性有显著优势，人口老龄化影响复杂，城区人口密度影响具有两面性。在是否属于长江经济带方面：整体财政韧性与非长江经济带地级市相差不大，但长江经济带内部城市差异大。在数字经济水平方面：数字基础设施和数字关注度相互关联，共同影响财政韧性，两方面水平高的城市财政韧性较强，反之较弱。

第三，2004～2022年地级市财政韧性在空间邻接矩阵和空间权重矩阵下呈现动态演变的空间自相关性，2004年以正空间自相关为主，2008年受全球金融危机冲击空间自相关性被扰动，2015年随着经济新常态发展空间复杂分布性加剧，2022年逐步向正空间自相关增强方向发展，形成稳定高、低财政韧性聚集区。

财政金融风险叠加视角下地方政府隐性债务风险的预测与分析

根据第三章我国地方政府隐性债务的历史演变过程来看，现在我国地方政府隐性债务存量较大，债务形式的多样性、债务管理的复杂性及债务风险的不确定性，已经严重影响了地方财政可持续性和经济增长。化解地方政府隐性债务迫在眉睫，而"摸清底数"无疑是实施有针对性的地方债管理措施的前提。由于测算方法、数据来源、统计口径等方面的不同，对地方政府隐性债务的测算结果可能有所差异。因此，本章节系统对比了地方政府隐性债务的测算方法，结合本书研究目的，最终选择间接法测算的研究框架，同时借鉴基建投资和政府债务的收支恒等式①，对财政金融风险叠加视角下地方政府隐性债务风险进行预测与分析。

第一节　地方政府隐性债务的测度与分析

一、地方政府隐性债务的规模测算

（一）已有的测算方法和结果

有关地方政府隐性债务规模的测算，当前我国学术界、政府机构和业界

---

① 基础设施建设投资总额 − 基础设施中央项目投资总额 = 基建投资收益 + 预算内基建投资资金 + 地方政府债务，见下文详述。

等各领域已经取得了大量丰富的研究成果，但尚未有统一的标准，其中由于测算方法、数据来源、统计口径等方面的不同，导致其最终测算结果可能有所差异，如表4-1归纳所示。表中有关研究成果主要集中于2017年左右，国内学者经过严谨测算后的地方政府隐性债务规模在40万亿元左右，而国际组织测算的地方政府隐性债务规模区间在8万亿~20万亿元，其中的差距主要来自测算口径的设定差异。其中大部分的测算方法都没有包含养老资金的缺口、国企事业单位亏损补贴等负有承担责任的债务，否则，最终测算出的地方政府隐性债务规模可能会更大。

表4-1 我国地方政府隐性债务测算结果

测算学者（或机构）	测算方法	测算年度	测算规模（万亿元）
国际货币基金组织（IMF）	广义政府债务余额与狭义政府债务余额之差	2016	19.1
国际清算银行（BIS）	地方政府债务总额与同期地方政府债务余额之差	2017	8.9
太平洋证券	从财政收支恒等的资产端角度	2017	38.4
吉富星	从地方政府融资平台角度	2017	22.2
李升	从投资端角度	2017	40.43
闫坤	用基建支出总额减去预算内支付部分	2017	39
王润北	从财政收支恒等的资产端角度	2018	38.5
欧阳银胜等	构建 MIMIC 模型	2018	45.94
宋翔	基于地方政府预算约束的恒等式	2019	12.7

地方政府隐性债务构成较为复杂，其测算方法主要分为直接法和间接法两种。直接法测算的含义是将往年地方政府隐性债务积累的存量和当年新增的地方政府隐性债务总额相加得出总体的地方政府隐性债务规模。其中，直接法又分别可以从资产端和负债端两个角度来进行测算。从资产端角度进行测算是指从资金的来源加总统计产生的隐性债务余额，隐性债务资金来源主要集中在银行贷款、债券募集、PPP项目、委托信托贷款、融资租赁等非标

融资渠道，通过加总这些融资金额就能够测算出总的地方政府隐性债务规模；从负债端角度进行测算则是指从形成地方政府隐性债务的主体入手，如政府建立的城投平台、政府投资基金及 PPP 项目公司。直接法虽然简单直观、容易理解，但是由于地方政府隐性债务相关的数据不透明，且各个领域的研究标准与统计口径有所区别，所以导致最终测算出来的隐性债务规模并不是特别精准，差异较大。

间接法测算的含义是指无论地方政府隐性债务的形式有多复杂，其使用目的都是投资进行地方基础设施建设，这部分即为总支出，而把同期地方政府的预算内资金、显性债务资金、投资基金等各项收入加总即为总收入，按照收支平衡的思想，测算出的资金总额缺口就是当年新增的地方政府隐性债务规模。相比于直接法，间接法的资金用途能够更加精准地确定，可避免债务划分不清的问题，且使用的数据大多为官方公开的财政信息，容易获得，所以具有较强的操作性，因此本章基于间接法来测算地方政府隐性债务规模。

（二）本章的测算过程和结果

首先，关于样本选取和债务测算等式。自新预算法实行以来，地方政府唯一合法的举债融资渠道仅有发行公开的地方政府债券这一种途径，相当于对地方政府隐性债务的口径作出了清晰界定，故本章认为除了我国地方政府债券信息公开平台上公布的显性债务，其余通过其他形式的资金融入，最终由地方政府的财政资金负责担保偿还的融资渠道统一视作隐性债务，即地方政府债务＝地方政府显性债务＋地方政府隐性债务。因此，本章选取新预算法实施之后的 2015～2021 年（总计七年）为测算样本期。

本章基于间接法测算的研究框架，借鉴肖立晟等（2018）所使用的基建投资和政府债务的收支恒等式：基础设施建设投资总额－基础设施中央项目投资总额＝基建投资收益＋预算内基建投资资金＋地方政府债务。由此，可以得到每年的地方政府债务增量。因为在新预算法实施以前，地方政府债务规模不大，并且尚未对显性债务和隐性债务做明显的区分，所以将其统计范围都算作地方政府债务总额，再以此为基准与地方政府债务增量相加总就可得到 2015～2021 年的地方政府债务总额，最后减去政府公布的显性债务即为地方政府隐性债务规模。

其次，关于代理变量和数据来源说明。基础设施建设投资总额：参照国家统计局制定的固定资产行业划分标准，分别选取电力、燃气及水的生产和供应业，交通运输、仓储和邮政业，水利、环境和公共设施管理三大类行业的全社会固定资产投资完成额进行加总，作为基础设施建设投资总额的代理变量。这些行业投资金额相对较大，且都以非营利性为目的，主要依靠政府进行投资建设。该数据主要来源于 Wind 和国家统计局，由于 2018 年及其之后的数据缺失，我们通过官方的增长率，以及参照 2009～2016 年的平均增长率在 2017 年的基础上测算出，其结果见表 4 - 2。

表 4 - 2　　　　　2015～2021 年地方政府债务增量和隐性债务规模　　　单位：万亿元

项目	2015 年	2016 年	2017 年	2018 年	2019 年	2020 年	2021 年
新增地方政府债务	85482.2	100469.1	115220.6	134024.7	156222.8	182441.3	212817.7
地方政府隐性债务存量	79693.6	122140.7	196195.4	296957.1	422707.8	561468.1	726071.8
地方政府显性债务存量	48260.0	106282.0	147448.0	180711.0	211183.0	254864.0	303078.0
地方政府债务存量	127953.6	228422.7	343643.4	477668.1	633890.8	816332.1	1029149.8

基础设施中央项目投资总额和预算内基建投资资金：参考上文，这两种数据也选取对应的三大类行业的全社会固定资产投资资金，主要是为了扣除不需要地方政府承担的中央项目投资金额，以及地方政府能力范围内的预算资金规模，以此测算出基础设施建设的资金缺口。数据来源均为 Wind。

基建投资收益：表 4 - 1 的学者们大多采用 EBITDA 率，即息税、折旧及摊销前收入，通过加总三大类行业的 EBITDA 率×三大类行业的基建固定资产投资来衡量基建投资所产生的现金收益，但是由于近两年的该指标有所缺失，故本章通过国证指数网里面加权平均的行业市盈率进行替代，但此处依旧使用 EBITDA 率进行表示，从而得到近年来较为实际的基建投资收益额。

地方政府显性债务：该指标通过查阅中国地方政府债券信息公开平台（CELMA），选取其中 2015～2021 年的全国地方政府债券余额（年度）来表示，再通过上述公式测算出最后的地方政府隐性债务规模。

经上述公式测算的 2015～2021 年地方政府债务增量和地方政府隐性债务规模如表 4 –2 所示。

二、地方政府隐性债务的现状分析

（一）地方政府债务存量呈现出隐性债务和显性债务"双高"现象

将表 4 –2 的最终测算结果通过图 4 –1 更为直观地反映出来，可以看到地方政府债务存量自 2015 年的 12.79 万亿元增长到 2021 年的 102.91 万亿元，增长幅度大约为 7.04 倍。其中，显性债务存量自 2015 年的 4.82 万亿元增长到 2021 年的 30.30 万亿元，增长幅度大约为 5.28 倍，地方政府隐性债务存量自 2015 年的 7.96 万亿元增长到 2021 年的 72.60 万亿元，增长幅度大约为 8.12 倍。从图 4 –1 中可以清晰地看出地方政府隐性债务规模增长十分迅速，地方政府显性债务则呈现逐年缓慢增长的态势。总体来看，地方政府债务存量呈现出隐性债务和显性债务"双高"现象。

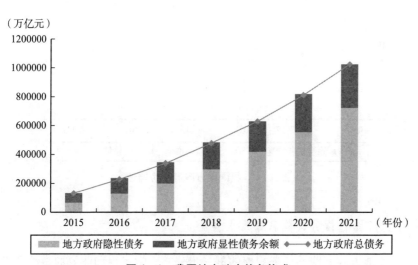

图 4 –1　我国地方政府债务构成

将新增地方政府债务存量的增速进行画图汇总（见图 4 - 2）。可以发现，2015~2016 年地方政府显性债务增速较快，增长速度达到了 120.22%，而地方政府隐性债务增速则仅有 53.26%，虽然不及显性债务增速，但是也达到了历年增速的峰值，而之后的 2017~2021 年，不管是显性债务增速还是隐性债务增速都逐渐下降，到 2021 年显性债务、隐性债务和总债务增速分别都仅有 18.91%、29.31% 和 26.06%，说明自 2015 年《中华人民共和国预算法》实施以来，不仅有效限制了地方政府公开发行债券的数额，还大大遏制了地方政府违规进行举债融资的行为。因此，尽管地方政府显性债务存量和隐性债务存量还在逐渐增加，但是其增幅已经得到了良好的控制。这充分显示了当前我国债务管理制度的优越性，已经对地方政府隐性债务起到了更好的规模管控作用，为防范化解财政金融风险叠加下的地方政府隐性债务风险作出了重要贡献。

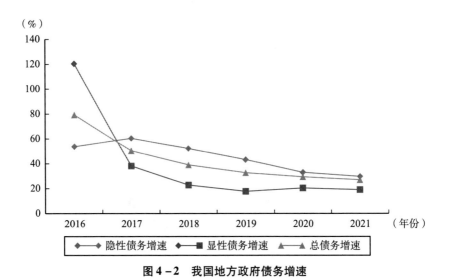

图 4 - 2　我国地方政府债务增速

（二）隐性债务风险总体水平偏高

有关地方政府隐性债务规模的进一步分析，学术界和业界通常综合考虑政府的财政收支情况，使用债务比率进行衡量，因此本章分别选取隐性债务率、隐性负债率、债务依存度及人均GDP四个指标对我国2017～2021年的地方政府隐性债务情况进行风险分析。其中，隐性债务率＝地方政府隐性债务存量/当年政府综合财力，该指标能衡量地方政府的隐性债务偿还能力，指标越高，偿债能力越弱，此处将政府财政收入与政府性基金收入加总求和以得到政府综合财力指标，通常IMF参考的债务率参考指标为90%～150%，但是隐性债务率一般会更高；隐性负债率＝地方政府隐性债务存量/GDP，该指标一方面能够衡量经济规模对于隐性债务的承担能力，另一方面可以衡量一单位隐性债务可以产生的GDP，即衡量效率，该指标越大表明政府偿债能力越弱，资金断流的风险比较大，通常对于负债率的警戒线为60%；债务依存度＝当年公债发行总额/当年财政支出总额，该指标能反映出国家财政支出对债务的依赖程度国际公认的标准是控制在15%～20%，安全上限为近33个百分点。当债务依存度过高时，代表财政支出过于依赖债务收入，未来存在较大的财政风险。此处公债发行总额使用中国地方政府债券信息公开平台中的债券发行额表示，而财政支出总额使用政府财政支出和政府性基金收入表示。以上数据均来源于国家统计局和EPS数据库，其中人均GDP的单位为万元，其他三个指标单位均为百分比，如图4-3所示。

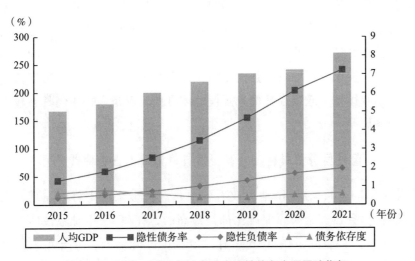

图4-3　2015～2021年地方政府隐性债务主要风险指标

从隐性债务率的情况来看，截至 2017 年底，我国隐性债务率都处于相对合理的水平，但到了 2018 年，地方政府隐性债务就开始超过政府综合财力了，此时隐性债务率为 114.72%，在 2019 年更是超越了 150% 的警戒线，且逐年迅速上升至 2021 年的 241.55%。尽管相对于显性债务率，隐性债务率本身就比较高，但是这也充分说明了近几年来我国地方政府隐性债务的偿还压力过大，当前的隐性债务风险不容乐观；从隐性负债率的情况来看，截至 2020 年，地方政府隐性负债率都处于安全范围内，虽然呈现逐年上升的趋势，但是总体进展速度比较缓慢，地方政府隐性债务规模整体可控，仅在 2021 年达到了 64.07%，此时超过了一般负债率的警戒线 60%，经济对于隐性债务的承担能力变弱，这可能是由于新冠疫情的冲击在一定程度上加强了地方政府融资举债行为、降低了经济发展增速，而国际上通行的标准在 100% ~ 120%，所以隐性负债率并不算特别高。但是，总体来说，在未来仍旧存在较大的隐性债务风险；从债务依存度的情况来看，2015 ~ 2021 年的债务依存度都处于安全上限之内，除了 2016 年和 2021 年起伏较大，分别为 25.76% 和 20.85%，超过了 20% 的良好控制标准，其余年份都保持在较低的水平，说明近七年来财政支出对公开发行的债务收入依赖度不高，政府具有较好的财政可持续性；从可以衡量全国经济发展水平的人均 GDP 情况来看，人均 GDP 跟隐性债务率和隐性负债率都具有一定程度上的增长趋同性，和债务依存度不存在明显的线性关系，这说明我国经济平稳健康且可持续发展，并非借助隐性债务得到提高，在未来仍旧具备强大的增长潜力和韧性。以上各项指标情况显示，当前我国地方政府隐性债务规模总体可控，但是未来还仍具有较大的隐性债务风险。

（三）隐性债务依赖程度升高，城投债形成的占比降低

根据图 4 - 4，在我国地方政府各项基建资金来源中可以发现，自始至终隐性债务在资金来源中占比都是最高的，在 2015 年时隐性债务占比为 50.08%，而且除了在 2016 年有一定程度的降低外，近五年来都呈现出逐渐上升的趋势。相反，基建投资预算内资金、基建投资收益和显性债

务三类资金来源在 2015 年时都分别仅有 11.01%、8.57%、30.32%，在近五年来更是一直处于缓慢下降的状态。截至 2021 年，隐性债务的部分约占比 66.53%，基建投资预算内资金、基建投资收益和显性债务分别占比 2.72%、2.95%、27.77%，可以看到在地方政府基础设施建设的资金来源中，最主要依靠的就是隐性债务，需要引起重视。另外，从城投债形成的地方政府隐性债务来看，虽然城投债的发行规模一直在升高，但是从图 4-3 中可以看到，城投债对地方政府隐性债务的占比从 2015 年的 66.19% 骤降至 2021 年的 21.73%，其相对规模一直在降低，这说明第一次修正后预算法的实施打破了过去一直以城投债为主导的地方政府投融资方式的格局，降低了城投债所产生的隐性债务风险。但是，城投债并没有完全退出历史舞台，在未来可能仍然是地方政府进行投融资的主要方式之一。除此之外，还需要密切关注地方政府隐性债务的形成方式转换。比如，PPP 模式、融资租赁、产业基金、股权投资等投融资新发展模式，这些模式之中还存在很多违规融资举债的漏洞，不断积累着地方政府隐性债务风险。

图 4-4　2015～2021 年基建投资资金来源和城投债占比情况

资料来源：Wind，国家统计局。

第二节　财政金融风险叠加视角下地方政府
隐性债务风险的预测

一、地方政府隐性债务风险预测

（一）KMV 模型的构建思路

地方政府债务与企业债务的计算问题有较多的相似之处，利用 KMV 模型能够非常有效地去评估一些企业的信用情况。因此，不少学者尝试将 KMV 模型的思想与地方政府债务风险的分析相结合，即地方政府举债融资相当于将地方政府未来发生的财政收入所有权通过一系列协议等方式暂时让渡给地方政府债务债权人。当地方政府债务到期时，如果地方政府可用偿债财政收入大于债务还本付息额，债权人就将地方政府未来的财政收入所有权归还给地方政府；但是，如果地方政府因为种种原因导致可用偿债财政收入小于地方债的还本付息额，这就意味着地方政府无力偿还债务，此时地方政府就面临着债务违约的风险。具体计算的理论基础是这样的：当未来的财政收入因某些原因降低到某个水平时，可偿债财政收入会小于债务到期偿还的本息，此时的地方政府无力偿还，就会发生债务违约。违约概率的计算方法如下：首先，根据历史数据计算地方政府的可偿债收入增长率与波动率。其次，构建违约距离①。最后，根据违约距离与违约概率求出地方专项债券的预期违约概率。距离越小，表明地方政府违约风险越大。

虽然 KMV 模型已经较为普遍地应用到地方政府隐性债务的分析之中，但是其中仍旧还保留某些值得学者们继续推敲的地方。首先，与金融市场上的企业不一样，地方政府拥有十分强大的融资能力，并且拥有比较充沛的可

---

① 未来年度地方政府到期本息与期初的财政收入增长率和波动率构建的一个度量指标。

变现资产，即便一定时期以内常规性的可支配收入低于待偿债务也不会马上陷入债务危机，因此债务风险的收入阈值设定就需要留出更多空间。其次，地方政府的收入和开支包括多种类型，它们的波动特征也都不太相似，其中一些部分还具有比较强的内生性，所以对于可用于偿还债务的收入界定也相应较为模糊。再次，根据历史和现实原因，我国地方政府的债务规模估计存在较大的不确定性，尤其是对于通过银行贷款、融资平台等非债券方式筹措资金规模的估计存在很大争议。最后，对于地方政府债务风险的 KMV 模型，财政收入的波动率是一个关键的参数，但我国的财政体制经历了多次变动，不仅许多指标的统计口径不尽相同，而且影响收入变动的因素也发生了变化，这就给参数估计带来了很大困难。

因此，针对上述问题，可以借鉴韩立岩（2003）等的研究思路，对 KMV 模型进行方案修正，将原始指标"企业资产价值"和"企业到期债务额"分别替换为"可担保地方财政收入"和"到期地方政府应偿债务本息和"。然后，对我国 31 个省份地方政府隐性债务的违约概率进行测算。其测算公式如下。

假设地方政府的财政收入服从某种随机过程：

$$I_t = f(Z_t) \tag{4.1}$$

I_t 为地方政府在 t 年的财政收入，Z_t 为随机变量，f（ ）为某一特定函数。

但是地方政府的财政收入并不是可偿债的财政收入，为了满足特定职能需要，需要将一些刚性支出进行扣除，因此将扣除后剩余的部分定义为 R_t。

当地方政府债务到期时（到期日为 T），若地方政府的可偿债财政收入 R_t 小于地方政府应偿债务本息和 B_t，则地方政府将无力偿还债务而产生违约，此时 B_t 为违约临界点，同时政府债务的预期违约概率 P 为：

$$P = P(R_T < B_T) = P[f(Z_T) < B_T] = P[Z_T < f^{-1}(B_T)] \tag{4.2}$$

若假定 $Z_T \sim N$（0，1），则上式可写作：

$$P = P[Z_T < f^{-1}(B_T)] = N[f^{-1}(B_T)]$$

将违约距离界定为 $DD = f^{-1}(B_T)$，同时把预期违约概率（EDF）也表示成违约距离（DD），那么表达式可以转化为：

$$EDF = P = N(-DD) \tag{4.3}$$

根据 KMV 模型假设，地方政府可偿债财政收入服从于马尔可夫随机过程条件，其概率分布服从标准维纳过程，则有：

$$dR_T = gR_Tdt + \sigma R_TdZ_t \tag{4.4}$$

其中，g、σ、dZ_t 分别表示可偿债财政收入的增长率、可偿债财政收入的波动率和维纳过程增量。

令 $t = 0$，$R_{t0} = R$；当 $t > 0$ 时，$R_t = R\exp\left[\left(g - \frac{1}{2}\sigma^2\right)t + \sigma\sqrt{t}Z_t\right]$。

因为 $Z_T \sim N(0, 1)$，所以可偿债的财政收入服从于对数正态分布，则可得其均值和方差为：

$$E[\ln R_t] = \ln R + gt - \frac{1}{2}\sigma^2t \tag{4.5}$$

$$Var(\ln R_t) = \sigma^2t \tag{4.6}$$

根据式（4.5）和式（4.6）可以得出：

$$g = \frac{1}{n-1}\sum_{t=1}^{n-1}\ln\frac{R_{t+1}}{R_t} + \frac{1}{2}\sigma^2 \tag{4.7}$$

$$\sigma = \sqrt{\frac{1}{n-2}\sum_{t=1}^{n-1}\left(\ln\frac{R_{t+1}}{R_t} - \frac{1}{n-1}\sum_{t=1}^{n-1}\ln\frac{R_{t+1}}{R_t}\right)^2} \tag{4.8}$$

则相应的违约距离（DD）和预期违约概率（EDF）计算如下：

$$DD = \frac{\ln\frac{R_t}{B_t} + \left(g - \frac{1}{2}\sigma^2\right)T}{\sigma\sqrt{T}} \tag{4.9}$$

$$EDF = P = N(-DD) = N\left[-\frac{\ln\frac{R_t}{B_t} + \left(g - \frac{1}{2}\sigma^2\right)T}{\sigma\sqrt{T}}\right] \tag{4.10}$$

（二）KMV 模型相关参数测算

根据上文 KMV 模型的构建思路，本章测算我国地方政府隐性债务风险的研究步骤如下：首先，考虑到我国 1994 年实行分税制度，所以利用 1994~

2021 年全国 31 个省份的地区生产总值和公共财政收入预测未来三年（2022 ~ 2024 年）的公共财政收入，并根据可偿债收入计算出增长率 g 和波动率 σ；其次，根据历史各省份地方政府债务（2016 ~ 2021 年）测算出未来三年（2022 ~ 2024 年）到期的债务本息总额；最后，利用 KMV 模型得出全国 31 个省份地方政府 2022 ~ 2024 年地方政府隐性债务的违约距离和预期违约概率。

相关数据主要来自国家统计局、Wind 数据库、中国债券信息网、《中国财政年鉴》及财政部公开发布的数据资料。

1. 预算地方政府可偿债财政收入

除了可动用的偿债资金，地方政府的项目收益也可以用于债务偿还。但是，由于地方政府的隐性债务主要用于公益类项目或弥补财政赤字，项目周期长、回报少。因此，地方政府仅能依靠自身偿债能力来偿还到期隐性债务，而根据获取的数据特征发现，31 个省份的地区生产总值呈现明显的线性上升趋势，而财政收入的时间序列特征不明显，故本章参考李腊生等（2013）的面板回归模型设置，通过财政收入和地区生产总值的关系来对未来三年的地方政府财政收入进行预测，其面板数据模型分为以下三类。

变系数回归模型：

$$y_{it} = \alpha_i + \beta_{1i}x_{1it} + \beta_{2i}x_{2it} + \cdots + \beta_{ki}x_{kit} + \varepsilon_{it}(i = 1, 2, \cdots, N; t = 1, 2, \cdots, T)$$

$$(4.11)$$

变截距回归模型：

$$y_{it} = \alpha_i + \beta_1 x_{1it} + \beta_2 x_{2it} + \cdots + \beta_k x_{kit} + \varepsilon_{it}(i = 1, 2, \cdots, N; t = 1, 2, \cdots, T)$$

$$(4.12)$$

混合回归模型：

$$y_{it} = \alpha + \beta_1 x_{1it} + \beta_2 x_{2it} + \cdots + \beta_k x_{kit} + \varepsilon_{it}(i = 1, 2, \cdots, N; t = 1, 2, \cdots, T)$$

$$(4.13)$$

其中，y 为被解释变量，x 为解释变量，N 为截面个数，T 为任意截面样本的观测时期数，k 为解释变量个数，ε_{it} 为残差项，同时令 S_1、S_2、S_3 分别为式（4.11）、式（4.12）、式（4.13）的残差平方和。

采用下设假设判别检验来对三种面板模型进行选择，首先设立两个原假设：

H_0：模型里解释变量的系数对于任意横截面个体均一样（即回归斜率系数具有齐次性），但其截距项不同，则这类模型为式（4.12）变截距模型。

H_1：如果模型里解释变量的系数和截距项对任意截面个体来说都是一样的，则这类模型为式（4.13）混合回归模型。

在原假设 H_0 和 H_1 下，构造联合检验统计量 F_1 和 F_2 来判别假设的显著性，且 F_1 和 F_2 都服从于特定自由度的 F 分布。

$$F_1 = \frac{(S_1 - S_2)/[(N-1)k]}{S_1/[NT - N(k+1)]} \sim F[(N-1)k, NT - N(K+1)]$$

$$F_2 = \frac{(S_3 - S_1)/[(N-1)(k+1)]}{S_1/[NT - N(k+1)]} \sim F[(N-1)(k+1), NT - N(K+1)]$$

一般情况下，首先考虑对原假设 H_1 进行检验，若统计量 F_2 低于某个显著性水平（比如5%）下的 F 分布的临界值，则原假设 H_1 成立，无须检验 H_0。此时选择式（4.13）混合回归模型来拟合样本。反之，则拒绝 H_1，进而检验 H_0，若统计量 F_1 低于某个显著性水平 F 分布的临界值，则原假设 H_0 成立。此时选择式（4.12）变截距回归模型来拟合样本。反之，则拒绝原假设 H_0，选择式（4.11）变系数回归模型来拟合样本。

本章为了求得 F 统计量来选择具体的面板模型，经观察分析发现，1994～2021 年31 个省份的地区生产总值和公共财政收入数据在取对数后存在一定的线性趋势，故考虑使用双对数模型，以达到最佳的拟合效果。

首先利用式（4.11）、式（4.12）和式（4.13）计算出对应的残差平方和分别为：$S_1 = 6.17$，$S_2 = 23.09$，$S_3 = 92.03$，然后代入进行计算可得 $F_2 = 186.93 > F(60, 806) = 1.34$，拒绝混合回归模型；进而计算得 $F_1 = 73.68 > F(30, 806) = 1.47$，拒绝变截距模型。综上所述，本章判断此模型为变系数模型，之后根据豪斯曼检验结果（见表 4-3），判断选取固定效应模型还是随机效应模型。

表 4 – 3　　　　　　　　　　　　豪斯曼检验结果

原假设	Chi-sq 统计量	P 值	检验结果	模型选择
随机效应模型	49.50	0.0000	拒绝原假设	固定效应模型

表 4 – 3 结果表明，经豪斯曼检验认为，在 1% 的显著性水平上拒绝了随机效应模型的原假设，因此应当使用固定效应模型进行回归分析可得：

$$\ln(FR)_{it} = \alpha_i + \beta_i \ln(GDP)_{it} - 4.665 \qquad (4.14)$$
$$R_t^2 = 0.9836 \quad F = 5949.60$$

其中，$\ln(FR)$ 和 $\ln(GDP)$ 分别是财政收入和地区生产总值的对数，α_i 表示截距参数，β_i 表示斜率参数，具体如表 4 – 4 所示。

表 4 – 4　　　　　　　系数固定效应模型的参数估计结果

地区	截距	斜率	地区	截距	斜率
北京	– 0.5125	1.2351	湖北	– 0.4152	1.1639
天津	0.4885	1.3672	湖南	– 0.3090	1.1769
河北	1.0417	1.3265	广东	– 0.3157	1.1928
山西	0.3014	1.3068	广西	– 0.6083	1.1734
内蒙古	0.5029	1.3281	海南	– 0.2015	1.3043
辽宁	0.6298	1.3228	重庆	0.8373	1.3420
吉林	0.3232	1.2983	四川	0.0324	1.2265
黑龙江	0.1359	1.2617	贵州	– 0.8529	1.1857
上海	– 0.0621	1.2857	云南	– 1.6018	1.0840
江苏	1.1719	1.3169	西藏	– 0.2787	1.2963
浙江	1.5913	1.3773	陕西	– 0.4563	1.1945
安徽	0.1874	1.2424	甘肃	– 0.2695	1.2361
福建	– 1.5369	1.0595	青海	– 0.3417	1.2720
江西	– 0.6399	1.1755	宁夏	– 0.5800	1.2462
山东	1.0394	1.3057	新疆	0.5007	1.3293
河南	0.1248	1.2054			

由式（4.14）可得 $R^2 = 0.9836$，$F = 5949.60$，模型整体表现十分显著，拟合度较好。通过观察模型可知，要预测财政收入，首先要推测出未来三年的地区 GDP，而二次指数平滑法对线性模型的拟合效果较好，适用于较短时间的经济预测。所以，本章利用二次指数平滑法来预测未来三年的地区 GDP，并根据上文所得模型测算出 2022～2024 年的财政收入，测算结果如表 4 - 5 所示。

表 4 - 5　　　　2022～2024 年我国各省份 GDP 和财政收入预测值　　单位：亿元

地区	GDP			财政收入		
	2022 年	2023 年	2024 年	2022 年	2023 年	2024 年
北京	43888.814	47542.355	51195.991	8515.949	9399.935	10300.050
天津	17058.368	18437.493	19816.599	3528.899	3924.650	4331.431
河北	44141.428	47922.209	51703.001	4818.037	5372.962	5942.380
山西	26574.830	30597.782	34620.796	4215.868	5068.618	5956.557
内蒙古	23159.647	25835.019	28510.403	3566.797	4124.138	4700.770
辽宁	29710.707	31858.974	34007.295	4141.298	4541.955	4951.434
吉林	14122.764	15014.745	15906.609	1664.808	1802.576	1942.808
黑龙江	15911.175	16953.601	17996.000	1644.955	1782.072	1921.414
上海	46845.731	50506.935	54168.107	10137.610	11167.440	12218.830
江苏	128086.530	139899.664	151712.892	15524.140	17436.620	19401.030
浙江	81093.793	88733.014	96372.203	11064.760	12525.380	14034.280
安徽	47174.574	51423.168	55671.794	5001.663	5567.284	6144.358
福建	53303.372	57830.549	62357.610	4460.154	4862.485	5266.697
江西	32939.745	36285.129	39630.505	3650.653	4090.268	4537.063
山东	91833.864	100649.080	109464.296	10061.740	11340.940	12654.880
河南	62800.289	66747.211	70694.102	5048.344	5433.223	5822.807
湖北	55314.674	60698.788	66082.898	4724.950	5264.394	5811.748
湖南	50062.625	54087.296	58111.999	4354.522	4769.392	5189.764
广东	135724.914	147170.770	158616.694	17109.190	18843.890	20604.840

续表

地区	GDP			财政收入		
	2022 年	2023 年	2024 年	2022 年	2023 年	2024 年
广西	27036.233	29347.358	31658.591	2744.811	3022.133	3303.272
海南	7254.987	8041.167	8827.393	1249.757	1429.243	1614.157
重庆	30478.917	33076.939	35674.908	4244.027	4736.455	5242.301
四川	58603.336	63384.833	68166.306	6422.016	7070.494	7730.156
贵州	21196.496	22812.199	24427.900	2978.155	3249.187	3523.810
云南	29516.420	31896.573	34276.794	3274.067	3561.211	3850.163
西藏	2261.700	2443.023	2624.305	277.510	306.683	336.505
陕西	32925.979	36083.218	39240.404	3700.451	4128.147	4563.194
甘肃	11317.481	12400.981	13484.496	1264.064	1415.305	1569.701
青海	3633.835	3923.415	4213.003	447.779	493.655	540.461
宁夏	5017.902	5516.997	6016.099	687.650	773.904	862.103
新疆	17791.656	19618.069	21444.494	2548.291	2901.776	3266.279

上文根据面板数据模型对各省份的财政收入进行了预测，但是预测的公共财政收入不等于可偿债的财政收入。通常政府的财政支出可分为强制性支出和自主性支出，强制性支出即刚性支出，通常会用于地区的公共安全、社保医疗、农业、教育、科技等方面，是必须确保、无法更改的刚性支出。所以在政府的财政收入中需要扣除这部分支出。

首先，本章借鉴洪源等（2018）的基础研究成果，分别根据流量与存量两个维度分析和估算偿债能力。一方面，从流量维度来分析，国务院文件①明确规定地方政府需要把地方政府债务收支纳入预算。其中，一般债务收支纳入一般公共预算，而专项债务纳入政府性基金预算管理。相应地，一般（专项）债务应该由一般财政收入（政府性基金收入和专项收入）进行偿还。2018 年我国地方政府性基金预算收入规模约 7 万亿元人民币。同年，

---

① 《国务院关于加强地方政府性债务管理的意见（国发 43 号文）》。

地方政府一般公共预算收入与地方政府性基金收入的比值约 1.4∶1，由此可见，地方政府性基金预算收入是地方财政的重要补充来源。但是，政府性基金预算收入中的专项债只能用于专项项目，其用途固定，因此本章地方政府性基金收入统计口径中扣除了专项债收入。同时，地方政府经营性收入大部分用于国有企业正常经营，因此本章对地方政府经营性收入也不做考虑。综上所述，从流量角度来看，地方政府只有一般公共财政收入、政府性基金和专项收入可以用于偿还地方政府隐性债务，因此，本章结合财政部统计口径及数据的可及性等因素，采用地方政府综合财力这一指标，衡量每年各省份的财政收入。另一方面，从存量维度分析，预算约束硬化使得地方政府对"中央兜底"的幻觉破灭，地方政府仅能够借助处置其拥有的资产来偿还债务。但是，这种国有资产因为性能等原因无法全部用于偿还地方政府隐性债务。具体来看，我国地方国有资产分为三类，经营性、非经营性及资源性国有资产。而非经营性国有资产不直接参加或服务于生产经营，资源性国有资产只允许转让开发，不能够出售，因此地方政府所拥有的国有资产中只有经营性国有资产能够用于地方政府隐性债务偿还，称为可流动性国有资产变现收入。

与此同时，地方政府财政收入为了保证区域经济正常发展、社会民生稳定及政府职能完善，必须有一部分用于公共基础设施（区域经济）建设发展、科教文卫等刚性财政支出。这部分的刚性支出占比较大，而每年的财政收入除去这一部分之后，剩下的部分才可以用于地方政府隐性债务的偿还，也是可偿债收入的最大限额。表 4-6 和图 4-5 描绘了 2021 年我国地方政府财政收入用于的一些必需支出项目。可知，2021 年的财政收入总额为202539 亿元，其中，公共服务支出、公共安全支出、科学技术支出、教育支出、社会保障和就业支出、卫生健康支出及城乡社区支出共七大板块的财政支出分别为 19880 亿元、13781 亿元、9677 亿元、37621 亿元、33867 亿元、19205 亿元和 19450 亿元。根据计算可知，2021 年全国七大板块的主要财政支出大概占财政收入的 75%，但政府的综合财力构成除了财政收入，还有政府性基金收入和国有资产收入，在 2021 年分别为 98024 亿元和 5180亿元，均可以用于政府在资不抵债时进行偿还，故以政府综合财力代替财政收入来计算得出刚性支出大概占综合财力的 51.2%（计算过程中本应将政府性基金预算和国有资产收入一并纳入政府的综合收入构成中，但是由于其预测性不明显，故无法对未来三年各省份的该指标进行预测，只能纳入综合考量范围）。

其次，考虑到地方政府偿还隐性债务的压力较显性债务要大，且偿还方式有所不同（比如政府在偿还债务的过程中，除了动用公共财政收入，可能还有当年所获取的政府性基金收入、国有资产收入和上级补助收入等。此外，对于财政资金特别紧缺的地区，地方政府也会利用隐性债务对应的项目结转资金、经营收入进行偿还或是通过借新还旧、展期的方式来偿还债务），同时也参考洪源和胡争荣（2018）的界定及其测算方法，基于审慎性的原则，最后将政府的可偿债财政收入定为财政收入的 50%。

表 4－6　　　　　2021 年全国财政收入及主要财政支出情况　　　　单位：亿元

财政收入	公共服务支出	公共安全支出	科学技术支出	教育支出	社会保障和就业支出	卫生健康支出	城乡社区支出
202539	19880	13781	9677	37621	33867	19205	19450

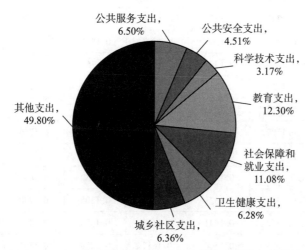

图 4－5　2021 年我国主要财政支出占综合财政收入的比值

资料来源：中华人民共和国财政部网站。

2. 测算可偿债财政收入增长率和波动率

未来各地区可偿债的财政收入规模不仅受到波动率的影响，还受到其增长率的影响。因此将 31 个省份的可偿债财政收入代入式（4.7）和式（4.8），利用 Matlab 软件计算出不同省份的地方政府可偿债收入增长率 g 和波动率 σ，计算结果见表 4 - 7。结果显示，2022～2024 年全国 31 个省份的增长率 g 和波动率 σ 均保持在 10% 以上，说明未来三年全国省份基本上都能实现在波动中逐渐增长。其中，西藏的波动率在三年中均高达 25%，究其原因可能是西藏在 2014～2017 年获取的转移性收入较多，平均可达 1311.5125 亿元，而其余地区的转移性收入没有或很少。

表 4 - 7　　　　2022～2024 年各省可偿债收入增长率 g 和波动率 δ

地区	2022 年		2023 年		2024 年	
	g	σ	g	σ	g	σ
北京	0.1641	0.1384	0.1665	0.1398	0.1688	0.1414
天津	0.1673	0.1752	0.1653	0.1727	0.1631	0.1704
河北	0.1463	0.1106	0.1450	0.1094	0.1437	0.1084
山西	0.1688	0.1615	0.1694	0.1595	0.1693	0.1575
内蒙古	0.1772	0.1637	0.1762	0.1615	0.1748	0.1595
辽宁	0.1304	0.1600	0.1292	0.1576	0.1278	0.1553
吉林	0.1339	0.1385	0.1321	0.1367	0.1303	0.1350
黑龙江	0.1129	0.1178	0.1118	0.1160	0.1106	0.1144
上海	0.1523	0.1214	0.1505	0.1202	0.1486	0.1190
江苏	0.1799	0.1474	0.1778	0.1458	0.1756	0.1444
浙江	0.1793	0.1357	0.1775	0.1343	0.1755	0.1331
安徽	0.1720	0.1467	0.1700	0.1452	0.1677	0.1438
福建	0.1300	0.1321	0.1286	0.1305	0.1270	0.1291
江西	0.1432	0.1441	0.1422	0.1423	0.1411	0.1406
山东	0.1626	0.1304	0.1612	0.1289	0.1596	0.1275
河南	0.1493	0.1161	0.1468	0.1153	0.1443	0.1145

地区	2022 年		2023 年		2024 年	
	g	σ	g	σ	g	σ
湖北	0.1590	0.1563	0.1574	0.1543	0.1556	0.1525
湖南	0.1473	0.1188	0.1454	0.1177	0.1435	0.1168
广东	0.1510	0.1131	0.1492	0.1121	0.1473	0.1112
广西	0.1428	0.1233	0.1413	0.1220	0.1397	0.1208
海南	0.1439	0.1237	0.1437	0.1225	0.1431	0.1213
重庆	0.2001	0.1992	0.1972	0.1967	0.1942	0.1945
四川	0.1565	0.1232	0.1545	0.1222	0.1525	0.1213
贵州	0.1721	0.1364	0.1693	0.1356	0.1666	0.1348
云南	0.1416	0.1229	0.1398	0.1217	0.1378	0.1207
西藏	0.1708	0.2607	0.1685	0.2567	0.1661	0.2529
陕西	0.1706	0.1495	0.1686	0.1478	0.1665	0.1462
甘肃	0.1415	0.1162	0.1406	0.1148	0.1394	0.1137
青海	0.1569	0.1301	0.1550	0.1289	0.1530	0.1278
宁夏	0.1750	0.1551	0.1732	0.1533	0.1711	0.1516
新疆	0.1713	0.1486	0.1700	0.1468	0.1684	0.1452

3. 估算地方政府到期应偿还债务本息总和

地方政府应偿还的债务本息总和应该是到期的债务本息总和加上未来将要到期债务的本息总和，计算表达式如下。

$$H_t = R_t \sum MV_t + (1 + R_t) MV_t \qquad (4.15)$$

其中，H_t 为在第 t 年时地方政府应偿还的债务本息和，MV_t 为到期的债务额，$\sum MV_t$ 为未到期债务额，R_t 为未到期债务的票面利率，R_t 为到期债务的票面利率。

地方政府债务包括显性债务和隐性债务。关于显性债务的测算，本章采用了地方政府债务余额作为统计口径。地方政府债务余额包含了地方政府公开发行的一般（专项）债务和未到期的债务，所以统计的债务余额不用在后一年全部偿还，即前一年的债务余额是后一年的债务总额，而本章测算的是隐性债务风险，由于分税制改革之后，长期的财权与事权不匹配导致地方政府处于财政收支失衡的状态。本章将地方政府违法举债、城投债及 PPP 项目中的"明股实债"都纳入地方政府隐性债务风险的测算中。同时，参考以往文献，一年到期的地方政府债务比例大致是 15%。其中，2014 年修正的《预算法》在 2015 年 1 月 1 日起施行，故根据各省份 2016~2021 年地方债的发债规模，使用二次指数平滑法拟合出 2022~2024 年的地方政府发债规模数据，城投债的预测方式类似，且根据历年地方政府审计报告，地方政府具有担保义务的 PPP 项目比例大概有 14%。

关于票面利率，经观察发现近几年我国发行的地方债票面利率大部分小于 4.75%，而城投债票面利率大部分小于 10.5%，同时假设未到期的票面利率 R_t 等于到期的票面利率 R_t，根据审慎性的原则，最终将 4.5% 作为平均利率，从而得出各省份应偿的隐性债务规模公式如下：

$$H_t = 4.5\% \times \mathrm{imp\_H}_t \times 85\% + (1 + 4.5\%) \times \mathrm{imp\_H}_t \times 15\% \quad (4.16)$$

其中，$\mathrm{imp\_H}_t$ 为隐性债务总额，等于地方债 + 城投债 + PPP × 14%，测算结果如表 4−8 所示。

表 4−8 　　　　　　2022~2024 年各地区到期隐性债务规模　　　　单位：亿元

地区	2022 年	2023 年	2024 年	地区	2022 年	2023 年	2024 年
北京	2113.90	2332.99	2560.32	湖北	3185.43	3593.08	4028.72
天津	1940.99	2127.13	2286.60	湖南	3576.68	3953.11	4354.38
河北	2571.79	2901.45	3248.64	广东	4289.07	4881.24	5567.80
山西	1217.86	1384.36	1554.58	广西	1936.90	2168.11	2402.50
内蒙古	1539.84	1668.69	1780.73	海南	530.89	593.93	658.19
辽宁	1805.44	1948.60	2055.99	重庆	2454.92	2741.96	3071.64
吉林	1291.63	1443.02	1599.76	四川	4270.06	4798.25	5376.01
黑龙江	1137.30	1261.92	1389.98	贵州	2790.57	3011.01	3220.32

地区	2022 年	2023 年	2024 年	地区	2022 年	2023 年	2024 年
上海	1552.46	1706.67	1863.93	云南	2472.80	2714.36	2949.75
江苏	7710.52	8581.95	9533.89	西藏	111.68	134.67	159.17
浙江	5807.21	6608.86	7540.54	陕西	1997.85	2199.20	2415.87
安徽	2780.40	3131.40	3507.88	甘肃	965.39	1076.46	1193.95
福建	2352.93	2602.31	2877.93	青海	509.96	564.58	620.54
江西	2476.71	2833.12	3230.54	宁夏	355.32	387.08	413.16
山东	4984.11	5641.83	6375.93	新疆	1609.07	1796.31	1998.35
河南	2999.77	3355.78	3750.86				

4. 测算违约距离和预期违约率

假设预期违约率的时间 T 等于 1，并利用上文测算得到的 g、σ、R_t、H_t 等参数，代入式（4.9）和式（4.10）中，计算得出未来三年地方政府隐性债务的违约距离（DD）和预期违约率（EDF），如表 4-9 所示。其中，违约距离的数值越大，表明地方政府发生违约的概率越大。

表 4-9　　2022~2024 年各省份地方政府隐性债务的违约距离和预期违约率

地区	2022 年		2023 年		2024 年	
	违约距离（DD）	预期违约率（EDF）（%）	违约距离（DD）	预期违约率（EDF）（%）	违约距离（DD）	预期违约率（EDF）（%）
北京	6.18	0.00	6.13	0.00	6.07	0.00
天津	0.32	37.34	0.40	34.32	0.55	29.00
河北	0.68	24.95	0.57	28.51	0.45	32.72
山西	4.36	0.00	4.77	0.00	5.12	0.00
内蒙古	1.90	2.89	2.32	1.01	2.76	0.29
辽宁	1.59	5.57	1.71	4.34	1.94	2.61
吉林	-2.27	98.85	-2.55	99.45	-2.80	99.74

续表

地区	2022 年		2023 年		2024 年	
	违约距离（DD）	预期违约率（EDF）（%）	违约距离（DD）	预期违约率（EDF）（%）	违约距离（DD）	预期违约率（EDF）（%）
黑龙江	-1.85	96.80	-2.09	98.19	-2.32	98.98
上海	10.94	0.00	11.06	0.00	11.16	0.00
江苏	1.19	11.67	1.25	10.48	1.26	10.31
浙江	0.90	18.52	0.85	19.67	0.71	23.84
安徽	0.38	35.30	0.29	38.70	0.17	43.16
福建	0.51	30.44	0.40	34.51	0.23	40.85
江西	-1.20	88.43	-1.36	91.34	-1.58	94.31
山东	1.25	10.52	1.23	11.02	1.13	12.97
河南	-0.26	60.23	-0.62	73.15	-1.01	84.35
湖北	-0.97	83.47	-1.07	85.86	-1.20	88.47
湖南	-3.00	99.86	-3.12	99.91	-3.26	99.94
广东	7.39	0.00	7.14	0.00	6.80	0.00
广西	-1.70	95.52	-1.86	96.87	-2.01	97.76
海南	2.42	0.78	2.62	0.44	2.80	0.26
重庆	0.17	43.12	0.16	43.68	0.09	46.58
四川	-1.11	86.55	-1.30	90.25	-1.52	93.61
贵州	-3.41	99.97	-3.37	99.96	-3.30	99.95
云南	-2.27	98.83	-2.38	99.13	-2.45	99.29
西藏	1.36	8.73	1.03	15.06	0.75	22.67
陕西	0.55	29.01	0.64	26.17	0.67	25.00
甘肃	-2.49	99.36	-2.49	99.35	-2.52	99.42
青海	-5.19	100.00	-5.28	100.00	-5.37	100.00
宁夏	0.84	20.09	1.05	14.66	1.33	9.13
新疆	-0.49	68.88	-0.37	64.44	-0.30	61.90

从表 4 - 9 可以看出，2022 ~ 2024 年我国地方政府隐性债务风险总体偏高，大部分地区都存在较高的违约风险，完全不存在违约风险的地区只有四个，分别为北京、山西、上海、广东。这几个地区大多经济发展水平很高，自身的财力充足，所以抵御隐性债务风险的能力较强。

处于 0 ~ 20% 低预期违约率区间的地区有内蒙古、辽宁、江苏、浙江、山东、海南、西藏七个省份。在未来三年里，内蒙古、辽宁、江苏、海南四个省份的预期违约率都在逐渐减小，而浙江、山东、西藏三个省份的预期违约率正在逐渐增大。隐性债务的违约风险不断增加，表明这些地区需要进一步提高风险防范意识，不断督促地方政府进行合理的债务管控，完善防范化解隐性债务风险的长效机制。

处于 60% ~ 100% 高预期违约率水平区间的有十三个省份，且其中大部分省份的地方政府隐性债务都居于十分警戒的位置。吉林、黑龙江、湖南、贵州、云南、甘肃、青海这七个省份在未来三年更是达到了将近每年 100% 的违约概率，这些省份大多属于自身经济不发达且财政收入较少的中西部地区，在不考虑中央转移支付、税收返还和其他收入的情况下，政府的可偿债财力可能无法承担未来几年庞大的隐性债务规模，债务可持续性很差。对于这些财政收支形势较为严峻且无新增地方债发行指标的欠发达地区，地方政府很可能因为财政收入缺口过大而铤而走险，产生违法违规举债的行为，所以针对这些地区应当进一步加强债务管理监督。以上分析表明，我国大部分地区的债务结构呈现出显著不合理的现象，地方政府的隐性债务情况不容乐观，尤其是后续在偿债压力下所引起的财政金融风险更是要引起重视，严格控制地方政府债务边界。

综上所述，分析全国地方政府隐性债务风险可以知道：中东部地区因为经济发展水平高，财政基础较好。虽然东部省份的隐性债务规模水平比中西部地区高，但是地方政府偿债能力较强，因此地方政府隐性债务风险较低；然而，反观西部地区和部分中部地区经济发展还比较落后，地方财政基础薄弱。虽然隐性债务规模不及东部地区，但是仅仅依靠地方政府一般财政收入也难以偿还地方政府隐性债务，因此未来部分地区存在较高的地方政府隐性债务风险。我国地方政府隐性债务风险西部最高，中部次之，东部最小。从全国范围内看，地方政府隐性债务将继续保持债务规模适中、债务风险整体可控的局面。

二、风险预警指标的选取

上文的分析让我们对未来三年的地方政府隐性债务风险情况有了大致了解，但是为了从财政金融风险叠加的视角来准确反映隐性债务的整体风险，并针对综合风险程度，提出对应的防范化解路径，所以需要建立一套科学严谨的预警体系，该体系应以综合风险的预测和化解为目标，且体系中应包括数据收集、风险识别、风险判断、风险检测等环节。常用的综合预警分析方法主要包括 Z 分数模型、模糊综合评价法、二叉树模型、人工神经网络评价法和 TOPSIS 法等研究方法。Z 分数模型对数据的要求较高，且计算繁杂，各个变量的判别系数难以确定，因此其合理性有待商榷；模糊综合评价法的关键点是各个指标的权重赋予问题，经常是采用专家评价法进行打分确定，具有较强的主观性，所以分析结果波动较大，不够稳定；二叉树模型使用的数据量很大，且不能解决各指标间的相关性问题，也不适合进行债务风险研究；人工神经网络评价法也要借助大量的参数样本，但是其精度不高，应用范围有限，且算法也较为复杂；而 TOPSIS 法能够充分利用数据的原始信息，对其样本量和参数分布均无严格假设，且计算简便，不仅能避免数据的主观性，还能精准反映各评价方案的好坏差距，适合进行综合隐性债务的风险分析。综上考虑，本章选择 TOPSIS 法建立预警模型。

建立风险预警模型的前提是要选取合适的预警指标，本章的综合债务风险是指在财政金融风险叠加视角下的隐性债务风险，该风险囊括了财政风险、金融风险和隐性债务风险三种风险，是众多因素联合形成的风险。所以，指标的选取应当来自这三个方向（见表 4 – 10）。风险指标的选择既要遵循代表性的原则，能够清楚稳定地反映问题，不随意波动影响判断；又要遵循综合性的原则，能够尽可能全面地反映风险的各个因素，且充分呈现出其灵敏性和警戒性。

表4-10　　财政金融风险叠加视角下的地方政府隐性债务风险预警指标体系

综合隐性债务风险	风险层级	风险指标	指标与风险间的正反向关系
财政金融风险叠加视角下的地方政府隐性债务风险	财政风险	财政赤字率	正向
		财政自给率	反向
	金融风险	不良贷款率	正向
		保险深度	反向
	隐性债务风险	负债率	正向
		预期违约率	正向

（一）隐性债务风险

本章主要选取相对量形式的指标来衡量三类风险。在衡量地方政府隐性债务风险时，首先要明确当前地方政府的债务规模和财政规模的具体情况，许多学者利用两者规模绝对值的大小比较来衡量债务风险，认为若债务规模大于财政规模，则地方政府缺少还本付息的资金规模，进而会产生违约的风险，若债务规模小于财政规模，则基本没有违约风险。但是，这样单纯比较过于简单，且无法精确地量化政府产生违约风险的概率。地方政府的债务总体情况时刻影响着地方政府债务风险。但是一些学者仅用地方政府债务规模来衡量债务风险，简单地认为债务规模低代表着没有债务风险。但是，从我国地方政府隐性债务风险来看，虽然西部地区债务规模水平低，但是其债务违约风险反而更高。因此，本章认为简单用债务规模水平这种绝对指标衡量并量化地方政府隐性债务风险是不妥当的，风险水平更多的是反映了债务规模和财力之间的关系，选用预期违约率、债务率等相对指标来反映其债务规模的相对水平会更好。因此，本章利用上文 KMV 模型计算出的预期违约率（EDF）来对其进行衡量，预期违约率的值越大，代表隐性债务风险的程度也越大，同时也加入负债率这个相对指标，即当年地方政府债务余额与地区GDP 的比值，该指标可以消除以往不同省份因经济发展不同而无法比较债务余额的绝对值问题。一般而言，越发达的地区经济总量越大，承受的债务规模也越大，但都是在政府财政可负担的范围之内。该指标是目前的国际通用指标，数值越大，代表债务相对负担越重，风险越高，能够进一步反映债务规模的相对水平。

（二）财政风险

地方政府的财政状况是地方政府偿还债务能力的重要表现。简单来说，地方政府收入稳定且除去刚性支出外的地方财政收入足够偿还债务（财政收入不稳定且除去刚性支出外的地方财政收入不够偿还债务）时，会认为该政府偿还债务能力较强（弱）。根据财政风险的内涵和形成机理可知，地方政府的财政状况代表了政府的债务偿还能力，是衡量财政风险的重要依据。本章选用财政赤字率和财政自给率作为财政风险的代理指标，其中财政赤字率是政府的财政赤字额与地区 GDP 的比值，该指标是衡量财政风险的一个重要指标，财政赤字率越高，代表财政风险越大，高额的财政赤字率会显著加重债务负担，如果未来财政收支没有明显改善，随着赤字的增长，不仅会对地区经济增长产生严重影响，还会让政府财政陷入"赤字—借债—赤字"的无底洞，从而进一步增加债务违约风险。财政自给率是指地方政府财政一般预算内收入与财政一般预算内支出的比值，该指标能反映出政府财政收入与财政支出的相对变动性，通常该数值越大，代表财政风险越低，地方经济发展越健康，不容易陷入债务危机。

（三）金融风险

地区金融机构会将其金融资源合理地分配给地方政府融资和公司贷款，所以其收益水平和经营状况与金融风险密切相关。本章选取不良贷款率和保费深度作为金融风险的代理指标，其中不良贷款率是指金融机构不良贷款占总贷款的比例，不良贷款率的增加对银行等金融机构的影响主要有两方面。一方面，不良贷款数额的增长说明当前企业或者个人的偿贷能力较弱，容易产生逾期或者资不抵贷的情况，导致金融机构的利润减少，盈利能力下降，从而进一步降低金融机构放贷的可能性，使得本地企业更加难以获得贷款，金融风险随之上升；另一方面，不良贷款率的上升会损害金融机构的社会信用和声誉，引起公众的业务需求转移和客户流失，严重的情况下可能还会导致金融机构破产，很大程度上增加了金融风险。保险深度指的是保费收入总和与地区 GDP 的比值，反映了该地区保险行业在整个经济中的重要作用。保险不仅能够提供民生保障，帮助居民和企业进行风险管理，还是政府改进公共服务、加强社会治理的有效工具，尤其是在新冠疫情的影响之下，支撑现代保险服务业的发展是完善金融体系的重要力量，能够有效促进经济提质增效。所以保险深度的数值越大，代表地区的保障越全面，资金配置效率越高，不容易发生系统性和区域性的金融风险。

三、风险指标权重的确定

本章采用比较科学和客观的熵值法对各类风险指标进行赋权。熵的概念源于统计物理与热力学，在信息系统中，信息熵是信息无序程度的量度。熵值法是基于信息熵的一种信息管理方法，熵值运用到数据分析中，意味着数据所含信息的离散程度越高，其效用值越大，信息熵越小；反之，信息离散程度越低，其效用值越小，信息熵越大。该方法根据计算的熵值来判断各个指标的离散程度，离散程度越大的指标对综合评价的影响（即权重）也就越大，对于基本没有变化的指标来说，其权重接近于零。熵值法的具体计算步骤如下。

第一步，将获得的各个风险指标进行无量纲标准化处理，数据标准化选择极值法进行处理。假设评价模型中有 n 个指标（A_1，A_2，…，A_n），m 个被评价的对象（X_1，X_2，…，X_m），评价对象 X_i 在评价指标 A_j 下的取值为 x_{ij}，这些原始数据构成了矩阵 $X = (x_{ij})_{m \times n}$，因为不同指标数据存在正负方向差异，所以需要对其进行标准化，标准化后的取值为 std_{ij}，则有：

$$X = \begin{bmatrix} X_{11} & X_{12} & \cdots & X_{1n} \\ X_{21} & X_{22} & \cdots & X_{2n} \\ \cdots & \cdots & \cdots & \cdots \\ X_{m1} & X_{m2} & \cdots & X_{mn} \end{bmatrix}, \quad std_{ij} = \frac{[x_{ij} - \min(x_{ij})]}{\max(x_{ij}) - \min(x_{ij})} \quad (4.17)$$

第二步，将标准化的各个指标再进行归一化，计算在评价指标 A_j 下第 i

个指标值 std_{ij} 的相对比重 p_{ij}，公式如下：

$$P = \begin{bmatrix} P_{11} & P_{12} & \cdots & P_{1n} \\ P_{21} & P_{22} & \cdots & P_{2n} \\ \cdots & \cdots & \cdots & \cdots \\ P_{m1} & P_{m2} & \cdots & P_{mn} \end{bmatrix}, \quad p_{ij} = \frac{std_{ij}}{\sum std_{ij}} \qquad (4.18)$$

第三步，计算出第 j 项指标的熵值 e_j 和差异性系数 g_j：

$$e_j = -k \sum p_{ij} \ln p_{ij}, \text{ 其中 } k = \frac{1}{\ln m} \qquad (4.19)$$

$$g_j = 1 - e_j \qquad (4.20)$$

第四步，测算出每个指标的权重 w_j：

$$w_j = \frac{g_j}{\sum g_j} \qquad (4.21)$$

根据上述熵值法计算步骤，采用 Stata16 软件对我国 31 个省份 6 个风险指标进行赋权测算，风险指标原始样本数据（此处由于篇幅限制，仅呈现出 2022 年一年的样本数据）和各项风险指标权重分别如表 4-11 和表 4-12 所示。

表 4-11　　　　　　　　风险指标原始样本数据（2022 年）　　　　　　单位：%

地区	财政风险		金融风险		隐性债务风险	
	财政赤字率	财政自给率	不良贷款率	保险深度	负债率	EDF
北京	2.88	82.61	0.42	4.97	22.78	0.00
天津	6.12	66.31	3.04	4.34	52.87	37.34
河北	11.33	46.72	2.79	5.70	33.93	24.95
山西	8.83	56.19	2.54	4.22	23.27	0.00
内蒙古	12.74	45.44	4.14	4.26	42.18	2.89
辽宁	11.13	46.05	6.46	3.52	36.75	5.57
吉林	18.56	29.95	3.89	6.14	49.76	98.85
黑龙江	25.14	24.53	3.32	8.07	45.74	96.80
上海	1.30	92.92	0.92	3.49	17.27	0.00

续表

地区	财政风险		金融风险		隐性债务风险	
	财政赤字率	财政自给率	不良贷款率	保险深度	负债率	EDF
江苏	4.00	67.01	0.87	3.72	16.34	11.67
浙江	3.64	74.87	0.54	3.47	23.93	18.52
安徽	9.10	45.94	2.06	3.86	27.77	35.30
福建	3.51	65.22	0.99	2.18	21.20	30.44
江西	12.88	40.90	2.26	3.25	31.38	88.43
山东	5.17	61.35	3.72	4.00	24.56	10.52
河南	10.14	41.74	3.83	5.53	22.44	60.23
湖北	9.15	38.80	1.21	4.02	24.31	83.47
湖南	10.76	38.43	1.55	3.81	30.28	99.86
广东	3.15	77.53	1.08	3.63	17.04	0.00
广西	15.67	30.19	2.52	3.44	35.21	95.52
海南	15.60	46.20	1.87	3.78	46.06	0.78
重庆	8.79	46.11	1.24	3.86	31.87	43.12
四川	11.62	42.52	2.23	4.62	29.19	86.55
贵州	17.70	35.28	1.27	3.19	61.21	99.97
云南	15.37	34.27	1.75	3.22	41.44	98.83
西藏	83.36	10.37	1.89	2.36	26.28	8.73
陕西	10.45	45.89	1.29	4.39	28.94	29.01
甘肃	27.83	24.87	9.74	5.09	48.98	99.36
青海	44.09	17.85	3.26	3.48	85.58	100.00
宁夏	19.66	32.25	5.17	5.52	41.86	20.09
新疆	21.69	29.91	1.79	4.69	48.73	68.88

表 4－12　　　　　　　　各项风险指标权重　　　　　　　单位：%

风险指标	财政赤字率	财政自给率	不良贷款率	保险深度	负债率	预期违约率
权重	25.44	6.12	19.39	3.66	18.19	27.21

从表 4 – 12 可以看到，财政赤字率、不良贷款率和预期违约率分别是对财政风险、金融风险和隐性债务风险贡献最大的指标，权重分别为 25.44%、19.39% 和 27.21%，然后才是财政自给率、保险深度和负债率。根据熵值法的原理，对于不同评价对象之间差异较大的指标会赋予更大的权重，巨大的差异度能够更好地区分出风险的相对水平，可以看出权重较大的三个指标波动起伏较大，更容易成为风险判断的核心指标。

四、综合风险评价指数的测算

在使用熵值法确定了各个风险指标的权重之后，本章采用 TOPSIS 法融合三类风险指标，构建出财政金融风险叠加视角下的隐性债务风险指标。TOPSIS 法对样本量和样本数据的分布没有严格要求，特别适合目前我国地方政府隐性债务数据较难收集的特征，其计算步骤如下。

第一步，利用熵权法计算出的各项指标权重 w_{ij} 构建加权的规范化决策矩阵 R：

$$R_{tij} = p_{ij}w_{ij}, \quad i = 1, 2, \cdots, m, \quad j = 1, 2, \cdots, n \qquad (4.22)$$

第二步，确定正理想解和负理想解，此处由于数据分为效益型和成本型两类，故按照正反相关的表达方式来确定理想解。

效益型数据：

$$a_j = \max(R_{tij}), \quad i = 1, 2, \cdots, m \qquad (4.23)$$
$$b_j = \min(R_{tij}), \quad i = 1, 2, \cdots, m$$

成本型数据：

$$a_j = \min(R_{tij}), \quad i = 1, 2, \cdots, m \qquad (4.24)$$
$$b_j = \max(R_{tij}), \quad i = 1, 2, \cdots, m$$

其中，a_j 和 b_j 分别为正理想解和负理想解。

第三步，利用欧几里得距离公式，分别计算各评价对象到正理想解 S^+ 的距离 d_i^+ 和负理想解 S^- 的距离 d_i^-：

$$d_i^+ = \sqrt{\sum_{j=1}^{n}(R_{tij} - a_j)^2} \qquad (4.25)$$

$$d_i^- = \sqrt{\sum_{j=1}^{n} (R_{tij} - b_j)^2} \tag{4.26}$$

第四步，计算各评价对象的排序指标 k_i 及综合评价指标 E_i：

$$k_i = \frac{d_i^+}{d_i^+ + d_i^-} \tag{4.27}$$

$$E_i = k_i \times E \tag{4.28}$$

其中，式（4.28）中的 E 是由不同的常数值构成的，然后确定 E_i 的阈值。但是，其实是对 k_i 进行了大小上的区间划分，并以此对评价对象进行大小排序，评定其优劣性质。要说明的是，当前 TOPSIS 法在债务风险领域的应用场景较小，因此对于区间临界值的研究较为罕见。

一般来说，综合评价指数 E_i 越大，代表该评价对象越好或评价方案越好，反之，则越坏。而对于本章的数据来说，其数值越大，代表债务风险越大，正理想解就代表着高的地方债务风险，所以理想的结果应该尽可能远离其正理想解，故在本章中综合评价指数 E_i 越大代表着综合债务风险越大，该评价对象越劣。由于 TOPSIS 法涉及的循环较多，以及数据的可及性[①]，故根据上述公式使用 Matlab 软件进行测算，以得到每个评价对象到理想值的欧氏距离，排序指标 k_i 的计算结果如表 4 - 13 所示。

表 4 - 13　　　　　　　　　　TOPSIS 计算所得排序指标 k_i

评价对象	2022 年	2023 年	2024 年	平均值
北京	0.06	0.06	0.07	0.06
天津	0.30	0.30	0.29	0.30
河北	0.22	0.24	0.26	0.24
山西	0.13	0.13	0.12	0.13
内蒙古	0.22	0.21	0.21	0.21
辽宁	0.26	0.27	0.28	0.27

---

① 因为数据的可及性，截至本书的研究时间只能查找到 2021 年的相关数据，所以预测地方政府综合风险评价指数为 2022 ~ 2024 年的各地区综合风险评价指数。

续表

评价对象	2022 年	2023 年	2024 年	平均值
吉林	0.53	0.54	0.54	0.54
黑龙江	0.53	0.54	0.54	0.54
上海	0.06	0.07	0.07	0.07
江苏	0.10	0.10	0.10	0.10
浙江	0.13	0.14	0.16	0.14
安徽	0.24	0.26	0.28	0.26
福建	0.19	0.21	0.24	0.21
江西	0.45	0.46	0.47	0.46
山东	0.16	0.17	0.18	0.17
河南	0.36	0.41	0.44	0.40
湖北	0.41	0.42	0.42	0.42
湖南	0.47	0.47	0.47	0.47
广东	0.07	0.07	0.07	0.07
广西	0.48	0.49	0.49	0.49
海南	0.20	0.20	0.20	0.20
重庆	0.27	0.28	0.29	0.28
四川	0.44	0.45	0.46	0.45
贵州	0.52	0.52	0.51	0.52
云南	0.49	0.49	0.49	0.49
西藏	0.44	0.44	0.45	0.44
陕西	0.21	0.20	0.19	0.20
甘肃	0.63	0.63	0.63	0.63
青海	0.66	0.65	0.65	0.65
宁夏	0.29	0.28	0.28	0.28
新疆	0.44	0.42	0.41	0.42

　　首先，本章根据谨慎性的原则，为了让 E_i 的阈值更为接近整数，将 E 设定为 5，再次进行运算，得到表 4 - 12 的各项风险指标权重。然后，根据

各省 3 年综合风险评价指数的平均值，理性界定 E_i 阈值如下：当 E_i 取值为 $E_i \in [0, 1]$、$E_i \in [1, 2]$、$E_i \in [2, +\infty]$ 时，分别对应地区的综合债务风险状态为"绿灯""黄灯""红灯"，最后将表 4－11 进行完善，其分析结果如表 4－14 所示。

表 4－14　　　　　各省 2022～2024 年的综合风险评价指数 E_i

评价对象	2022 年	2023 年	2024 年	平均值	状态
北京	0.29	0.32	0.34	0.32	绿灯
天津	1.51	1.50	1.45	1.49	黄灯
河北	1.11	1.20	1.30	1.20	黄灯
山西	0.64	0.63	0.62	0.63	绿灯
内蒙古	1.09	1.07	1.05	1.07	黄灯
辽宁	1.28	1.34	1.39	1.34	黄灯
吉林	2.66	2.68	2.70	2.68	红灯
黑龙江	2.66	2.69	2.71	2.69	红灯
上海	0.32	0.33	0.34	0.33	绿灯
江苏	0.51	0.49	0.49	0.50	绿灯
浙江	0.66	0.69	0.78	0.71	绿灯
安徽	1.21	1.28	1.38	1.29	黄灯
福建	0.96	1.05	1.18	1.06	黄灯
江西	2.26	2.30	2.34	2.30	红灯
山东	0.81	0.84	0.88	0.84	绿灯
河南	1.78	2.03	2.22	2.01	红灯
湖北	2.06	2.09	2.12	2.09	红灯
湖南	2.34	2.34	2.34	2.34	红灯
广东	0.36	0.36	0.36	0.36	绿灯
广西	2.42	2.44	2.46	2.44	红灯
海南	1.02	1.01	1.01	1.01	黄灯
重庆	1.36	1.38	1.45	1.40	黄灯

评价对象	2022 年	2023 年	2024 年	平均值	状态
四川	2.20	2.25	2.29	2.25	红灯
贵州	2.61	2.59	2.57	2.59	红灯
云南	2.46	2.46	2.45	2.46	红灯
西藏	2.21	2.21	2.24	2.22	红灯
陕西	1.06	0.99	0.95	1.00	绿灯
甘肃	3.13	3.15	3.17	3.15	红灯
青海	3.28	3.26	3.25	3.27	红灯
宁夏	1.47	1.41	1.38	1.42	黄灯
新疆	2.18	2.10	2.06	2.11	红灯

第三节　财政金融风险叠加视角下地方政府隐性债务风险的分析

一、风险单独分析

由表 4 - 14 可知，所预测的未来三年里（2022~2024 年），在 31 个省份中处于"红灯"状态的省份有 14 个，分别是吉林、黑龙江、江西、河南、湖北、湖南、广西、四川、贵州、云南、西藏、甘肃、青海、新疆；处于"黄灯"状态的省份有 9 个，分别是天津、河北、内蒙古、辽宁、安徽、福建、海南、重庆、宁夏；处于"绿灯"状态的省份仅有 8 个，分别是北京、山西、上海、江苏、浙江、山东、广东、陕西，可以看出未来三年内我国整体的财政金融风险和地方政府隐性债务风险情况不容乐观，如何降低财政金融风险叠加视角下的综合隐性债务风险，任重而道远。

从时间趋势上看，有超过一半数量的省份的综合隐性债务风险水平是在逐年上升的，分别是北京、河北、辽宁、吉林、黑龙江、上海、浙江、安徽、福建、江西、山东、河南、湖北、广西、重庆、四川、西藏、甘肃18个省份，仅陕西、青海、宁夏、新疆等少数省份的综合风险评价指数是在略微下降的，还有湖南等一些省份的综合风险评价指数在未来三年保持不变。值得注意的是，福建的综合隐性债务风险水平由2022年的"绿灯"状态转变到了2023年和2024年的"黄灯"状态，综合风险评价指数从0.96上升至1.18，平均值达到了1.06，河南的综合隐性债务风险水平由2022年的"黄灯"状态转变到了2023年和2024年的"红灯"状态，综合风险评价指数从1.78上升至2.22，平均值达到了2.01，可以看到福建和河南的综合隐性债务风险水平上升迅速，严重超出以往区间，导致风险状态层级发生了明显变化，应当在未来密切关注两地整体的风险状态波动情况。经上述分析可知，未来三年内31个省份的综合风险评价指数的波动幅度虽然不大，但是我国综合隐性债务风险水平整体上呈现升高趋势，且不少省份的综合隐性债务风险都处于警戒线附近，随时都有突破当前风险状态层级的危险。这意味着不管是财政风险、金融风险还是隐性债务风险都已经临近爆发危机的边缘，需要地方政府引起重视并尽快采取有效措施来遏制和化解风险。

从横向对比上看，综合隐性债务风险表现出明显的区域及省份差异。东部地区如江苏、浙江、上海等省份均处于风险水平较低的"绿灯"状态，而中西部地区如河北、湖北、湖南等省份大多处于较高风险水平的"黄灯"或"红灯"状态，且自东向西高风险省份逐渐增多，表明其风险状况也呈现出多样化的发展[1]。之所以呈现出这样的情况，可能存在以下三种原因。从债务风险方面来分析第一个原因，东部地区的经济发展环境好、增长潜力大，地方政府偿债能力强，融资压力小，以致隐性债务规模的上涨幅度不大。而且地方政府债务预算监管体系完善，对不规范的举债行为具有较强的约束力，所以东部地区抵御债务风险的能力较强；从财政风险方面来分析第二个原因，东部地区在地方政府财政上存在以下三个方面的优势：一是东部

---

[1] 对于东中西部地区的划分，参照国家统计局标准，东部地区包括北京、天津、河北、上海、江苏、浙江、福建、山东、广东和海南10个省份；中部地区包括山西、安徽、江西、河南、湖北、湖南6个省份；西部地区包括内蒙古、广西、重庆、四川、贵州、云南、西藏、陕西、甘肃、青海、宁夏和新疆12个省份；东北地区包括辽宁、吉林和黑龙江3个省份。

地区的地方财政体制十分规范，不但在财政事权和支出责任的划分上平衡统一，而且对于各项财政预算资金的管理分配科学高效、规范合理；二是东部地区的支柱性产业发展十分完善和多样化，税源流畅广泛、结构稳定，政府面临的财政收支缺口较小，其财政压力不大；三是东部地区整体的财政透明度很高，民众和纪检部门能对各级政府的财政资金使用情况进行合理有效的监督，使得地方政府的财政资金得到有效利用。以上三个方面的优势使得东部地区抵御财政风险的能力较强；从金融风险方面来分析第三个原因，金融风险主要来自政府和企业，中西部地区的地方政府隐性债务增长十分迅速，财政风险持续向金融风险转移，企业产能过剩严重，负债率持续走高，杠杆率上升，导致银行业不良贷款增多、坏账率升高，资金配置扭曲，给整个金融体系的稳定和健康发展造成了很多潜在隐患，扩大了中西部地区的金融风险。相较于中西部地区，正是因为东部地区在抵御财政风险、金融风险和债务风险的能力更强，所以综合隐性债务风险水平也更低。

从风险来源结构上来看，地方政府隐性债务风险和难以控制的财政赤字压力是导致地区综合风险水平居高不下的重要因素。图4-6给出了4个有代表性省份的综合隐性债务风险来源结构，其中北京是在未来三年中都处于"绿灯"状态的低风险省份，陕西是长期处于"黄灯"状态的中风险省份，青海是长期处于"黄灯"状态的高风险省份，河南则是明显地由"绿灯"低风险状态转变为"黄灯"中风险状态的省份，最后在考虑到数据特征的前提下，为了更加直观简洁地分析各地区风险水平，分别选用负债率、财政赤字率和不良贷款率三个指标来代表债务风险、财政风险和金融风险。从图4-6中可以发现，北京的各项指标的初始数值都较低，并且在未来三年仅负债率有略微上升，其整体风险程度变化不大，综合风险主要来源于隐性债务风险。相较于北京，陕西的负债程度更高，但是区别最为明显的指标是财政赤字率，高额的财政赤字使得陕西的财政风险更加严峻，这可能是其综合债务风险水平呈现出"黄灯"状态的主要原因。河南的综合隐性债务风险水平在2022年还处于"绿灯"状态，从2023年开始转向"黄灯"状态，从图中可以看到河南初始的负债率不高，但是具有较高的财政赤字率，在后续由于不良贷款率的逐渐上升，即金融风险水平的增加导致了该省份的综合隐性债务风险进一步恶化，使得整体风险水平呈现上升趋势及风险状态迅速转变。青海作为综合风险评价指数最高的"红灯"状态省份，可以明显地观察到其负债率和财政赤字率一直都持续在较高水平，且债务风险有逐渐上升趋势，而财政风险在后两年有所下降，其中不良贷款率的变化趋势比较稳定，但是与低风险水平的地区相比，其数值也较高，可以看到青海的债务风险、财政风险和金融风险三方面的风险等级都很高，相互叠加形成了十分严重的综合隐性债务风险。

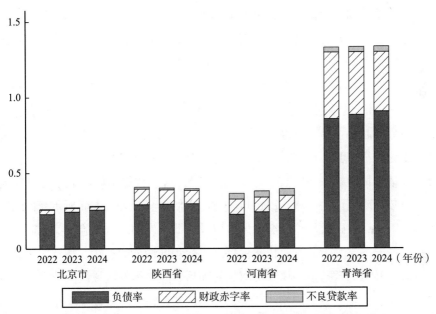

图 4 – 6　2022～2024 年部分省份综合隐性债务风险来源结构分析

二、风险对比分析

我们利用 KMV 模型测算的预期隐性债务违约率与 TOPSIS 法计算的综合风险评价指数，对我国各省份的风险分布进行了深入的分析和判断。结果显示，东部沿海地区的风险程度相对较低，而风险较大的省份则主要集中在中西部地区，特别是在重庆周边呈现出明显的集聚和围绕趋势，并逐渐向西部地区蔓延。在地理空间上，我们可以清晰地观察到，越是远离高风险集聚地，地方政府隐性债务的风险程度就越低。整体来看，接近一半的省份都呈现出风险较大的状态，其风险程度普遍在 0.41~1.00，这充分表明，未来几年我国地方政府隐性债务面临着较大的潜在风险。如果放任地方政府债务违约，可能会迅速引发违约风险的蔓延，对地方财政和金融体系的安全造成强烈的冲击，进而对经济发展产生不利的影响。同时，我们还对各省份TOPSIS 评价值的统计特征分布进行了详细的分析，发现东部沿海地区的综合风险程度普遍较小，而在地理空间上，综合风险程度从东向西逐渐加深，特别是在重庆周边地区呈现出显著的集聚和围绕趋势。此外，东部地区与西部地区的综合风险程度之间存在着明显的分界差异，这进一步揭示了我国地方政府隐性债务风险呈现出不均衡的区域性结构问题。

在财政与金融风险相互叠加的背景下，我们可以清晰地看到，利用KMV 模型测算的预期隐性债务违约率与 TOPSIS 法所得的综合风险评价指数在风险分布趋势上呈现出高度的一致性，均展现出了"东浅西深"的风险梯度变化特征。具体而言，甘肃和青海两省的债务风险形势尤为严峻，其综合隐性债务风险指数均突破了 3.01 的高位，这一数据不仅凸显了这两个省份在财政风险层面的严峻挑战，也映射出它们在金融风险方面所承受的巨大压力。因此，在财政风险、金融风险以及由此引发的综合风险三类风险相互叠加的情况下，甘肃和青海依然保持着风险程度最高的现状。相比之下，东部地区在经历财政与金融风险的双重叠加后，其整体的区域风险分布格局并未发生显著变化。尽管诸如江苏等部分地区的隐性债务规模并不小，但得益于其雄厚的经济基础、稳健的财政状况及发达的金融体系，这些地区对于各类风险的抵御能力相对较强。因此，即便在财政与金融风险双重叠加的情况下，这些地区的综合隐性债务风险水平依然保持在相对较低的状态。

在财政与金融风险相互叠加的复杂背景下，我们观察到了一些有趣且值得深入探讨的现象。特别是，那些原本集聚在重庆周边的一些省份，如四川、贵州、湖北、湖南等，在经历了财政与金融风险的双重叠加后，其风险程度表面上有所减小。但这里需要强调的是，这并不意味着这些地区的综合隐性债务风险水平实际上降低了。实际上，由于 KMV 模型和 TOPSIS 法在计算方法、统计口径等方面存在差异，两者所得出的风险数值并不具备直接的可比性。因此，我们在此仅能进行地区间的横向对比。重庆周边省份风险程度看似由深变浅，其真正原因在于这些地区的财政风险和金融风险水平相对于其他地区而言更低。相反，甘肃和青海等地区由于拥有更高的财政风险和金融风险水平，其风险程度并未发生明显变化。此外，我们还注意到内蒙古、辽宁、西藏等地区的风险程度有所加深，这表明尽管这些地区的隐性债务风险水平不高，但它们面临的财政风险和金融风险却相对较大，从而导致其综合隐性债务风险相较于其他风险程度较小的地区有所上升。另外，除了重庆周边的省份外，黑龙江和云南等地区的风险程度也有所变浅。这说明尽管这些地区的隐性债务风险较为严峻，但它们所面临的财政风险和金融风险程度并不高。对于那些风险程度加深的地区，我们必须保持高度警惕，因为这些地区的综合隐性债务风险已经临近爆发的边缘，迫切需要采取有效措施来防范和化解潜在的财政与金融风险。

财政金融风险叠加视角下地方
政府隐性债务影响因素的实证分析

通过第四章对地方政府隐性债务的预测与分析，发现财政风险、金融风险及隐性债务风险都已经临近爆发危机的边缘，吉林、黑龙江、江西等14个省份处于"红灯"状态；天津、河北、内蒙古等9个省份处于"黄灯"状态；仅有北京、山西、上海等8个省份处于"绿灯"状态。地方政府应该引起重视并尽快采取有效措施来遏制和化解地方政府隐性债务，分析财政金融风险叠加视角下地方政府隐性债务的影响因素，有助于更加准确地化解地方政府隐性债务。因此，本章节结合第二章中财政金融风险叠加的相关机理分析，以及第三章对我国地方政府隐性债务历史演变过程的回顾，从地方财政压力等财政体制因素、金融资源配置效率等金融环境因素及债务清偿率等债务管理制度因素三个方面，进一步实证研究影响财政金融风险叠加视角下地方政府隐性债务的因素。

第一节　研究假设

通过对地方政府隐性债务风险影响因素相关文献梳理发现，大多学者能够以清晰且有说服力的理论分析进行深入阐述，定量研究方面也有大量比较完善的研究，但所使用的变量因素指标，大多数拘泥于传统的地方政府负债率、地方政府债务率、政府赤字等指标，没有充分考虑到地方政府隐性债务风险的复杂性，所得出的结果是否能较好地分析地方政府隐性债务风险影响因素值得商榷。而且本章的综合隐性债务风险更是包含了不同于以往的金融风险因素和相关的财政风险因素，其变量的内涵更加复杂多变，而根据第四章测算出的风险评价指数可知，2022～2024年大部分省份的综合隐性债务风险水平是在逐年上升的，且呈现出明显的区域差异和风险来源结构性差异，整体情况不容乐观。因此，为了能够更加妥善地防范化解地方政府隐性债务，本章分别从财政体制、金融环境、债务管理制度等多个不同的视角着手，建立相关回归模型进行实证分析，从而确定财政金融风险叠加视角下地方政府隐性债务的一系列影响因素。

一、地方财政压力

自1994年分税制改革以来，地方财权大幅下降，而事权并没有相应地调整。在分税制框架下，城镇化发展、工业化发展所涉及的基础设施建设仍需由地方政府提供资金支持，资金不足成为影响地方经济发展的一个突出问题。财政压力的增大、地方政绩的需求使地方政府的融资需求强烈且迫切，地方政府大规模举债融资的根本目的是弥补财力缺口，在一定程度上缓解政府的财政压力。在地区间竞争及"晋升锦标赛"的强动力刺激下，地方政府往往会加大基础设施建设投资，从而在短期内实现经济的快速增长，但是此类的资源密集型工程对资金的需求十分庞大，极易造成地方政府的财政收支缺口加大，面对巨大的财政压力，地方政府可能会通过各种隐性的融资平台贷款或者发行城投债的方式进行举债融资，从而造成地方政府隐性债务规模大幅增加。因此可以假设：在其他条件不变的情况下，地方财政压力与财政金融风险叠加视角下地方政府隐性债务风险存在正相关关系。

二、转移支付率

在我国，中央对地方的转移支付是弥补地方政府财政赤字的重要方式之一，财政转移支付对地方政府债务规模具有显著影响。中央政府为了弥补地方政府财政收支缺口、协调地区间的财力不平衡状况，通过转移支付制度实现政府间的财政资金转移。一方面，转移支付能够改善地方财政压力，抑制政府举债融资的行为，从而降低地方政府隐性债务风险；另一方面，转移支付又会产生"预算软约束"的问题，由于中央政府常常对陷入债务危机的地方政府伸出救助援手，相当于降低了地方政府举债融资的成本，使得地方政府总是存在财政兜底的幻觉，导致债务投资效率低下，地方政府隐性债务风险升高。因此可以假设，在其他条件不变的情况下，转移支付率与财政金融风险叠加视角下地方政府隐性债务风险的关系不确定。

三、金融资源配置效率

我国金融市场化并不完善，其中表现之一就是地方政府需要融资时会"迫使"地方金融机构向其贷款。这种贷款也称作行政性指令贷款或政策性指令贷款。同时，这也是债务管理体制缺失的表现。对投融资渠道和过程没有实施透明化管理、缺乏有效的监管措施及问责机制，导致地方政府隐性债务的扩张波及了金融市场，产生了大量的不良贷款，导致银行等金融机构面临经营风险并最终变成金融风险，最终影响金融市场的发展。

而金融资源配置效率主要反映了金融资源在各大金融系统中配置的有效性和合理性，其核心问题是如何实现金融资源的最大化。金融资源配置效率过低容易造成银行系统及实体经济的恶化，产生严重的金融资源错配现象。一方面，金融资源错配会使得金融资源大规模流向低生产效率的实体经济部门，产生资本闲置的现象，甚至导致宏观经济风险，为地方政府债务的可持续发展埋下了隐患；另一方面，金融资源错配不仅使得地方政府更加容易控制金融资源，并依托各种隐性担保和优惠政策通过融资平台公司进行巨额债务扩张，加剧了地方政府隐性债务危机，还严重挤占了高效率企业生产部门的金融资源，导致其面临融资难融资贵的问题，恶化实体企业经营状况，甚至诱发系统性的金融风险。因此可以假设，在其他条件不变的情况下，金融资源配置效率与财政金融风险叠加视角下地方政府隐性债务风险存在负相关关系。

四、不良贷款率

不良贷款率是评价金融机构信贷资产安全状况的重要指标之一，它能够反映金融机构对于系统性金融风险的承受能力。不良贷款率越高，不仅说明金融机构单位资产的盈利能力下降，可持续发展能力差，还表明了近期的金融市场运行可能不够稳定，利率、商品价格、贷款标准等波动幅度大，容易影响金融机构对于经济发展的支持能力。而不良贷款率越低，说明金融机构的资产质量较高，信贷管理机制较健全，管理、处置、化解风险的能力较强，地方政府也越不容易干预到金融机构的经营放贷活动。因此可以假设，在其他条件不变的情况下，不良贷款率与财政金融风险叠加视角下地方政府隐性债务风险存在正相关关系。

五、隐性债务规模

地方政府隐性债务的种类多、规模大，形式较为隐蔽，是构成综合隐性债务风险最为直接的影响因素。通常隐性债务规模越庞大，地方政府当年需要偿还的债务本息就越多，所面临的隐性债务违约风险也越大。由于数据的可得性，导致 31 个省份的隐性债务规模难以精确统计，而城投债作为地方政府隐性债务的重要来源，故本章将城投债规模作为地方政府隐性债务规模的代理变量。因此可以假设：在其他条件不变的情况下，地方政府隐性债务规模与财政金融风险叠加视角下地方政府隐性债务风险存在正相关关系。

六、资金支出效率

资金支出效率是政府财政支出效果的收益评价参数，能够反映地方政府对于债务资金的管理能力。资金支出效率越高，表明政府资金的投资效益好、运行质量高，相应的债务管理制度和监督机制更加规范，并且每一笔支出产生的 GDP 也越多，因此经济发展质量也越好，地方政府对于承受隐性债务风险的能力也更强；反之，资金支出效率越低，则说明地方政府债务资金使用的社会效益差、投资成本高，缺乏科学精细的财政资金绩效考核制度，且在运行过程中还可能产生了各种浪费与滥用的现象，极易使得债务发展不可持续，出现地方政府债务违约的风险。因此可以假设：在其他条件不变的情况下，资金支出效率与财政金融风险叠加视角下地方政府隐性债务风险存在负相关关系。

七、债务清偿率

债务清偿率是当年偿还债务资金占地方政府综合财力的比例，能够在一定程度上反映地方政府债务规模的大小和相应的债务偿还能力。在财政收入既定的情况下，债务清偿率越高，表明政府可用于偿债的财政资金越多，用于教育、医疗、交通等基础设施建设的支出就会越少。在社会公共服务提供严重不足的情况下，企业和公众的生产生活需要无法得到满足，经济增长缺乏核心驱动力，无法实现可持续发展。进一步地，地方政府的财政收入和风险承受能力都会随之降低，从而使得地方政府隐性债务风险逐渐升高。因此可以假设：在其他条件不变的情况下，债务偿付率与财政金融风险叠加视角下地方政府隐性债务风险存在正相关关系。

第二节　实证检验

一、样本选择

本章利用第四章测算出的综合风险评价指数作为实证分析的主要研究对象。因为综合风险评价指数预测的是未来 2022～2024 年财政金融风险叠加视角下地方政府隐性债务风险，在进行实证研究时无法匹配与时间范围相一致的解释变量数据，所以本章对 2022～2024 年的综合风险评价指数取平均值，进行横截面而非面板数据回归分析。另外，为了使解释变量更加具有代表性，选择近十年即 2012～2021 年我国 31 个省份的（除香港、澳门和台湾）解释变量的数据，同样根据年份取平均值，更为精准地反映近年来的数据特征。最后，对各个解释变量取对数值以消除数据波动严重和异方差的问题，并利用 Winsorize 对所有连续变量进行上下 1% 的缩尾处理，以减小异常值对回归分析的影响。

上述变量数据主要来自中国统计年鉴、中国财政年鉴、中国债券信息网、Wind 数据库等。

二、变量选取与描述性统计

（一） 变量选取

本章将 TOPSIS 法所测度出的评价指数作为综合隐性债务风险的代理变量。其中，评价指数与综合隐性债务风险的大小呈正相关，即评价指数的数值越大，综合隐性债务风险也越大。同时，以地方财政压力、转移支付率作为财政体制因素的代理变量，以金融资源配置效率和不良贷款率作为金融环境的代理变量，以地方政府隐性债务规模、资金支出效率和债务偿付率作为债务管理制度的代理变量，各解释变量释义如表 5-1 所示。

表 5-1 各解释变量释义

变量	变量名	符号	变量含义及说明	预期符号
被解释变量	综合风险评价指数	risk	综合风险评价指数越高，综合隐性债务风险越大	
解释变量	地方财政压力	pressure	以财政收支缺口表示；地方财政压力越大，综合隐性债务风险越大	正

变量	变量名	符号	变量含义及说明	预期符号
解释变量	转移支付率	trans	转移支付收入/财政收入； 转移支付率对综合隐性债务风险具有正反两种影响	不确定
	金融资源配置效率	finance	金融机构存贷比； 金融资源配置效率越高，综合隐性债务风险越小	负
	不良贷款率	loan	金融机构不良贷款/总贷款余额； 不良贷款率越高，综合隐性债务风险越大	正
	隐性债务规模	debt	隐性债务规模越大，综合隐性债务风险越大	正
	资金支出效率	efficiency	GDP/财政支出； 资金支出效率越高，综合隐性债务风险越小	负
	债务清偿率	debtration	当期债务额/财政收入； 债务清偿率越高，综合隐性债务风险越大	正

（二）变量的描述性统计

因为 TOPSIS 法预测的是我国 31 个省份未来三年（2022～2024 年）的综合隐性债务风险，在用作被解释变量进行实证分析时，无法匹配和其时间段相一致的解释变量数据，所以本章对 2022～2024 年的综合隐性债务风险取平均值，进行横截面而非面板数据回归分析，其观测个体为我国 31 个省份。同时，为了使得研究样本更具有代表性，选取各个解释变量近十年（2012～2021 年）31 个省份的数据，并根据年份取平均值，更加精准地反映各个省份的历年数据特征。相关变量的描述性统计如表 5-2 所示。由表 5-2 可知，被解释变量综合隐性债务风险的最小值与最大值之间呈现出较为明显的差异，而其余解释变量的差异性也较大，表明该样本数据适合进行更深入的计量分析。

表 5 – 2　　　　　　　　　　各变量描述性统计

变量	样本量	平均值	标准差	最小值	最大值
risk	31	1.6313	0.8651	0.3200	3.2700
pressure	31	0.8377	0.4645	0.1140	2.2671
trans	31	0.9984	0.1401	0.7555	1.4140
finance	31	0.9812	0.0156	0.9360	1.0099
loan	31	1.7670	0.6950	0.5604	3.6605
debt	31	7.6558	1.5550	4.8163	10.4443
efficiency	31	1.1637	0.0507	0..9714	1.2437
debtration	31	1.1308	0.0753	0.9915	1.3564

三、计量模型设定

考虑到 TOPSIS 法测算出的综合风险评价指数是对 2022 ~ 2024 年的预测值，无法匹配和其时间段相一致的解释变量数据，因此，为了检验上述各解释变量对财政金融风险叠加视角下地方政府隐性债务风险的影响，根据其样本数据特点，本章采用横截面而非面板回归模型对综合隐性债务风险的影响因素进行实证分析，具体的横截面回归模型如下。

$$\text{risk}_i = \beta_0 + \beta_1 \text{pressure}_i + \beta_2 \text{trans}_i + \beta_3 \text{finance}_i + \beta_4 \text{loan}_i + \beta_5 \text{debt}_i$$
$$+ \beta_6 \text{efficiency}_i + \beta_7 \text{debtration}_i + \varepsilon_i \tag{5.1}$$

其中，下标 i 表示省份，risk 表示财政金融风险叠加视角下的地方政府隐性债务风险，即综合隐性债务风险，pressure 表示地方财政压力，trans 表示转移支付率，finance 表示金融资源配置效率，loan 表示不良贷款率，debt 表示隐性债务规模，efficiency 表示资金支出效率，debtration 表示债务清偿率，ε_i 表示随机误差项，代表未纳入模型里但可能对综合隐性债务风险产生影响的其他因素。

四、计量回归结果

本章通过加入不同的解释变量分别进行 4 次回归分析，如表 5 – 3 所示。

表中模型（1）首先考虑了地方财政压力和隐性债务规模对综合隐性债务风险的影响，回归结果显示地方财政压力指标在1%的水平上显著为正，说明地方财政压力因素对综合隐性债务风险具有很强的正向解释力，即地方财政压力越大，综合隐性债务风险也就越大，而隐性债务规模指标在5%的水平上显著为正，对综合隐性债务风险具有正向影响，也充分验证了前文的假设。模型（2）从金融环境的角度出发，加入了不良贷款率指标，回归结果显示其系数在5%的水平上显著为正，表明不良贷款率的提高会大大增加综合隐性债务风险。模型（3）则继续从债务管理制度的角度出发，加入债务清偿率指标，回归结果显示该指标在10%的水平上显著为正，对综合隐性债务风险具有较强的正向解释力。为了减小遗漏变量产生的偏误，模型（4）继续将转移支付率、资金支出效率、金融资源配置效率加入计量回归中，结果显示这三个指标的回归系数分别为 -13.593、-9.612、-9.326，且都至少在10%的水平上显著，表明它们对综合隐性债务风险都具有较强的影响，而模型中的其余解释变量也都显著，且符号方向也与预期保持一致，均充分验证了以上的各个研究假设。

表 5 – 3   回归结果

变量	(1)	(2)	(3)	(4)
	risk	risk	risk	risk
pressure	1.716 *** (0.456)	1.705 *** (0.357)	1.319 *** (0.191)	6.043 *** (1.361)
debt	0.136 ** (0.061)	0.185 *** (0.064)	0.211 *** (0.062)	0.138 ** (0.064)
loan		0.331 ** (0.154)	0.188 * (0.104)	0.184 * (0.097)
trans				– 13.593 *** (4.083)
debtration			4.822 *** (1.004)	4.689 *** (1.504)

续表

变量	（1）	（2）	（3）	（4）
	risk	risk	risk	risk
efficiency				-9.612 ** (4.278)
finance				-9.326 * (4.951)
Constant	-0.848 (0.722)	-1.800 *** (0.591)	-6.877 *** (1.231)	20.881 ** (7.938)
Observations	31	31	31	31
R-squared	0.641	0.703	0.795	0.864

注：括号内为稳健标准误；***、**、* 分别表示在1%、5%、10%水平上显著；空白处表示暂未加入该变量。

第三节 实证结论与分析

一、影响综合隐性债务风险的财政体制因素

从影响财政金融风险叠加视角下地方政府隐性债务风险的财政体制因素来看，地方财政压力间接反映出了当前财政体制下地方政府的财政收支缺口大小及债务偿付压力，转移支付率则能直接反映出当前财政体制下不同地区政府间的财政资金转移和分配状况。从表5-3模型（4）的回归结果来看，地方财政压力在1%的显著性水平上对综合隐性债务风险产生正向影响，转移支付率则在1%的显著性水平上对综合隐性债务风险产生负向影响，均符合上文提出的研究假设。因此，FFOC可以发现，地方财政压力的大小和转移支付率的高低等财政体制因素均能对财政金融风险叠加视角下的地方政府隐性债务风险产生十分重要的影响。

具体来看，地方财政压力主要源于分税制改革，"财权上升、事权下

放"的财政分权体制不仅扩大了地方政府财政收支缺口，还影响了地方政府的举债融资决策，使得地方政府财权和事权的不匹配现象逐渐凸显。一方面，分税制改革将税源大而集中、涉及面广的税种划为中央税，而把税源分散、波动幅度大、征管难度大的税种划为地方税，在一定程度上削弱了地方政府的财政自主能力。在财力下降但支出责任却不减反增的艰难局面下，地方政府的财政收支矛盾更加凸显，财政压力不断加大。面对较大的财政压力，地方政府不得不通过各种融资平台频繁举借债务来弥补财政赤字，甚至违规担保筹措隐性债务，其中包括一部分银行贷款、城投债、非金融机构贷款和伪 PPP 项目等，为地方政府隐性债务风险埋下隐患。另一方面，长期以来，官员晋升绩效考核都把 GDP 增长作为重要的经济发展指标。在"晋升锦标赛"的竞争激励下，地方政府往往青睐于短期收益更大、经济提升效果更显著的资源密集型工程，而这类以基础设施建设为代表的资源密集型工程又常常需要大规模的资金投入，从而在地方政府的财政预算和巨额的投资需求之间形成了较大的资金缺口。面对资金缺口所造成的财政压力下，地方政府不断寻求预算外收入，频繁过度举债，导致隐性债务不断积累，不仅增加了财政风险，还大大增加了地方政府隐性债务风险。

　　中央对地方的转移支付制度主要是弥补分税制所造成的地方财政收支缺口，改善地方政府面临的财政压力。转移支付的实质是"抽肥补瘦"，通常以一种无偿补助的形式，将财政资金由富裕地区向贫困地区进行转移，以平衡各个地区的财政收入，实现公共服务的均等化。合理规范的转移支付制度不仅可以增加财政资金的边际使用效率，促进资源的有效配置，还可以调动地方政府增收节支的积极性，避免财政资源的浪费，促使地方经济发展走向良性循环。在财政状况得到改善以后，一是地方政府会降低其对上级财政补贴的依赖性，并控制自身的过度举债融资行为，减小隐性债务风险；二是地方政府能够更好地发挥自身应有的职能，不断优化财政支出结构，减小财政赤字风险；三是地方政府会加大公共服务投资力度，不断缩小区域间的经济发展差异，增强防范化解地方政府隐性债务风险的财政实力。另外，从转移支付额度的计算公式来看，该地区标准财政收支和地区转移支付系数的计算较为关键。其中，标准财政收入的计算覆盖了各地方的基本税种，对基本税基和税率进行相关调整，综合考虑了地区实际收入情况；标准财政支出的计算涉及了公共安全、教育、水利、公共交通等各类公共服务支出，并进行支出成本差异系数相关调整，综合考虑到了地方政府在提供公共服务时所存在的成本差异；转移支付系数则涉及标准财政收支缺口总额、某地区的困难程度系数，对财政困难地区进行特殊照顾，综合考虑了各类客观因素。由此可以看出，转移支付额度的计算高效精准，有助于统筹安排财政体制下区域间的财力分布实际情况，对地方政府实施精准帮扶政策，保障地方政府的基本财力需求，进而有效地抑制地方政府举借债务的行为，降低其财政风险和隐性债务风险。

二、影响综合隐性债务风险的金融环境因素

从影响财政金融风险叠加视角下地方政府隐性债务风险的金融环境因素来看，金融资源配置效率能够直接反映金融资源在各大金融系统中配置的有效性和合理性，不良贷款率则能够间接反映出金融机构对于系统性金融风险的承受能力。从表 5 - 3 模型（4）的回归结果来看，金融资源配置效率在 10% 的显著性水平上对综合隐性债务风险产生负向影响，不良贷款率则在 10% 的显著性水平上对综合隐性债务风险产生正向影响，均符合上文提出的研究假设。因此可以发现，金融资源配置效率的大小和不良贷款率的高低等金融环境因素均能对财政金融风险叠加视角下的地方政府隐性债务风险产生十分重要的影响。

具体来看，金融资源配置效率会对综合隐性债务风险产生负向影响，其原因大致可以分为以下三点：第一，金融资源配置效率对于防范化解系统性金融风险具有重要价值。金融资源的有效配置不光能够提高金融资源的利用效率，还有利于金融资源在各部门、各行业和各地区的合理划分，减少各个领域之间的竞争矛盾，降低系统性金融风险。如果金融资源配置效率低下，使得大量的金融资源流向了无效率或是低效率的生产部门，会导致严重的金融资源错配现象，不利于金融资源的跨行业跨地区流动，从而影响金融市场的稳定，逐渐积累系统性金融风险，而地方政府为了维持金融系统稳定，总

是会通过财政进行兜底保障，这无疑会加大地方政府债务风险的产生。第二，金融资源配置效率对于驱动经济高质量发展具有重要意义。金融资源的有效配置能够充分利用社会中的闲置资金，引导社会资金的合理流动，帮助改善民营企业和高技术企业面临的融资约束问题。企业获得信贷融资后，会加大生产性投资和研发创新投入，努力提升产业整体的生产技术水平。产业结构优化升级以后，不仅是促进了国内生产总值的提高，更重要的是转变了经济发展方式，改善经济增长效率。经济可持续高质量的发展能够极大地提升地方政府的综合财力，并加强地方政府的偿债能力和各类风险的抵御能力，从而降低地方政府性债务风险。第三，金融资源配置效率对于地方政府融资规模、成本和风险具有重要影响。地方政府要实现经济增长目标，离不开金融资源的大力支持。金融资源配置效率越高，说明当前的金融系统越完善、金融市场环境越好，地方政府在财政资源不足的情况下，更容易以接近金融市场利率的水平获取相应的信贷资金，降低地方政府融资成本。同时，金融机构在面对融资业务时，会更加关注地方政府的财政担保、承诺增信等方面，并对不熟悉的信贷项目加强风险评估，更为谨慎地向地方政府供给信贷资金，从而减少了地方政府的隐性债务融资行为。

不良贷款一般指非正常或有问题贷款，它是金融机构的一种潜在损失或成本。不良贷款与地方政府隐性债务风险的联系实质上就是金融风险与财政风险的联系。金融机构为企业生产和政府财政提供信贷资源，帮助其解决了经营和财务管理上所遇到的困难。如果不良贷款率过高，出现大部分贷款无法收回的情况，轻则影响到金融机构的利润和放贷能力，损害其长期发展，重则导致金融机构倒闭破产，诱发系统性金融风险，不利于金融业和国民经济的持续健康发展。此时，地方政府不会放任其破产倒闭，而是对金融机构的不良贷款进行兜底，进而又形成了不良贷款的恶性循环。同时，地方政府的行政干预也会导致银行不良贷款的产生。为了完成经济增长目标，地方政府必然会向银行等金融机构要求提供贷款支持，而银行基于自身利益驱动和政府财政兜底，在没有进行严格的融资业务审视和信贷项目评估的情况下，就违规向地方政府提供隐性债务融资，不仅挤占了其他小微企业的融资需求，还推高了市场的融资成本，形成各种风险不断叠加攀升的局面。

三、影响综合隐性债务风险的债务管理制度因素

从影响财政金融风险叠加视角下地方政府隐性债务风险的债务管理制度因素来看，隐性债务规模反映了当前地方政府承受的债务负担和偿债压力，资金支出效率反映了地方政府对于债务资金的管理能力，债务清偿率反映了地方政府的债务偿还能力。从表 5 – 3 模型（4）的回归结果来看，隐性债务规模在 5% 的显著性水平上对综合隐性债务风险产生正向影响，资金支出效率在 5% 的显著性水平上对综合隐性债务风险产生负向影响，债务清偿率在 1% 的显著性水平上对综合隐性债务风险产生正向影响，均符合上文提出的研究假设。因此可以发现，债务规模的大小、资金支出效率的高低和债务清偿率的高低等债务管理制度因素均能对财政金融风险叠加视角下的地方政府隐性债务风险产生十分重要的影响。

具体来看，我国地方政府隐性债务由于其透明度低、隐蔽性强、统计口径不一等诸多问题，导致其规模不断增长，占财政收入的比重逐年增加，不光对经济发展产生了负面影响，还极大地增加了地方政府的财政风险和债务违约风险。2022 年 5 月 18 日，财政部发布了关于地方政府隐性债务问责典型案例的通报，要求加强对新增隐性债务和化债不实等违法违规行为的监管，并有效化解隐性债务风险。其中，具体内容大致包括：集中通报安庆市、信阳市、兴义市等地的一些城投公司，通过融资租赁、信托、银行贷款、违规担保、随意变更项目合同额等方式造成新增隐性债务，给地方政府的中长期财政预算造成了极大损失。这是财政部继 2018 年之后，再次对违法违规举债行为的公开披露，涉及债务金额十分庞大，但也只是我国地方政府隐性债务巨大规模的冰山一角。地方政府隐性债务监管不力，不仅会造成地方政府隐性债务不断攀升的局面，还会极大增加隐性债务违约风险，恶化地方政府财政状况和社会公信力，并给金融机构带来较大的流动资金压力和资产质量风险，使得财政金融风险不断叠加升高。

根据经济发展和社会进步的发展需要，我国地方政府债务资金的使用投向比较统一，大致以市政建设、交通运输、农林水利等基础性设施建设为

主。长期以来，这些惠民生、保增长的重点公益性项目都需要大量的财政资金给予帮助，因此地方政府不得不通过举债筹资来解决资金成本问题。但是，大量的债务资金在进行市场投放时，可能较少考虑到该项目有关于投资周期长、投资回报慢、经济效益低等可行性问题，导致许多公益性项目在建设完成后并没有产生良好的社会收益，出现了大量严重的重复性投资，这不仅浪费了过多的债务资金，还加大了通货膨胀和产能过剩的风险。另外，由于地方政府官员的政绩追求，在项目投资上可能并没有做好结合好本地区的发展目标，只是不断地筹措债务资金以兴建更多基础设施，来维持经济快速增长。这不仅直接造成债务资金的分配和使用上较为单一，还导致了债务资金的回报与偿还极不匹配的现象出现，极易造成效率风险。最终的结果是，这种低效率的过度举债行为加大了地方政府的偿债压力，使得地方政府债务风险不断攀升。

债务清偿率的警戒线一般是20%，在一定程度上可以衡量一个地区的偿债能力，且该指标越大，表明地方政府偿债的压力越大。地方政府的公共财政收入大部分都用于提升城市功能和改善民生的基础性设施建设，以推动经济社会发展为目的。如果当地的债务清偿率指标过高，一方面说明了当年地方政府债务的规模庞大，政府部门没有制定好整体的借债规划和债务偿还机制，从而导致了还款任务艰巨；另一方面又表明了大部分的财政资金和债务资金都被迫用于偿还旧债，极大地挤压了社会公益事业及民生工程的资金投向，减缓了经济增长和城市建设的步伐，这不仅会严重限制未来的地方财力增长速度，还会加剧地方政府债务风险。因此，为了加强地方政府债务管理，控制其负债规模，需要政府部门做好对举债的范围、规模、方式、监管及偿还等方面的计划和审批工作，并进行实时监督和定期检查，才能提高债务资金的使用效率，有效降低债务清偿率，从而将地方政府债务风险减少到最低。

第四节　稳健性检验

为了使得关于财政金融风险叠加视角下地方政府隐性债务风险因素的分

析结果更为稳健可靠，本章通过替换被解释变量的方法进行稳健性检验。在第四章的风险测算过程中，为了让 E_i 的阈值更为接近整数，将 E 设定为 5 来对 k_i 进行大小上的区间划分，最终测算出各地区的综合风险评价指数。虽然是为了便于测算和分析，但是一定程度上也改变了数据结构，在进行计量回归时可能会对最终结论产生影响。因此，接下来直接采用排序指标 k_i 作为被解释变量进行稳健性检验，相关回归结果如表 5 – 4 所示。

表 5 – 4　　　　　　　　　　　稳健性检验回归结果

变量	(1)	(2)	(3)	(4)
	Variable	risk	risk	risk
pressure	0. 343 *** (0. 092)	0. 340 *** (0. 072)	0. 263 *** (0. 039)	1. 207 *** (0. 278)
debt	0. 028 ** (0. 012)	0. 038 *** (0. 013)	0. 043 *** (0. 013)	0. 028 ** (0. 013)
loan		0. 067 ** (0. 031)	0. 039 * (0. 021)	0. 038 * (0. 020)
trans				– 2. 712 *** (0. 834)
debtration			0. 965 *** (0. 204)	0. 942 *** (0. 308)
efficiency				– 1. 943 ** (0. 878)
finance				– 1. 927 * (1. 018)
Constant	– 0. 172 (0. 146)	– 0. 365 *** (0. 120)	– 1. 381 *** (0. 251)	4. 240 ** (1. 635)
Observations	31	31	31	31
R-squared	0. 635	0. 699	0. 790	0. 861

注：括号内为稳健标准误；***、**、* 分别表示在1%、5%、10%水平上显著；空白处表示暂未加入该变量。

通过对表5-3和表5-4的回归结果进行对比，可以发现替换了被解释变量之后，模型（1）到模型（4）中各个影响因素都至少在10%的水平上显著，相较于表5-3来说并没有发生质变，仅仅是各变量的回归系数产生了略微调整。因此，可以说明上文基准模型回归的结论是比较稳健的，同时也进一步表明了来自财政体制、金融环境、债务管理制度等不同角度的指标均为财政金融风险叠加视角下地方政府隐性债务风险的影响因素，有助于今后在防范化解地方政府隐性债务风险时进行对症下药。

本章根据第四章测算出的风险评价指数，通过构建计量模型进行实证分析，发现有诸多因素对地方政府综合隐性债务风险产生较为显著的影响。其中，首先，地方财政压力、不良贷款率、地方政府隐性债务规模和债务清偿率都与地方政府综合隐性债务风险呈现出显著的正向关系，因为面对巨大的财政压力，地方政府可能会通过各种隐性的融资平台贷款或者发行城投债的方式进行举债融资，从而造成地方政府隐性债务规模大幅增加，而不良贷款率越高，说明地方政府对金融机构的干预越大，且近期的金融市场不够稳定。通常隐性债务规模越庞大，地方政府当年需要偿还的债务本息就越多，所面临的隐性债务违约风险也越大。而债务清偿率越高，表明政府可用于偿债的财政资金越多，用于教育、医疗、交通等基础设施建设的支出就会越少。在社会公共服务提供严重不足的情况下，企业和公众的生产生活需要无法得到满足，经济增长缺乏核心驱动力，无法实现可持续发展。进一步地，地方政府的财政收入和风险承受能力都会随之降低，从而使得地方政府隐性债务风险逐渐升高。

其次，金融资源配置效率和资金配置效率与地方政府综合隐性债务风险呈现出显著的负向关系，金融资源配置效率越高，说明地方政府不那么容易控制金融资源，无法依托各种隐性担保和优惠政策通过融资平台公司进行巨额债务扩张，严重挤占了高效率企业生产部门的金融资源，不仅不会诱发系统性的金融风险，还不会产生严重的地方政府隐性债务风险。资金支出效率越低，表明政府资金的投资效益越好、运行质量越高，相应的债务管理制度和监督机制更加规范，并且每一笔支出产生的GDP也越多，因此经济发展质量越好，地方政府对于承受隐性债务风险的能力也更强。

　　最后，而转移支付率则会对地方政府综合隐性债务风险产生正向与负向两种截然不同的影响，原因是一方面，转移支付能够改善地方财政压力，抑制政府举债融资的行为，从而降低地方政府隐性债务风险；另一方面，转移支付又会产生"预算软约束"的问题，因为中央政府常常对陷入债务危机的地方政府伸出救助援手，相当于降低了地方政府举债融资的成本，使得地方政府总是存在财政兜底的幻觉，导致债务投资效率低下，地方政府隐性债务风险升高。

第六章

政府性债务管理影响地方财政
可持续发展的实证分析

政府性债务是指政府凭借其国家信用，按照有偿原则与债权人发生信用关系的信用方式。这是政府调度社会资金、合理配置资源的特殊分配方式。政府性债务可以分为隐性债务和显性债务两种类型，基于我国地方政府债务规模和特点，我国政府性债务管理综合考虑隐性债务与显性债务，采取了统一管理的方式，对地方隐性债务和显性债务共同管理。第五章讨论了财政金融风险叠加视角下地方政府隐性债务风险的影响因素，其中实证分析说明了隐性债务规模等债务管理制度因素会对综合隐性债务风险产生显著影响。具体来看，一是隐性债务规模在5%的显著性水平上对综合隐性债务风险产生正向影响。我国巨大的隐性债务规模反映了地方政府隐性债务监管不力，即债务管理制度尚不成熟，这不仅会造成地方政府隐性债务不断攀升的局面，还会极大增加隐性债务违约风险。二是资金支出效率在5%的显著性水平上对综合隐性债务风险产生负向影响。债务资金的回报与偿还之间极不匹配的现象在极大程度上增加了地方政府隐性债务违约风险，使得地方政府债务风险不断攀升。三是债务清偿率在1%的显著性水平上对综合隐性债务风险产生正向影响。债务清偿率不断攀升的根本原因是政府部门没有制定好整体的借债规划和债务偿还机制，从而增加了地方政府债务风险。综上所述，政府性债务管理不足是造成我国地方政府隐性债务风险的主要原因之一。此外，地方政府隐性债务所产生的最主要根源是地方财政的收支缺口，而地方财政收支缺口不是静态的，随着地方经济增长的变化而改变。因此，进一步探究政府性债务管理对地方财政可持续的影响具有较强的现实意义。政府性债务管理不但有助于地方政府隐性债务的化解，防控地方债风险，而且促使地方政府债务资金使用提质增效，改善财政收支缺口。基于这样的问题导向，本章围绕地方债管理对地方财政可持续发展的影响进行实证分析。

第一节　研究假设与模型选择

一、研究设计和模型设定

从理论上看，政府性债务管理以规范地方政府性债务举借、使用、偿还为目标实施各项政策措施，进而对地方政府的财力产生影响，改善财政支出缺口；促使地方政府债务使用提质增效，提高地方财政效率；增强地方政府风险管理能力，防控地方债务风险。这些均是地方财政可持续发展的重要体现，因此本章提出理论假说：政府性债务管理改革能够改善地方政府财政支出缺口，提高地方政府债务支出效率，有效控制地方政府债务风险，从而促进地方财政可持续发展。为了检验以上理论分析，本章采用多期双重差分法进行实证分析，检验政府性债务管理改革对地方财政可持续的影响效应，并检验影响机制假说是否成立。

双重差分法，又叫作倍差法，是用于研究政策实施效应评估的方法。其基本思想是通过对不同考察对象改革实施前后之间的差异进行比较，进而构造出反映改革效果的双重差分统计量。使用双重差分法做实证分析有以下优势：一是相较于传统方法，双重差分法可以更为准确地估计出研究目标所需的改革带来的净效应；二是在一定程度上，双重差分法可以避免内生性问题的困扰。其基准模型设置为：

$$y_{it} = a_0 + a_1 du + a_2 dt + a_3 du \times dt + \varepsilon_{it} \tag{6.1}$$

　　其中，du 是 0 - 1 分组虚拟变量，即将样本分为接受政策改革的处理组和不接受政策改革的对照组。dt 是表示政策改革时间的 0 - 1 虚拟变量，即改革实施前取 0，改革实施后取 1。du × dt 则是分组虚拟变量和时间虚拟变量的交互项。

　　图 6 - 1 展示了双重差分法的基本思想，在改革实施前后对照组和实验组的差异再次进行比较后得到的统计量，即交互项的系数 a_3 反映了改革实施的净效应。

	改革实施前	改革实施后	Difference
对照组	a0+a1	a0+a1+a2+a3	a2+a3
实验组	a0	a0+a2	a2
Difference	a1	a1+a3	a3

图 6 - 1　双重差分法的基本思想

　　多期双重差分模型以双重差分法的基本思想为基础，将实验组按进行改革的时间不同进一步划分为多个实验组进行回归，进而求得改革实施的净效应。本章构建多期双重差分模型实证分析政府性债务管理改革对地方财政可持续性的影响效应，将地方政府性债务管理改革作为政策冲击，选择地市级数据作为考察对象，模型设定如下：

$$govsust_{it} = \delta_0 + \delta_1 \, reform_{it} + \sum_j \varepsilon_j Y_{it} + \mu_t + \lambda_i + \pi_{it} \qquad (6.2)$$

　　其中，下标 i 表示各个地级市（i = 1, 2, 3, …, 280），t 表示年份（t = 2011, 2012, …, 2020）。被解释变量 $govsust_{it}$ 为地级市 i 在 t 年度的财政可持续性。核心解释变量 $reform_{it}$ 为地级市 i 在 t 年度是否进行政府性债务管理改革的虚拟变量。Y_{it} 表示其他相关控制变量，ε_j 表示对应控制变量对地级市财政可持续的影响。模型中还加入了个体固定效应和时间固定效应，对地级市间固有差异和时间波动趋势进行了控制。模型中的系数 δ_1 反映政府性债务管理改革对地方财政可持续的政策净效应，若 $\delta_1 > 0$，则说明债务管理改革促进了地方财政可持续发展。

为进一步检验债务管理能通过地方财政支出缺口、地方政府债务支出效率、地方政府债务风险对地级市财政可持续产生积极影响的机制假说，本章进一步检验政府性债务管理改革的政策冲击对于中介变量的因果效益，以此来检验其机制。本章将地方财政支出缺口（govgap）、地方政府性债务支出效率（debt_eff）、地方政府债务依存度（exdebt）作为中介变量，并设置检验模型如下：

$$M_{it} = \varphi_0 + \varphi_1 \, \text{reform}_{it} + \sum_j \varepsilon_j \, Y_{it} + \mu_t + \lambda_i + \pi_{it} \qquad (6.3)$$

其中，下标 i 表示各个地级市（i = 1，2，3，…，280），t 表示年份（t = 2011，2012，…，2020）。φ_0 表示常数项，λ_i 表示个体固定效应，μ_t 表示时间固定效应，π_{it} 表示误差项，φ_1 表示政府性债务管理改革对中介变量的影响系数，ε_j 表示控制变量对中介变量的影响系数。其中，M_{it} 分别表示地方财政赤字率、地方政府性债务支出效率、地方政府债务依存度三个中介变量。模型中的 φ_1 反映了政府性债务管理改革对中介变量的政策净效应，若 φ_1 显著，则说明改革能够通过这一机制对地方财政可持续发展产生影响；反之，则说明机制不显著。

在检验前文理论假设之后，本章根据各个地级市经济水平的不同、地方政府财力的不同及地方政府性债务风险水平的不同进行分组，进一步分析政府性债务管理改革效应在不同地方政府的异质性。其中，基于地方经济区域差异的分组是按照统计局的划分标准将经济区域划分为东部、中部、西部和东北四大地区；基于地方政府财力差异的分组是按照计算地级市政府财政依存度，将其划分为财政依存度≤5%，财政依存度>5%且≤10%，财政依存度>10%三个组；基于政府性债务风险差异的分组是按照计算地级市政府债务负担率，并将其划分为（0，30%）（30%，60%）（60%，∞）三个组。具体计算式如下。

$$财政依存度 = \frac{地方政府财政收入}{GDP} \times 100\% \qquad (6.4)$$

$$债务负担率 = \frac{政府性债务余额}{GDP} \times 100\% \qquad (6.5)$$

二、变量选取与说明

(一) 被解释变量

被解释变量为地方财政可持续性指数 (govsust)。国内外相关研究中关于地方财政可持续性的量化指标较多,如使用地方财政赤字情况、地方财政自给情况等来衡量地方财政的可持续性。本章则主要借鉴戈什等 (Ghosh et al.,2013)、邓晓兰等 (2021) 的测算方法,基于跨期预算约束条件构建财政反应函数,使用双向固定效应方法对其进行估计得到相关系数值,然后将其他变量值代入财政反应函数,测算得到财政空间并用以衡量地方财政可持续。该指标能够衡量地级市政府在长期水平上的财政可持续性。详细测算方法和测算过程如下所示。

戈什等 (2013) 的模型即是在"财政疲劳"下使用了包含三次地方政府债务率的财政空间函数进行估计。本书使用双向固定效应模型估计财政反应函数,估计结果见表 6 - 1。其中 (a1) 列显示的是 $f(rdebt_{i,t-1})$ 为一次的线性函数估计结果,(a2) 列和 (a3) 列分别显示的是 $f(rdebt_{i,t-1})$ 为二次和三次的非线性函数估计结果。其中 (a1) 列线性函数中地方政府债务率的估计结果为正,但不显著,且不符合我国地级市政府的财政实际。在 (a2) 列中,L. 地方政府债务率的估计结果为正,L. 地方政府债务率^2 的估计结果为负。此时地级市政府的基本盈余率与地方政府债务率的函数呈现 U 的形式,地方政府存在初级"财政疲劳"(李丹等,2017)。但 (a2) 列中的估计系数并不显著,说明其解释力不足。(a3) 列中 L. 地方政府债务率的估计结果为 - 0. 08994;L. 地方政府债务率的估计结果为 0. 12079;L. 地方政府债务率的估计结果为 - 0. 04103,三者均在 1% 的水平上具有显著性。因此,三次的 $f(rdebt_{i,t-1})$ 对我国地级市政府财政盈余率的解释效果最好,这也说明我国地级市政府财政盈余率在不同时期对地方政府债务率的反馈既有正向的又有负向的,存在"财政疲劳"的现象,而"财政疲劳"可能会导致地方财政可持续状况的恶化。本书通过比较分析,三次非线性函数

（a3）列的估计结果明显优于线性函数（a1）列和二次非线性函数（a2）列，因而本书选择（a3）列中的估算结果计算财政空间。

表 6 - 1　　　　　　　　　财政反应函数回归估计结果

解释变量	被解释变量：基本盈余率		
	（a1）	（a2）	（a3）
L. 基本盈余率	0.65156 *** (0.0171)	0.65016 *** (0.0174)	0.64363 *** (0.0174)
L. 地方政府债务率	0.00189 (0.0039)	- 0.00186 (0.0097)	- 0.08994 *** (0.0214)
L. 地方政府债务率		0.00248 (0.0059)	0.12079 *** (0.0263)
L. 地方政府债务率			- 0.04103 *** (0.0089)
地方财政支出效率	0.00032 (0.0002)	0.00032 (0.0002)	0.00032 (0.0002)
产业结构	- 0.01684 *** (0.0015)	- 0.01675 *** (0.0015)	- 0.01654 *** (0.0015)
贸易开放度	- 0.00375 (0.0056)	- 0.00389 (0.0056)	- 0.00560 (0.0056)
常数项	- 0.02084 *** (0.0022)	- 0.02009 *** (0.0028)	- 0.00421 (0.0044)
sigma_u	0.03339	0.03347	0.03366
sigma_e	0.02225	0.02225	0.02215
rho	0.69259	0.69351	0.69775
估计方法	TWFE	TWFE	TWFE

注：其中 * 、 ** 、 *** 分别表示置信区间 10% 、5% 、1% 的水平上显著，无则表示不显著。括号里展示的数字表示标准误。

将表 6 - 1 （a3）列中各个变量的估计系数代入式（3.3）中，整理可得方程：

$$(-0.04103) \times rdebt_i^3 + 0.12079 \times rdebt_i^2 + (-0.08994) \times rdebt_i$$

$$+ (0.64363 - 1)(R_{ti} - g_i)rdebt_i + 0.00032 \times fe\_eff_{i,t}$$
$$+ (-0.01654) \times ins + (-0.00560) \times open - 0.00421 = 0 \qquad (6.6)$$

将 2011~2020 年除地方政府债务率（$rdebt_i$）以外的其他变量的值代入式（3.4），可得到关于地方政府债务率的一元三次方程，通过解该方程求得其最大实数根，即为地方政府债务率的上限值 $rdebt*$，然后根据式（3.4）计算各个地级市政府 2011~2020 年的地方财政空间，该数值即可衡量地方财政的可持续性。地方财政可持续性指数测算结果如表 6-2 所示，最小值为 -0.2865，最大值为 0.5908，均值为 0.0874。

表 6-2　　　　　　　　　　地方财政可持续性指数测算结果

变量名称	样本量	均值	标准差	最小值	最大值
地方财政可持续性指数	2800	0.0874	0.1029	-0.2865	0.5908

通过绘制地级市财政可持续性指数核密度曲线图（见图 6-2），可以看出我国地级市政府财政可持续性指数集中分布在 -0.1~0.2，总体来看，地级市财政的可持续性指数差异较小。

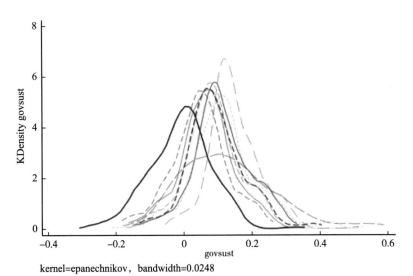

kernel=epanechnikov, bandwidth=0.0248

图 6-2　地级市财政可持续性指数核密度曲线

对比 2011～2020 年我国地级市财政可持续性指数可知，从总体上来看，地级市政府财政的可持续性状况呈现向好的态势。如图 6－3 所示，地级市政府年均财政可持续性指数均值总体呈现逐年递增的趋势，这说明我国地级市财政逐年实现可持续发展。2020 年地级市财政可持续性指数值达到 0.1480，同 2011 年相比增加了 0.1588。地方财政可持续性改善说明我国在近 10 年里进行的一系列财政政策改革对地方财政的健康发展有着正向的影响，各地级市因地制宜、多措并举，使得地方财政运行平稳可持续。但值得注意的是，财政可持续性水平并不高。

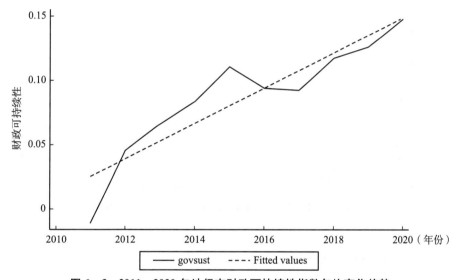

图 6－3　2011～2020 年地级市财政可持续性指数年均变化趋势

图 6－4 进一步展示了 2011～2020 年四大地区地级市财政可持续测算指数。从时间上看，四大地区地级市财政可持续性指数呈现逐年递增的趋势，其中东北地区三省的财政可持续性指数变化最为明显，从 2011 年的 －0.1073 增加到 2020 年的 0.1277，增加值为 0.1701。东中西部 2020 年财政可持续性指数相对于 2011 年平均也增加了 0.1268、0.1646、0.1540。从地区间的对比来看，东部地区的财政可持续发展状况最佳，其中山东省各地级市财政

地区生产总值的比值表示，该指标反映固定资产投资对地方经济的拉动作用。该指标越大，说明固定资产投资对地方经济增长的拉动作用越好，进而对地方财政可持续发展具有有利影响。

（2）市政领域固定资产投资率（cominv_gdp），由八大市政公用领域固定资产投资额总和与本地区生产总值的比值表示，该指标反映了市政公用领域的固定资产投资对地方经济的拉动作用。一方面，该指标越大，说明市政领域的固定资产投资对地方经济增长的拉动作用越好，进而对地方财政可持续发展具有有利影响；另一方面，该指标越大，说明地级市政府对市政领域的固定资产投资越大，可能存在短期不利于地方财政可持续发展。

（3）城乡居民储蓄水平（sav），由居民人民币储蓄存款余额与本地区生产总值的比值表示。该指标越大，说明社会闲置资金占比越大，进而有利于地方政府盘活这类资金进行生产活动，对地方财政可持续具有有利影响。

（4）第二、三产业产值对数值（lnind），即地级市第二产业生产总值与第三产业生产总值之和的对数，该指标反映地级市第二、三产业的发展状况。第二、三产业发展状况能够反映当地经济水平，该指标越大说明第二、三产业发展越好，对地方财政可持续具有正向影响。

（5）土地出让收入（land），即地级市政府出让国有土地使用权获得的收入，用该指标衡量地级市政府土地财政收入情况。该指标越大，说明地级市政府通过出让土地使用权获取的收入规模越大，这不利于地方财政可持续发展。

（6）贸易开放度（open），由进出口总额与地区生产总值的比值表示，用该指标衡量地级市政府经济发展对外贸的依赖程度。该指标越大，说明地方经济的对外开放程度越高，对地方财政可持续发展具有有利影响。

（7）人均税收收入对数（lntax_p），由税收收入与年末总人口数的比值的对数值表示，该指标反映了地级市的税收水平。该指标越大，说明地级市政府税收水平越高，进而地方财政可持续性越强。

（8）人均地区生产总值增长率（pergdpdev），该指标由当年人均地区生产总值与上年人均地区生产总值的差值比上年人均地区生产总值，该指标反映了地级市的经济增长水平。该指标数值越大，说明地方经济增长水平越高，反之则越低。

三、描述性统计

在检验政府性债务管理改革效应的实证中，使用样本为地级市样本，为确保样本横向和纵向可比性，本章剔除了西藏六个地级市、海南省三沙市和儋州市、贵州省毕节市和铜仁市、青海省海东市、新疆维吾尔自治区的吐鲁番市和哈密市。因此，最终的数据是观测值为 2800 的面板数据，包括 2011 ~ 2020 年我国 26 个省、自治区（不含西藏自治区）的 280 个地级市各类相关经济指标。表 6 - 3 展示了主要变量定义及描述性统计。

表 6 - 3   多期双重差分模型主要变量定义及描述性统计

分类	变量名称	符号	指标说明	样本量	均值	标准差
被解释变量	地方财政可持续性指数	govsust	测算结果×100	2800	8.7367	10.2900
核心解释变量	政府性债务管理改革	reform	0 ~ 1 变量	2800	0.5807	0.4935
控制变量	固定资产投资率	inv	100×固定资产投资总额/GDP	2800	80.8761	31.3634
	市政领域固定资产投资率	cominv_gdp	100×∑（八大市政公用领域固定资产投资额）/GDP	2800	1.6951	1.8232
	城乡居民储蓄水平	sav	100×居民人民币储蓄存款余额/GDP	2800	91.2823	155.2224
	第二、三产业产值对数值	lnind	ln（第二产业生产总值+第三产业生产总值）	2800	16.4349	0.9382
	土地出让收入	land	—	2800	1.3209	2.4340
	贸易开放度	open	100×进出口贸易额/GDP	2800	16.7722	27.5147

续表

分类	变量名称	符号	指标说明	样本量	均值	标准差
控制变量	人均税收收入对数	lntax_p	ln(税收收入/年末总人口)	2800	7.7178	0.8894
	人均地区生产总值增长率	pergdpdev	100×(当年GDP/年末总人口－上年GDP/年末总人口)/上年GDP/年末总人口	2800	8.6445	11.1907
中介变量	横向地方财政缺口	govgap	100×(财政收入－财政支出)/财政支出	2800	45.1930	22.0652
	地方政府性债务支出效率	debt_eff	—	2800	0.3374	0.3977
	地方政府性债务依存度	exdebt	100×当年新增地方政府性债务/财政支出	2800	26.0906	29.0457

其中，被解释变量地方财政可持续性指数由作者计算得出，基础数据来源于国家统计局官网、各省份统计年鉴、《中国城市统计年鉴（2012~2021）》《中国城市建设统计年鉴（2012~2021）》等。核心解释变量通过各地级市《政府年度总决算》、Wind 数据库等整理得到。其他控制变量皆由计算得出，基础数据来源于《中国城市统计年鉴（2012~2021）》《中国城市建设统计年鉴（2012~2021）》及 EPS 全球统计数据库。

本章将测算的地方财政可持续性进行乘以 100 的处理后作为被解释变量，其均值为 8.7367，最大值为 59.0837，最小值为 -28.6504，存在时间和个体的差异。核心解释变量政府性债务管理改革为 0~1 变量，280 个地级市政府的改革指标均值为 0.5807。

固定资产投资率（inv）、市政领域固定资产投资率（cominv_gdp）、城乡居民储蓄水平（sav）、第二、三产业产值对数值（lnind）、土地出让收入（land）、贸易开放度（open）、人均税收收入对数（lntax_p）、人均地区生产总值增长率（pergdpdev）等控制变量最大值与最小值之间存在一定的差异，说明不同年份、不同地级市在经济发展水平上存在一定的差异。从三个中介变量来看，地方财政支出缺口的最值差反映了不同地级市政府的财力存在一定的差异；地方政府性债务支出效率和地方政府债务依存度的最值差反映了不同地级市政府的政府债务存在一定的差异。因此考虑到这些差异的存在可能会影响回归结果，所以后文将从地方经济区域差异、政府财力差异、债务风险差异三个视角进行异质性分析。

四、多期双重差分模型适用性分析

（一）政府性债务管理的改革是否受地方财政可持续的影响

因为政府性债务管理改革是国家宏观政策决定的，由国务院颁布的政策文件①强制改革，所以不论地方财政的可持续情况如何，地方政府只能在改革落实的实际时间上有差异，但都无权选择最终是否进行政府性债务管理改革，即政府性债务管理改革的最终落实并不会受到地方财政可持续的影响。

（二）共同趋势检验

本章对样本进行平行趋势检验，构建模型如下。

$$\text{govsust}_{it} = \vartheta_0 + \sum_{j=1} \rho_j \text{time}_{it} + \sum_j \sigma_j X_{it} + \mu_t + \lambda_i + \tau_{it} \quad (6.7)$$

其中，time_{it} 是一系列虚拟变量，由地级市 i 在年份 t 与其实际政府性债务管理改革时点的差值计算得来，如某地级市实际债务管理改革时间点在 2015 年，那么该变量对应 2011～2020 年的数值则为（−4，−3，−2，…，4，5）。引入 time_{it} 这一虚拟变量是为了将改革时间不同的地级市统一起来进行分析。μ_t 表示控制个体固定效应，λ_i 表示控制时间固定效应，ϑ_0 表示常数项，τ_{it} 表示误差项。time_{it} 的系数 ρ_j 则反映了改革前后各期的政府性债务管理改革的影响效果，其余控制变量与前面多期双重差分模型设置一致。

---

① 《国务院关于加强地方政府性债务管理的意见》（国发〔2014〕43 号）、《中华人民共和国预算法》（2014 年修订）等。

　　图6-5展示的估计结果显示，在改革前估计系数均不显著，表明进行和没有进行债务管理改革的地级市的财政可持续性在改革前不存在明显差异，满足共同趋势检验。当债务管理改革实施后，ρ_j 系数值显著为正，并且有逐年增大的趋势，说明改革实施后地方财政可持续状况得到改善，且随着改革的推进该效应呈现逐年放大的趋势。

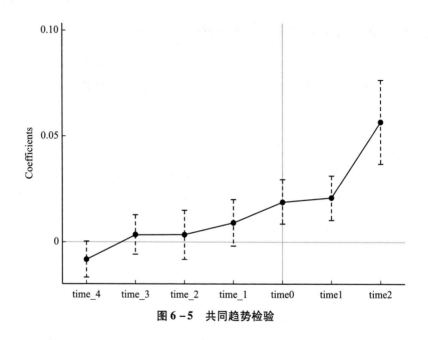

图6-5　共同趋势检验

第二节　基准回归结果分析和传导机制检验

一、基本回归结果分析

　　本章使用 Stata16 对模型（6.2）进行回归，分析政府性债务管理改革对地方财政可持续的影响净效应，回归结果如表6-4所示。其中，（b1）列展示的是不加入任何控制变量时政府性债务管理改革对地级市财政可持续性的影响估计结果，此时控制了时间固定效应和城市固定效应。从回归系数值来看，改革的影响系数为 6.6211，说明改革对地级市政府的财政可持续性是正向的影响，该结果在 1% 的水平上显著。

表 6 - 4　　　　　　　　　　　基准回归结果

变量名称	财政可持续性								
	（b1）	（b2）	（b3）	（b4）	（b5）	（b6）	（b7）	（b8）	（b9）
reform	6.6211*** (0.2625)	6.0069*** (0.2690)	5.8629*** (0.2716)	5.7296*** (0.2730)	7.2114*** (0.3419)	7.2161*** (0.3419)	7.3020*** (0.3410)	7.2976*** (0.3434)	4.4222*** (0.2698)
inv		0.0583*** (0.0069)	0.0601*** (0.0069)	0.0598*** (0.0069)	0.0682*** (0.0070)	0.0679*** (0.0070)	0.0666*** (0.0069)	0.0665*** (0.0070)	0.0260*** (0.0054)
cominv_gdp			-0.3839*** (0.1104)	-0.3774*** (0.1101)	-0.4119*** (0.1091)	-0.3981*** (0.1097)	-0.4059*** (0.1092)	-0.4059*** (0.1093)	-0.1627* (0.0833)
sav				0.0034*** (0.0009)	0.0032*** (0.0009)	0.0032*** (0.0009)	0.0031*** (0.0009)	0.0031*** (0.0009)	0.0058*** (0.0007)
lnind					-4.7239*** (0.6670)	-4.4908*** (0.6917)	-4.2855*** (0.6903)	-4.3270*** (0.7866)	-5.0350*** (0.5988)
land						-0.1432 (0.1126)	-0.0638 (0.1134)	-0.0640 (0.1135)	-0.5129 (0.0870)
open							0.0690*** (0.0149)	0.0689*** (0.0149)	0.0802*** (0.0113)
lntax_p								0.0820 (0.7441)	6.7991*** (0.5876)
pergdpdev									-0.4258*** (0.0100)
常数项	4.8918*** (0.1993)	0.5302 (0.5548)	1.1209* (0.5790)	0.8993 (0.5802)	77.0723*** (10.7713)	73.4316*** (11.1440)	68.8740*** (11.1422)	68.9383*** (11.1596)	37.1048*** (8.5240)
时间固定效应	是	是	是	是	是	是	是	是	是
城市固定效应	是	是	是	是	是	是	是	是	是
N	2800	2800	2800	2800	2800	2800	2800	2800	2800
组内 R²	0.5373	0.5534	0.5416	0.5410	0.5987	0.5992	0.5736	0.5744	0.8118

注：其中 * 、 ** 、 *** 分别表示置信区间 10% 、5% 、1% 的水平上显著，无则表示不显著。括号里展示的数字表示标准误。

（b2）~（b9）列展示的是依次加入固定资产投资率（inv）、市政领域固定资产投资率（cominv_gdp）、城乡居民储蓄水平（sav）、第二、三产业产值对数值（lnind）、土地出让收入（land）、贸易开放度（open）、人均税收收入对数（lntax_p）、人均地区生产总值增长率（pergdpdev）等控制变量后的回归结果。在加入全部控制变量后，改革对地方财政可持续的影响系数从6.6211变为了4.4222，影响系数降低了。但是，显著性没有明显变化，仍然在1%的水平上显著，说明改革对地级市财政可持续性的促进效应在加入控制变量后仍然存在。这初步验证了本章的理论分析，即政府性债务管理促进了地方财政可持续发展。

考察控制变量的回归系数，基本符合预期分析。其中，全社会固定资产投资率（inv）、城乡居民储蓄水平（sav）、贸易开放度（open）、人均税收收入对数（lntax_p）的回归系数值显著为正；而市政领域固定资产投资率（cominv_gdp）、人均地区生产总值增长率（pergdpdev）显著为负。全社会固定资产投资率和贸易开放度越高，说明地方经济发展潜力越大，对地方财政可持续有促进作用。居民储蓄水平和税收收入水平越高，说明地方财政的自主权越高，对地方财政可持续也有促进作用。而鉴于我国地方财政支出大力支持经济发展的事实，市政领域固定资产投资水平和地区经济发展水平越高，地方财政的支出压力就越大，因此会抑制财政可持续性。土地出让收入（land）对地方财政可持续的影响效应为负，说明土地出让收入越高，越不利于地方财政可持续发展，在回归结果中该系数并不显著。

二、财政支出缺口机制检验

前文从理论上分析了政府性债务管理能够通过财政支出缺口、地方政府性债务支出效率、地方政府债务风险三个渠道对地方财政可持续产生促进效应，接下来从实证上检验机制假说是否成立。

首先，本章使用双向固定效应模型估计地方财政支出缺口、地方政府性债务支出效率、地方政府性债务依存度对地方财政可持续性的影响，回归估计结果如表6-5所示。

表 6 – 5   中介变量对财政可持续性的回归估计结果

变量名称	财政可持续性	
	（1）	（2）
地方财政支出缺口	– 0.4394 *** （0.0195）	– 0.4421 *** （0.0196）
地方政府性债务支出效率	0.9573 *** （0.3416）	0.6755 ** （0.3234）
地方政府性债务依存度	– 0.0102 * （0.0061）	– 0.0122 ** （0.0058）
常数项	28.5378 *** （0.8921）	– 2.3567 （9.5503）
控制变量	否	是
时间固定效应	是	是
城市固定效应	是	是
N	2800	2800
组内 R^2	0.6586	0.6480

注：其中 * 、 ** 、 *** 分别表示置信区间 10%、5%、1% 的水平上显著，无则表示不显著。括号里展示的数字表示标准误。

从表 6 – 5 中的估计结果可见，在加入和不加入控制变量的情况下，三个中介变量对地方财政可持续性均有显著的影响效应。在加入控制变量后，地方财政支出缺口对地方财政可持续性的影响系数为 – 0.4421，说明地方财政缺口减小能够促进地方财政的可持续发展；地方政府性债务支出效率对地方财政可持续性的影响系数为 0.6755，说明地方政府债务支出的效率越高，地方财政可持续性越高；地方政府性债务依存度对地方财政可持续性的影响系数为 – 0.0122，说明地方政府的债务依存度越高，债务的规模风险越大，其财政可持续性越差，回归结果与前文假说一致。

其次，本章将三个中介变量作为被解释变量，检验政府性债务管理改革的政策冲击对中介变量的影响效应，进而检验其机制是否成立。

从财政支出缺口机制来看，政府性债务管理改革从法律上赋予了地方政府举债的权力，最直接的作用就是让地方政府能够通过发行地方政府债券的方式来弥补财政缺口。所以本章将地方财政支出缺口作为中介变量，考察政府性债务管理改革是否能够通过弥补地方财政支出缺口来促进地方财政可持续发展。

表6-6中的检验结果显示，在控制相关变量前，改革对地方财政支出缺口的影响系数是-7.2428，在控制相关变量后，改革对地方财政支出缺口的影响系数是-9.0836，均在1%的水平上显著，说明改革对财政缺口的影响效应是负向的，即改革减缓了财政支出缺口的扩张。而地方政府财政缺口的改善能够促进地方财政的可持续发展。说明政府性债务管理改革的确能够通过财政支出缺口这一机制影响地方财政可持续发展。

表6-6　　　　　　　　　　　　　财政支出缺口机制检验结果

变量名称	地方财政支出缺口	
	(1)	(2)
reform	-7.2428 *** (0.2341)	-9.0836 *** (0.3066)
常数项	49.3990 *** (0.1778)	-11.1703 (9.6865)
控制变量	否	是
时间固定效应	是	是
城市固定效应	是	是
N	2800	2800
组内 R^2	0.9235	0.8851

注：其中 * 、 ** 、 *** 分别表示置信区间10%、5%、1%的水平上显著，无则表示不显著。括号里展示的数字表示标准误。

三、债务支出效率机制检验

从债务支出效率机制来看，政府性债务管理改革将地方政府债务收支纳入预算管理，从某种程度上能够加强地方政府债务支出的效率，进而促进地方财政支出效率，对地方财政可持续发展有积极作用。鉴于此，本章使用 DEA - Malmquist 的方法测算地方政府性债务支出效率指数，并将其作为中介变量，然后根据机制效应检验步骤检验改革是否能够通过促进地方政府性债务支出效率，进而促进地方财政可持续发展。

表 6 - 7 展示了 2011～2020 年地级市政府性债务支出效率测算结果，从测算数据来看，各地级市政府性债务支出效率并不高，均值仅 0.3374，且在改革前后无明显时间趋势。

表 6 - 7　　　　　　　　地级市政府性债务支出效率测算结果

变量名称	样本量	均值	标准差	最小值	最大值
地方政府性债务支出效率	2800	0.3374	0.3977	0.0200	9.4890

表 6 - 8 中的检验结果显示，在加入控制变量前，改革对地方政府性债务支出效率的影响系数为 - 0.0035，在加入控制变量后，改革对地方政府性债务支出效率的影响系数为 - 0.0198，说明改革并没有促进地方政府性债务支出效率的提高，但是这一结果并不显著。这说明改革并没有通过提高政府性债务支出效率促进地方财政可持续发展。

表 6 - 8　　　　　　　　债务支出效率机制检验结果

变量名称	地方政府性债务支出效率	
	(1)	(2)
reform	- 0.0035 (0.0157)	- 0.0198 (0.0218)
常数项	0.3395 *** (0.0119)	0.1644 (0.6888)
控制变量	否	是
时间固定效应	是	是
城市固定效应	是	是

续表

变量名称	地方政府性债务支出效率	
	（1）	（2）
N	2800	2800
组内 R^2	0.0587	0.0806

注：其中 *、**、*** 分别表示置信区间 10%、5%、1% 的水平上显著，无则表示不显著。括号里展示的数字表示标准误。

四、地方债务风险机制检验

从地方债务风险机制来看，政府性债务管理改革加强了对地方政府举债行为的规制，尤其重视地方政府债务风险问题，通过厘清存量、发行置换债券、限额举债等改革内容，加强了对地方政府债务风险的管理。而政府债务风险程度的改变可能进一步影响地方财政的可持续发展。因此，本章将地方政府偿债能力指标，即地方政府债务依存度作为中介变量，考察改革是否通过降低地方政府债务风险促进地方财政可持续发展。

表 6 - 9 中的检验结果显示，在加入控制变量前，改革对地方政府债务依存度的影响系数为 - 3.8733，在加入控制变量后，改革对地方政府债务依存度的影响系数为 - 3.1219，均显著为负，这说明改革显著抑制了地方政府债务风险。而地方政府债务风险的降低能够促进地方财政的可持续发展。这说明改革可以通过降低地方债务风险这一渠道促进地方财政可持续发展。

表 6 - 9 地方债务风险机制检验结果

变量名称	地方政府性债务依存度	
	（1）	（2）
reform	- 3.8733 *** （0.8696）	- 3.1219 *** （1.1209）
常数项	28.3399 *** （0.6604）	- 80.3018 ** （35.4128）

续表

变量名称	地方政府性债务依存度	
	（1）	（2）
控制变量	否	是
时间固定效应	是	是
城市固定效应	是	是
N	2800	2800
组内 R^2	0.4311	0.3743

注：其中 * 、** 、*** 分别表示置信区间 10%、5%、1% 的水平上显著，无则表示不显著。括号里展示的数字表示标准误。

第三节　异质性分析

上述实证分析已经初步验证了前文理论分析的假设，即政府性债务管理能够通过财政支出缺口、地方政府性债务支出效率、地方政府债务风险三个渠道促进地方财政可持续发展。但这种促进效应可能受到地区经济水平差异、地方政府财力差异、地方政府债务规模差异的影响而存在异质性。因此，本章分别从这三个视角切入，进一步分析政府性债务管理、对不同地方政府的财政可持续性的影响。

一、基于地方经济区域差异视角

从经济区域差异视角来看，受地理因素、资源禀赋、发展历史、国家政策等各种因素的影响，我国各地区生产总值呈现明显的地区差异。本章根据前面的分类方法将 280 个地级市按东部地区、中部地区、西部地区、东北地区进行划分①。图 6 - 6 展示了 2011～2020 年四个地区及全国地级市平均

———————

① 根据划分之后，东部地区有 83 个地级市、中部地区有 80 个地级市、西部地区有 83 个地级市、东北地区有 34 个地级市。

GDP 的变化情况。

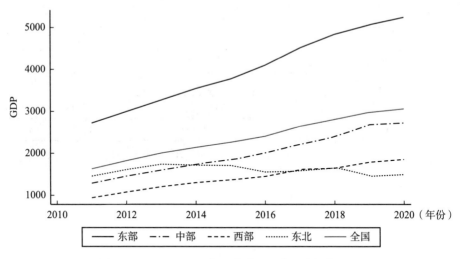

图 6 - 6 2011～2020 年四大地区及全国地级市 GDP

从 GDP 对比来看，全国地级市平均 GDP 呈现逐年递增的趋势，到 2020
年，全国地级市平均 GDP 达到了 3037 亿元，约为 2011 年的 1.88 倍，十年
间增长明显。除了东北地区，东中西部的经济发展也是逐年递增。其中，东
部地区的经济发展状况最佳，平均 GDP 高于全国平均水平且远高于其余地
区，2020 年地级市平均 GDP 达到 5250 亿元，对比 2011 年，2020 年东部地
区生产总值增长了 93.02%，与全国地区生产总值增长基本持平。中部地区
次之，略低于全国平均水平，2020 年地级市平均 GDP 为 2730 亿元，较于
2011 年的经济水平中部地区生产总值增长了 111.63%，是四大地区中增长
最快的地区。西部地区则相对落后，总的来看，经济总量较小，仅为东部地
区生产总值的 35% 左右，2020 年地级市平均 GDP 为 1860 亿元，同 2011 年
相比，西部地区生产总值增长了 97.80%，增长速度排名第二。东北地区的
生产总值则呈现明显的波动趋势，从总量上来看，2014 年以前是高于中部
地区和西部地区的，但是在 2014 年之后增长乏力，在 2017 年之后，其平均
GDP 变为四大地区最小，到 2020 年，地级市平均 GDP 为 1490 亿元，同

2011 年相比，东北地区生产总值仅增长了 2.76%，是增长最少的地区。由此可见，四大地区在经济发展方面的确存在显著差异。

为进一步分析改革对各地区地方财政可持续性的影响，本章分别对四个地区进行了回归，表 6 - 10 展示了回归估计结果。其中，四个地区的第一列均代表不加入控制变量时的回归结果，可以看到管理改革对四个地区的财政可持续性的影响均显著，其中对东北地区的影响系数最大，其次是西部地区。可见，管理改革对应经济发展相对落后地区财政可持续性的促进效果更强。在加入控制变量后，管理改革对四个地区的影响系数均变小了，其中东部地区的显著性降低，中部地区变为不显著。这说明管理改革对于中部地区的财政可持续性的促进效果并不显著。

表 6 - 10　　　　　　　　地方经济区域差异异质性检验结果

经济地区	东部地区		中部地区		西部地区		东北地区	
	(d1)	(d2)	(z1)	(z2)	(x1)	(x2)	(db1)	(db2)
改革	5. 3498 ***	1. 0774 *	4. 5897 ***	0. 2726	7. 3266 ***	3. 8993 ***	12. 7018 ***	8. 2835 ***
	(0. 4074)	(0. 5676)	(0. 3981)	(0. 5040)	(0. 5041)	(0. 0050)	(1. 0835)	(0. 8535)
常数项	12. 0950 ***	- 77. 5863 ***	1. 8311 *	- 69. 9348 ***	3. 7047 ***	27. 9420 *	- 2. 5647 ***	86. 0372 ***
	(0. 3131)	(21. 3589)	(0. 2988)	(17. 0727)	(0. 3752)	(15. 1784)	(0. 8254)	(24. 1445)
控制变量	否	是	否	是	否	是	否	是
时间固定效应	是	是	是	是	是	是	是	是
城市固定效应	是	是	是	是	是	是	是	是
N	830	830	800	800	830	830	340	340
组内 R^2	0. 5755	0. 9352	0. 4300	0. 8023	0. 4239	0. 8445	0. 2609	0. 2296

注：其中 * 、 ** 、 *** 分别表示置信区间 10% 、5% 、1% 的水平上显著，无则表示不显著。括号里展示的数字表示标准误差。

为了检验改革系数在各分组之间是否存在显著差异，本章引入改革系数和分组虚拟变量的交叉项进行回归估计。其中，分组虚拟变量的设置为 0 - 1 变量，1 代表 x 组的样本，0 代表非 x 组的样本。以东部地区为例，检验其组间差异显著性时设置东部地区组虚拟变量为 1，其他组虚拟变量为 0，然后用分组虚拟变量与改革相乘作为交叉项引入原模型。表 6 - 11 展示了组间差异的检验结果，可以看到东部地区、西部地区、东北地区的交互项均在 1% 的水平上显著，因此组间差异是存在的。而中部地区的交互项并不显著，说明改革在中部地区和非中部地区之间并不存在显著的差异。

表 6 - 11　　　　　　地方经济区域组间差异显著性检验结果

经济地区	东部地区	中部地区	西部地区	东北地区
交互项	1. 5986 *** (0. 4295)	0. 5442 (0. 4389)	2. 8665 *** (0. 4073)	9. 4985 *** (0. 5686)
常数项	- 34. 7807 *** (7. 6353)	- 38. 7605 *** (7. 9351)	- 22. 7452 *** (7. 8194)	- 46. 5802 *** (6. 9990)
控制变量	否	否	否	否
时间固定效应	是	是	是	是
城市固定效应	是	是	是	是
N	2800	2800	2800	2800
组内 R^2	0. 8445	0. 8459	0. 8354	0. 8720

注：其中 * 、 ** 、 *** 分别表示置信区间 10% 、5% 、1% 的水平上显著，无则表示不显著。括号里展示的数字表示标准误。

二、基于地方政府财力差异视角

从地方政府财力视角来看，不同财力的地方政府性债务管理改革对其财政可持续性的影响可能会不同。本章采用财政依存度，即地方政府财政收入占 GDP 比重这一指标作为衡量地方政府财力的指标，该指标反映了地方政府集中财力的程度。该指标越大，说明地方政府的财力越强，其合理区间在 5% ~ 10% 。

表 6 - 12 展示了 2011 ~ 2020 年 280 个地级市政府财力的均值和最小值与最大值。从时间跨度来看，每年的均值都在合理区间范围内。其中，2011 ~ 2015 年地级市政府财力是逐年递增的，但 2016 年及以后，地方政

府财力明显低于前几年，这与我国在"十三五"期间实行减税降费政策有关。从每年地级市政府最小值和最大值之间的差值来看，均有十几个百分点的差距。这说明 280 个地级市政府在财力方面确实存在差异。

表 6－12　　　　　　　　2011～2020 年地级市政府财政依存度　　　　单位：%

年份	均值	最小值	最大值	差值
2011	6.9519	2.9609	17.6298	14.6688
2012	7.5516	3.1616	18.2036	15.0420
2013	8.0210	3.4104	19.1206	15.7102
2014	8.1800	3.4590	19.3337	15.8746
2015	8.1877	3.0665	20.4024	17.3359
2016	7.9819	3.0701	18.8363	15.7662
2017	7.5431	2.7435	17.5464	14.8030
2018	7.5451	2.4260	16.8638	14.4378
2019	7.4259	2.3432	16.0912	13.7480
2020	7.2735	2.6048	15.8864	13.2816

本章将 280 个地级市按财政依存度≤5%、>5%且≤10%、>10% 三个标准划分为三组，分别进行回归估计，其中有 27 个地级市政府的财政依存度≤5%，211 个地级市政府的财政依存度>5%且≤10%，42 个地级市政府的财政依存度>10%。

表 6－13 展示了政府性债务管理改革对不同财力的地级市政府的影响回归估计结果。从估计结果来看，无论控制其他相关变量还是不控制其他相关变量，管理改革对不同财力地级市政府的财政可持续性的促进效果均显著为正，但是系数大小存在差异。表中第二列展示了在控制相关变量情况下，管理改革对地级市政府地方财政可持续性的影响系数。可见，管理改革对财政依存度较小或者较大的地级市政府财政可持续性的促进效应相对较大，分别为 5.2847 和 4.5793；管理改革对于财政依存度处于合理区间的地级市政府财政可持续性的促进效应最小。

表 6 – 13 地方政府财力差异异质性检验结果

地方财政收入占 GDP 比重	≤5%		>5% 且 ≤10%		>10%	
	（s1）	（s2）	（m1）	（m2）	（l1）	（l2）
改革	8.5499 *** (0.8171)	5.2847 *** (0.8953)	6.5560 *** (0.3020)	4.4272 *** (0.3172)	5.7208 *** (0.6912)	4.5793 *** (0.6837)
常数项	7.4423 *** (0.6270)	141.8734 *** (27.2532)	5.5234 *** (0.2297)	47.7972 *** (11.0059)	0.0446 (0.5180)	- 0.7988 (18.9601)
控制变量	否	是	否	是	否	是
时间固定效应	是	是	是	是	是	是
城市固定效应	是	是	是	是	是	是
N	270	270	2110	2110	420	420
组内 R^2	0.4154	0.8308	0.5176	0.7830	0.5172	0.7390

注：其中 * 、 ** 、 *** 分别表示置信区间 10% 、5% 、1% 的水平上显著，无则表示不显著。括号里展示的数字表示标准误。

进一步分析，管理改革对财政依存度不在合理区间的地区影响更大，说明改革有纠正地方政府财政集中度的作用，既促进地方财力的集中，又防止其过度集中挤压纳税人利益、削弱经济发展的基础。

表 6 – 14 展示了不同地方政府财力分组下的差异显著性检验结果，其交互项均在 1% 的水平上显著，说明各地方政府财力分组的回归系数之间存在显著差异。

表 6 – 14 地方政府财力组间差异显著性检验结果

地方财政收入占 GDP 比重	≤5%	>5% 且 ≤10%	>10%
交互项	2.9150 *** (0.6826)	3.3764 *** (0.2844)	2.9154 *** (0.5615)
常数项	- 37.3856 *** (7.4411)	3.8961 (8.1674)	- 35.0635 *** (7.4701)
控制变量	否	否	否
时间固定效应	是	是	是

续表

地方财政收入占 GDP 比重	≤5%	>5%且≤10%	>10%
城市固定效应	是	是	是
N	2800	2800	2800
组内 R^2	0.8426	0.8171	0.8531

注：其中 * 、 ** 、 *** 分别表示置信区间 10% 、5% 、1% 的水平上显著，无则表示不显著。括号里展示的数字表示标准误。

三、基于政府债务风险差异视角

从政府性债务规模视角来看，地方政府性债务规模的不同会直接影响债务管理改革的推进及效果，因而引入债务规模视角是极有意义的。本章选取地级市政府债务负担率，即地方政府性债务余额占 GDP 的比重这一指标作为衡量政府债务规模的量化指标，这一指标反映了地方政府债务对本地经济的影响，负担率越高，说明其债务规模越大，债务风险也就越突出①。

表 6 – 15 展示了 2011 ~ 2020 年地级市政府债务负担率的均值和最小值与最大值。从时间上看，地级市政府债务负担率的均值是逐年递增的，总体上看，均值在国际警戒线 60% 以内。但是观察极值，可以发现每年的最大值都超过了国际警戒线，且最大值与最小值的差值较大。这说明 280 个地级市政府，债务规模有所不同，政府债务风险也有较大差异。因此，从政府债务风险差异这一视角来检验政府性债务管理改革对不同债务负担的地级市政府的财政可持续发展的效应是有意义的，能够进一步说明基准回归结果的准确性。

表 6 – 15　　　　　　2011 ~ 2020 年地级市政府债务负担率　　　　单位：%

年份	均值	最小值	最大值	差值
2011	30.6165	2.3491	106.1610	103.8119
2012	31.5386	13.8162	96.8361	83.0199

① 国际上认为该项指标的警戒值为 60% 。

续表

年份	均值	最小值	最大值	差值
2013	31.2167	13.2403	95.8058	82.5655
2014	34.8007	13.0645	106.4230	93.3585
2015	39.0049	13.4683	157.6762	144.2079
2016	42.1716	12.7414	223.4885	210.7471
2017	43.9296	12.1322	198.2426	186.1104
2018	46.2531	12.2958	213.0543	200.7585
2019	49.5536	11.2681	198.6456	187.3775
2020	52.8534	13.2511	212.4189	199.1678

本章进一步将 280 个地级市的平均地方政府债务负担率划分为（0，30%）、（30%，60%）、（60%，∞）三个区间。其中，（0，30%）区间的地级市有 94 个，该区间的政府债务规模视为完全可控，即债务规模较小；（30%，60%）区间的地级市有 154 个，该区间的政府债务规模视为基本可控，即债务规模中等；（60%，∞）区间的地级市有 32 个，该区间的政府债务规模较大，债务风险问题需要重视。表 6-16 为改革对政府债务规模不同的地区财政可持续性的回归估计结果。

表 6-16　　　　　　　政府债务风险差异异质性检验结果

地方政府平均债务负担率	≤30%		>30% 且 ≤60%		>60%	
	（o1）	（o2）	（p1）	（p2）	（q1）	（q2）
改革	5.0377 *** (0.3847)	1.2713 ** (0.5531)	7.4149 *** (0.3755)	5.1781 *** (0.3362)	7.3278 *** (0.8286)	3.5507 *** (0.8503)
常数项	8.0253 *** (0.2958)	-55.0554 *** (18.3267)	3.3566 *** (0.2827)	58.7360 *** (10.5585)	3.2602 *** (0.6327)	21.8441 (24.1080)
控制变量	否	是	否	是	否	是
时间固定效应	是	是	是	是	是	是
城市固定效应	是	是	是	是	是	是

续表

地方政府平均债务负担率	≤30%		>30%且≤60%		>60%	
	(o1)	(o2)	(p1)	(p2)	(q1)	(q2)
N	940	940	1540	1540	320	320
组内 R^2	0.6376	0.9042	0.4956	0.7624	0.3854	0.8120

注：其中 * 、** 、*** 分别表示置信区间 10% 、5% 、1% 的水平上显著，无则表示不显著。括号里展示的数字表示标准误。

从估计结果来看，改革对不同地区的财政可持续性均有显著的促进效果。当政府债务负担率在国际安全警戒线内时，改革对债务规模更大的地区的促进效果更为明显，债务负担率在 30% ~ 60% 的地级市回归系数为 5.1781，明显大于债务负担率在 0% ~30% 的地级市回归系数 1.2713。而当政府债务负担率超过国际安全警戒线后，该影响系数又有所减小，说明改革对于政府债务风险较高的地区力度还有待加强。

表 6 - 17 展示了不同政府债务风险分组下的差异显著性检验结果，其交互项均在 1% 的水平上显著，说明各政府债务风险分组的回归系数之间存在显著差异。

表 6 - 17　　　　　　政府债务风险组间差异显著性检验结果

地方政府平均债务负担率	≤30%	>30%且≤60%	>60%
交互项	1.0532 *** (0.4100)	4.1473 *** (0.2963)	1.8669 *** (0.6216)
常数项	-35.4470 *** (7.8504)	-4.5132 (7.6007)	-38.3275 *** (7.4861)
控制变量	否	否	否
时间固定效应	是	是	是
城市固定效应	是	是	是
N	2800	2800	2800
组内 R^2	0.8433	0.8393	0.8454

注：其中 * 、** 、*** 分别表示置信区间 10% 、5% 、1% 的水平上显著，无则表示不显著。括号里展示的数字表示标准误。

第四节　稳健性检验

一、提前改革时间检验

为进一步检验基准回归结果的稳健性，排除其他难以观测到的影响因素对政府性债务管理改革效应的干扰，本章生成了改革时间分别提前 1 年和 2 年的虚拟变量，并将该虚拟变量加到回归模型中进行安慰剂检验，同时，控制了相关变量、时间固定效应和个体固定效应。表 6 - 18 展示了将政策提前 1 年和 2 年改革对地方财政可持续发展的影响，其中（c3）展示将改革提前 1 年的回归结果，（c4）展示将改革提前 2 年的回归结果。

表 6 - 18　　　　　　　提前改革时间稳健性检验结果

变量名称	财政可持续性	财政可持续性
	（c3）	（c4）
改革	1. 3955 *** （0. 2618）	1. 4857 *** （0. 2460）
改革提前 1 年	0. 5813 （2. 6242）	
改革提前 2 年		1. 6317 （0. 5330）
控制变量	是	是
时间固定效应	是	是
城市固定效应	是	是
N	2800	2800
组内 R^2	0. 8369	0. 8384

注：其中 * 、 ** 、 *** 分别表示置信区间 10% 、5% 、1% 的水平上显著，无则表示不显著。括号里展示的数字表示标准误。

从回归结果来看，改革提前 1 年和 2 年的虚拟变量对地方财政可持续性的影响系数都为正且均不显著。但是实际改革变量对财政可持续性的影响系数仍然显著为正。这说明改革对地方财政可持续发展的促进效应并没有受到其他控制因素的影响，前面所得的结果是稳健的。

二、生成虚拟变量检验

为使得安慰剂检验更可靠，本章还将政府性债务管理改革变量在地级市范围内随机分配，生成新的虚拟变量，并用财政可持续性对新的虚拟变量进行回归，重复该过程 1000 次和 5000 次。绘制回归系数分布密度如图 6 – 7 所示，并将其与基准回归中得到的财政可持续性回归系数（0.04422）进行比较。

从图 6 – 7 中展示的结果可见，改革对财政可持续性的估计系数均在 0 值附近，且与基准回归的系数值存在明显差异（并未有重叠部分），因此可以排除未观测到的其他因素对回归结果的影响，说明前面的回归结果具有稳健性。

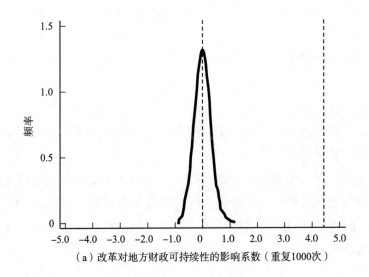

（a）改革对地方财政可持续性的影响系数（重复1000次）

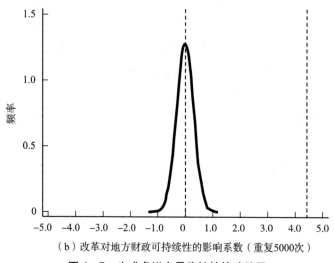

（b）改革对地方财政可持续性的影响系数（重复5000次）

图 6 - 7　生成虚拟变量稳健性检验结果

三、替换被解释变量检验

为了避免财政可持续性指数测算过程中存在的偏误，本章借鉴邓晓兰等（2021）的稳健性检验方法，使用财政压力这一指标替换地方财政可持续性指数进行回归分析。财政压力指标由财政缺口和财政失衡综合计算而来，其中，财政缺口为地级市财政支出与财政收入的差值比上财政支出得到，财政缺口越大，说明财政压力越大；财政失衡由纵向财政失衡计算而来，即1减去财政收入分权比上财政支出分区乘以1减去财政收支缺口率的差，财政失衡越大，财政压力越大。因此可以使用财政压力这一指标作为代理变量，进一步检验前面的基准回归的稳健性。

替换被解释变量稳健性检验结果如表6－19所示，在控制相同变量的情况下，政府性债务管理改革对地方政府财政压力具有抑制效应，该效应在1%的显著性水平上显著，即改革显著促进了地方财政的可持续发展，说明前面的结论具有稳健性。

表 6 - 19　　　　　　　　　替换被解释变量稳健性检验结果

变量名称	财政压力	
	（e1）	（e2）
改革	- 7. 24284 *** （0. 23414）	- 9. 08358 *** （0. 30659）
常数项	- 50. 60098 *** （0. 17781）	- 111. 17030 *** （9. 68648）
控制变量	是	是
时间固定效应	是	是
城市固定效应	是	是
N	2800	2800
组内 R^2	0. 92351	0. 88511

注：其中 * 、** 、*** 分别表示置信区间 10% 、5% 、1% 的水平上显著，无则表示不显著。括号里展示的数字表示标准误。

四、分不同时间段回归检验

本章借鉴才国伟等（2011）的方法，分时间段对多期双重差分模型进行回归，分别将样本划分为 2012～2020 年、2013～2020 年、2014～2020 年三个时间段进行检验。

分不同时间段回归稳健性检验结果如表 6 - 20 所示。从表中的回归估计结果来看，在不同时间段内改革对地方财政可持续性的影响系数大小和显著性并没有太大变化，均显著为正。这进一步说明本章的估计结果和结论有效且具有稳健性。

表 6 - 20　　　　　　　　分不同时间段回归稳健性检验结果

不同时间段回归	2012～2020 年	2013～2020 年	2014～2020 年
改革	4. 17257 *** （0. 27710）	3. 64215 *** （0. 29983）	3. 16694 *** （0. 36471）

续表

不同时间段回归	2012～2020 年	2013～2020 年	2014～2020 年
常数项	51. 85532 *** (9. 68377)	41. 68633 *** (11. 12037)	27. 57773 *** (12. 88741)
控制变量	是	是	是
时间固定效应	是	是	是
城市固定效应	是	是	是
N	2520	2240	1960
组内 R^2	0. 80637	0. 81591	0. 83638

注：其中 * 、 ** 、 *** 分别表示置信区间 10% 、5% 、1% 的水平上显著，无则表示不显著。括号里展示的数字表示标准误。

第五节　内生性检验

本章借鉴王宇和李海洋（2017）的方法，采用系统 GMM 估计法对内生性问题进行修正。考虑到地方财政可持续发展可能存在一定的惯性，即上一期地方政府财政可持续性可能会影响本期的可持续性水平，因此将地方财政可持续性的滞后一期和滞后二期加入解释变量中。同时，为了检验中介变量对地方财政可持续性的内生性，将中介变量及其滞后一期设置为前定解释变量，在加入解释变量中。其他控制变量也均设置为内生变量。设置的系统 GMM 动态面板模型如下。

$$govsust_{it} = \theta_0 + \theta_1 \, govsust_{it-1} + \theta_1 \, govsust_{it-2} + \theta_3 M_{it} + \theta_4 M_{it-1}$$
$$+ \sum_m \vartheta_m Y_{it} + \mu_i + \lambda_t + \pi_{it} \tag{6.8}$$

其中，下标 i 表示各个地级市（i = 1, 2, 3, …, 280），t 表示年份（t = 2011, 2012, …, 2020）。$govsust_{it}$ 表示地级市政府 i 在 t 年度的财政可持续性，$govsust_{it-1}$ 和 $govsust_{it-2}$ 表示是地方财政可持续性的滞后一期和滞后二期。M_{it} 表示地级市政府 i 在 t 年度的地方财政支出缺口（govgap）、地方政府性债务支出效率（debt_eff）、地方政府债务依存度（exdebt）。Y_{it} 则表示相关控制变量。μ_i、λ_t、π_{it}分别表示时间效应、个体效应和误差。

内生性检验结果如表6－21所示。其中，（GMM1）展示了地方财政支出缺口（govgap）为核心解释变量的回归结果；（GMM2）展示了地方政府性债务支出效率（debt_eff）为核心解释变量的回归结果；（GMM3）展示了地方政府债务依存度（exdebt）为核心解释变量的回归结果。

表6－21　　　　　　　　　　　　内生性检验结果

解释变量	被解释变量：地方财政可持续性		
	（GMM1）	（GMM2）	（GMM3）
1. 地方财政可持续	0. 1289 *** （0. 0000）	0. 1297 *** （0. 0000）	0. 1289 *** （0. 0000）
12. 地方财政可持续	0. 0670 ** （0. 0400）	0. 0665 ** （0. 0390）	0. 0662 ** （0. 0380）
地方财政支出缺口	− 0. 3305 *** （0. 0000）		
1. 地方财政支出缺口	0. 0142 （0. 7970）		
地方政府性债务支出效率		2. 4169 *** （0. 0000）	
1. 地方政府性债务支出效率		0. 5769 （0. 1010）	
地方政府性债务依存度			− 0. 0256 *** （0. 0760）
1. 地方政府性债务依存度			0. 0005 （0. 9580）
常数项	− 33. 6885 *** （0. 0050）	− 37. 1730 *** （0. 0020）	− 33. 6944 *** （0. 0050）
控制变量	是	是	是

行、办理还本付息，地方政府的决定权较小，这种模式出现在 2009～2014 年；第三种方式，地方政府自发代还，2011 年国务院批准上海、浙江、广东、深圳四地开始地方政府自行发债试点，2013 年又加入了江苏和山东，自行发债的地区可以自行决定发债定价机制，由财政部代办还本付息，进一步扩大了地方政府的决定权。2014 年修改预算法后，开始试行十省市地方政府债券自发自还，在国务院规定的规模限度内，地方政府自行组织债券发行和偿还，基本实现了地方政府自主发债。以上四种方式举借的债务本质上都是地方政府性债务，在研究地方债的经济影响时，都应该被纳入考虑范围。

近年来，关于中国地方政府债务的研究逐步增多，形成了丰富的研究成果。早期的一些文献梳理了中国地方政府债务的形成和发展历程，龚强等（2011）对此进行了总结。对于地方政府债务的研究主要分为三个方面。第一，很多学者关注地方政府债务的风险，包括融资平台公司的盈利能力不足导致的偿付风险、"长贷短存"的资产负债期限错配问题导致的银行系统的信用和流动性风险，以及债务积累导致财政政策变化、货币贬值对财政稳定性和货币稳定性带来的风险（Buiter et al.，1985；Alberto and Tabellini，1992）等。韩健（2017）分析了美国国债市场高流动性的形成要素，为我国债券市场提出了完善流动性的政策建议。庞晓波和李丹（2015）假设地方政府破产，地方政府债务全部转嫁给中央政府，以风险上限 60% 和中央政府负债率"倒逼"地方政府债务负担率上限，获得了地方政府债务的风险临界值。第二，一些文献结合中国地方政府预算软约束的国情，着重讨论了预算软约束对于中国地方政府债务融资规模、风险溢价等带来的影响（张绘和武靖州，2017）。王永钦等（2016）将城投债的收益率价差进行分析，利用双重差分方法识别了中国政府债务的违约风险，发现城投债的利率不能反映地方政府债务的违约风险，但能够有效反映中国整体的违约风险，说明预算软约束导致市场对违约风险的判断是基于国家整体的，没有根据地方政府进行差异化分析。郭玉清等（2016）认为，预算软约束导致的救助预期能够解释中国地方政府债务的规模膨胀和区域间的债务不平衡。第三，一些文献重点关注地方政府债务对经济增长的影响。范剑勇和莫家伟（2014）提出地方政府债务不仅能够通过增加公共投资直接提高 GDP，还能够通过基础设施建设和压低工业用地价格吸引工业投资，对地方经济增长起到双重促进作用。程宇丹和龚六堂（2015）在内生增长的框架下研究了中央政府债和地方政府债的经济影响，发现在长期内地方政府债务由于偿付利息的压力会提高税率，降低公共支出，挤出私人投资，对经济增长有负面影响。吕健（2015）从流动性视角出发，利用省级债务数据进行实证分析，发现地方政府举债能够增加经济系统的流动性，促进地方经济增长；但大规模举债在长期将损害经济增长，因为清偿巨额债务会占用大量流动性。胡奕明和顾祎雯（2016）利用审计署 2011 年和 2013 年的地方政府性债务审计数据研究，发现地方债务对经济增长有促进作用。徐长生等（2016）利用 2006～2013 年地级及以上城市的面板数据，检验了地方债务与经济增长的关系，发现地方政府举债对经济发展有正面影响，但在落后地区效果较差。梁帅（2017）考察了我国 2015 年前后财政支出大幅波动的原因，发现地方政府债务的置换等对财政造成了巨大的冲击，他认为只有通过供给侧改革提高经济增长，才能缓解财政收支不平衡，防范地方债务风险。

不难看出，目前关于中国地方政府债务对经济增长的影响的研究尚未形成一致的结论，而且 2014 年预算法修改以后地方政府自主发债才正式拉开序幕，但之前的实证研究使用的地方政府债务数据基本上都是 2013 年以前的，无法反映地方政府债务的新变化。本章重点搜集预算法修改以后中国各省的政府性债务数据，通过实证分析了中国的地方政府性债务对经济增长的非线性影响，并考虑了区域差异，比较了不同地区举借政府债务的效果，最后还验证了地方政府债务通过扩大公共投资影响经济增长的渠道。

第一节　数据与计量模型

一、数据来源和描述性统计

地方政府性债务数据来自 Wind 金融数据库，包含 31 个省份的地方政府性债务数据。2010 年我国首次对地方政府性债务进行摸底审查，2010 年以前的地方债数据不可得，因此本节的样本持续期选取了 2010 年以后的数据。地方性政府债务是较为广义的地方债的概念，不只包含地方政府负有偿还责任的债务（常规意义上的地方债），还包括地方政府负有担保责任以及可能承担一定救助责任的债务。在这里使用广义地方债的概念更为准确，这是因为在 2014 年以前，地方政府为许多融资项目违规提供了担保，项目本身的偿还能力较差，这些债务实际上依赖于地方政府偿还，应该被看作是地方政府负债的一部分。以 2010 年与 2012 年为例，我们在表 7-1 中展示了包含三种类型的全国地方政府性债务规模。通过表 7-1 可以看出，地方政府承担担保责任和一定救助责任的债务数额较大，如果不将其纳入分析可能会造成严重偏差。

表 7-1 地方政府性债务规模情况

年份	合计（亿元）	偿还责任		担保责任		救助责任	
		金额（亿元）	比重（%）	金额（亿元）	比重（%）	金额（亿元）	比重（%）
2010	107174.91	67109.51	62.62	23369.74	21.81	16695.66	15.58
2012	158858.32	96281.87	60.61	24871.29	15.66	37705.16	23.74

资料来源：审计署 2011 年 35 号公告和 2013 年 32 号公告。

各省、自治区、直辖市的经济数据来自各省统计年鉴、财政年鉴等，包括地区生产总值、人均 GDP、人均 GDP 指数、第二产业增加值、第三产业增加值、全社会固定资产投资完成额、进出口总额、CPI、地方税收收入、地方公共财政非税收入、地方公共财政支出、年末人口数、普通高中毕业生人数、职业高中毕业生人数等。中央对各省的转移支付（包括一般性转移支付、专项转移支付和税收返还）数据来自《中国财政年鉴》。市政公用设施建设固定资产投资完成额来自《中国城市建设统计年鉴》。由于西藏数据缺失较多，在后续分析中我们将西藏剔除。

表 7-2 中展示了本节所用到的核心变量的描述性统计分析。

表 7 - 2　　　　　　　　　　　　　描述性统计分析

变量名称	单位	均值	标准差	最小值	最大值	观测数
GDP	亿元	20718.28	16002.00	1350.43	80854.91	210
人均 GDP	元	46907.91	22208.53	13119.00	115053.00	210
固定资产投资	亿元	14491.55	10095.74	1016.87	53322.94	210
进出口总额	万美元	1.16E + 07	1.97E + 07	78896.10	1.09E + 08	210
公共财政收入	亿元	2231.80	1782.89	110.22	10390.35	210
公共财政支出	亿元	3933.65	2086.14	557.53	13446.09	210
年末人口数	万人	4508.83	2697.38	563.47	10999.00	210
转移支付	亿元	1492.67	770.25	0.18	3620.42	210
政府性债务余额	亿元	5265.62	2869.25	622.11	14768.74	111
公共固定资产投资	亿元	512.77	349.05	26.52	2042.53	180

表 7 - 3 给出了样本持续期内各省份的政府性债务的描述性统计。

表 7 - 3　　　　　　按省份的政府性债务的描述性统计

省份	地方政府性债务余额		地方政府性债务规模（余额/GDP）		样本量
	均值	标准差	均值	标准差	
安徽	4266.433	1157.670	0.260	0.016	3
北京	6090.183	2051.428	0.346	0.070	3
福建	4593.188	1160.591	0.199	0.030	4
甘肃	3080.558	1232.522	0.501	0.125	5
广东	8843.182	1057.806	0.147	0.025	5
广西	4652.034	1476.574	0.329	0.050	5
贵州	7383.890	2391.384	0.784	0.192	3
海南	1322.990	312.654	0.455	0.023	4
河北	4746.623	1101.697	0.165	0.031	4
河南	4403.653	1347.557	0.153	0.024	3
黑龙江	3426.100	229.131	0.243	0.007	2

续表

省份	地方政府性债务余额		地方政府性债务规模（余额/GDP）		样本量
	均值	标准差	均值	标准差	
湖北	5790.068	1586.641	0.262	0.068	4
湖南	8405.528	3133.324	0.344	0.069	5
吉林	3770.393	647.882	0.338	0.012	3
江苏	13817.585	1345.137	0.243	0.006	2
江西	4930.588	1094.207	0.313	0.042	5
辽宁	6153.907	1959.672	0.257	0.039	3
内蒙古	5325.497	1740.734	0.319	0.069	6
宁夏	864.080	311.742	0.366	0.081	4
青海	999.240	82.604	0.498	0.001	2
山东	7491.667	2980.592	0.144	0.036	4
山西	2740.458	909.085	0.229	0.076	6
陕西	5778.015	446.573	0.377	0.001	2
上海	8376.350	774.907	0.372	0.051	4
四川	10085.467	2617.732	0.380	0.066	3
天津	4833.740	0.000	0.335	0.000	1
新疆	2858.027	971.354	0.338	0.069	6
云南	5644.825	438.413	0.510	0.010	2
浙江	6240.507	596.004	0.189	0.021	3
重庆	5458.492	1923.048	0.434	0.130	5
合计	5265.624	2869.248	0.322	0.141	111

根据表 7 – 3 可以看出，不同省份的地方政府性债务的差距非常大。从政府债务的绝对数额来看，江苏、四川的地方政府性债务余额均值最高，均超过 1 万亿元，宁夏、青海的地方政府性债务余额均值最低，不足 1 千亿元。但考虑各省份的 GDP 规模后，地方政府性债务规模的排名与之前完全

不同，地方政府债务规模均值最高的省份是贵州，其地方政府性债务余额/GDP 的比重达到了 78%；地方政府债务规模均值最低的省份是山东，只有 14% 左右。而且从表 7 - 3 不难看出，西部地区的地方政府债务规模均值明显高于其他地区，我们将具体的数据对比展示在表 7 - 4 中。

表 7 - 4　　　　　不同地区的地方政府债务规模比较

地区	地方政府性债务余额		地方政府性债务规模（余额/GDP）		样本量
	均值	标准差	均值	标准差	
西部	4392.249	3025.230	0.451	0.155	32
中部	4930.006	2247.638	0.280	0.076	37
东部	6226.716	3014.729	0.260	0.109	42
合计	5265.624	2869.248	0.322	0.141	111

二、计量模型

经济增长的计量分析是宏观实证研究中一个非常重要的主题，主流方法是基于生产函数对产出进行分解（Kumar and Woo，2010；Pattillo et al.，2004，2011；Reinhart and Rogoff，2010，2011）。本节在构建计量模型时，使用了已有文献已经广泛证明对于经济增长有影响的决定因素（Bosworth and Collins，2003），以避免由于变量选择敏感造成的回归结果不稳健的问题（Sala - i - Martin，1997；Levine and Renelt，1992）。

参考程宇丹和龚六堂（2014，2015），本节构建的基本计量模型如下：

$$g_{it} = \theta + \alpha y_{it-1} + \beta x_{it} + \gamma Z_{it} + \varepsilon_{it} \tag{7.1}$$

其中，t 代表时间；i 代表国家；ε_{it} 是误差项；g_{it} 是 t 期的人均 GDP 增长率，y_{it-1} 是对数形式的人均实际 GDP 的滞后项，用于刻画赶超过程；Z_{it} 是对地方政府债务规模的某种变量，例如地方政府性债务/GDP 的比例，我们关心的就是它对于经济增长的影响；x_{it} 是一系列的控制变量，包括：贸易开放度，用进出口总额占 GDP 的比值表示；通货膨胀，用消费者价格指数

第二节　实证结果与分析

一、地方政府债务规模对经济增长的线性影响

表7－5报告了地方政府债务规模对经济增长的线性影响的估计结果。依次尝试了混合 OLS 模型（1）、个体固定效应模型（2）、双向固定效应模型（3）、差分 GMM 模型（4）、使用政府债务滞后项做工具变量的双向固定效应模型（5），以及向前三年经济增长率均值替代因变量的双向固定效应模型（6）。

表7－5　　　　　　　　地方政府债务规模对经济增长的线性影响

项目	（1）	（2）	（3）	（4）	（5）	（6）
政府债务	0. 059 ** （2. 07）	－ 0. 080 *** （ － 4. 35）	－ 0. 077 *** （ － 4. 33）	0. 008 （0. 05）		0. 003 （0. 15）
滞后政府债务					－ 0. 004 （ － 0. 13）	
其余控制变量	是	是	是	是	是	是
省份固定效应	否	是	是	是	是	是
时间固定效应	否	否	是	是	是	是
样本量	93	93	93	33	107	76
R^2	0. 651	0. 800	0. 834		0. 945	0. 913
一阶自相关检验				0. 425		
工具变量外生性				0. 338		

注：括号中均为根据稳健性标准误计算的 t 值；***、** 和 * 分别表示在 1%、5% 和 10% 水平上显著。

为简单起见，我们只汇报了政府债务的系数的回归结果。表7-5的第（1）列是混合OLS的估计结果，政府债务/GDP的规模增加，经济增长率也显著增加。但这一回归结果并不可靠，混合OLS完全没有利用面板数据的特点，一旦存在与误差项相关的个体效应，混合OLS的估计结果就不一致。第（2）列回归包含了个体效应，第（3）列双向固定效应回归同时包含了个体效应和时间效应，他们的估计结果与第（1）列完全相反，显示政府债务规模增加对经济增长有负面影响。虽然第（3）列已经控制了经济周期和政策变化可能带来的干扰，但无法解决由双向因果关系带来的内生性问题，因此还需要进一步考察第（4）列差分GMM、第（5）列使用政府债务滞后项、第（6）列使用向前三年人均GDP增长率均值作为因变量的回归结果。这三列的回归结果均显示政府债务规模对经济增长没有显著影响。这是否说明地方政府债务对经济增长的影响是中性的呢？并不一定。表7-5使用线性影响的回归模型只能估计地方政府债务规模对经济增长的线性影响，但这一影响还有可能是非线性的。使用线性影响模型得到的结果可能只是平均意义上的综合影响，并不能够完整地反映出地方政府债务的真实影响。

另外，第（4）列的差分GMM使用多期的滞后经济增长率做工具变量，损失了过多样本，因此估计结果不太可靠。第（5）列中我们使用了政府债务的滞后项作为当期政府债务的工具变量，之所以这样做是因为从理论上看，前一期的政府债务规模与当期政府债务规模有关。但事实可能并非如此，我们在表7-6中检验了滞后政府债务规模与当期政府债务规模的相关性。

表7-6　　　　　　　　　地方政府债务规模与其滞后项的相关性

项目	(1)	(2)	(3)
滞后政府债务	0.933 *** (10.62)	0.102 (0.56)	0.178 (0.99)
常数项	0.032 (1.32)	0.306 *** (5.10)	0.252 *** (3.91)

续表

项目	(1)	(2)	(3)
省份固定效应	否	是	是
时间固定效应	否	否	是
样本量	63	63	63
R^2	0.740	0.013	0.157

注：括号中均为根据稳健性标准误计算的 t 值；*** 、** 和 * 分别表示在 1%、5% 和 10% 水平上显著。

从表 7-6 可以发现，考虑个体效应后，前一期的政府债务规模与当期政府债务规模不相关，说明滞后的政府债务规模不能作为当期政府债务的工具变量。因此表 7-5 中第（5）列的回归结果也不可靠。

下面我们再检验一下地方政府债务对经济增长是否存在非线性影响。

二、地方政府债务对经济增长的非线性影响

根据表 7-5 的回归结果和以上分析，当不存在双向因果效应时，第（3）列双向固定效应模型的回归结果是可靠的，它有效地分离了不同省份的个体固定效应以及政策变动、经济周期对应的时间固定效应；但是当存在双向因果效应时，使用向前三年人均 GDP 增长率均值作为因变量的双向固定效应模型得到的估计结果更加可靠。在这一部分分析中，我们分别使用双向固定效应模型和使用向前三年增长率均值进行回归，以考察在非线性设定下，地方政府债务对经济增长的影响，回归结果如表 7-7 所示。

表 7-7　　　　　　　　地方政府债务对经济增长的非线性影响

项目	当年人均实际 GDP 增长率			向前三年增长率均值		
	(1)	(2)	(3)	(4)	(5)	(6)
政府债务	-0.062 (-1.38)	-0.054 (-1.00)	-0.053 (0.18)	-0.021 (-0.41)	0.074 ** (2.24)	0.071 ** (2.54)

续表

项目	当年人均实际 GDP 增长率			向前三年增长率均值		
	（1）	（2）	（3）	（4）	（5）	（6）
政府债务	− 0.017			0.027		
平方项	（− 0.44）			（0.70）		
中等规模_政府债务			− 0.005 （− 1.03）			− 0.055 *** （− 2.91）
较高规模_政府债务		− 0.025 （− 0.49）	− 0.027 （− 1.19）		− 0.077 ** （− 2.54）	− 0.103 ** （− 2.68）
其他控制变量	是	是	是	是	是	是
省份固定效应	是	是	是	是	是	是
时间固定效应	是	是	是	是	是	是
样本量	93	93	93	93	76	76
R^2	0.834	0.834	0.837	0.914	0.918	0.920

注：括号中均为根据稳健性标准误计算的 t 值；***、** 和 * 分别表示在 1%、5% 和 10% 水平上显著。中等规模_政府债务和较高规模_政府债务是政府债务根据阈值进行划分所对应的组虚拟变量和政府债务规模的乘积所组成的交互项。分为两组时对应的地方政府债务规模的阈值为 0.15；分为三组时对应的地方政府债务规模的阈值分别为 0.15 和 0.35；此处阈值是反复测算的结果，在所有回归结果中选择拟合优度最大的回归所对应的临界点作为阈值。

表 7 - 7 中第（1）列和第（4）回归是用地方政府债务规模的平方项来刻画地方政府债务的非线性影响，回归结果均不显著。使用当期经济增长率作为因变量的其余两列，回归结果也不显著；使用向前三年人均经济增长率作为因变量的第（5）列和第（6）列，门槛效应显著。第（5）列是用分为两段的门槛效应模型（8）进行回归，结果显示，存在显著的门槛效应，低于 15% 阈值的地方政府债务增加可以促进经济增长，高于 15% 阈值的地方政府债务规模增加相比低于阈值的地方政府债务增加对经济增长有显著的损害作用，相比于不存在地方政府债务的情况，高于 15% 阈值的地方政府债务规模增加对经济增长的影响有轻微的负面影响。第（6）列是用分为三组的门槛效应模型（8）进行回归的结果，可以看出，两个门槛效应均显著，低于 15% 阈值的地方政府债务增加促进经济增长，与之相比，介于

15% 到 35% 的中等规模的地方政府债务增加对经济增长有显著的负面影响，但其对经济增长的整体影响是正的；与低于 15% 阈值的地方政府债务相比，高于 25% 的地方政府债务增加对经济增长有比中等债务规模增加更为严重显著的负面影响，其对经济增长的整体影响是负的。

由于使用向前三年人均经济增长率作为因变量的双向效应模型能够排除双向因果关系的作用，我们认为列（3）至列（6）的回归结果更可靠，也就是说地方政府债务规模对经济增长存在非线性影响。这一非线性影响是倒 U 型的，随着地方政府债务规模的逐步累积，地方债对经济增长的影响从促进变为损害，全国平均意义上的转折点是地方政府债务规模/GDP 的比重为 15% 左右。根据表 7-3，可以发现全国除了广东和山东外，绝大多数省份的地方政府性债务规模都已经超过了这一临界点。

三、稳健性检验

表 7-5 和表 7-7 中的各列回归，虽然使用的估计方法有一些差别，但对于控制变量的选择是完全相同的。由于在经济增长的实证中回归结果对变量选择比较敏感，可能会有一些质疑认为前面的结论是在特定的回归方程中才成立的。下面我们在控制变量集中依次加入三项可能影响经济增长的其他因素，例如城镇化率、R&D 经费支出比重、R&D 人员比重等，考察阈值效应是否发生改变。

表 7-8 中所有回归的因变量都是向前三年的人均经济增长率均值。根据表 7-8，可以看出，地方政府债务对经济增长的倒 U 型影响是非常稳健的。

表 7-8 稳健性检验

项目	（1）	（2）	（3）	（4）	（5）	（6）
城镇化率	1.831 (1.36)			1.751 (1.36)		

项目	(1)	(2)	(3)	(4)	(5)	(6)
R&D 经费支出比重		0.029 (1.36)			0.029 (1.11)	
R&D 人员比重			0.006 *** (3.19)			0.006 *** (3.09)
政府债务	0.044 (1.66)	0.041 (1.62)	0.041 (1.62)	0.049 ** (2.18)	0.043 (0.89)	0.043 ** (2.06)
中等规模_政府债务				-0.035 *** (-3.41)	-0.038 ** (-2.42)	-0.027 *** (-3.30)
较高规模_政府债务	-0.046 *** (-3.14)	-0.043 *** (-3.57)	-0.042 *** (-3.16)	-0.076 *** (-3.05)	-0.069 * (-1.75)	-0.075 *** (-2.91)
其他控制变量	是	是	是	是	是	是
省份固定效应	是	是	是	是	是	是
时间固定效应	是	是	是	是	是	是
样本量	76	76	76	76	76	76
R^2	0.934	0.940	0.938	0.936	0.940	0.939

注：括号中均为根据稳健性标准误计算的 t 值；***、** 和 * 分别表示在 1%、5% 和 10% 水平上显著。中等规模_政府债务和较高规模_政府债务是政府债务根据阈值进行划分所对应的组虚拟变量和政府债务规模的乘积所组成的交互项。分为两组时对应的地方政府债务规模的阈值为 0.15；分为三组时对应的地方政府债务规模的阈值分别为 0.15 和 0.35。

四、不同地区的地方政府债务对经济增长的影响

我国不同省份之间的经济发展特征差异较大，地方政府对地方经济增长的影响可能在不同的地区有不同的表现，只研究全国平均意义上的影响是比较粗糙的。本节中我们考虑两种对地区进行划分的方式，一是按照传统的东部、中部、西部地区的划分方式，将 30 个省划分为三类地区；二是根据样本期内各省地方政府债务规模的均值进行排序，以 10 个省为一个单位，将30 个省份按照债务规模的高中低划分为三类地区。下面我们分别研究这两类划分方法所对应的不同地区政府债务规模对经济增长的影响。

根据表 7 - 9 的第（1）列可以看出，东部地区的政府债务对经济增长的影响不显著，而中部地区和西部地区的政府债务增长对经济增长有显著为负的影响，其中西部地区政府债务增加的负面影响更大。第（2）列显示，政府债务规模较低的两组其政府债务增加对经济增长的影响都不显著，而政府债务规模已经较高的组，其政府债务增加对经济增长的损害作用显著，政府债务规模增加 10 个百分点，经济增长率将下降 1.15 个百分点。

表 7 - 9　　　　　　　　不同地区的政府债务规模对经济增长的影响

被解释变量	(1)	(2)
	向前三年增长率均值	
东部地区债务	-0.021 (-0.27)	
中部地区债务	-0.071** (-2.54)	
西部地区债务	-0.087*** (-3.05)	
低规模组债务		-0.020 (-0.33)
中规模组债务		-0.043 (-0.88)
高规模组债务		-0.115*** (-4.42)
其他控制变量	是	是
省份固定效应	是	是
时间固定效应	是	是
样本量	76	76
R^2	0.917	0.917

注：括号中均为根据稳健性标准误计算的 t 值；***、** 和 * 分别表示在 1%、5% 和 10% 水平上显著。表中所有的债务变量都是该省份所对应的组虚拟变量和政府债务规模的乘积所组成的交互项。

在表 7 - 4 的描述性分析中可以看出，东部地区和中部地区的地方政府债务规模均值基本相等，都比较低，西部地区的政府债务规模大大高于中部地区和东部地区。所以表 7 - 9 的两列回归结果得到的结论实际上是一致的，即在政府债务规模已经较高的地区，增加地方政府债务对经济增长有显著的负面影响。这可能是因为政府债务规模较高的地区偿付负担较重，偿付利息对经济增长的负面效果超过了增加公共投资对经济增长的正面影响，也有可能是因为这些地区的政府公共投资效率低下。总之，这些地区的政府需要特别关注举债的经济影响，不能盲目过度举债。

第三节　实证结论与拓展分析

一、实证结论

实证部分搜集了中国各省市地方性政府债务数据和经济数据，考察了地方政府债务规模对区域经济增长的影响，并比较了不同地区间这种影响的差异，发现：地方政府债务规模增加对区域经济增长的影响是非线性的，存在显著的阈值效应，整体呈现倒 U 型，当政府债务/GDP 规模超过 15% 时，地方政府债务对经济增长的负面作用开始显现，地方政府债务规模超过 35% 时，这种负面作用变得更大；我国西部地区、政府债务规模较高的地区，其政府债务规模扩张对经济增长有损害作用，东部地区、政府债务规模较低的地区，其政府债务规模扩张对经济增长没有显著影响。

本章第二节实证部分充分考虑了回归分析中可能遇到的各种内生性来源，例如中央政府政策变动、经济周期等，选择了双向固定效应模型，针对政府债务和经济增长之间可能存在的双向因果关系，进一步选择了差分 GMM、使用政府债务滞后项做工具变量，以及使用向前三年的人均经济增长率均值作为因变量的估计方法，发现使用向前三年的人均经济增长率均值作为因变量的双向固定效应模型得到的结果更加符合理论预期，后续研究都以这一模型作为基准回归模型。

二、拓展分析

在表7-9中我们发现不同地区的地方政府债务对经济增长的影响不同。为什么会出现这样的结果呢？他们影响经济的途径有何差异？这是我们打算进一步拓展研究的问题。

根据已有文献，地方政府债务影响经济增长主要是通过三条渠道：一是地方政府通过举借债务为公共投资融资，从而促进经济增长；二是地方政府债务会成为地方政府的负担，还本付息的偿付责任会降低经济流动性、降低地方政府的公共支出，从而对经济增长有负面影响；三是地方政府债务可能挤出私人投资，损害经济增长，但地方政府债务也可能通过提升基础设施建设、提高基本公共服务水平等，为私人投资营造良好的经济环境，反而促进私人投资的发展。结合本章第一节中描述性统计分析的结果，提出七条研究假设：第一，东部地区经济发展水平较高，利息支出对于政府来说负担不高，所以预计举借债务不会造成地方财政负担，对地方政府公共支出没有影响；第二，东部地区经济较为发达，基础设施建设水平相对于中、西部地区较高，私人投资比重也趋于稳定，增加东部地区政府的债务对私人投资促进作用不显著，可能会挤出私人投资；第三，中部地区财政赤字最为严重，地方政府财政紧张，政府债务的利息支出增加了地方政府的财政支出，所以地方政府债务可能意味着较重的财政负担，会降低地方政府公共支出；第四，中部地区的私人投资率较高，私人投资仍然处于比较旺盛的发展阶段。此时提高政府债务规模，提升基础设施建设，可能会对私人投资有促进作用；第五，西部地区的财政压力不大，财政盈余较高，政府债务的利息支出可能不会造成地方政府的财政负担，不会影响地方政府公共支出的水平；第六，西部地区的私人投资率最高，说明西部地区目前正处于投资热潮期，地方政府性债务规模增加可能会通过提升基础设施建设和公共服务水平进一步促进私人投资；第七，无论在东部地区，中部地区，还是西部地区，中国的地方政府举债债务通常都是为了进行基础设施建设，因此预计政府债务增加会提高公共投资率。

（一）模型设定

由于地方政府债务对投资和公共支出的影响不太可能存在双向因果关系，而且经济波动造成的内生性问题可以由双向固定效应模型加以处理。因此，我们认为可以使用以下三种计量模型得到可靠的回归结果，如下：

$$y_{it} = \theta + \beta x_{it} + \gamma Z_{it} + \varepsilon_{it} \tag{7.9}$$

$$y_{it} = \theta + \beta x_{it} + \gamma Z_{it} + u_i + \varepsilon_{it} \tag{7.10}$$

$$y_{it} = \theta + \beta x_{it} + \gamma Z_{it} + u_i + \varphi_t + \varepsilon_{it} \tag{7.11}$$

在上述模型中，分别用 t 和 i 代表时间和地区；ε_{it} 是误差项；y_{it} 表示 t 期第 i 个地区的被解释变量，包括公共投资率、私人投资率以及政府公共支出水平；x_{it} 表示一系列的控制变量，包括：实际人均 GDP 增长率的滞后项、第二、三产业比重（反映经济结构）以及财政盈余；Z_{it} 表示地方政府债务规模；u_i 表示地区异质性的固定效应；φ_t 表示时间固定效应。

其中，第二、三产业比重 $= \dfrac{工业和服务业产值}{GDP}$；

地方政府债务规模 $= \dfrac{地方政府性债务}{GDP}$；

财政盈余 $= \dfrac{财政盈余额}{GDP} = \dfrac{地方公共财政收入 + 中央政府的转移支付 - 地方公共财政支出}{GDP}$；

另外，在使用线性模型来研究地方政府债务的影响时，选取政府债务规模的一次项表达式，在研究政府债务对各渠道的非线性影响时，加入政府债务规模的二次项表达式。

（三）回归结果

首先看全国样本下，地方政府性债务规模影响经济增长的三条渠道：公共投资、私人投资以及公共支出，回归结果分别如表 7 - 10、表 7 - 11、表 7 - 12 所示。

表 7 - 10   **全国样本下的政府债务对公共投资的影响**

项目	(1)	(2)	(3)	(4)	(5)	(6)
	混合 OLS	FE	双向 FE	混合 OLS	FE	双向 FE
实际人均 GDP 滞后项	0.000 (1.05)	0.000 (0.44)	0.000 (0.01)	0.000 (0.99)	0.000 (0.43)	− 0.000 (− 0.02)
实际人均 GDP 增长率滞后项	0.0676 *** (3.07)	0.0152 (0.65)	0.0341 (0.93)	0.0665 *** (2.90)	0.0168 (0.59)	0.0341 (0.92)
私人投资率	0.0126 (1.11)	− 0.0186 (− 1.37)	− 0.0175 (− 1.39)	0.0122 (1.03)	− 0.0176 (− 1.30)	− 0.0178 (− 1.38)
第二、三产业比重	0.0244 (0.53)	− 0.0264 (− 0.21)	0.0951 (0.63)	0.0266 (0.58)	− 0.0372 (− 0.28)	0.0800 (0.53)
财政盈余	− 0.0311 *** (− 3.39)	0.00542 (0.54)	0.00360 (0.73)	− 0.0315 *** (− 3.26)	0.00598 (1.26)	0.00394 (0.78)
政府债务	0.0411 *** (3.42)	− 0.00708 (− 0.63)	− 0.00331 (− 0.34)	0.0513 ** (2.51)	0.0109 * (1.71)	0.00434 (1.18)
政府债务平方项				− 0.0118 (− 0.41)	− 0.0188 (− 1.00)	− 0.00831 (− 0.48)
常数项	− 0.0318 (− 0.77)	0.0610 (0.59)	− 0.0458 (− 0.35)	− 0.0347 (− 0.84)	0.0659 (0.61)	− 0.0323 (− 0.25)
样本量	89	89	89	89	89	89
拟合优度	0.3319	0.1780	0.2048	0.3331	0.1848	0.2060

注：*** 、** 和 * 分别表示在 1% 、5% 和 10% 水平上显著。

表 7 - 11   **全国样本下的政府债务对私人投资的影响**

项目	(1)	(2)	(3)	(4)	(5)	(6)
	混合 OLS	FE	双向 FE	混合 OLS	FE	双向 FE
实际人均 GDP 滞后项	− 0.000 *** (− 4.26)	− 0.000 * (− 1.72)	− 0.000 *** (− 3.91)	− 0.000 *** (− 4.47)	− 0.000 * (− 1.67)	− 0.000 *** (− 3.84)
实际人均 GDP 增长率滞后项	− 1.405 *** (− 5.59)	− 0.780 *** (− 3.78)	− 0.243 (− 0.77)	− 1.419 *** (− 5.68)	− 0.791 *** (− 4.04)	− 0.241 (− 0.76)

续表

项目	(1)	(2)	(3)	(4)	(5)	(6)
	混合 OLS	FE	双向 FE	混合 OLS	FE	双向 FE
公共投资率	1.932 (0.99)	−1.833 (−1.37)	−1.021 (−1.16)	1.845 (0.93)	−1.731 (−1.25)	−1.036 (−1.16)
第二、三产业比重	−0.186 (−0.28)	1.942 (1.61)	−0.196 (−0.19)	−0.107 (−0.17)	2.039 *** (2.67)	−0.401 (−0.45)
财政盈余	0.272 * (1.85)	0.0403 (0.41)	0.00260 (0.03)	0.253 * (1.71)	0.0336 (0.35)	0.00726 (0.10)
政府债务	0.165 * (1.71)	0.165 ** (2.49)	0.101 ** (2.17)	0.513 (1.14)	−0.0221 (−0.05)	0.205 (1.22)
政府债务平方项				−0.401 ** (−2.02)	0.195 (0.49)	−0.114 * (−1.81)
常数项	1.400 * (2.72)	−1.070 (−1.05)	1.918 (1.99)	1.281 * (2.52)	−1.116 (−1.94)	2.094 * (2.37)
样本量	89	89	89	89	89	89
拟合优度	0.6114	0.6774	0.8146	0.6166	0.6803	0.8154

注：*** 、** 和 * 分别表示在 1% 、5% 和 10% 水平上显著。

表 7 − 12　　全国样本下的政府债务对公共支出的影响

项目	(1)	(2)	(3)	(4)	(5)	(6)
	混合 OLS	FE	双向 FE	混合 OLS	FE	双向 FE
实际人均 GDP 滞后项	−0.000 ** (−2.49)	−0.000 ** (−3.41)	−0.000 * (−1.85)	−0.000 *** (−2.76)	−0.000 *** (−4.05)	−0.000 * (−1.71)
实际人均 GDP 增长率滞后项	−0.274 *** (−2.81)	0.0780 (1.61)	0.179 ** (3.12)	−0.286 *** (−2.87)	0.0756 * (1.93)	0.179 *** (3.02)
公共投资率	0.552 (0.69)	−0.0838 (−0.27)	−0.0807 (−0.52)	0.477 (0.64)	−0.0607 (−0.25)	−0.0743 (−0.47)
第二、三产业比重	0.0797 (0.20)	0.0332 (0.12)	0.207 (0.52)	0.149 (0.38)	0.0551 (0.24)	0.295 (0.72)

续表

项目	(1)	(2)	(3)	(4)	(5)	(6)
	混合 OLS	FE	双向 FE	混合 OLS	FE	双向 FE
财政盈余	0.280 ** (2.18)	0.0138 (0.59)	− 0.000516 (− 0.06)	0.263 ** (2.15)	0.0123 (1.39)	− 0.00251 (− 0.29)
政府债务	0.346 *** (4.22)	0.0147 (0.57)	0.0246 (0.97)	0.647 *** (3.93)	− 0.0275 (− 0.39)	0.0488 (0.44)
政府债务平方项				− 0.347 ** (− 2.26)	0.0441 (0.64)	− 0.0201 * (− 1.86)
常数项	0.155 (0.47)	0.103 (0.43)	0.162 (0.44)	0.0514 (0.16)	0.0927 (0.50)	0.0865 (0.24)
样本量	89	89	89	89	89	89
拟合优度	0.6508	0.2676	0.6381	0.6710	0.2737	0.6446

注：*** 、** 和 * 分别表示在 1%、5% 和 10% 水平上显著。

表 7 - 10 的前三列回归结果是地方政府债务对公共投资的线性影响，在混合 OLS 回归中，政府债务规模增加对公共投资有显著的促进作用，但控制了个体效应或双向固定效应后，政府债务的影响不再显著；后三列是非线性影响的回归结果，这几列中政府债务的二次项均不显著，政府债务的一次项在混合 OLS 回归和固定效应回归中均是显著为正的，说明随着政府债务规模的增加，公共投资率也随之提高。

表 7 - 11 前三列考察了线性影响，政府债务规模的增加对私人投资有显著的促进作用，说明政府债务对私人投资的挤出效应不大，促进作用更强；政府债务规模的二次项的回归结果在混合 OLS 回归和双向固定效应回归中均是显著为负的，说明政府债务对私人投资的影响是非线性的，而且是倒 U 型的。

表 7 - 12 前三列考察了政府债务的线性影响，在混合 OLS 回归中，政府债务对公共支出的正面影响是显著的；加入政府债务规模的二次项后，在混合 OLS 回归和双向固定效应回归中二次项均是显著为负的，说明政府债

务对公共投资的影响也是倒 U 型的。

进一步分别检验不同地区的地方政府债务规模对公共投资率、公共支出水平以及私人投资率的影响，回归结果如表 7 - 13、表 7 - 14、表 7 - 15 所示。为简单起见，仅报告政府债务的回归系数。

表 7 - 13　　　　　　　不同地区的政府债务对公共投资的影响

地区	(1)	(2)	(3)	(4)	(5)	(6)
	混合 OLS	FE	双向 FE	混合 OLS	FE	双向 FE
东部	0.0371 (1.44)	- 0.0111 (- 0.32)	- 0.00313 (- 0.10)	0.127 (1.25)	0.0249 (0.50)	0.0250 (0.56)
东部平方				- 0.147 (- 0.76)	- 0.0789 (- 0.66)	- 0.0643 (- 0.54)
中部	0.0482 ** (2.52)	0.00136 (0.05)	0.000314 (0.01)	0.197 ** (2.13)	0.133 (1.37)	0.0879 (0.86)
中部平方				- 0.328 * (- 1.97)	- 0.232 (- 1.63)	- 0.154 (- 1.05)
西部	0.0422 (0.52)	- 0.0106 * (- 1.81)	- 0.00529 (- 1.64)	0.0894 (0.58)	- 0.0220 *** (- 3.06)	- 0.00826 ** (- 2.24)
西部平方				- 0.0371 (- 0.96)	- 0.00839 (- 0.33)	0.000196 (0.01)
样本量	89	89	89	89	89	89
拟合优度	0.3390	0.1811	0.2054	0.3677	0.2031	0.2133

注：括号中均为根据稳健性标准误计算的 t 值；*** 、** 和 * 分别表示在 0.1% 、1% 和 5% 水平上显著。表中所有的债务变量都是该省份所对应的组虚拟变量和政府债务规模的乘积所组成的交互项。

表 7 - 14　　　　　　　不同地区的政府债务对私人投资的影响

地区	(1)	(2)	(3)	(4)	(5)	(6)
	混合 OLS	FE	双向 FE	混合 OLS	FE	双向 FE
东部	- 0.287 (- 1.24)	0.259 (1.22)	0.252 (1.11)	2.709 ** (2.04)	0.545 (1.13)	0.761 (1.08)

续表

地区	(1)	(2)	(3)	(4)	(5)	(6)
	混合 OLS	FE	双向 FE	混合 OLS	FE	双向 FE
东部平方				− 5. 430 ** (− 2. 26)	− 0. 402 (− 0. 39)	− 0. 709 (− 0. 60)
中部	0. 108 (0. 46)	− 0. 320 (− 1. 45)	− 0. 0903 (− 1. 21)	2. 677 ** (2. 15)	− 0. 899 (− 1. 47)	− 1. 550 (− 1. 40)
中部平方				− 4. 395 * (− 1. 93)	1. 411 (1. 31)	2. 190 (1. 29)
西部	0. 156 (1. 05)	0. 350 * (1. 91)	0. 180 (1. 31)	1. 475 ** (2. 33)	0. 925 * (1. 95)	1. 233 ** (2. 13)
西部平方				− 1. 109 ** (− 2. 22)	− 0. 620 * (− 1. 97)	− 0. 748 * (− 1. 91)
样本量	89	89	89	89	89	89
拟合优度	0. 6523	0. 7212	0. 8211	0. 6849	0. 7454	0. 8348

注：*** 、** 和 * 分别表示在1%、5%和10%水平上显著。

表7 – 15   不同地区的政府债务对公共支出的影响

地区	(1)	(2)	(3)	(4)	(5)	(6)
	混合 OLS	FE	双向 FE	混合 OLS	FE	双向 FE
东部	0. 0763 (0. 66)	0. 0820 (1. 44)	0. 0556 * (1. 78)	0. 508 (1. 00)	− 0. 0477 (− 0. 30)	0. 00142 (0. 01)
东部平方				− 0. 407 (− 0. 46)	0. 0270 (0. 10)	− 0. 139 (− 0. 36)
中部	0. 167 (1. 50)	− 0. 0473 (− 1. 40)	− 0. 0133 (− 0. 43)	− 0. 261 ** (2. 24)	− 0. 289 * (− 1. 73)	− 0. 0549 (− 0. 25)
中部平方				1. 862 (1. 27)	0. 483 (1. 48)	0. 0154 (0. 04)
西部	0. 317 *** (3. 86)	0. 0517 (1. 07)	0. 0543 * (1. 81)	0. 796 *** (3. 26)	0. 145 * (1. 67)	0. 196 (1. 61)

续表

地区	（1）	（2）	（3）	（4）	（5）	（6）
	混合 OLS	FE	双向 FE	混合 OLS	FE	双向 FE
西部平方				-0.512^{***} (-2.71)	-0.0712 (-1.22)	-0.124 (-1.55)
样本量	89	89	89	89	89	89
拟合优度	0.7125	0.3262	0.6664	0.7646	0.3478	0.6831

注：***、**和*分别表示在1%、5%和10%水平上显著。

表7-13回归结果显示，东部地区政府债务增加对公共投资无显著影响，中部地区的政府债务增加对公共投资的影响是倒U型的。西部地区的政府债务增加对公共投资的影响显著为负，这和假设7的判断并不一致，这可能是因为现实中很多地方政府举借债务并不是用于公共投资，而是用于偿还旧债。

上述回归结果表明，无论是东部、中部还是西部地区，地方政府债务规模增加对私人投资的影响均是倒U型的，而且西部地区应对的出现拐点的地方政府债务规模远高于其他地区。这和经济理论一致，与假设2、假设4和假设6的判断也一致。假设2认为当前情况下增加东部地区的政府债务，对促进私人投资无正面影响，这也符合回归结果，因为中东部地区对应的地方政府债务拐点大概在25%左右，当前的东部地区政府债务规模均值已经超过了这一阈值。尤其是表7中得到的西部地区的地方政府债务拐点较高，说明西部地区的政府债务增加有利于培育私人投资的发展。

上述回归结果表明，东部地区的政府债务规模增加与公共支出存在显著的正相关关系，与假设1一致，说明东部地区的地方政府举债能够增加公共支出，提升公共服务。中部地区的政府债务规模增加会对公共支出产生显著的负面影响，这与假设3相符。中部地区财政赤字严重，政府债务的利息支出增加了地方政府的财政支出，意味着较重的财政负担，所以增加地方政府债务规模会降低地方政府公共支出。西部地区的政府债务规模增加对公共支出有显著的促进作用，这可能是因为西部地区的财政盈余较高，政府债务的利息支出不会造成地方政府的财政负担，而且西部地区的政府债务有利于提升公共服务水平。

（四）拓展分析的启示

在目前我国地方政府债务的经济增长效应存在区域异质性的情况下，应该有差异的针对不同地区的地方政府债务分别进行管理，才能稳妥有序地化解和防范地方政府性债务的潜在风险。具体来说：

第一，东部地区的地方政府债务规模增加，对公共投资没有显著的影响，对公共支出有显著的正面影响，对私人投资有倒 U 型影响。由此可见，对于东部地区地方政府债务规模的确定，关键是找准理论上影响私人投资的倒 U 型拐点。根据本文的实证结果，东部地区地方政府债务规模对私人投资影响的拐点约为 24.9%，而当前东部地区地方政府性债务比例的均值大约是 25.99%，即当前大部分东部地区的地方政府性债务对私人投资都出现了显著的挤出效应，在一定程度上损害了当地的经济增长。因此，目前对东部地区省市的地方债最主要的是严控新增规模，尤其是要建立科学合理的地方债利率期限结构、落实债务置换工作，避免出现在某一时间段因新旧债务总规模扩大，而降低地区经济增长水平的现象。

第二，中部地区的政府债务规模增加对公共投资、私人投资的影响都是倒 U 型的，对公共支出有显著的负面影响。当前对中部地区的政府债务管理，一方面，通过比较中部地区地方政府债务规模对公共投资、私人投资影响的拐点与中部地区地方政府性债务的规模，前者分别约为 30% 和 30.5%，后者的均值为 28%，说明目前中部地区的基础设施建设还存在提升空间，新增地方政府债务可以在一定程度上促进当地的公共投资、私人投资；另一方面，中部地区的政府债务带来的利息支出是一项沉重的财政负担，对公共支出有显著的负面影响。因此，可以准许中部地区省市的地方政府适度举债，但要加强对新增债务偿还利息的测算，并把其纳入到未来地方财政负担、潜在债务风险的测度框架之中。

第三，西部地区的政府债务规模增加对公共投资有显著的负面影响，对公共支出、私人投资都存在一定的倒 U 型影响。通过比较西部地区地方政府债务规模对公共支出、私人投资影响的拐点与西部地区地方政府性债务的规模，前者分别约为 77.7% 和 66.5%，后者为 45.1%，发现西部地区目前的地方政府性债务规模的增加有利于提高公共支出水平，从而提升当地的公共服务水平，对培育私人投资也有正面影响。然而，西部地区举借债务的主要用途与东中部地区不同，东中部地区举借地方政府性债务多是用于基础设施建设，而西部地区举债主要用于提升公共支出。因此，西部地区的地方政府性债务管理主要是加强对举借债务用途的监督。要避免借新债补旧债式的低效率发债，更要杜绝举借的债务资金流向公共支出中的"三公经费"，而没有用于科教、民生等领域。

防范地方政府性债务风险的
国际经验借鉴

地方政府性债务可以划分为显性债务和隐性债务两种类型，鉴于不同国家的财政管理体制不同，尽管日本、澳大利亚等国家存在隐性债务，但是美国、德国等国家对隐性债务没有正式披露，地方政府债务多以市政债券的形式存在，而且显性债务与隐性债务关系密切、相互影响。同时，这些国家都为应对地方债风险积累了诸多的经验教训。因此，本章以地方政府性债务风险防控作为研究对象，可以深入分析世界上更多的典型案例，特别是可以从系统性的思维去研究地方债的综合治理，进而有助于我国实施更加精准的地方债政策，有效化解我国地方政府隐性债务。

第一节　日本夕张市财政重建的案例分析

日本地方政府债务在 20 世纪 80 年代急速增长，主要原因是美国运用各种手段逼迫日元升值，以解决日本对美国的贸易顺差问题。20 世纪 80 年代，日元对美元因《广岛协议》的公布而持续走强，这种走强迅速给市场带来了一种表面繁荣的假象。到了 1991 年，经济泡沫破裂，房地产与金融市场全面崩盘，造成了日本长达十年的经济衰退。面对这样的严峻形势和挑战，通过举债融资去提供公共服务是日本地方政府当时的最优渠道。同时，地方政府隐性债务也开始滋生，1991～2004年日本地方政府债务总余额如图8-1所示，从图中可以看出日本地方政府债务不断增长，并且债务增长率直到2000年以后才有所下降，主要原因是中央政府为了避免地方政府隐性债务激增引发债务风险，根据当时地方政府的实际情况制定了一系列管理政策，这些管理政策主要有两个要点：一是中央政府直接控制。与联邦制国家相比，作为单一制国家的日本对于地方政府债务的发行管控更加严格，表面上地方政府债务发行实行协商制，但实际上地方政府举债必须由中央政府决定规模、利率及偿还方式；二是扩充地方政府举债渠道，避免地方政府隐性债务滋生。除了向银行申请贷款、发行地方政府债券这两种常规的举债渠道，地方政府还可以向中央政府申请专项财政金融贷款（Fiscal Investment and Loan Program，FILP）和向地方公共团体金融机构（Japan Finance Organization for Municipalities，JFM）申请融资。即便如此，日本地方政府因为债务过多而破产的现象仍然存在，夕张市就是一个典型的例子。

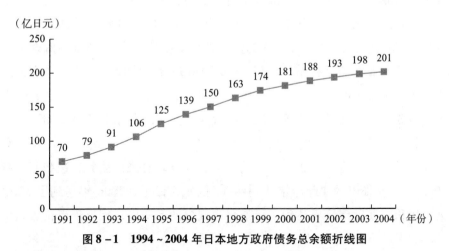

图8-1　1994～2004年日本地方政府债务总余额折线图

资料来源：日本财政部官网，http：//www. mof. go. jp。

一、重建前日本夕张市的财政状况

第二次世界大战后，工业复兴的原因使得中央政府对煤炭等能源行业尤为重视，夕张市也迎来了快速发展时期，昭和35年（1960年），夕张市有24座矿山，人口超过10万人，成为北海道第一城市。但是好景不长，国家的能源政策在昭和48年（1973年）发生了转换，工业上运用的主要燃料从煤炭变成了石油、国家对煤炭的需求下降，以及廉价的外国煤炭趁机侵占市场等多方面原因让夕张市的煤炭行业逐渐失去了竞争力。行业的没落加上高额的劳动力成本，最终夕张市的煤矿经营入不敷出，相继封山，人口也从10.8万人锐减到1.4万人。同时，夕张市原本丰富的矿产税、居民税等地方政府税收也因为主力产业的衰败和人口的流失大幅下降，之后日本中央政府成为夕张市的"家长"，财政援助成为夕张市财政的主要收入来源。当然，夕张市政府也在努力改变自己的现状，当时正值泡沫经济时期，国家推崇观光旅游业产业，夕张市领导层为减缓地方财政乏力、人口减少及经济下行的趋势，决定以旅游产业作为核心培育接续产业，从此，夕张市走上了从煤矿城市向旅游城市转型的道路。但是，中央政府的财政援助不能满足经济转型所需要的支出，夕张市不得不借债来实现经济转型。据统计，截至2003年，夕张市在旅游设施上总共投资了约21亿元人民币，其中有83.5%的资金来自市政债券，约16%的资金来自中央政府与北海道县补贴[1]。然而，夕张市并没有将地方政府债务和财政赤字正确地反映在政府会计账簿中，从而形成了地方政府隐性债务，他们把由旅游事业和医院事业等引起的财政收支赤字，利用短期借款的一般会计和特别会计之间的跨年度借出与偿还加以处理，进行了赤字隐藏。这种不适当的会计处理让夕张市的财政赤字和地方政府隐性债务急速膨胀，到2005年，夕张市的实际赤字达到约34亿元人民币，2006年达到了52亿元人民币，实际赤字额达到了标准财政规模的5.9倍，相当于市税收入的38.3倍[2]。

---

[1] Tamaki, Matsuo. 2013. Yubari ha nani wo kataruka（A people's history of Yubari City）. Tokyo：Yoshidashoten.

[2] 雨宫照雄：夕张市の破绽财政と再建制度，［地研通信］，2007年8月，第2页；相关数据一般按照当年平均汇率换算成人民币。

二、日本夕张市财政重建的主要举措

将财政收支赤字和地方政府债务隐藏，形成隐性债务的做法最终让夕张市资不抵债，平成18年（2006年）6月20日，夕张市市长后藤健二依据现行《重建法》，在市议会上明确提出了申请成为财政重建团体的想法，次年3月正式宣布破产，并在中央的指导下进行了财政重建[①]，其主要举措如下。

第一，削减财政支出，保证夕张市一般性政府支出维持在最低水平。在财政重建过程中，夕张市主要从人事经费上缩减财政支出，精减公务员数量。在人员数量方面，夕张市仅仅维持着同等人口规模城市中的最低水准，全市的公务员岗位由原来的309个下调到127个，减少了59%；在工资待遇方面，夕张市的公务员薪酬处于日本全国市町村的最低水平，平均工资相较财政重建以前减少了约30%。其中，个别岗位工资减少了60%，公务员的退休金也暂时性地缩减了25%[②]。同时，为了缓解人事经费大幅度削减带来的失业离岗与人口流失问题，中央政府与北海道厅政府协助当地企业制定了紧急就业对策，优先考虑失业人员，保证他们在夕张市能够重新再就业，尽力维持失业人员在夕张市的正常生活。

第二，调整公共服务水平。响应财政重建计划的要求，夕张市除保留市民生活必需的公共服务外，其他各项公共服务均缩小或停办。在教育方面，缩小学校规模和数量，计划将11所学校缩减为中小学校各1所，同时削减青少年教育经费；在公共医疗服务方面，缩小医院规模，并且探讨医院民营化的可能性；在文体活动方面，各种文体活动会馆无限期关闭，30余处公共活动场所（包括图书馆、民会馆等）强制性关闭；其他方面的措施主要包括削减老年人福利费、隔离团体的补助金削减至财政重建前的20%、除

---

① 森重昌之：地域主導の観光の視点から見た夕張市の観光政策，北海道大学院国際広報メディア観光学院観光創造専攻博士後期課程，第2-3頁。
② 夕張市：夕張市財政再建の基本的枠組み案について，2006年11月14日，第1頁。

必要情况外不进行公共事业型投资等。有关财政重建计划中财政支出和公共服务的具体举措如表 8-1 所示。

表 8-1　　　　　　　　　　　财政重建计划方案（部分）

废止的事业	医院交通费的补助，敬老免费券，育儿支援中心营运费补助，旅游活动等 20 项
缩小的事业	扫雪和保育所营运费补助，公园维持管理费等 8 项
公共设施撤销与合并	把现有 7 所小学和 4 所初级中学各自合并为一所
公共设施废止	包含图书馆、美术馆、青年妇女协会馆、市营棒球场、游泳池、养老院等的 12 所公共设施被废除。算上休业的公共设施则上到 17 处。道路下水道等的城市基础设施整备已经停止
职员数和人事费的削减	职员减半，工资上特别官职减少 60%，普通官职削减 30%

资料来源：夕張市：夕張市財政再建の基本的枠組み案について，2006 年 11 月 14 日，第 1 页。

第三，适度上调税费比例，增加税收收入及居民费用。有关上调税费比例的举措如表 8-2 所示。夕张市政府在财政重建计划中还增加了税费比例以增加财政收入，计划增加市民税等多项税种的税率，增加居民生活费用，如上下水道清理费用、幼儿园教育费用等。有学者估计，财政重建计划一经实施，拥有两个孩子的私人家庭一年预计要增加超过 2.9 万元人民币的负担①。

表 8-2　　　　　　　　　　　财政重建计划方案

提高使用费	上下水道使用费提高 60%，设施使用费提高 50%
税率上调	保育费，国民健康保险税，各种使用费、手续费等，费用率提高到其他自治团体的最高程度，市民税和固定资产税提高，小型汽车税增加 1.5 倍

资料来源：夕張市：夕張市財政再建の基本的枠組み案について，2006 年 11 月 14 日，第 1 页。

---

① 夕张市の財政破綻と日本の明日，資料室報，2007 年 1 月，第 3 页。

第四，加强上级政府及民间援助。不管是降低公共服务水平还是上调税费比例，夕张市政府的这些举措势必对居民的生活产生负面影响。因此，中央政府与北海道厅政府制定了缓和财政重建对市民生活的直接影响的对策。在债务方面，为促进夕张市财政重建维持市民享受的公共服务水平，中央政府和北海道厅政府决定免除夕张市的部分债务，并且要量力帮助夕张市政府偿还所剩债务；在居民生活方面，上级政府提供援助资金补偿市民的生活。上级政府的大力援助主要有以下两点原因：一是日本宪法第二十五条第一项规定，中央政府要积极地补偿国民最低限度的生活的权利，与居民所在的城市是否为财政重建团体无关；二是日本宪法第九十二条规定，国家必须补偿处于困境的地方政府的财源，夕张市政府破产也有国家政策引导错误与北海道厅政府管理不善的原因，其应当负有补偿责任。除上级政府的援助外，日本民间大量的非营利组织（Non-profit Organization，NPO）也参与援助，补充夕张市的公共服务，优先度由市民投票决定，充分参考市民的意见，鼓励市民积极参与自身所在住宅区或社区的志愿者活动，如街道清洁、扫雪等，为夕张市的财政重建贡献出自己的一份力量。同时，非营利组织也提供了部分工作岗位，在缓解夕张市失业问题的同时提供了部分公共服务。

三、日本夕张市财政重建后的效果分析

2008 年，夕张市正式启动财政重建计划，计划已经实施了 15 年，该计划从债务归还、财政赤字、人口流失三个方面进行分析。

（一）债务归还速度快

从 2008 年开始，夕张市每年制订地方债本息偿还计划并在其政府官网上设置了债务时钟，预计用 18～20 年返还 23.8 亿元人民币。截至 2023 年，夕张市在自身的努力和上级政府的援助下，已经偿还了超 13.24 亿元人民币[①]，

---

① 资料来源：日本夕张市政府官网，https：//www.city.yubari.lg.jp/smph/index.html。

剩下的预计在 2027 年之前全部偿还，每年的还款数额稳定。这在一定程度上反映了财政重建计划增加了夕张市的债务偿还能力，改善了夕张市的信用状况和市场声誉。表 8 - 3 列举了夕张市每年的债务偿还数额和每年的实际赤字率。

表 8 - 3 2008 ~ 2021 年夕张市地方债偿还及实际赤字率

年份	地方债券本息偿还金额（千日元）	地方债券本息偿还金额（千元人民币）	未发行再生转账特例债券的实际赤字率（%）
2008	2058218	138779.98	703.60
2009	1590811	116106.30	677.85
2010	2299746	177721.74	616.85
2011	2046422	165861.66	613.86
2012	9996152	789984.49	581.02
2013	3993298	252803.36	555.69
2014	3953339	230067.24	548.37
2015	3746089	193084.68	511.38
2016	3730177	228445.96	495.36
2017	3314621	199685.09	455.15
2018	3397639	203485.42	410.75
2019	3407651	215864.78	358.77
2020	3432375	221822.29	294.64
2021	3495433	205305.52	233.93

资料来源：日本夕张市政府官网，https：//www.city.yubari.lg.jp/smph/index.html；相关数据按照当年平均汇率换算成为人民币。

（二）财政赤字变为财政盈余

财政重建的第一年，夕张市政府就改变了财政赤字的局面，到 2023 年，夕张市政府一直保持着财政盈余的状态。2008 ~ 2023 年夕张市财政收支盈余具体数额如表 8 - 4 所示，2010 ~ 2021 年夕张市一般财政收支折线图如

图 8 - 2 所示。可以看出，财政重建计划改善了夕张市的财政收支状况，增加了夕张市的财政可持续性，具体从财政收入和财政支出两方面进行分析。在财政收入方面，观察图 8 - 2 可以发现夕张市的一般财政收入呈先上升、后稳定的状态，上升的主要原因是按照财政重建计划要求提高相关税率、扩大税收范围及增加居民生活费用。此外，上级援助、贸易和旅游业的发展及优化土地利用等也可能提高夕张市的财政收入，2014 年之后，人口流失导致夕张市的税基受到影响，一般财政收入较之前有所下降，后逐渐稳定；在财政支出方面，按照财政重建计划的要求，夕张市政府将通过优化财政支出结构，削减不必要的开支和浪费等方式降低财政支出。但是，2010 ~ 2021 年的一般财政支出波动趋势与一般财政收入大致相同，这是因为夕张市在制订财政重建计划时就已经将财政支出缩减到了最低程度，只保留了夕张市政府履行政府职能的必要支出。比较 2008 年和 2010 年的一般财政支出就可以说明：夕张市 2008 年的一般财政支出为 25.86 亿元人民币，而 2010 年的一般财政支出为 8.34 亿元人民币，仅仅是 2008 年的 18.28%。

表 8 - 4　　　　　　　**2008 ~ 2023 年夕张市财政收支盈余表**

年份	财政盈余（千日元）	财政盈余（千元人民币）
2008（财政重建元年）	- 32173140	- 2169346
2009	456142	33292
2010	526450	40683
2011	588586	47705
2012	645363	51002
2013	653696	41383
2014	678604	39492
2015	879739	45344
2016	902227	55255
2017	285292	17187
2018	85182	5102
2019	576134	36496

续表

年份	财政盈余（千日元）	财政盈余（千元人民币）
2020	482564	31186
2021	552239	32436

资料来源：根据日本夕张市政府官网数据整理，相关数据按照当年平均汇率换算成人民币。

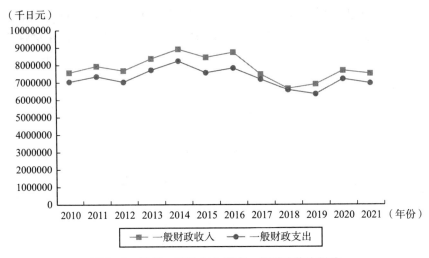

图 8 - 2 2010 ~ 2021 年夕张市一般财政收支折线

资料来源：根据日本夕张市政府官网数据整理得到。

（三）人口流失现象依然严重

财政重建计划是在地方政府破产的情况下改善地方政府财政状况、优化财政收支结构和提升经济活动水平的重要措施，其目的是提高地方政府的财政可持续能力，一般情况下不会直接导致人口的减少，甚至可以缓解人口流失现象。然而，夕张市的财政重建计划过于严苛，即使中央政府、北海道政府和民间组织不断完善夕张市的公共服务，极力缓解夕张市人口流失问题，人口流失现象依然严重。夕张市 2008 ~ 2023 年人口数据如表 8 - 5 所示，从表 8 - 5 的数据可以看出，财政重建计划对于缓解夕张市人口流失现象几乎没有作用，人口减少比率维持在 3% ~ 5%。其主要原因是夕张市的就业机会减

少，财政重建计划削减预算、下调社会福利，人们为了谋求更好的生活而选择
离开，这才导致了财政重建过程中对人口群体产生了负面影响，引起人口外流。

表 8 - 5　　　　　　　　　夕张市 2008 ~ 2023 年人口数据

年份	人口数量（人）	人口减少率（%）
2008	12068	
2009	11633	3. 60
2010	11213	3. 61
2011	10839	3. 34
2012	10471	3. 40
2013	10130	3. 26
2014	9765	3. 60
2015	9362	4. 13
2016	9025	3. 60
2017	8648	4. 18
2018	8212	5. 04
2019	8049	1. 98
2020	7744	3. 79
2021	7302	5. 71
2022	6959	4. 70
2023	6698	3. 75

资料来源：夕张市统计局，http：//www. city. yubari. lg. jp/。

　　总体来说，夕张市的财政重建计划有利有弊。该计划确实缓解了夕张市
的财政危机问题，避免财政危机继续恶化。与此同时，计划大幅削减财政支
出的措施严重影响了居民的生活质量，导致夕张市的人口流失现象严重，最
终影响税基。从长期来看，夕张市财政重建计划又是必然的选择，如果不进
行财政重建，债务负担和财政赤字的问题会形成不良循环，甚至会拖累整个
国家的经济发展。

第二节　美国底特律市财政破产的案例分析

美国是世界上第一个建立现代联邦制的国家，实行了联邦、州、地方三级财政管理体制，各级财政具有高度的自主权，州政府与地方政府可以自行借债。尽管美国地方政府债务几乎全都以市政债券的形式存在，但是其债券发行程序的透明度、评级机构的监督及市场风险的评估等措施对我国地方政府隐性债务的化解具有借鉴意义。2007～2022年美国地方政府债务如图8-3所示，从图中可以看出近年来美国的地方政府债务规模在不断扩大。中央政府制定了一套独特的地方政府债务监管机制对地方政府发债做了控制，有效抑制了地方政府隐性债务的扩张。即使这样，美国历史上仍存在不少财政破产的案例。例如，1975年纽约市（New York City）财政危机、1983年华盛顿（Washington）债务危机、1994年的橙县（Orange County）破产、2013年底特律市（City of Detroit）财政破产等。其中，财政破产前底特律政府困难的财政状况和该市单一的经济结构更加接近中国当前地方政府情况，因此底特律财政破产案更具有借鉴意义。

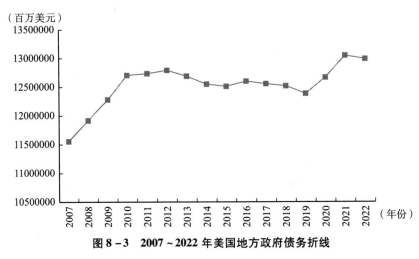

图8-3　2007～2022年美国地方政府债务折线

资料来源：https：//www.federalreserve.gov。

一、破产前美国底特律市的财政状况

底特律市始建于 1815 年，位于美国东北部，在 20 世纪 40 年代，底特律道路交通的优势加上工业的发展，美国三大汽车公司——福特、通用、克莱斯勒的总部先后坐落于底特律，这座城市便成为世界汽车工业之都。在当时，全美有 1/4 的汽车产自底特律。到了 20 世纪 50 年代，底特律成为美国最繁荣、最富有的城市之一，汽车行业的发展对劳动力的需求不断增加，美国南部的居民纷纷迁徙而来，底特律人口数量达到了高峰。在 1950 年，底特律拥有人口 185 万人。20 世纪 60 年代，底特律爆发种族骚乱，公共汽车行业废除种族歧视，许多白人大量逃离底特律，在 1980 年，白人的比例下降至 34%，人口的流失一直持续到 2014 年，由 185 万人减少到 70 万人左右，导致底特律市税基大幅缩小[①]。与此同时，石油危机加上美国汽车制造业遭受到了欧洲、日本、韩国、中国等地区和国家的冲击，汽车及汽车零部件制造企业相继外迁，进一步缩小了底特律市税基，导致底特律财政收入持续下降。从 2005 年开始，底特律市就面临着财政赤字的困境，2011 年 47 项应税财产拖欠财政税，2012 年预算财政赤字达到了 20.617 亿元人民币[②]。为改变人口流失带来的负面影响，底特律市承诺给劳动者提供极高的医疗保险服务和养老金。但是，当时的底特律已经无力兑现这些承诺，最终只能依赖借债和延期支付来支撑。据统计，最终底特律市承担的债务高达 1080 亿 ~ 1200 亿元人民币。其中，超过 50% 是由于没有资金准备的养老金和医疗保健义务。在民生方面，汽车行业的严重衰退导致底特律市的失业率居高不下，失业率在 2012 年和 2013 年都超过了 18%，远远高于 7.6% 的全国平均水平；市政服务更是破烂不堪，2013 年底特律市有 40% 的路灯不亮，2/3 的救护车停止工作，约 8 万栋摩天楼、工厂、住宅等建筑物被废弃、社

---

① 资料来源：密歇根州政府官网。
② 资料来源：根据底特律政府官网相关数据按照当年平均汇率换算成人民币。

会治安急剧恶化①。

人口与财富的外流、税收收入下降、债务偿还压力大、公共服务水平降低，这些现象都意味着这座城市往日的辉煌已经过去，等待这座城市的只剩衰落。底特律市经历了经济衰退、石油危机、汽车行业衰落、腐败、金融危机等诸多挑战，最终，由于收支差距及债务压力过大，在 2013 年 7 月 18 日依据美国联邦《破产法》正式向美国中央政府申请破产保护。

二、美国底特律市申请破产的主要举措

底特律破产之际，国际三大评级机构更新了他们对底特律市的信用评级，标准普尔为 B 级，穆迪为 Caa3 级，惠誉为 CCC 级。经过漫长的听证和激烈的辩论，美国联邦破产法院法官史蒂文·罗兹（Steven Rhodes）在 2013 年 12 月 3 日裁定，底特律符合美国破产法第 9 章的破产保护条件，可据此申请破产保护，重组债务。在 2014 年 11 月 7 日，联邦政府破产法院公布了史蒂文·罗兹最终的意见，并公布了底特律的债务重组计划，包括以下几个重点：一是"Grand Bargain"计划，该计划是为了筹集资金来保护底特律市民的养老金和底特律市拥有的重要文化资产，得到了私人捐款、州政府和联邦政府的支持；二是底特律市与债权人谈判，制订债务重组计划，该计划旨在减少底特律市的债务负担，并为市政府提供可持续的财政基础；三是联邦政府破产法院主持底特律市政府与政府雇员协商养老金问题，具体如下②。

（一）关于养老金和年金储蓄基金（Annuity Savings Fund，ASF）的追偿结算

（1）养老金结算：在警察和消防退休制度（The Police and Fire Retirement System，PFR）和一般退休制度（The General Retirement System，GRS）

---

① 资料来源：https://www.chinanews.com/gj/2013/12 - 05/5581963. shtml。

② 资料来源：https://www.uscourts.gov/services - forms/bankruptcy。

的无基金应计精算负债（Unfunded Accrued Actuarial Liability，UAAL）中，允许索赔金额分别为 76.75 亿元人民币和 115.37 亿元人民币。到 2023 年 6 月 30 日，养老金计划将使用 6.75% 的贴现率来评估负债，并使用 6.75% 的假设投资回报率来估计其资产的未来增长，每个养老金申领人将收到调整后的养老金数额。事实上，对于 PFRS 退休人员来说，这意味着养老金应计金额没有减少，但生活费用调整额（Cost Of Living Adjustment，COLA）减少了 45%。对于 GRS 退休人员，调整后的养老金金额是在累计养老金福利金额减少 4.5%，并取消 COLA。同时，养老金计划将于 2014 年 7 月 1 日冻结，通过以上计划将解决掉底特律市大部分的养老金欠款。

（2）年金储蓄基金（Annuity Savings Fund，ASF）的追偿结算：每位 ASF 参与者的 ASF 补偿金额将是 2003 年 7 月 1 日至 2013 年 6 月 30 日 GRS 计入参与者的超额利息金额，调整计划将 ASF 补偿上限设定为 2003 年 7 月 1 日至 2013 年 6 月 30 日每个参与者 ASF 账户最高价值的 20%，额外的上限将养老金削减和 ASF 补偿的总和限制在该类参与者年度养老金的 20%。据审计人员预估，该和解协议将为 GRS 净赚约 11.67 亿元人民币，约占底特律市索赔金额的 49%。

（3）退休人员委员会关于退休人员其他福利（Other Post‑Employment Benefits，OPEB）的和解协议：OPEB 索赔的允许金额为 264 亿元人民币。其中，135 亿元人民币用于 PFRS 退休人员，128.9 亿元人民币用于 GRS 退休人员。同时，退休人员委员会将建立一个自愿雇员受益人协会，为退休人员及其某些受益人和家属提供离职后福利。市政府不再有责任提供其他离职后福利。

（二）出资协议与债务和解协议

通过出资协议与债务和解协议帮助底特律市进行除养老金之外的债务重组，这在极大程度上降低了底特律市的债务压力。

（1）国家出资协议：由于底特律市的债务庞大，密歇根州政府以"朋友"身份对底特律市进行救助，立即捐出 11.96 亿元人民币。同时，底特律市、GRS 和 PFRS 将建立一个收入稳定计划，以确保养老金削减不会导致任何退休人员陷入贫困。该收入稳定计划将获得部分短期无限税一般义务债券的付款。除密歇根州之外，各种地方和国家慈善基金会将在 20 年内向 GRS 和 PFRS 捐款 22.47 亿元人民币。

（2）底特律艺术博物馆（The Detroit Institute of Arts，DIA）和解协议：底特律市将把这些艺术品移交给 DIA，DIA 将以永久慈善信托的形式持有这些艺术品，以造福底特律市和密歇根州的人民。作为补偿，DIA 确保并保证 20 年内向 GRS 和 PFS 提供 6.14 亿元人民币的捐款承诺。联邦破产法院认为，DIA 的解决方案对金融城底特律及其养老金债权人来说是最合理、最有利的解决方案。

（3）无限税一般义务债券（Unlimited Tax General Obligation，UTGO）与有限税一般义务（Limited Tax General Obligation，LTGO）债券和解协议：该部分协议最终敲定 UTGO 债券的索赔金额为 23.82 亿元人民币，2.64 亿元人民币的 UTGO 债券（各方称其为存根 UTGO 债券）将恢复给现有持有人，这些持有人对这些存根 UTGO 债券的付款权将专门用于收入稳定计划，底特律市与 UTGO 达成的和解比例为 74%，是底特律市对无担保债权人达成的最高和解比例；有关 LTGO 债券，底特律市政府决定使用现金偿还 3.38 亿元人民币债务。

（4）辛科拉（Syncora）和解协议：该部分协议最终敲定了辛科拉将获得 1.44 亿元人民币的新 B 类票据、1.31 亿元人民币的新 C 类票据及 3837.5 万元人民币的第 9 类和解信用额度。同时，底特律市政府决定额外支付 3070 万元人民币现金用于偿还债务。

底特律除债务重组之外，在以下几个方面也做出了调整。在基础设施方面，底特律市致力于改善城市的基础设施，包括修复道路、桥梁水处理设施和公共建筑修复等，该部分的资金由联邦政府和州政府提供；在社区发展和住房改善方面，底特律市通过"底特律社区倡议"（Detroit Neighborhood Initiative）计划和"底特律居住"（Live Detroit）计划，旨在完善社区公共设施，增强社区的可持续发展能力。同时，可享受住房补贴、低利率贷款、市民福利等；在教育改革方面，底特律市政府在破产案件中提交的一份官方文件中提到了底特律公立学校社区合作计划（Detroit Public Schools Community

District），包括提供高质量的教育机会，提供更好的教学资源和设施等；在经济发展和投资吸引方面，底特律推出了"底特律加速"（Accelerate Detroit）的经济发展计划，制定各种政策和计划来鼓励企业投资和创造就业机会，改变经济结构单一的现状，鼓励多元化发展。

三、美国底特律市申请破产后的效果分析

从 2015 年开始，美国底特律市就按照上述计划进行债务的归还和城市的重建，本部分将从人口数量、财政状况、城市再生和艺术文化等方面评估该计划实施近 10 年的效果。

（1）人口数量减少率下降，人口数量趋于稳定①。底特律市在申请财政破产之后，制定了一系列政策和计划来缓解人口流失问题。2010～2020 年底特律市人口数量如表 8-6 所示，从表中可以看出，自 2013 年以来，底特律市的人口减少率开始减缓，人口数量趋于稳定。其主要原因有以下几点：一是市政府积极吸引汽车制造、创新科技、文化创意产业等方面的投资，且吸引了大量的风险投资和创业资金，新的经济增长点吸引了技术人才。底特律市的失业率从 2013 年的 18.9% 下降至 2021 年的 6.8%，企业数量相比破产前增长了 45%。2014 年以来，底特律市新增就业岗位超过 2.5 万个。二是通过税收减免和税收优惠等激励措施鼓励房地产开发和社区改造，底特律市中心城区的住宅销售量翻倍，交通的可及性与效率均有所提高，为居民创造了更多的就业机会。三是底特律采取相关措施改善公共安全状况，减少犯罪率，2021 年底特律的犯罪率下降至 10% 以下，比 2013 年减少了 40%，这极大地增强了居民对该市的信心。四是教育系统的改革也初见成效，市教育支出从 2014 年的 45.436 亿元人民币上升至 2019 年的 66.833 亿元人民币，底特律市的高中毕业率从 2010 年的 65% 提高到了 2019 年的 81%，底特律市还开设了更多的职业培训机构，以提供更多的技能培训，增加居民的就业机会。

---

① 资料来源：底特律政府官网，https：//detroitmi.gov/。

表 8 - 6　　　　　　　　　2010～2020 年底特律市人口数量

年份	人口数量（人）
2010	713777
2011	706585
2012	701475
2013	688701
2014	680250
2015	677116
2016	674188
2017	672795
2018	672662
2019	670031
2020	639111

资料来源：美国人口普查局（United States Census Bureau）。

（2）债务压力减轻，财政状况改善①。首先，底特律市进行了债务重组和债务削减，减轻了其财政压力，并缓解了财政状况。据统计，截至 2021 年，底特律市的债务总额降至约 238 亿元人民币，底特律市在减少债务负担方面取得了显著的进展。其次，减轻了债务压力的市政府将重心放在财政收入上，通过吸引投资、促进经济发展、提供税收激励和优惠、改善营商环境、推动基础设施建设、扩大税基等方式提高财政收入，2021 年底特律市一般财政收入约 85.617 亿元人民币，相比 2010 年增长了 20% 以上。此外，底特律市加强了财政管理和监督机制，确保了财政资金的有效使用和合理分配，并定期向公众公开财务报告，为投资者、企业和居民树立信心，提高市政府的信誉度。2021 年，标准普尔、穆迪、惠誉对底特律市的信用评级分

---

① 资料来源：底特律政府官网，https：//detroitmi.gov/（相关数据按照当年汇率换算成为人民币）。

别为：BBB +、Baa3、BBB，均表明了底特律市的财政状况相对稳定，信用状况良好，具有一定的还款能力。最后，底特律还致力于城市复兴和形象改善。市政府增加了对公共交通、道路、学校和市区设施的投资，加强了城市绿化和公园建设，提供了更好的公共设施。自 2014 年以来，底特律市已经投资超过 1000 亿元人民币用于基础设施改进项目。城市环境的改善不仅缓解了底特律人口流失问题，还推动了当地旅游业的发展。据统计，2021 年底特律市旅游业收入比破产前增长了约 50%。

（3）城市再生劲头足，文化艺术恢复全面[①]。一是工业遗址再利用。底特律市因为工业经济的衰败有很多废弃的工厂和仓库，底特律市将这些工厂和仓库改建成为办公楼、住宅区和文化产业中心等，让这些废弃厂区焕发出新的活力。数据显示，自破产以来底特律市已经改造了超过 70 个工业遗址，吸引了大量企业和投资者；二是文化活动和节庆，底特律市举办了各种文化活动、音乐节、艺术展览和庆典活动，吸引了大量的参与者和游客，每年的底特律艺术节（Detroit Art Week）和底特律国际汽车展（North American International Auto Show）已经成为底特律市的标志性活动。相比 2014 年，底特律市每年的文化和艺术活动参与人数增长了超过 30%；三是艺术机构和文化场所，底特律市与底特律艺术博物馆（Detroit Institute of Arts，DIA）合作，发展了许多艺术机构、文化中心和博物馆，为居民和游客提供了丰富的艺术和文化体验。例如，底特律艺术博物馆的访问人数从 2014 年的 65 万人增加到了 2019 年的 90 万人。

虽然底特律市在恢复和发展中取得了较为显著的成果，但仍然面临着一些挑战：一是底特律市仍存在不平等问题。尽管底特律市在城市恢复方面做出了一些努力，但是在改善社会公平和包容性方面仍有改进之处。根据美国人口普查局的数据，2019 年底特律市的贫困率为 35.7%，而全美平均为12.3%，贫困率依旧处于较高的水平。二是底特律市资源分配不均现象仍然存在。在社区发展和就业方面，部分社区没有充分获得发展项目和投资的机会，导致城市发展不均衡，改善基础设施和公共服务方面仍然有较大的差

---

①　资料来源：底特律政府官网，https：//detroitmi.gov/。

距。同时，底特律市的底层人民并没有进行就业培训，就业机会并没有下放到所有人。教育资源也存在类似情况，公立学校之间的教育设施差距较大，如格罗斯点公立学校（Grosse Pointe Public Schools）与罗斯福高中（Roosevelt High School）比较，格罗斯点公立学校拥有现代化、高质量的教学设施，他们的教室宽敞明亮，配备先进的技术设备，如交互式白板、计算机实验室和科学实验室等；而罗斯福高中学校的设施状况糟糕，如屋顶漏水、电气设备老化等。

第三节 德国北莱茵－威斯特法伦州政府债务管理的案例分析[①]

德国是位于中欧的联邦议会共和制国家，实行的是联邦、州、市政府三级相对独立的对称型财政分权体制，州政府及市政府统称为地方政府。《德意志联邦共和国基本法》（德国宪法）对各级财政事权和财权进行了明确划分，要求各级政府必须编制独立的预算报告，并且规定三级政府均有独立的发债权。地方政府债务由地方政府、地方性公共机构根据各州、市的法律规定进行发行。原则上，联邦政府不进行干预，这就意味着各州和地方政府在举债方面具有高度的自治权。根据黄金法则[②]，地方政府原则上只能发行筹集投资性经费的地方债。但考虑到部分地方政府由于债务负担较重等原因，经议会批准可举借部分债务用于非资本性支出。其中，州政府的债务形式主要以短期债券、兰德债券（Land Bonds，一般期限在 5 年以上的长期债券）、戴普发银行（Depfa Bank）贷款的形式存在。2008~2020 年德国地方政府债务总余额如图 8-4 所示，从图中可以看出，过去的 20 年里，德国各级政府债务规模不断扩大，加上一系列欧洲国家主权债务危机爆发的冲击，德国地

---

① 资料来源：欧洲统计局、德国联邦统计局、联邦劳动局、北威州州政府、北威州经济部、北威州统计局、北威州国际商务署官网数据整理得到。

② 黄金法则是指政府债务资金只能用于资本性支出，不能用于弥补政府财政收支缺口。

方政府债务尤其是隐性债务规模激增，主要原因是经过冲击后的德国经济遭受重创，为了刺激经济复苏，扩大国内需求，德国政府强化了债务发行力度。

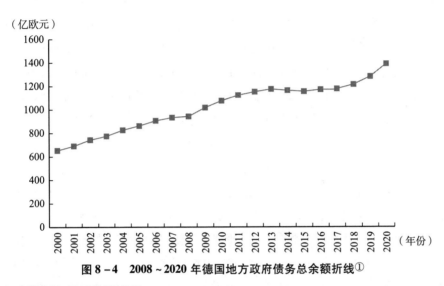

图 8 - 4　2008 ~ 2020 年德国地方政府债务总余额折线①

资料来源：德国联邦统计局。

一、2010 年前北莱茵 - 威斯特法伦州的财政状况

北莱茵 - 威斯特法伦州（North Rhine - Westphalia，以下简称"北威州"）位于德国西部，面积为 34083 平方公里，占德国国土面积的 9.5%，人口近 1800 万元，是德国人口最多的州，也是欧洲人口密度最大的地区②。现在的北威州已经打破了单一的经济结构，成功进行产业结构调整，改变了 30 年以前以矿冶为主要经济来源的局面。但是，在 2009 年受到了欧洲债务危机的影响，曾一度陷入了财政困境。2009 年，希腊主权债务危机爆发并且迅速蔓延开来，债务危机在欧洲大陆上愈演愈烈，南欧及地中海国家如西

---

①　资料来源：德国联邦统计局，https：//www. destatis. de/DE/Home/_inhalt. html。

②　资料来源：北莱茵 - 威斯特法伦州百度百科相关资料。

班牙、意大利等深陷泥潭，德国也面临着巨大的挑战。德国的债务规模庞大，财政状况窘迫，财政赤字和负债率都超过了欧盟在《稳定与增长公约》中制定的红线[1]，对国家经济造成了巨大的冲击。数据显示，2009 年德国经济就衰退了 5.1%；2010 年，德国整个国家负债达到了国内生产总值的 82.4%，该数值创造了历史新高并且还有上升的趋势。2009 年底，联邦、各州、各市总负债高达 161460 亿元人民币，按照当时德国拥有 8000 万人口计算，人均负债超过了 179400 元人民币，同时康拉德（Konrad，2010）根据相关数据估计，德国 2010 年前 40 周的生产只能够用来偿还债务[2]。作为德国最大的州政府，北威州首当其冲遭受到了波及。北威州 2004～2010 年财政相关数据如表 8 - 7 所示，从表中可以看出，北威州债务总余额一直呈上升趋势。其中，北威州政府债务总余额增长率在 2009 年达到了近年来的最高值，超过了 9%。债务庞大和财政赤字不仅限制了北威州财政资源的效率，还造成了居民对政府的担忧。萨尔内斯（Sarnes J.，2010）从北威州抽取了 19 个城镇并选取市民对当地的财政状况进行打分，1 代表没有问题，10 代表没有希望，最终得到的中位数是 8 分（财政状况不容乐观），但是有超过 1/3 的受访者认为 9 分甚至是 10 分才是对当地财政状况的最好描述[3]。市民的担心加上社会福利的调整，最终导致北威州人口流失现象严重。

表 8 - 7　　　　　　　　　北威州 2004～2010 年财政相关数据

年份	政府债务总余额（亿欧元）	政府债务总余额（亿元人民币）	财政赤字（亿欧元）	财政赤字（亿元人民币）	债务余额增长率（%）
2004	220.6	2270.0	-4.5	-46.31	
2005	231.7	2353.0	-6.8	-69.06	5.03

---

① 《稳定与增长公约》规定：政府财政赤字和公共债务占当年国内生产总值分别不得超过 3% 和 60%。

② 参见 Konrad，Kai A/Zschapitz，Holger：Schulde-n ohne Suhne? Mtinchen，2010，S. 24。

③ Sarnes J. Remedies for the public debt problem：the impact of dysfunctional incentive structures and behavioural aspects on German municipal debts［J］. Economics，Political Science，2010.

续表

年份	政府债务总余额 （亿欧元）	政府债务总余额 （亿元人民币）	财政赤字 （亿欧元）	财政赤字 （亿元人民币）	债务余额 增长率（%）
2006	242. 2	2426.6	－ 6.6	－ 66.13	4. 53
2007	251. 9	2624. 2	－ 7.9	－ 82. 30	4. 00
2008	263. 9	2697. 8	－ 10. 3	－ 105. 30	4. 76
2009	288. 7	2750. 4	－ 14. 2	－ 135. 30	9. 40
2010	310. 5	2786. 0	－ 15. 2	－ 136. 40	7. 55

资料来源：根据北威州政府官网，相关数据通过当年平均汇率换算成人民币。

二、北莱茵 - 威斯特法伦州应对财政危机的主要举措

第一，"债务刹车"条款。在金融危机爆发以前德国的债务水平已经居高不下，2010 年公共债务占国内生产总值更是超过了 80%。联邦、州、市三级政府的总负债已经超过了 179. 4 万亿元人民币（包括社会福利保险的负债），联邦政府仅利息支出就超过了 2691 亿元人民币，占据当年政府预算支出的 12% 左右①。惊心动魄的数字让德国政府不得不出台新的规定以控制债务规模。为了降低国家年度预算赤字和公共债务水平，2009 年 6 月联邦参议院通过了德国联邦和各州政府制定的《新债务法规》，并将其写入《德意志联邦共和国基本法》。新法规的主要目标是减少联邦和各州的公共债务份额，实施"紧缩性"政策让联邦和各州重新实现财政收支平衡的局面，实现国家财政的长期稳定及更高水平的代际公平，这就是德国著名的"债务刹车"条款②。其核心内容是：根据新债务法规，政府应大力削减债务和赤字，要求联邦政府从 2016 年开始每年新增国债不得超过当年国内生产总

① Konrad，Kai A/Zschapitz Holger：Schulden ohne Suhne? Munchen，2010，S. 24（相关数据按照当年平均汇率换算成人民币）。

② "债务刹车"并不是一个新生事物，也不是德国原创，瑞士在 2001 年就把"债务刹车"写入了《瑞士联邦宪法》，以保证其政府债务不受经济周期的影响而保持稳定。瑞士债务刹车机制比较复杂，由支出规则、转移账户和特别规则组成。

值的 0.35%，联邦各州政府从 2020 年开始不得举借新的债务。德国"债务刹车"条款的具体内容和重要时点如表 8-8 所示。

表 8-8   德国"债务刹车"运行时间（部分）①

年份	主要事件	主要内容
2009	修改《德意志联邦共和国基本法》，新增"债务刹车条款"	确定了所有关键性要点，如启动时间、过渡期规定或财政援助等
2011	正式启动"债务刹车"，同时过渡期规定生效	到 2016 年，各州必须以等额的方式降低结构性赤字，新增债务到 2020 年必须减少到零；2020 年以前，高负债联邦州政府可以获得每年 63 亿元人民币的财政援助，前提是必须遵守联邦政府规定的每年关于结构性预算赤字的上限
2016	设置有关于联邦政府结构性新增债务的上限值	条款规定，联邦新增债务不能超过国内生产总值的 0.35%（发生自然灾害或不可抗力的极端紧急情况下除外）

北威州政府根据中央政府的要求修订了北威州预算法，主要包括以下几个方面：一是从 2012 年以后，原则上预算必须在没有贷款收入的情况下保持平衡。同时，州与市政府规定北威州的结构性债务必须在预算周期内逐渐减少，以实现财政可持续性。二是北威州必须编制上期财政规划和预算规划，确保在预算编制过程中遵守债务限制和财政平衡原则。三是州政府必须确保债务的合理管理和控制，并制定相应的债务规划和债务管理程序。同时，北威州政府财政部与市政事务部达成协议，设置债务专项基金以处理财政紧急情况。但是，由专项基金的名义和账户发放总额不超过 1.2 亿元的贷款，该授权可行使至 2019 年 12 月 31 日。

第二，中央政府建立财政稳固委员会（Financial Stability Committee）。为监督联邦和各州执行"债务刹车"条款，德国还成立了财政稳固委员会，该委员会委员由联邦财政部部长、经济部部长及各州财政部部长担任。委员会的主要工作内容就是监督联邦和各州的财政预算计划的制定和运行，协调

---

① 关海霞：《欧债危机和德国应对危机的政策分析》，化学工业出版社 2016 年版。

联邦和各州、市的财政计划。同时，对于地方上紧急的财政局面要及时处理，改善方案，经委员会投票通过后由各地方政府执行。

第三，合并援助。北威州政府在 2011 年 12 月 9 日出台了北威州财政合并法（Financial Merger Act of NRW），该法的目的是为预算特别困难的市政当局提供整合援助，使预算状况特别困难的市政当局能够实现可持续的财政预算平衡。其主要有以下几个重点：一是在 2011～2020 年向预算特别困难的市政当局提供巩固援助，每年将定额提供 2.76 亿元，除此之外，每年有补充资金，2012～2020 年北威州合并援助的补充资金如表 8－9 所示。二是对于强制参与合并援助的城市，每年由州政府向每位居民提供 203.75 元的支持。从 2014 年开始，申请参与合并援助的市政当局、强制参与合并援助的市政当局均享受同等待遇。三是 2012～2020 年州政府每年预付 3309 万元用于市审计机关审计相关债务及服务。

表 8－9　　　　　　　　2012～2020 年北威州合并援助的补充资金

年份	补充资金（欧元）	补充资金（元）
2012	65000000	527008692
2013	115000000	945424219
2014	296578000	2421574623
2015	296578000	2050569221
2016	296578000	2177648882
2017	296578000	2262964285
2018	174789000	1363626669
2019	144789000	1118572760
2020	789000	6213774

资料来源：https：//recht. nrw. de/lmi/owa/br_text_anzeigen? v_id＝10000000000000000124。

第四，其他方面。除上述三个部分外，州政府还通过财政改革增加地方政府财政收入，减少对借债的依赖，改善财政状况以控制债务增长的速度。

一是调整税收政策，北威州通过调整税率增加财政收入，减轻财政负担，原定于 2011 年实施的减税措施推迟到 2014 年实行。二是财政支出削减。为了落实联邦政府每年减少 788 亿元人民币的决定，州议会于 2010 年 6 月 7 日通过了"一揽子"节约措施，包括削减社会福利开支、减少各级政府预算等，从而达到节约的目的。三是经济发展和创新。北威州州政府制定了一系列有关增加地方经济活动和就业机会的措施，支持企业创新、吸引投资、发展新兴产业，从而缓解财政压力。四是建立更加规范透明的财政监管。北威州加强了财政监管，通过建立有效的财政监管体系预防隐性债务的扩增，并确保财政资源的合理分配和使用。

三、北威州"债务刹车"后的效果分析

德国政府计划预测，"债务刹车"条款实施以后，公共债务占国内生产总值的比重将降至 67.5%，在未来也将实现占国内生产总值 0.5% 的财政盈余。从事实看，德国在欧洲债务危机的处理上确实取得了很好的成绩，条款实施仅两年，德国结构性赤字总额就下降至 723.36 亿元人民币，相当于国内生产总值的 0.34%；条款实施第三年，从德国央行公布的数据看，德国 2014 年的公共债务较 2013 年减少了 1142.4 亿元人民币，下降至 17.52 万亿元人民币，是 2009 年以来首次降至 80% 以下。本部分将从财政状况、经济发展、人口数量三个方面评估北威州政府近年来"债务刹车"的效果。

（1）债务增长率下降，财政状况改善。北威州 2011～2018 年的政府财政相关情况如表 8-10 所示。从数据看，北威州政府的财政赤字在逐年递减，债务增长率有所下降，主要的原因是近年来北威州政府通过合并援助、债务刹车及财政改革等方式调整财政收支结构，降低政府债务。同时，上级援助、经济发展、对外贸易增加也使得债务增长率下降，财政状况改善。

表 8 - 10　　　　　　　　北威州 2011～2018 年的政府财政相关情况

年份	财政赤字（亿欧元）	财政赤字（亿元人民币）	债务余额增长率（％）
2011	- 14.5	- 130.52	
2012	- 14.4	- 116.75	5.56
2013	- 6.9	- 56.73	4.41
2014	- 2.6	- 21.23	2.88
2015	- 2.3	- 15.90	1.07
2016	- 3.4	- 24.96	2.06
2017	- 3.5	- 26.71	1.14
2018	- 3.3	- 25.75	1.30

资料来源：根据北威州政府官网相关数据通过当年平均汇率换算成人民币。

（2）经济恢复速度快。2012 年以来，北威州政府致力于经济恢复，发挥其地理和贸易优势，大力发展经济，北威州 2012～2021 年国内生产总值及相关数据如表 8 - 11 所示。除 2020 年国内生产总值有所下降之外，其余年份国内生产总值都呈上升态势。2021 年国内生产总值为 5.18 万亿元人民币，同比增长 5.48％，占德国国内生产总值的 20.54％，在德国 16 个联邦州中排名第一，是近年来的最高值；在进出口贸易方面，北威州 2021 年进出口总额约 3.29 万亿元人民币，同比增长 17.12％，占全德的 18.02％，在联邦州中排名第一。北威州主要贸易伙伴集中在欧洲，与欧盟其他国家的进出口额为 1.24 万亿元人民币，占其进出口额的一半以上；在经济活动方面，北威州为了吸引投资，创造更多的就业机会以保留人口，每年举行近百场世界级展会。据统计，北威州每年要吸引近 600 万人次参展，这些展会主题广泛，包括食品、摄影器材、医疗器械、焊接切割技术、安全设备等方面。[1]

---

① 资料来源：欧洲统计局、德国联邦统计局、联邦劳动局、北威州州政府、北威州统计局、北威州国际商务署等。

表 8 – 11　　　　　　　　北威州 2012 ~ 2021 年国内生产总值及相关数据

年份	国内生产总值（按德国当前价格计算，亿欧元）	国内生产总值（亿元人民币）	与前一年相比的变化率（%）
2012	5827. 10	52450. 19	
2013	5943. 56	48189. 37	+ 2.0
2014	6174. 70	50762. 70	+ 3.9
2015	6372. 70	52033. 41	+ 3.2
2016	6533. 75	45175. 00	+ 2.5
2017	6789. 70	49853. 92	+ 3.9
2018	7033. 43	53666. 83	+ 3.6
2019	7165. 14	55899. 27	+ 1.9
2020	6951. 48	53703. 94	– 3.0
2021	7332. 57	57747. 73	+ 5.5

资料来源：德国联邦统计局。

（3）人口数量有所增加。北威州 2004 ~ 2020 年人口数据变化表见表 8 – 12。从表中可以看出，2013 年以前，北威州人口数量一直呈下降趋势，2013 年之后随着经济的恢复和北威州一系列政策的实施，人口数量逐渐上升。其主要有两点方面：一方面，政府支持新兴企业发展，境内除 44 家德国百强企业的总部之外，北威州还拥有 76.5 万家中小企业，涉及领域广泛，包括新材料、新能源、节能环保等，提供了全州 82.1% 的职业培训岗位，有效地缓解了人口流失问题；另一方面，北威州为了消除社会福利变化对人口数量的消极影响，丰富了全州的文化生活。截至目前，北威州拥有近 700 座博物馆，年参观人数近 1500 万人。同时，北威州居民购买力也有所恢复，2021 年国内人均生产总值为 31.17 万元人民币，2017 年北威州居民消费品购买力占全德国 21.5%。

表 8 - 12　　　　　北威州 2004～2020 年人口数据变化情况

年份	人口数量（万人）
2004	1799
2005	1798
2006	1796
2007	1795
2008	1792
2009	1788
2010	1785
2011	1785
2012	1783
2013	1782
2014	1783
2015	1787
2016	1787
2017	1795
2018	1793
2019	1793
2020	1795

资料来源：北威州统计局。

第四节　巴西财政危机的案例分析

一、巴西财政危机时的财政概况

巴西作为具有代表性的新兴经济体国家之一，近年来经济发展迅猛，减贫等民生政策成果显著。然而，仅在 20 年前，巴西曾三次爆发较为严重的地方政府债务危机，导致社会通胀严重，地方政府负债率高居不下，极大程度地影响国家经济，最严重时甚至濒临破产边缘。1980 年前后，改革的思想逐渐影响到地方政府，地方政府借此机会尝试不断地融资举债，但融资举债的过程缺乏相应的科学管理和制度约束，这给后续巴西的危机埋下了潜在的隐患。

第一次债务危机始于 20 世纪 80 年代末，军政府掌权期间主要选择借助进口渠道来获得商品，较为忽略国内相关产业的发展。同时，对于在国际市场的借债行为，军政府并未对所辖的地方政府进行严格的管控，此时又恰逢第二次石油危机爆发，这一迅速蔓延至全球的危机使得债券利率大大提高。但是，当时巴西的地方政府债务主要以国际债务为主，利率攀升引起的债务成本问题迅速成为各地方政府不得不解决的首要问题，债务偿还始终困扰着地方政府的管理者。为解决这一危机，作为担保人的巴西联邦政府只能与国外债权人达成协议，接管了地方政府所欠下的近 190 亿美元的外部债务，这一金额相当于巴西当年 GDP 的 2%，债务偿还期限定为 20 年，巴西政府希望能够以债务重组的方式来缓解地方政府的债务问题。

第二次债务危机发生于 20 世纪 90 年代，彼时的巴西联邦金融机构承担着主要的债务发放和管理责任，即地方向中央举借大量款项用于各州建设发展，而危机的集中爆发就在于地方政府未能及时向联邦金融机构偿还债务，出现了较大规模的违约。为此，中央政府同各州政府进行了商议协定，同意将地方政府的债务进行 20 年的展期。同时，为缓解地方政府的偿债压力，规定了每年偿债支出与当地政府收入的比例上限，超出部分再额外提供 10 年期的单独贷款，以维持地方财政的可持续发展。

第三次债务危机发生于 1996 年的债券偿还危机。起因是对政府工作人员的薪资待遇进行了一次较大的调整，目的是激励其工作的积极性，并且将这一标准强制执行，严令禁止各州政府私自变动和调整。但是，政策施行的前几年通胀水平较高，各州政府仅从名义上提高了地方政府官员的待遇水平，实际财政支出压力并不明显。1994 年，巴西政府引入了用于稳定经济的"雷亚尔计划"，试图能够及时解决地方政府迅速上涨的债务问题，帮助经济回到正常发展。这一计划也成功将巴西消费者物价指数（IPCA）的累计增长率从 1994 年的 508% 下降至较低水平，但随之而来的货币升值，使得地方政府在工资性支出和养老金等福利性支出上比重大大上升，占到州政府总支出的 80% 以上①。但是，"雷亚尔计划"中所采取的紧缩性货币政策导致了地方政府各类债券的实际利率迅速攀升，地方政府却更加无力解决债务问题，这就导致危机迅速爆发，巴西的金融市场也因此发生了剧烈震荡。面对危机，联邦政府为了保护整体经济发展和政府信用水平，利用新增发行的债券来置换原有的地方政府债务，通过这种方式对地方政府债务问题进行了救助。联邦政府重新确认地方政府债务，与多个州、市签订债务重组协定，对地方政府的债务问题进行了接管，具体包括以地方政府部分固定税收收入作担保，规定每月一定数量的偿还金额。根据这些协定，州政府以固定实际利率按固定年限要求重组其债务，联邦政府承担着数千亿美元的债务重组。为更好控制住债务的蔓延势头，联邦政府对地方政府的违规举债行为进行了严格限制，从源头处掐断风险来源，试图尽快将经济恢复到正常水平。

二、巴西应对财政危机的主要举措

2000 年，巴西为更好地应对财政危机，通过法律法规的形式对债务管理进行进一步的明确，其中最为重要、最具有代表性的就是《财政责任法》，该法对巴西全国的各级政府起到统一管理作用，且重点加强了对此前引发危机的州一级政府的监督管理。《财政责任法》一经颁布，对经济稳定和发展所发挥的作用是十分显著的，尤其是地方政府的债务问题在得到政策法律的有效规范后，增长趋势受到明显抑制，地方经济得以更加平稳的运行。

（一）提升财政透明度

《财政责任法》明确，提升财政透明度要作为政府下一阶段财政管理的

---

① 资料来源：巴西各州政府 1994 年度财政报告。

核心内容，对财政监管过程中涉及的各项内容要及时、广泛地进行披露，包括财政法案、财政政策、财政资金的使用情况等，借助网络、电子信息等方式在特定的政府平台进行及时公示，以供社会监督。该法案还明确了各级政府财政细节披露的时限，要求不同层级政府必须每季度定时发布报告，向社会及时公布这一阶段的财政管理现状。报告的内容要准确包含各级地方政府的财力水平状况、项目的实施情况、资金的使用情况等，对相关内容的说明要做到详细、全面，体现财政透明度的不断提升。同时，《财政责任法》还明确了审计法院对于各地方政府公布的季度报告的审计权利，全力保证地方财政透明度的提升。

（二）严控举债规模

州政府在联邦政府的允许下，对地方政府债务进行了重组，对涉及的债务收入比等数据进行了规划，同时也对投资上限、收入增速和企业私有化程度等建立了明确的财政目标。随着《财政责任法》的颁布，对债务重组中的细节进行了进一步的明确，包括债务规模、财政收入和支出水平等相关指标，以此来实现对地方政府隐性债务的进一步规范和有效限制。具体体现在：一是预算管理方面。地方政府的预算安排要与联邦政府的财政政策保持协调，并符合近年内的平均水平。借款额不得超过资本性预算的规模，州一级政府债务率要小于200%，地方政府债务率要小于120%，尤其是新增债务率不得大于18%，担保债务比重则必须低于22%[1]。对债务的总体规模加以限制仅仅是其中一方面，还对地方政府的债务举借资格进行了限制，地方政府的借债行为必须经由参议院授权才可执行，否则将被视为违规违法借债。二是支出控制方面。对政府工作人员的支出参照收入水平设置了最高上限，这种限制广泛适用于各级政府的各部门分支。此外，对于有职位变动的官员，还重点要求在调整前的半年内不得有薪资待遇的随意变动。三是举债管理方面。《财政责任法》严格限制了巴西地方政府的债务总规模，要由指定的机构——联邦参议院对地方政府下一年度的资金额度和预算计划进行审

---

① 资料来源：巴西——《财政责任法》。

议确定。这进一步限制了地方政府的肆意发债和违规发债行为，有效遏制了地方政府债务危机的扩大。

（三）加大举债条件限制

对于举债条件的规范管理主要是对三个条件的明确：一是限制举债时间。对于地方政府需要进行换届选举的，严格限制了在选举进行前的八个月内进行的融资行为，这是有效防止地方政府为了政绩而进行突击式发债行为的重要手段之一；二是限制偿还下限，地方政府负责承担的债务必须占到债务总量的一定比例，一旦出现地方政府无法如期偿债的情况，需要将其债务转嫁给联邦政府。在未完全清理完存量债务前，严格控制地方政府的举债行为；三是规范贷款发放。地方金融机构在未经中央银行的允许时，禁止向政府提供所需的资金，加大力度降低地方政府债务占银行净资产的比重，并控制在合理区间内。对违规突破财政赤字限制，肆意进行借债行为，导致无法按期偿还的地方政府，明令禁止各银行提供任何形式的贷款。

（四）强化问责机制

巴西的《财政责任法》重点加强了对于地方政府违法违规行为的约束力度。对于借债规模超过规定数值上限的，将完全取消地方政府的举债资格，并且限制地方政府获得联邦政府转移支付资金的支持。对于人员支出比重过高的地方政府，给予禁止增加薪酬、新增岗位或雇用新人的处罚。同时，对金融机构的违法违规行为也进行了明确的限制，对于不符合规定的债务协约完全剥夺其履约权利，并对相关签署协约的人员进行追责，形成对人员和对项目的及时问责。

总结多次债务危机的应对经验，巴西正式建立了财政责任法律体系。尤其是《财政责任法》的实施，实现了对于不同层级政府年度预算安排的全流程监督和约束，具体包括了：一是对债务总体规模的限制，对于超出法律规定的债务要求地方政府在规定限期内要自行清理完毕，禁止新增债务存量。二是对指标体系进行了完善，从不同角度、不同方面设置了更加多样的指标体系，重点加强了从供给端和需求端对整体债务水平的限制。同时，还对相应指标背后的信息数据披露进行了明确的要求，尽可能地体现了财政透明度的提高。三是对地方政府及其他部门的相关违规人员建立了严肃的问责机制，加大了处罚力度，采取了行政处罚和刑事处罚相结合的模式。建立这一完善体系是有效防止地方债务多发、超发和乱发等行为的重要途径，也是降低地方政府隐性债务风险的重要保障。

三、巴西《财政责任法》规范后的效果分析

以巴西《财政责任法》为代表的财政制度，有效地控制了地方政府债务风险的进一步提高，较大程度地帮助了联邦和地方政府及时完成对地方政府债务问题的纾解。可以说，巴西政府在债务管理上取得了一定的成效，这些成效具体可以从经济状况、财政情况以及民生政策效果三个方面进行分析。

一是经济状况得到改善。在《财政责任法》颁布后，巴西的 GDP 增长率始终维持在平均每年约 3.5% 的水平，通货膨胀率也稳定在相对较低的数值，形成了良好的整体经济环境。同时，逐渐改善的经济为巴西吸引来了更多的国内外投资进入。这些投资迅速涌入了各部门及地区，大大促进了经济增长和地区发展。具体来说，经济状况的改善还可以体现在以下三个方面：首先，巴西的经济发展状况持续向好，各项经济数据表现良好，得到了国际社会更多的资金青睐。其次，通货膨胀水平得到较好控制，整体呈下降趋势。最后，贸易总体数据上升明显，在国际贸易市场的重要性不断提升。根据世界银行 2006 年 7 月 3 日公布的统计资料，巴西的 GDP 产值为 6441.33 亿美元，排在世界第 14 位，人均 GDP 超过 4800 美元[①]。2007 年 12 月 27 日，巴西央行发布报告称，2007 年巴西经济增长率有望达到 5.2%，通货膨胀率将为 4.3%。同时，报告还预测 2008 年巴西的经济增长率和通货膨胀率将分别为 4.5% 和 4.3%[②]。

---

① 资料来源：世界银行，https：//data.worldbank.org/country/brazil。
② 资料来源：巴西中央银行，https：//www.bcb.gov.br/en。

　　二是地方财政及债务压力得到缓解。借助《财政责任法》的出台，巴西大力推动经济结构改革以提高社会生产力和竞争力，并将改革的重点领域集中在税收、劳动力市场灵活性和基础设施发展等方向上，以此来实现经济的长期增长。与此同时，这进一步提升了各级政府的财政纪律和透明度，有助于改善财政管理并减少财政赤字。1997～2001 年巴西部分财政数据统计如表 8－13 所示（人民币按当年现汇买入价折算）。统计数据表明，在实施《财政责任法》之后，债务总量虽然有所增加，但是财政盈余数据在 1999 年正式实现由负转正，并且呈现出逐年递增的态势。同样地，从百分比增速来看，财政盈余增长速率完成了正增长，并且随年份始终保持着上涨趋势，所占 GDP 的比例趋于稳定，但是在 1999 年达到五年内的一个波峰后开始呈现下降趋势。数据再次证明巴西的地方政府债务情况正进入一个良性发展阶段，债务总量及偿债压力都得到了有效缓解，在经历多轮危机后的债务风险得到了基本控制，地方政府隐性债务问题也得到了极大的缓解。

表 8－13　　　　　　1997～2001 年巴西部分财政数据统计①

年份	债务（百万雷亚尔）	债务（百万元人民币）	财政盈余（百万雷亚尔）	财政盈余（百万元人民币）	国内生产总值（百万雷亚尔）	国内生产总值（百万元人民币）	财政盈余/国内生产总值（%）	债务/国内生产总值（%）
1997	16544	22665	－3309	－4533	870743	1192917	－0.37	1.9
1998	19198	26301	－1591	－2179	914188	1252437	－0.17	2.1
1999	29976	41067	2837	3886	963869	1320500	0.29	3.1
2000	32897	45068	3457	4736	1086700	1488779	0.32	3.0
2001	30744	42119	4689	6423	1184768	1623132	0.40	2.6

　　资料来源：巴西联邦政府 1997～2001 年度财政年报。

　　三是民生政策效果显著。地方政府债务水平及债务规模的有效控制，使得地方财力得到实质性提升，政府可以协调更多力量来实施向社会承诺的多

---

　　①　资料来源：巴西联邦政府 1997～2001 年度财政年报。

种社会计划，通过为低收入家庭提供财政援助等方式，促进社会包容并降低贫困率，达到了解决收入不平等和贫困等问题的目的。此外，民生政策促使社会中产阶级规模的壮大。巴西政府致力于优化整体营商环境，使得这一群体获得信贷的机会增加、收入分配得到改善以及社会计划的扩大。作为社会发展中坚力量的中产阶级获得了更多能量，进一步促使更多中产阶级的出现，最终带来了消费者需求和经济活动增加。

第五节　波兰地方债务管理的案例分析

一、波兰财政危机概况

20 世纪 80 年代末，波兰中央和地方政府难以继续维持住此前的预算基本平衡和较低财政赤字率的整体局面，财政状况每况愈下。首先是收入方面，波兰财政预算收入遭遇严重下滑，波兰政府的财政预算收入主要来源是征收的国有企业所得税，面对财政收入下降的局面，政府被迫不断提高这一主要税种的税率。而企业面对高额的税收时，出于无奈也只能选择以各种方式提高产品价格来保证企业所能获得的利润。这一过程迅速引发了剧烈的通货膨胀。数据显示，1986 年消费品价格上涨了 17.5%，1987 年上涨了25.3%，1988 年上涨了 61.5%[①]，整体通胀率呈现出明显的上涨态势，且始终居高不下。不仅如此，在较高的通胀率作用下，还导致了财政收入的数据出现虚高，实际财政收入进一步缩水的状况。然后是支出方面，由于必要性支出并未有实质性的减少，中央和地方政府的总体支出水平下降幅度明显小于收入下降幅度，这也就意味着收不抵支的状况进一步加重，1986～1992年波兰公共部门收支情况如表 8-14 所示（人民币按当年现汇买入价进行折算）。

---

① 资料来源：波兰国家统计局网站，https：//bdm. stat. gov. pl/。

表 8 - 14 1986～1992 年波兰公共部门收支情况①

年份	收入（亿兹罗提）	支出（亿兹罗提）	差额（亿兹罗提）	收入（亿元人民币）	支出（亿元人民币）	差额（亿元人民币）	收入占GDP比重（%）	支出占GDP比重（%）	差额占GDP比重（%）
1986	6.48	6.39	0.09	11.08	10.92	0.17	52.2	51.4	-0.7
1987	7.84	7.96	-0.12	13.4	13.61	-0.21	47.5	48.2	-0.7
1988	13.8	13.49	0.31	23.59	23.06	0.53	49.9	48.8	-1.1
1989	42.51	45.07	-2.56	72.69	77.06	-4.37	43.5	46.1	-2.6
1990	270.42	257.26	13.16	462.41	439.91	22.5	46.5	44.2	2.3
1991	347.3	366.43	-19.04	593.88	626.59	-86.71	40.7	42.9	-2.2
1992	513.96	575.04	-61.07	878.87	983.31	-104.44	42.2	47.2	-5

资料来源：波兰财政部 1986～1992 年度财报。

最后在中央和地方政府债务方面。由于收支平衡已经被完全打破，政府已然没有财力去应对既有债务，甚至连债务利息的偿还都陷入了完全停滞状态，但利息仍在不断滚动，债务负担逐渐达到政府无力偿付的地步。1986年底，波兰外债达到 382 亿美元，相当于波兰公民平均每人欠债 1000 美元②。在巨大的债务偿还压力下，社会整体的通货膨胀水平也在不断上升，两者叠加下波兰的中央政府和地方政府面临着巨大的危机。

为了拯救这一危机，1989 年波兰在政治和经济等多领域尝试推动财政分权的进行，赋予下级政府更多的财政权力和支出责任，激发地方政府的主动性。但是地方政府此时的财政能力还无法完全匹配当地技术、社会基础设施的现代化需求。因此，地方政府开始寻找额外的资金来源，选择通过发行债务来实现当地的发展。但很快新的问题开始出现，20 世纪 90 年代初，中央和地方财政开始出现收支失衡，如何解决财政赤字率成为政府财政压力的主要来源。另一个导致波兰债务增加的原因是发行以美元计价的国债对国有

---

① 资料来源：波兰财政部 1986～1992 年度财报。
② 资料来源：波兰国家统计局网站。

银行进行注资，金额约 54.53 亿美元①。正值当波兰的本国货币通货膨胀严重，波兰被迫选择以更加稳定的美元作为计价货币，以此来确保国债的稳定发行。经过发行美元计价债券注资和发行结构重组债券两轮措施后，财政危机不仅未解除，还导致了国内债务的进一步增加。此外，汇率因素也导致了波兰的债务压力增加，由于波兰本国货币持续贬值，在换算时进一步导致了债务水平的上升。

随着政府债务总量的增加，债务发行成本也不断上升。波兰主动寻求与巴黎俱乐部和伦敦俱乐部签订债务减免协议来缓解债务压力。从 1992 年起，波兰内债成本超过了外债成本，并且内债成本增速很快，占波兰国家预算总支出和 GDP 的比重日益显著，在 1994 年时债务占 GDP 的比重达到了 4.5%②，这一问题迅速成为波兰国家的新负担，波兰亟须寻求解决的对策。

二、波兰财政危机后采取的主要措施

(一) 巴尔采洛维奇计划的颁布

波兰借鉴美国经济学家杰弗里·萨克斯的"休克疗法"思想，采取了一系列更加适应市场化经济发展特点的改革计划，想要更好地解决财政危机问题，并成立了以巴尔采洛维奇为首的首席经济学家专家小组，旨在对波兰的现有财政体制进行深层次的改革，促进波兰的经济发展，以更快适应彼时发展正盛的市场经济体系。1989 年 10 月 9 日，经会议商讨后整体计划和细则陆续公布，而这一计划被简称为"巴尔采洛维奇"计划。计划的重点在于对现有经济体制的整体改革，具体包括了：一是采取紧缩的财政政策和货币政策以稳定宏观经济；二是迅速推进微观经济自由化，进行市场化和价格改革，实行对外贸易自由化；三是推动国有企业私有化，扩大私营经济比

---

①② 资料来源：波兰中央银行，https://nbp.pl/en/statistic – and – financial – reporting/mone-tary – and – financial – statistics/。

重；四是完善配套的社会政策，特别是建立社会保障网络；五是争取国际援助，特别是获得国际货币基金组织和世界银行的支持。这一计划表达了波兰新政府激进的自由主义价值观，强调经济自由的核心要素是所有制形式和自由市场经济。

同时，在"巴尔采洛维奇"计划中，政府采取财政改革的主要内容涉及预算法修订、税收体制改革和清理预算外资金三个方面。而其中财政政策的作用始终是关注的焦点。具体表现在：一方面，采取了包括抑制投资需求、紧缩信贷、限制预算赤字等严格的财政措施，借助财政和税收领域的紧缩性政策配合，实现较短时间内降低通货膨胀水平，将经济稳定在相对合理水平的目的；另一方面，在中长期体制改革目标中，财政和预算体制改革占据了较大的比重，充当着重要角色。此外，波兰政府还推动改革中央统计局（Główny Urząd Statystyczny，GUS）的财政和经济统计方法，以保障向所有经济主体提供快速和完整的财政状况信息。

（二）以《债券法》为代表的法律法规出台

《债券法》于20世纪90年代中期颁布，首次将波兰乡一级基层政府作为地方政府债券的发行主体，拉开了波兰地方政府债券市场发展的大幕。地方债券作为波兰地方政府举债的主要方式，其发展可大致概括为三个阶段：第一阶段是以乡政府作为债券的首批发行人。1996年，以乡政府为主体的债券首次发行，以私募的形式，通过系列发行来获得资金。这种方式保证了便捷性和可操作性，但是资金的使用情况却较难得到有效的监管，无法确保资金的及时到位，并且债券的履约情况也存在较大的不确定性，这可能引发隐性债务风险。而后，通过进一步优化，又推出了更多种类的发行形式，包括系列发行和分批发行，对于资金周期也更加灵活，根据资金的实际需求，设置能够完全符合地方政府财力水平的债券赎回模式，降低地方政府债券履约的压力，控制地方政府债务规模。第二阶段是以债务发行人转为县政府为标志。随着波兰新的行政区划的制定，新的发行人由乡政府转变为县政府，地方政府在债务治理上也有了更大的主动权，对投资主体和投资的期限结构有了更加明确的倾向和选择。第三阶段是以波兰加入欧盟为标志。大量可用的结构性资金使得波兰的地方政府债券市场发生了变化。在此期间，波兰政府发行的地方政府债券开始呈现出令人担忧的趋势，连续八年的发行量持续下降，且下降速度明显。但是在 2009 年，波兰地方政府债券市场一挽颓势，开始出现动态增长。

随着债券发行的大幅增加，地方政府现有债务规模不断扩大，债务发行期限不断延长，地方政府债务隐性风险也在逐步提升。为此，在《债券法》的指导下还需要采取更加有效、明确的手段来对政府债务进行管理，以防止隐性债务风险将波兰重新带回危机的边缘。具体来看，波兰政府主要从以下方面进行了有效监管。

（1）明晰发债主体。考虑国家经济、政治体制改革等因素的影响，并结合波兰政府近 30 年来发行地方政府债券的历史，波兰地方政府债券的发行主体也一直处于不断的变化中。20 世纪 80 年代末，波兰政府开始探索地方政府债券的发行，此后颁布的《证券与共同基金交易法案》，对债券发行的主体进行了明确，除地方政府外，任何组织无权发行地方政府债券。而后又陆续出台了更多的文件，重新规定了地方政府在地方政府融资过程中的主体地位。这之后，波兰的行政区域划分迎来改变，乡自治政府、县自治政府、省自治政府及其联合体与首都华沙被统一称为地方自治实体，自治实体作为唯一的地方政府债券的发行主体，遵循中央政府统一颁布的法案进行融资举债，为地方经济发展筹集资金，实现波兰各地方政府财政的可持续发展。

（2）规范发行类型。波兰地方政府债券不仅具有多样性的发行主体，其发行类型也呈现多样化。主要类型有两种：一般债券和收益债券，其中一般债券将发行主体的全额征税能力当作后盾。而就收益债券而言，只是作为使用部分特定税收收入来进行支持的地方政府债务。在实践中，一般债券通常以连续的形式出售，分为定期债券和不定期债券。同时，因其具有地方政府信用的支持，发行成本还相对较低。而收益债券通常仅为定期债券，发行成本较高。因此，这两种地方政府债券之间的根本区别就在于发行类型及成本的不同。

此外，波兰地方政府债券的发行种类还有多种：一种是为特定人群发行的有记名债券，以及没有特定要求的无记名债券，这种无记名债券在进行转让时无须与文件相互牵连，整体灵活性较高。因此，两者的差异在于流通的自由性和便利性，地方政府多发行无记名债券。另一种是按债券权利主体的标准，可以将其分为有现金、非现金和混合收益的地方政府债券。还有一种是将地方政府债券分为固定、可变和零息债券。相较于利率可变的债券，波兰投资者更青睐收益与到期日相同的债券；第四类是根据地方政府债券的到期时间，分为短期、中期和长期债券。

（3）优化发行方式。在波兰，地方政府债券发行于一级市场，投资者可以在二级市场相互交易。遵循企业固定收益市场的惯例，债券以公开或私人配售的形式进行发行。在这种情况下，地方政府只需要按照提前拟定的数量、预期的利率水平等进行出售。承销商购买则分竞争性买卖和议价交易。第一种方式是以拍卖方式，在特定的时效期限内，将这些债券的密封投标提交给发行人后即为结束。第二种方式是谈判出售，这一过程中地方政府可能会选择一个所谓的主承销商或高级经理，负责协调和管理整个交易。波兰政府在考虑债券发行时，较为主要的模式就是通过私人配售，这就意味着这些债券的主要购买者是商业银行，但在大多数配售过程中，这些机构也仅仅是充当承销商的角色。

除了《债券法》，2005 年 6 月 30 日颁布的《公共财政法》从为预算赤字提供资金的视角出发，再次对地方政府债券发行主体进行了明确。此后，还相继颁布了与之配套的各级政府自治法案，它们对地方政府债券出售、购买和赎回的规则进行了详细规定，同时又颁布了许多关于地方政府债券发行限额的法律，从潜在债券发行人的角度出发，划定了地方自治实体允许活动的正式区域，并对其进行了有效监管。这种监管在一定程度上有效限制了地方政府的债务规模，也提高了地方政府财政的透明度，加强了社会对于地方政府的监督，更大程度地降低了地方政府隐性债务的风险。

三、波兰地方财政重建后的效果分析

（1）财政赤字率明显下降。通过一系列具有较强主导性的财政政策实施,社会生产效率得以提高,财政赤字被进一步消化。同时,地方政府被赋予了更多的权限,基层财政和预算的活力获得提升。尽管在改革的最初两年,政府财政收支和赤字变动不大。甚至在 1989 年上半年,波兰预算赤字还曾一度攀升到当时 GDP 的 12%,但下半年情况就开始出现好转,全年预算赤字降为仅占 GDP 的 2.6%[①]。到了 1990 年,由于波兰国有企业利润上缴大幅度增加,财政赤字问题得以完全解决,在地方政府的账面上还出现了少量盈余,预算平衡方面取得了重大的突破。

(2)地方债市场表现向好。在对现有债务解决后,波兰对享有更多权限的地方政府进行了科学的规范,以保证地方政府债务水平处于合理区间,波兰财政回到长期可持续发展的良性局面。波兰财政的这种良性局面可以从地方债市场的数据上得以窥见,具体数据如表 8 – 15 所示(人民币按当年现汇买入价进行折算)。

表 8 – 15　　　　1996～2016 年波兰地方政府发行债券数量及市场估值

年份	市场估值 (百万兹罗提)	市场估值 (亿元人民币)	市场估值 增长率(%)	发行主体 数量	发行主体数量 增长率(%)
2000	860	14.70	31	90	69
2001	1628	27.83	89	149	65
2002	2218	37.92	36	192	28
2003	2639	45.12	18	201	4
2004	2954	50.51	12	227	12
2005	3295	56.34	11	264	16
2006	3830	65.49	16	322	22
2007	4232	72.36	10	337	4
2008	4461	76.28	5	373	10
2009	6906	118.09	54	415	11

---

① 资料来源:波兰中央银行,https://nbp.pl/en/statistic – and – financial – reporting/monetary – and – financial – statistics/。

续表

年份	市场估值（百万兹罗提）	市场估值（亿元人民币）	市场估值增长率（％）	发行主体数量	发行主体数量增长率（％）
2010	7803	133.43	13	523	26
2011	8815	151.76	12	624	19
2012	10030	171.51	13	680	9
2013	11884	203.21	18	756	11
2014	13425	229.56	12	883	16
2015	15327	262.09	14	947	7
2016	17658	301.95	15	1065	12

资料来源：波兰财政部，https：//www.gov.pl/web/finanse。

通过表中数据不难发现，波兰在 2000～2016 年地方政府债券发行数量不断增加，市场估值稳步上升，尤其是从 2009 年起，地方政府发行的债券估值进入快速增长阶段，这表明市场对于地方政府发债信用的认可，也反映了地方政府的债务均如期履约。这再次印证了波兰地方政府债券市场表现良好，形成了可持续发展的局面。

（3）推动了税制的改革。自波兰财政陷入危机起，政府就广泛寻求税制的改革。波兰政府试图将税制改革作为增加和稳定财政预算收入的应急措施，以及财政预算的长期收入来源，迫切希望重新实现财政收支平衡。因此，波兰于 1989 年开始进行税制改革，由于当时正处在经济社会转型的最初阶段，对于改革政策的实施反应缓慢，加之准备工作又耗费了许多时间，税制改革正式全面启动也受到了较大的影响，最终以对个人所得税的改革正式拉开了波兰税收体制改革的大幕。税改期间，波兰的高通货膨胀导致个人所得税的累进税指数化工作暂停，直到 1994 年才恢复这项工作，但个人所得税税率被提高到 21％、33％ 和 45％。到 1994 年，税制改革使波兰国家预算结构发生了根本变化，间接税占预算收入的比重逐年提高，从 1991 年的 37.1％ 增加到 1994 年的 50.3％，直接税的比重下降，从 1991 年的 57.4％

下降到 1994 年的 43.7%①，税制改革为波兰财政收入增加创造了制度性的基础。

（4）增强政府的公信力。一是对内不断完善以财政收支和地方政府债务为代表的管理制度。随着新的市场经济体制被接受和确立，为提高经济社会发展水平和改善国家治理能力提供了动力，提升了社会的稳定性及波兰民众的满意度。二是向国际社会提供了宝贵的实践经验。波兰作为成功挽救危机的标杆，政府在国际社会的认可度提高，不仅为自身发展争取到了大量国家的支持和援助，还为正确化解财政危机提供了可供参考的治理模式。

第六节 澳大利亚地方债务管理的案例分析

一、澳大利亚财政危机前的财政概况

澳大利亚拥有相对合理且透明的政府间财政关系，联邦政府与地方政府在财政收支、转移支付等方面发挥着各自的作用。其中，在财政收入方面，联邦政府占有统治地位，控制含个人所得税、关税、消费税等在内的主要税种，这些税种所带来的税收收入占到了全部税收收入的近六成，是财政收入的主要来源。州政府的收入则主要有两个来源，即接受联邦政府的拨款和州一级的税收收入及其他。值得注意的是，地方政府所获得的税收收入主要依赖于地方住宅类税费，来源单一，其他收入则主要依赖上一级政府的转移支付。以南澳大利亚州为例，2012~2014 年度内接受上级政府补助的比例为50%、51%，税收部分收入均为 27%，两部分合计占到总收入的近 80%，其他经营类收入仅约占 20%。这种较为单一的收入结构，容易导致地方政府财力无法有效匹配经济发展需求，滋生出地方政府的违规借债行为，这也是澳大利亚地方政府隐性债务产生的潜在原因之一。

---

① 资料来源：波兰中央银行，https//nbp. pl/en/statistic – and – financial – reporting/monetary – and – financial – statistics/。

反观财政支出部分，在法律的明确规定下，澳大利亚的州政府和地方政府间有相对明晰的支出责任划分，具体责任划分如表8–16所示。

表8–16　　　　　　　　　　澳大利亚政府间支出责任划分

项目	州政府	地方政府
财政支出范围	①教育 ②卫生服务 ③住房 ④社区康养设施 ⑤公共安全 ⑥通信 ⑦社会服务等	①公路及公共交通服务 ②文化娱乐设施建设 ③住房 ④社区性服务等

资料来源：澳大利亚财政部网站相关文件整理。

这种划分在一定程度上保证了地方政府能够维持财政收支的相对平衡，有助于减小地方财政压力，保持财政赤字率处于低位。但事实上，这也仅仅是维持住了地方政府预算的表面平衡。

在澳大利亚财政收支平衡的表象背后，隐藏的是高居不下的地方政府负债率。地方政府受到相关法律法规的明确限制，使得地方政府向社会举借的债务只能用于资本性支出。同时，这也是地方政府在单个财政年度收支表中，地方政府经营性收支能达到基本平衡的原因之一。实际上，地方政府债务却在不断往隐性债务方向发展，成为地方政府发展过程中不得不面对的重要问题，具体数据如表8–17所示（人民币按当年现汇买入价进行折算）。

表8–17　　　　　　　　澳大利亚部分州2012年度资产负债表

项目	新南威尔士州（百万澳元）	新南威尔士州（百万元人民币）	昆士兰州（百万澳元）	昆士兰州（百万元人民币）	西澳大利亚州（百万澳元）	西澳大利亚州（百万元人民币）	首都特区（百万澳元）	首都特区（百万元人民币）
金融资产	69983	449990	108647	698600	41621	267623	7905	50829
非金融资产	404092	2598311	349555	2247638	215487	1385581	31146	200268

续表

项目	新南威尔士州（百万澳元）	新南威尔士州（百万元人民币）	昆士兰州（百万澳元）	昆士兰州（百万元人民币）	西澳大利亚州（百万澳元）	西澳大利亚州（百万元人民币）	首都特区（百万澳元）	首都特区（百万元人民币）
资产合计	474075	3048302	458203	2946245	458203	2946245	39053	251110
负债合计	229059	1472849	210035	1350525	91106	585811	16197	104146
负债率（%）	48		45		35		41	

资料来源：澳大利亚各州政府 2012～2013 年度财政报告。

　　根据资产负债表可知，以新南威尔士州、昆士兰州、西澳大利亚州和首都特区等为代表的州政府，2012 年财政年度内的资产负债率均在 40% 左右，而维多利亚州和南澳大利亚州等州的负债率高达 90% 以上。从实际数据的表现来看，澳大利亚各州并非达到真正意义上的财政收支平衡，而是存在大量的债务堆积，并且隐性债务占据了一定的比重。这不仅阻碍了地方经济的可持续发展、影响了地方财政的良性循环，还给地方政府带来了巨大的债务危机，地方政府不得不面临高额的还本付息压力，地方财政随时面临崩溃的局面。

　　除了本身承担的债务总量较高，地方政府的偿债能力也决定了债务的走向。以澳大利亚的新南威尔士州、昆士兰州、西澳大利亚州等州为代表，新南威尔士州的债务还本付息额高达约 5193 亿元人民币，昆士兰州约为 6719 亿元人民币，西澳大利亚州稍低，约为 3165 亿元人民币，南澳大利亚州约为 1268 亿元人民币[①]。可以看出，各州政府都面临着较大的债务偿还压力，地方政府迫切地需要资金来纾困。此外，衡量地方政府的这种偿债压力还不能单看需偿债总量的大小，受到各地方政府财力影响，政府所面临的挑战并不完全相同。以西澳大利亚州和新南威尔士州为例，西澳大利亚州的债务总额仅占到新南威尔士州的 60% 左右，但实际上西澳大利亚州的税收水平仅

---

　　① 资料来源：澳大利亚各州政府 2012～2013 年度财务报告。

有新南威尔士州的三成左右，西澳大利亚州在财政收入部分约为 2555 亿元人民币，而新南威尔士州的这一数据约为 4471 亿元人民币[①]。在收入水平的差异下，西澳大利亚州的实际债务负担压力是远大于新南威尔士州的。从各个角度来看，澳大利亚的地方政府都面临着巨大的隐性债务风险，这些风险的背后就是澳大利亚政府无法逃避的债务危机。

二、澳大利亚地方政府债务规范管理的主要举措

（一）采用独立机构专项管理地方债务

对于地方政府债务的管理问题，澳大利亚奉行专人专管模式，成立了专门进行债务管理的借款委员会，该委员会的职能主要包括：一是为地方各级政府制订年度总体融资计划；二是综合研判金融及资本市场情况和整体经济形势，对各级地方政府所提交的借款计划进行审议；三是对举借的债务进行整体评估，提前考虑执行过程中的问题，对于各层级政府的债务问题进行及时协调和解决；四是对各级政府提交的预算计划进行评估审查，联合金融资本市场对地方政府的投融资行为进行强有力的监督等。

借款委员会的人员安排必须严格遵循相关法律，其中《宪法》规定澳大利亚联邦财政部部长必须同时兼任借款委员会的最高长官。成员主要由各级州政府和首都堪培拉及澳大利亚联邦的财政部部长组成，实现了人员的专业性和规范性，也便于地方政府对联邦财政政策的执行。

为了避免地方政府的大肆举债，有效防范地方政府隐性债务风险，借款委员会成立的主要目的则是通过对举债程序的规范，来实现对地方债源头的"正本溯源"。由于澳大利亚对地方政府债务采取的主要是共同管理模式，即地方政府参与相关计划和细则的制定，联邦政府审核各级政府的计划规划、总体财政收支情况及财政赤字目标，最终与地方政府间达成协议。而借款委员会就是在这一环节发挥主要作用，通过收集地方政府下一年度的净融

[①]　资料来源：澳大利亚各州政府 2012～2013 年度财务报告。

资需求，结合国家总体发展战略和经济政策，促成地方政府和联邦政府间的进一步磋商，最终确定各级政府的融资额度进行下放。同时，监督各地方政府严格按照计划执行本年度融资计划，对各级政府提交的季度报告和年度报告进行听取和评估，防止隐性债务风险的扩大。

（二） 实施严格的预算管理

澳大利亚联邦政府要求各地方政府需将下一财政年度的举债计划提交借款委员会，借款委员会对掌握的不同地方政府的债务数据进行分析，对可能出现的总收支差额和某些特别提议进行考虑。结合不同州的地理条件、发展现状、经济水平等多因素，按照符合国家整体经济发展需要的要求来分配和协调预算计划。对于部分地方政府提交存在问题的举债计划，借款委员会要求该政府进一步提交相关资料，通过完整和全面的资料阐释其计划设计的必要性。

联邦政府除了对后续年度的预算计划进行有效管理，还对现有债务进行了严格的限制和管理。具体来看：一是规范各级政府提交的借款申请。对提交的举债计划要求必须涵盖现金赤字等数据。二是设立规模控制线。借款委员会在对各级地方政府提交的计划进行差异化评估后，结合联邦政府当年的财政和货币政策要求，经通盘考虑后制定债务规模控制线。对于超出规模控制线的部分，地方政府须向借款委员会作出必要解释，并将其公开。三是地方政府要详细制订举债计划，在向借款委员会递交计划时，要附带对债务风险的完整评估报告，供借款委员会审议并公开。四是针对有私人部门介入的融资，地方政府要及时报告具体情况，综合评估风险因素和绩效后，建立良性的战略合作关系和制定科学的分类管理制度，避免因私人部门的介入而增大地方政府隐性债务的风险。

（三） 明确发债主体

在发债主体方面，澳大利亚州一级政府拥有广泛的权利和义务，其中就包括地方政府举债权。地方政府在获得联邦财政部长的许可后就可以通过透支、贷款或其他方式来举借债务。同时，借款委员会进一步取消对地方政府举债条件的限制，州政府将不再完全依托联邦政府进行借款和发行有价债券，重视公共部门的融资透明度。因此，州政府在法律规范及委员会的授权下，拥有一定的借债自主权。

三、澳大利亚地方政府债务规范管理的效果分析

（一）负债率下降，信用评级良好

在借款委员会的规范管理下，澳大利亚的经济运行状况表现相对良好。财政收支状况不断改善，财政赤字率持续降低，债务水平得到有效控制，在一定程度上化解了地方政府隐性债务。从数据面来看，澳大利亚的债务水平呈下降趋势，且整体债务规模明显低于同类国家。同时，得益于澳大利亚政府坚持推进无债务城市计划，各州政府积极推进零债务目标的落实，给澳大利亚的无债务城市建设带来了诸多成功的案例，如通过金融资产私有化成为无债务的首府城市墨尔本市，以及通过增加税收提前实现零负债目标的代阿比提市。在总体上，澳大利亚各州政府负债较少，且地方政府通过举债所筹资金，一般用于基础设施等资本性项目。澳大利亚被世界三大评级机构之一的标准普尔评为 AAA 级①。

（二）经济状况持续向好

危机后，澳大利亚整体经济水平得到明显提升，尤其是各项经济数据呈现出稳中向好的势头，其经济表现优于其他经济合作与发展组织（Organization for Economic Cooperation and Development，OECD）主要经济体。具体来看，澳大利亚名义 GDP 增长率总体稳定在 5% 左右的水平。2015～2019 年，失业率呈不断下降趋势。反观就业增长率，从 1.9% 不断攀升至 2.5%。居民消费价格指数也始终保持着平均 1.5% 的增长率，总体保持着 2.6% 的稳定年经济增长率。同时，从财政收支情况来看，《2019—2020 财年年中经济

---

① 资料来源：标准普尔网站，http://www.stabdardabdpoors.com/ratings/cn/cn/。

和财政展望》数据显示，澳大利亚在连续经历 11 年财政赤字后，在 2019 ~ 2020 财年恢复盈余，实现基本现金盈余 50 亿澳元，并持续实现现金盈余的正增长（黄雁宁等，2021）。

（三）提升债务风险的预警能力

债务风险的预警需要大量及时、有效的信息，澳大利亚预算信息公开透明度的不断提高，对于提升债务风险的预警能力发挥了重要作用。借款委员会通过履行其管理职能，实现对各地方政府年度预算计划和相关执行情况的及时披露，在一定程度上改变了议会和公众在预算监督方面所面临的信息弱势局面，提高了对债务风险的及时预警能力。借款委员会还分析了地方政府各类借款计划及规模，合理评估地方政府财政收支能力及长期财政的可持续性。这就使风险预警机制能够更加客观掌握地方政府的债务风险水平，明确当前地方政府的债务规模及偿还情况，借助透明化的制度环境实现对地方政府债务，尤其是隐性债务的及时预警。

财政金融风险叠加视角下化解地方政府隐性债务的路径选择

本书以财政金融风险叠加视角下的地方政府隐性债务为研究对象，研究妥善化解地方政府隐性债务存量与风险的主要模式与路径。根据前面第四、第五章中对财政金融风险视角下地方政府隐性债务规模和风险的测算与分析发现，地方政府隐性债务风险整体水平偏高，并且容易在财政金融风险交织叠加下形成"共振"，从而加剧风险。同时，根据第六章中政府性债务管理对地方财政可持续发展的影响研究，政府性债务管理改革对地方财政可持续发展具有一定的促进效应。党的二十大报告中提到了必须坚持系统观念，"要善于通过历史看现实、透过现象看本质，把握好全局和局部、当前和长远、宏观和微观、主要矛盾和次要矛盾、特殊和一般的关系，整体性推进党和国家各项事业提供科学思想方法"。基于此，结合前面所有章节，系统性地考虑如何科学精准地化解我国地方政府隐性债务问题。本章节从深化财政体制改革、深化金融体制改革及强化财政金融协同效应三个方面提出建议，强化政府性债务管理及保证财政可持续发展，严格控制地方政府隐性债务，有效防范化解财政金融风险，找到适合我国地方政府实际情况的隐性债务化解路径。

第一节　推进财税体制改革，缓解地方财政压力

一、合理划分财权事权，科学调整支出责任

（一）科学定位政府职能

一是要明确地方政府的定位。地方政府要找准自身在"有为政府"和"有效市场"中的位置，主动发挥服务、引导和调控职能，积极为地方经济发展提供社会所需的公共产品。要明确划分政府与市场间的职能，各司其职，积极发挥各自在不同环节的作用。特别地，要禁止地方政府干预市场，形成"大包大揽"。地方政府对市场的过多干预，不仅会影响企业等部门的发展，还会因支出项目增多，加重地方政府财政支出的压力，这可能导致地方政府违规借债，进一步滋生地方政府隐性债务。同时，要避免地方政府利用与市场的"错位"进行"权力寻租"，防止地方政府利用国家专项资金的管理权力，逃避财政、审计监督，设置各种名目从企业处获得资金，形成地方政府的潜在债务，提高地方政府隐性债务风险。此外，还要重点突出地方政府在民营企业发展过程中的职能定位，健全公平竞争制度，坚持对各类所有制企业一视同仁、平等对待。对民营企业的发展，地方政府要精准制定并实施更多的支持政策，切实解决企业的实际困难。结合本书第三章我国地方政府隐性债务的历史演变第四节中关于我国 2014～2017 年地方政府隐性债务的特点分析，地方政府往往会借助多种形式来变相完成融资，增大地方政府隐性债务规模。因此，在地方政府精准施策帮助民营企业发展壮大的同时，要严格限制政府伙同企业将资金盲目投向多个项目，形成较多在运营过程中出现亏损的 PPP 项目等，滋生更多潜在的债务风险。政府工作要侧重于推进更多支持政策的落地执行，助推民营经济成为地方经济发展的生力军，带动地方经济向稳向好发展，这将有助于地方财力水平的提升，帮助更

好实现地方财政的可持续发展，综合财力的提升也将更好地杜绝地方政府潜在的债务问题。

二是要加快地方政府机构职能转变。职能的转变关键在于要持续深化"放管服"改革，突出企业营商环境改善，借助简政放权为地方政府带来的支出规模减小，以及企业发展壮大带来的财政收入增加。具体来说，首先是持续提高行政审批效率，辅助以权力清单完善、乱收费整治等组合拳的出击，不断改善营商环境。其次是创新监管方式，要摒弃传统的以罚代管的"一刀切"模式，持续完善在监管过程中随机抽取检查对象，随机选派执法检查人员，抽查情况和查处结果及时向社会公开的"双随机、一公开"模式，借助"互联网＋"等技术手段开展综合监管、智能监管，持续创新监管方式。最后是促进服务升级，要继续建立健全企业诉求直达快办机制，确保问题及困难第一时间送达有关部门。同时，要打造更加亲民化的综合服务平台，为地方特色企业开辟政务服务专区，提供精准帮扶，吸引更多本土企业家和务工人员，增加本土企业对地方政府的认同感，通过企业营商环境的不断优化，让市场成为企业发展成长的沃土。通过这些措施，可以有效扭转地方收支不平衡的局面，给地方政府带来更大的资金使用空间，从而降低政府举债意愿，避免地方政府隐性债务的扩张。

（二）合理划分财权事权和支出责任

当前地方政府承担的事权及支出责任较多，占到总比例的一半以上，一些本应由中央直接负责的事务也交由地方进行承担。对比本书第八章防范地方政府性债务风险的国际经验借鉴中所关注的美国、日本等国家，这些国家的地方政府支出责任占比要少于50％，显示出我国地方政府具有较大的支出压力，加之地方政府所掌握的财权占比较少，严重打破了财政收支的平衡。迫于压力，地方政府仍需投入更多的资金来实现相应的责任，这就进一步增加了地方政府的违规借债意愿，潜在的债务风险水平急剧升高。为此，要坚持科学划分政府间财权事权和支出责任，尽可能地增加地方政府财权，减少地方政府事权和支出责任。具体来看：一是正确厘清中央与地方政府财权与事权的界限。一方面，要加快制定并出台关于央地分权的相关法律文件，通过法律形式明确规定财权事权和支出责任的内涵、划分原则与方法、问责机制等，不断完善央地政府间的权责分工合作机制。同时，还要充分考虑相关法律体系要随时间不断完善，对于实际实施过程中面临的问题，以及成功改革的经验，要系统化地转化为后续的规范法律文件。另一方面，要适当调整存在混淆的财权事权，防止将本应由中央负责的事项交由地方，或是中央承担过多，造成地方政府未能及时担负起相应的责任。对于义务教育、社会保障、公共卫生等具有很强外溢性的公共产品，理应由中央政府及其财政提供，并实施全国统一标准。对受益范围仅局限于地方的公共产品，原则上由地方政府及其财政提供，中央可以借助补贴等方式调节地区差异问题。而需要中央与地方政府共同承担的部分，如交通建设、水利建设、环境保护等具有交叉性的公共产品，要按具体项目划分承担比例。一旦地方政府财权与事权得到充分匹配，在财力充足的情况下，地方政府的举债欲望将会下降，地方债的无序扩张趋势就会得到有效遏制，进而达到化解地方政府隐性债务的效果。

二是及时调整支出责任。中央与地方的支出责任的划分会影响中央向地方调整财权事权的具体程度。以本书第八章防范地方政府性债务风险的国际经验借鉴第二节和第六节所提及的美国和澳大利亚的经验为例，作为典型的联邦制国家，各级政府间不存在行政隶属关系，政府间财政关系体现为财政联邦制。因此，各级政府享有独立的财权且事权划分相对清晰，地方政府发行债券不需要向证券交易委员会报告。联邦制国家的地方政府在本级辖区内享有税收立法权，独立承担支出责任，发行债券也不需要经过上一级政府或者联邦政府的批准。财政联邦制的这种特性，奠定了其地方政府债券发行的市场化和财政责任自负的法理基础。同样，在本书第八章防范地方政府性债务风险的国际经验借鉴第四节对巴西财政危机的案例分析中，巴西也在通过中央政府规定地方财政在不同事务上的支出比例，来实现对地方政府支出责任划分和履行情况的考察。总的来看，联邦制国家在责任分担时明显倾向于赋予地方政府更多的自主权，由地方政府自行解决所面临的资金问题，但这种自主权也显著降低了中央政府对于地方政府举借债务的约束，可能导致地方政府债务规模肆意扩张，在政府化解风险的能力较低情况下，将无法有效解决地方政府的债务问题。为此，我国中央政府与地方政府间的支出责任划分要结合实际情况，并不能完全效仿以上联邦制国家的做法，不妨根据我国的国情，由地方政府提交权力和责任清单，中央进行集中审议，通过各级政府广泛参与、积极参与协商敲定，经过中央政府的通盘考虑，将最终商定的支出责任清单进行公布。在实践过程中，考虑允许地方政府在特定时间内进行调整，再次上报和确定，形成不断完善的中央和地方政府间支出责任的动态调整机制。实现财权事权和支出责任的合理划分，将进一步降低地方政府的财政支出压力，抑制地方政府的举债意愿，防止滋生更多潜在的地方政府债务。

（三）规范省以下财权事权和支出责任

借鉴本书第七章区域差异、地方政府债务规模与经济增长的实证结论，首先，对于省级以下地方政府要重点理顺省、市、县政府的财政收入关系，要建立健全省、市、县级财政收入划分指标体系，将税基分布、区域均衡度、政府层级等因素进行有效整合，形成更多综合性指标，以更好地确定收入分配方式和共享比例，协助调整各级政府的财力，提高省以下各级政府的财政均衡度。同时，考虑到财政体制改革的需要，要坚持动态调整中央与地方间的财政关系，重点保障基层财政有稳定的收入来源，始终保持财权事权的划分与经济发展水平相适应，防止因过于强调发展而带来巨大的资金压力，滋生地方政府隐性债务。其次，要加快推进省以下事权的合理划分。在充分考虑地方发展水平的前提下，结合基本公共服务受益原则等，不断明确以地方治安、市政交通、城乡建设等基本公共服务为代表的市县级财政事权。适度强化涉及教育、城乡居民医保、跨市县重大基础设施规划建设等方面的省级财政事权。事权的准确划分，能更好防止基层政府财政负担过重，减少潜在债务形成的可能性。最后，要完善差异化的市县级支出责任划分机制。将减轻基层负担、体现地区差异作为基本原则，在不同基层政府间，尝试推进统一的支出责任分担确定方式，设置经济发展水平、财力状况、支出成本等加权因子，核算出不同的责任分担比例并执行。同时，对于确需下级政府代为履行事权的情况，要建立健全共同财政事权保障措施，督促上级政府安排相应资金，不得变相转嫁支出责任。总的来说，划分省、市、县政府的财政支出责任，要坚持分级管理原则，充分结合各级政府的资源统筹能力、发展潜能、社会治理能力等，合理匹配与其能力相符的支出责任。不断完善动态的权责界定机制，准确划分省级责任、各市县级责任和共同责任，有助于实现基层政府财政支出规模的减小，降低基层政府资金压力，有效抑制地方政府违规举债意愿，更好化解地方政府隐性债务问题。

二、深化税收制度改革，健全地方税收制度体系

（一）优化主体税种结构

税收作为地方政府财政收入的重要来源，其整体规模关乎地方政府财力水平。因而，在尽可能增加地方税收收入的情况下，地方财政收支将能够更好地维持平衡，地方政府无须过多借助举债融资的方式，提供经济发展所需的基本公共产品，既压缩了地方政府潜在债务的空间，降低了地方政府隐性债务风险，又保证了地方财政的可持续性发展。为此，要重点从以下两个方面着手，一是增加直接税收入。一方面，建议对个人所得税从多角度进行优化，以持续提高直接税收入。首先，尝试对征税范围进行拓宽，将个人的全部合法收入纳入统一征收范围，按统一标准，不再进行单独的收入分类。其次，不妨借鉴本书第八章防范地方政府性债务风险的国际经验借鉴中美国、澳大利亚等发达国家的经验，考虑对个人所得税采取综合课征制，即对税率、征收方法、扣除办法等进行统一，有效扩大税基基础。我国可以考虑在原有以工资、薪金所得为主的综合所得上，尝试将股息、利息、财产转让所得等一并纳入综合所得，扩大共同税基，增加直接税收入。最后，对于高收入群体，其本身能够承担更多的社会责任，提供更多的税收收入。但对这类群体的税率比重已相对较高，再度提高会损伤其生产积极性，增加逃税的可能性，反而容易引起税收收入的减少。因此，建议采取合理的调节手段，加强税收监管，尽可能做到应收尽收，避免隐匿收入。重点是要加强对这部分人群的反避税力度，加强不同层级间的税务合作，不断完善和细化反避税条款，适度扩大税务机关纳税调整的范围，赋予更多的纳税调整权力，进而扩大直接税收入。另一方面，要推进房地产税等存量财产税的改革，不断提高

房地产税的收入规模。首先，不妨尝试对计税依据进行优化，通过结合各地经济水平和房地产市场发展现状，将房屋的综合评估价值作为计税依据，防止出现滞后性等问题，降低实际税收收入。其次，对于居民住房用途，建议采取更加精细化的区分，将房屋的居住属性和投资属性区分开来，采取差异化、累进制税率，降低居民必需住房的税收，加大投资住房的税收，通过"一增一减"的精准调控，在提升居民的幸福感和认同度的同时，实现税收收入的增加。最后，要加强对资产的分类设置税目，将符合条件的不动产税目，统一并入房地产税征收，避免反复征收，降低流转环节的税负。通过提高直接税收入的方式，有助于发挥直接税筹集财政收入的作用，帮助缓解地方举债压力，巧妙化解地方政府隐性债务问题。

二是要提高共享税的比例。一方面，适当调整现有增值税和企业所得税分成比例，提高地方政府的占比。尝试建立健全投入和产出动态分配机制，地方政府通过营造良好营商环境，为企业提供优质服务，来带动企业壮大发展，进而带来更大规模的税收上缴。对于这类促进了产出增长的地方政府，不妨根据其投入量，在合理范围内动态调整其共享比例，给地方政府带来更多的税收收入，形成政府和企业的良性互动局面。另一方面，可以尝试将消费税由中央税转为共享税，提高地方政府在消费税中的税金分成比例。由于消费税完全划归中央，地方政府无法获得部分税收收入，但消费税的征收环节主要分布在地方政府的范围内，地方政府缺乏监管的积极性，市场中偷漏税现象频发。为此，按一定比例将消费税分给地方政府，将更好提高地方政府征收和监管的积极性。地方政府税收收入的增加，能够更好地调动地方政府的主动性，对于缓解地方政府债务压力，有效降低地方政府隐性债务风险，进一步控制地方政府举债规模具有重要意义。

（二）完善地方辅助税种

地方辅助税种对于直接补充地方政府财力具有重要意义，将财产税等作为新增税种的呼声也不断涌现，但这些税种并不能同时兼有对地方债务规模和地方债券市场的规范作用。因而，在防范和化解地方政府隐性债务的视角下，开征资本利得税是完善地方辅助税种的首要任务。随着我国市场经济的快速发展，证券与房地产的买卖行为越来越普及，逐渐融入人们的日常生活，开征资本利得税是顺应市场经济发展的结果。同时，开征资本利得税可以为地方政府带来税收收入，缓解地方政府压力，有效防范和化解地方政府隐性债务。借鉴本书第八章防范地方政府性债务风险的国际经验借鉴中各国家的辅助税征收经验，开征资本利得税需要注意以下几点：一是要通过征税目的确定课税对象。以美国为例，其设立资本利得税的目的主要有两点，增加财政收入和调控资本市场。其课税对象包括无形资产的资本利得、有价证券和投资性房地产的所获收益。基于我国的资本市场现状，对无形资产的资本利得，如商标权、专利权等无形资产的原值很难计算，对这类资产征收资本利得税实际可行性小，征管难度大。结合我国的情况，建议设置的课税对象可以包括有价证券和投资性房地产的资本利得。同时，我国地方政府开征目的应该包括增加地方政府财政收入，以此缓解地方政府财政压力，从根本上解决地方政府隐性债务问题。二是税率形式与税率水平。美国、荷兰、澳大利亚等国家根据资产类型和持有时间不同，按照税率开征资本利得税。其中，美国的最高税率目前为 20%，而澳大利亚的资本利得税税率最高可达45%。基于我国目前资本市场及社会现状，采用比例税率有利于政府对资本市场进行调控。在采用比例税率的情况下，投资者不会因为避税而对原本拟订的投资计划作出调整，所以不会对资本配置带来较大的影响。针对我国的税负水平，建议资本利得税的开征应该实施轻税政策，总体税率不能太高。三是资本利得税的税收分配。在第八章防范地方政府性债务风险的国际经验借鉴提到的案例中，美国、日本、德国、荷兰、澳大利亚的资本利得税均属于中央收入，并没有专门分给地方政府，而巴西地方政府参与了资本利得税分成。基于我国资本利得税开征目的，考虑到我国地方政府规模、经济发展水平、地方政府财政压力以及地方政府隐性债务等问题，地方政府参与资本利得税的分成是必要的，这部分的税收收入可以用于地方政府的债务偿还，帮助地方政府实现财政可持续发展。

（三）加大税收优惠力度

尽管税收优惠政策会造成政府短期内的税收收入降低，但从长期来看，企业受益于这些政策将带来数量和规模的整体提升，得以孵化出更多的企业参与市场中，使市场主体规模不断壮大，而这种扩大将为地方政府带来更多的税收收入，推动地方财政的良性发展。同时，根据本书的第四章财政金融风险叠加视角下地方政府隐性债务风险的预测与分析中第二节的实证结果，减税降费能降低债务成本和风险，通过减税降费的调节，能够帮助企业实现"降成本"的目标，缓解企业在生产生活中面临的资金压力。为此，中央和地方政府要继续扩大减税降费的政策范围，坚持贯彻落实减税降费政策，让更多企业享受到减税降费的政策优惠，具体措施包括：首先，建议继续增强企业所得税等税种税收优惠政策的稳定性，在降低企业生产压力的同时，积极发挥政策的激励和引导作用，同时，要积极推进更多临时性政策转为长期性制度安排，提高企业的生产预期。其次，加强税务部门对现有减税降费政策的持续优化，及时调整相关比例。例如，在现行税法中规定，非金融企业之间的借款利息可以在不超过金融行业同期同类贷款利率中扣除，这个贷款利率既可能是金融机构公布的平均利率，又可能是金融机构向其他企业提供借款时的实际利率，要充分从企业的角度出发，考虑采用较低成本的利率进行计算，降低企业融资利息成本。让企业能够腾出更多的资金用于生产规模的扩大，一旦企业规模得到扩大，其为地方政府带来的实际税收将不降反增，地方政府将获得更多的资金用于各项财政支出，从而减少举债需求，对于降低地方政府隐性债务风险具有显著作用。另外，税法中对于借款利息的扣除有较多的限制，在减税降费的大背景下，要尽可能地减少对企业借款利息的限制，对部分通过商业信用、抵押担保或私人借贷等形式的借款利息扣除进行明确规范。最后，考虑加大对贫困地区、偏远地区采取更大规模的减税降费力度，吸引和鼓励企业前来开展生产经营活动。这不仅可以为当地百姓带来经济收入，还能直接改善民生，降低地方政府用于改善相关民生领域的支出压力，还可以为地方政府带来更多的税收收入，降低上一级政府对这类重点地区的转移支付压力，发挥地方政府的主动性，以实现地方财政的长期可持续性发展。加大税收优惠力度的关键，在于强化企业对地方经济发展的推动作用，助力地方财力稳固提升，帮助化解地方政府债务风险。在切实落实相关政策的基础上，这将大力促进各地方企业数量和规模的壮大，为地方政府带来更大规模的税收收入，地方政府能够将更多的资金投入向重点民生领域，减小了通过融资平台借债的比例，有效缓解了地方财政压力，也极大程度地化解了地方政府隐性债务风险。

三、优化转移支付，提高地方债治理效能

（一）完善转移支付制度

2023 年，中央的转移支付首次突破 10 万亿元大关。同时，结合本书第五章财政金融风险叠加视角下地方政府隐性债务影响因素的实证分析中第三节的实证说明，精准的转移支付将有助于保障地方政府的基本财力需求，也能有效抑制地方的举债行为，降低隐性债务风险，对于防范和化解地方政府隐性债务具有重要意义。因此，要发挥转移支付制度的最大效用，就要不断优化一般性转移支付和专项转移支付体系，加大转移支付资金的透明度。具体来看：一是降低官员对一般性转移支付的干预。要重点解决官员偏好错位的问题，减少地方官员对于一般性转移支付资金的支配权力。由于一般性转移支付的资金并无明确的用途规定，地方官员往往会选择更能突出其政绩的支出项目，以帮助城市改造、GDP 提升等，而基础教育、脱贫攻坚、乡村振兴等领域较难得到转移支付的资金。地方政府甚至以这类民生性项目融资需求来进一步借债，形成潜在的地方政府隐性债务，这样不仅降低了转移支付资金的效能，还可能形成了更大规模的地方政府隐性债务。为此，要尝试在官员政绩考核中，纳入更多长期性、民生性项目的比重，防止资金因官员偏好而无法及时投入到位。二是要解决专项转移支付信息不对称的问题。我国的专项债种类繁多，且申请审批程序复杂，加之政府行政层级较多，中央与地方政府间信息不对称问题较为突出，专项转移支付实际情况难以得到真实反馈。为更好地解决这一问题，不妨尝试简化信息形式，对专项转移支付资金申请环节中的各类信息，要采用统一的申报标准，对涉及的资金需求和项目实施计划等数据进行统一的分类。将相关信息和数据整合后，以更为突出的关键词等向上级政府呈报，这样减少了上级政府甄别信息的时间损耗，

有助于加速专项转移支付资金的到位。同时，还要尝试提高信息传递的密度，借助现有网络技术建立专项转移支付项目库等，设置相关分类和信息关键词，通过地方不断向上一级政府传递信息的方式，加大信息密度，使其能够在大量信息中凸显，有效解决了不同层级政府间信息不对称的问题。三是加大转移支付资金公开力度。通过转移支付的方式，中央政府试图不断降低地区间财力差异。但在一定程度上，这种方式也导致了地方政府提供公共产品的成本意识淡薄，地方政府将中央转移支付的资金当作"急救药""特效药"，过度依赖中央转移支付支持。本书第二章财政金融风险叠加视角下地方政府隐性债务的理论分析第二节地方政府隐性债务的特征分析中，已经指出我国存在地方财政透明度不足的问题，地方债务情况难以准确统计和掌握，转移支付资金使用情况也无法有效公开。因此，要不断加大对转移支付资金的公开力度，公开预算编制、项目执行、财政政策等内容，尤其是对于一般性转移支付和专项转移支付资金，对允许公开的资金项目采取主动向群众分类、分项、分条目的及时公开。对资金的公开可以从多个角度进行，首先，可以对资金的使用过程进行适度公开，通过结合现代电子信息技术、网络技术来革除原本碎片化的方式，实现对资金链条的全方位监管。其次，还可以对资金使用对象等方面进行适当公开，让地方政府将转移支付资金更多用于民生相关领域，尤其是对重大项目资金使用对象进行公开公示，以保障实现转移支付资金运用的政策目标。最后，重点加大虚报冒领、截留挪用、账实不符等违法违规行为的公开，对各级政府起到有效警示的作用，避免违规挪用资金等行为反复出现，影响转移支付机制发挥效能。透明度提高有助于中央及时掌握转移支付资金去向和使用情况，促进立法机关、社会公众等开展多方位的监督。不断丰富政府转移支付公开内容，不仅可以防止滥用权力、暗箱操作等违法违规行为，还可以有效提高转移支付资金的配置效率，降低地方政府违规借债的意愿，有效化解地方政府隐性债务。

（二）调整转移支付比例

一方面，要继续加大一般性转移支付力度。要坚持发挥一般性转移支付在均衡地区间财力差异上的作用，增加对于中西部欠发达地区的转移支付额度，这类地区基础设施建设等项目的成本较高，投入规模较大，仅靠地方财政无力支撑，必须加大一般性转移支付力度，避免地方资金压力过大而出现大量的违规举债行为，有效化解地方政府经济发展资金需求与财力水平不匹配的矛盾，防止滋生潜在的债务风险。对于需要增加的转移支付规模，要不断建立健全因素法等规模测度方法，完善包括人口出生率等在内的多种指标，提高对新增转移支付规模的测算精度。此外，尽管一般性转移支付并不对资金的具体用途加以严格限制，但加大支付力度的同时，也要考虑避免地方政府产生资金依赖，防止一般性转移支付对贫困地区产生逆向激励，尤其是防止部分地方政府一面加大举债，一面不断借增加的转移支付资金偿还债务，增加地方政府隐性债务风险的行为。

另一方面，要减少专项转移支付，考虑将支持方向、扶持对象和用途相近的项目进行有效整合，减少资金的重复转移支付。同时，要不断尝试推动专项转移支付向分类转移支付的转变，不妨通过按教育、医疗、科技等分类方式，采取因素法分配资金，进一步降低专项转移支付规模。对用于地方经济发展、民生改善等重点项目，要鼓励地方借助正规融资渠道获得资金支持，打破地方政府试图不断获得专项转移支付的可能性，发挥地方政府在解决资金短缺问题上的主动性作用，在正确处理好资金需要的同时，有效规避地方政府采取借债建设的发展模式，有助于化解地方政府隐性债务。

第二节　深化金融体制改革，健全举债融资机制

一、推动金融市场改革，优化资源配置

（一）不断完善地方债券市场

对地方债券市场的完善要从以下几方面入手：一是合理设计地方债券期限结构。通过地方债券发行所获得的资金，要提前考虑其未来的用途，特别

是涉及教育、文化、科技等投资周期较长的领域。在发行债券前，要对地方债券期限结构进行合理设计，适当增加长期或超长期债券的种类，加大长期债券的发行比例，以分担地方政府未来时间内的整体债务负担。在设计较长期限结构的地方债券时，要充分考虑发行成本和风险水平，还要考虑市场购买者对于长期债券的认可度和购买意愿。为此，对期限长于一定年限的地方政府债券，不妨尝试建立健全按年限定期还本付息的模式，即在债券设计期限内，不断健全每年平均或者指定年限固定比例的模式，阶段性安排偿还本金及支付利息，放弃传统债券到期还本的模式。通过这种模式降低长期债券的不确定性，增强购买者的投资信心。同时，还可以考虑与长期债券相配套，设置灵活本金偿还条款，对于资金投入效果好于预期的项目，允许提前一次性偿还本金，或是对原有本金偿还比例进行调整，加大本金的偿还力度。这种方式既保证了地方政府发行债券的信用，又为地方政府带来了更为长期、灵活的资金储备，解决地方政府大规模资金短缺的问题，降低地方政府举债意愿，有助于更好化解地方政府隐性债务。二是优化地方债承销商结构。借鉴本书第八章防范地方政府性债务风险的国际经验借鉴第一节日本政府对普通地方公共团体的引入和第二节美国采取的对政府代理或授权机构及债券使用机构的引入，通过增加债券承销商的数量，再借助政府增加的隐性信用担保，使融资规模进一步扩大。相比完全由政府借助银行发行债券的单一方式，这种方式将能够更加灵活、高效地满足地方政府的融资需求。借助这一思路，我国的地方政府债券市场可以继续推进承销商结构的优化，打破单一承销的局面，主要是吸引证券公司等更多金融机构加入地方债承销团，进一步增加证券公司等金融机构的数量。降低银行在债券承销团的占比，避免银行一家独大，完全占据地方政府债券发行权的情况，形成银行、证券公司及其他金融机构共同承销的良性结构，增加良性竞争，突出优势互补。这将有利于避免隐性债务的集中化，更好地防范地方政府隐性债务的潜在风险。三是建立健全地方债券市场相关的法律法规。进一步深化金融市场改革，要健全地方债券市场相关法律法规，确保地方债券市场的规范化管理。在充分借鉴前面第八章防范地方政府性债务风险的国际经验借鉴第一节日本政府颁布的《地方公债法》和第五节波兰政府颁布的《债券法》《乡级政府自治法》等法律法规对地方债务的风险控制，政府要求从预算管理、规模控制、风险监控、审计监督及透明度等方面，对风险进行全流程的监督和及时防控，对于违规借债的行为，要对项目和官员进行严肃追责，严把债务风险关。鉴于此，以我国《预算法》为代表的法律法规，对于在预算执行、债务举借等方面存在的违规行为，并没有直接的罪责条目相对应，且对于责任的追究主要停留在行政责任，缺乏对刑事责任的追究。建议考虑对我国现有的《预算法》及其实施条例进行完善和修订，尤其是在地方债发行及偿还过程中，要不断完善对责任缺失等问题的问责机制，对违背预算执行、违规举债等违规违法行为进行终身制责任追究，并加大相关行为的行政或刑事处罚力度，通过更为严格的法律法规对地方政府的融资行为进行明确的、有针对性的优化，降低违规融资行为的出现概率，防止潜在债务规模的增加。

（二）推进金融分权的改革

一是要适度加强金融显性集权，降低金融隐性分权程度。首先，金融显性集权程度的提升将更好地控制金融风险，不妨考虑建立健全金融机构联动机制，对地方金融机构的日常投融资行为，通过上级金融机构进行及时的动态监管。对具有较大风险的行为要及时叫停，尤其是涉及较大规模的资金，要健全上报渠道，由中央一级金融机构进行合理评估后再行授权，尽可能地降低地方政府对地方金融机构产生的干预，避免滋生潜在的债务问题。同时，对于隐性债务置换的进行，要重点推行由财政部统一下达的特殊再融资债，确保发行权力集中于中央政府，并对以银行自营资金、理财资金等为主的认购资金加强资格审查，严防地方政府的借机行为，影响隐性债务存量的置换，增大隐性债务风险。此外，应考虑到利用降息等手段化解隐性债务，但对于这类化解手段的评估和实施，仍要确保以财政部、央行为主的中央一级机构部门掌握决策权，提升金融显性集权水平，更好防止潜在的隐性债务问题出现。其次，要考虑不断削弱金融隐性分权程度。对地方金融机构的成立等环节要进行严格审批，禁止将审批权等权力下放，对银行的信贷资金分配等环节，要不断完善评估体系，实现以评估结果为导向引导资金投入，减少地方政府的干预，防止地方政府从金融机构处违规获得资金，降低地方政府隐性债务规模。

二是要持续推进金融市场化改革，强化市场对于金融机构的作用，增强金融市场对地方政府举债行为的约束作用。建议重点推进地方融资平台的市场化转型，减少其为地方政府融资的职能，使其成为能够更好推动地方经济发展的市场化主体。要综合考虑地区差异等因素，积极探索地方融资平台异质性发展模式，由地方政府联合各权威金融机构，为其定制符合其风险及收益的市场化融资工具，鼓励探索创新型金融工具，切实提高地方金融机构的市场化水平。

总的来说，金融分权结构的优化，能够给地方金融机构带来更大的自主权，更为主要的是减少了地方政府在这一过程中的干预，降低了地方政府违规举债的可能性，有助于更好地化解地方政府隐性债务问题。

二、规范金融机构行为，提高资金运营效率

（一）规范金融机构行为

一是要规避金融机构制定投资政策的倾向性。金融机构在进行投资前，要充分、合理制定投资政策，统筹各部门对项目开展可行性分析，重点对项目的资金需求、预期目标、项目质量等进行科学评价。特别是由地方政府担任股东的地方金融机构，如城商行、农商行等，在涉及较大规模投融资计划时，要根据评价结果确定是否进行投资，并附上详细的投资分析报告。在条件允许的情况下，建议由上级金融机构参与投资政策的制定和完善，必要时可直接授信。另外，防止在制定投资政策的过程中产生明显的倾向性，避免金融机构紧跟地方政府融资项目盲目投资，滋生地方政府隐性债务的出现。

二是加大对金融机构投标的监管力度。金融机构作为债券承销的主体，通过投标方式对政府债券进行承揽承销。在招投标过程中，要提前确定最低费率标准，禁止金融机构利用超低费率等手段获取债券的发行权，对于费率水平明显低于市场正常水平的投标要及时予以停止。特别地，金

融机构通常会借助发行政府债券来扩充当年债券发行数量和规模，以获得机构3A信用评级，进而借机不断兜售机构其他金融产品，获得更多利润。这种模式的存在，会导致金融机构通过恶性竞争来获取地方政府债券的承销权，不利于债券发行。为此，还要不断推进金融机构信用评价体系的改革，改变现有发行规模和发行数量的单一评价体系。引入更多能够客观评价金融产品实际经济效益的指标，从重数量、重规模向重质量、重效用的要求进行过渡，从根本上解决地方债在发行过程中所面临的问题，化解地方政府隐性债务。

三是要适时调整金融机构投资计划。金融机构在提供信贷资金的过程中，应当根据计划随时监测项目的实际执行情况。但计划内的部分评价指标具有时效性，会随着项目和时间的推进，这部分指标可能发生改变或失效，导致投资计划偏离原有预期，进而影响后续资金的投入。为此，要适当引入区块链技术等前沿技术对项目资金需求变化、预期目标达成度等进行跟踪评价，并根据评价结果适时调整投资计划，保证投资计划的正确性和合理性，规范金融机构投资行为。

（二）不断提高资金的运转效率

一是确保资金的及时拨付。建议主动采取预拨付、按实施进度分阶段拨款等灵活方式，确保资金的及时到位，以资金拨付带动项目的整体运转，保障项目的实施进度。另外，涉及拨付资金是地方政府债务资金的，要考虑采取专款专项专户的管理模式，提前以项目名义建立账户，并考虑将相关款项统一、提前划拨到账户进行单独管理，并根据项目实施情况，实时、重点监控款项的发放、付款及资金到达账户，避免凭借政府信用进行拖欠、延迟资金的拨付，甚至是以"假账户"的名义侵吞项目资金，形成地方政府隐性债务。务必确保地方政府债务资金用到实处，带动其余各类资金在项目中的运转速度，提高项目资金的拨付效率。同时，还应根据项目的实际建设情况，及时调整债务资金拨付的速度和金额，必要时可以对无法按照正常进度实施的项目资金暂作调整，将资金用于支持其他项目正常建设。但对于产生了资金调整的项目，要对地方政府债务融资的资金用途予以严格限定，不得允许随意变更，严格限制地方举债资金另作他用，并及时清理不合规范的项目，防止后续资金继续投入，阻碍资金的高效运转。

二是提高资金的使用效率。首先，金融机构和地方政府要综合考虑资金的用途、分配方式及比重等，制订详细的预算计划，严格参照计划控制和调整资金的收支情况，确保资金的合理分配，避免因资金浪费而降低资金的使用效率。其次，要建立健全对资金"借、用、管、还"的全生命周期跟踪管理，实时掌握资金动态数据，分类整合数据，借助相关模型做好风险等级分析，对资金使用不符合标准，或是资金风险等级较高的情况，要及时减少资金的投入量，避免资金的无效投入。尤其是对于需要通过举债实施的重大投资项目，金融机构重点加强对资金使用效率的评估，避免地方政府举债的资金低效运行，滋生出更多的潜在债务。尝试建立健全金融机构与地方政府协同评估机制，减少信息不对称，借助评估机制及时更新资金使用情况，为提高资金使用效率提供重要依据。最后，不断优化资金投向，将资金统筹安排到稳定经济增长、调整经济结构、惠及民生等领域，特别是要加大地方债资金对科学技术、教育文化等重点领域的投资，结合本书第六章政府性债务管理影响地方财政可持续的实证分析第四节的实证分析结果，这类投资能在一定程度上提高地方政府债务资金的使用效率，进一步带动社会其余资金的活跃度，有助于实现地方财政的可持续发展。同时，继续加强"放管服"的改革力度，减少资金因行政审批等环节时间过长而带来的负面影响。

三是强化资金的绩效评价。首先，要加强对资金的事前评估。在金融机构的资金投入使用前，要不断完善对资金拟投入项目的全面评估，降低资金的潜在风险。事前评估要注重对向金融机构所举借的资金规模和用途进行预评估，尤其是对于有地方政府参与的项目，区别于一般的营利性投资项目，这类项目可能涉及的举借资金规模大，资金使用周期长，要做好对资金规模的合理评估，避免出现盲目的投资行为，致使金融机构投入资金无法达到预期效果，并形成潜在的资金问题，使得地方政府继续借债，导致地方政府隐性债务规模扩大，债务风险提高。同时，在对资金规模和用途进行评估时，建议引入更为全面的评估指标，使评估结果对项目资金的使用更有借鉴意义。具体来看，不妨考虑在评估时综合考虑融资目标和目的、项目当下及未来的预计资金需求、项目整体的运营和发展计划、项目承接方的经营状况等，根据不同要素的重要性，设置相应的权重，计算出相对应的评估结果，以此来确定实际投入的资金总量。此外，对于整体评估结果较为客观，但仍具有较高风险的项目，尝试建立分阶段资金投入计划，避免资金一次性投入，形成较大的债务负担，降低地方政府隐性债务风险。其次，要强化资金的事中监督。金融机构向地方政府提供的资金主要是用于基础设施建设和民生领域投入，帮助推动地方经济发展。对于这类向金融机构举借的资金，要求做好持续跟踪，尝试借助现有财税系统，更新上线专项项目绩效运行监控功能，进行全国联网，并对项目执行和资金拨付等进行实时分级预警，利用类似于"红黄绿灯"的分级方式，及时警示项目中的问题和风险点。建议对项目执行长期属于警示范围的地方政府，冻结其计划批复，暂停新增项目的审核工作，对地方政府的资金使用形成有效倒逼，防止地方政府忽略风险，将大量资金随意投入各种项目中，增加地方政府的财政金融风险。同时，还要完善重大项目中举借资金的跟踪监督，尤其是对于改善民生、乡村振兴等项目的资金，务必要建立起全过程的绩效管理链条，确保向金融机构举借的资金及时落地，保证资金使用的合理性。最后，突出资金使用的事后评价。要不断完善对金融机构的资金使用效果评价，借助评级、打分等多种评价方式获得综合评价结果，并将评价结果作为下一次资金审核的重要依据，指导后续资金投入。对绩效评价结果较好的，这类金融机构能够更好发挥资金的经济效能，以向地方政府提供的资金作为支点，撬动整个地区经济的发展。为此，对此类金融机构的后续资金审批要提供更多便利，适当简化相应审批流程，给予其更大的资金额度和更高的信用评级，鼓励其继续发挥良好作用。对绩效评价结果较差的金融机构，要进一步规范其资金使用，适当考虑缩减可使用资金规模，增加对资金使用过程的全程审核监督。必要时要加强此类机构同上级金融机构的直接联系，通过上级金融机构对其业务的授权过程，加大监管力度，实现对地方金融机构的有效倒逼，督促其提高资金使用效果。

三、健全风险预警机制，防范化解金融风险

（一）加强风险预警机制顶层设计

为更好化解地方政府隐性债务，要充分协调各项政策和各级部门，树立地方债风险预警和防范意识，因地制宜，确保风险预警机制的有效运行。一是因地制宜地设计风险防控方案。各地区在经济发展水平、政府财政实力、政府债务规模等方面均存在异质性，使得对不同地方政府债务风险的预警难度不同，对于风险的防控方案设计也存在明显差异。因此，要因地制宜地设计风险防控方案，辅助风险预警机制以发挥最大效能，要充分评估不同地区间地方政府的实际情况，不妨将当地人口结构、基础设施水平等因素同地方政府资金需求情况和地方经济发展综合考虑，合理评估地方政府债务规模，具体分析在政策执行、债券发行和偿还、项目实施等各环节现存的风险，出台因地制宜的风险防控方案。同时，要对未来期限内可能发生的潜在债务风险进行提前研判、提前设计，保证在风险预警机制识别到风险的第一时间，对风险进行差异化防控和化解，及时防止地方政府债务风险波及地方经济，维持地方财政的可持续性发展。

二是动态调整风险预警名单。风险预警的作用侧重于对既定举债融资、资金使用等资金使用过程，强调对过程的覆盖。作为地方政府隐性债务的举借主体，则需要建立与之相对应的债务风险预警黑（白）名单，将更加有利于从源头处了解债务规模，及时防范隐性债务风险。建议对触发较高风险预警等级的地方政府，派驻相关专业人员对地方政府债务资金的使用状况、重大项目的执行情况进行定时核验，结合当地实际情况给予反馈。对于多次未能及时纠正问题，不断违规举债，提高地方政府隐性债务水平的，要及时列入黑名单进行管理，要向各地方金融机构等可能向其提供资金的主体进行公示，限制其进一步的举债行为，加强对黑名单内成员的债务情况梳理，重点厘清其现有资金使用状况和隐性债务负担水平，敦促地方政府及时完成整改，积极化解地方政府隐性债务。对于较少触发风险预警机制的地方政府，

要建立并及时纳入白名单管理，对白名单内的成员可以由上级政府考虑增加预算拨付，加大财政补贴和税收优惠力度等，促进地方财政的可持续性发展，为地方带来更多财政收入增长，降低借债意愿，从而化解地方政府隐性债务风险。同时，要建立健全黑（白）名单互通机制，对于及时化解隐性债务问题的地方政府，在满足审核条件的情况下，要确保其第一时间划入白名单管理，提高地方政府隐性债务管理的积极性。反之，对于债务风险防范不到位的地方政府要及时转入黑名单管理，以起到相应的警示作用。此外，还可以考虑将风险黑（白）名单同地方官员考核评价体系进行有机结合，对黑名单内的地方政府相关主管人员进行适当警告，在年终考核等各项个人评价中，将相关内容纳入考核评价体系内，充分激发官员对举借资金和项目执行的主管意识，主动参与资金的监督管理，确保政府举借的债务资金用到实处，协助更好地防范和化解地方政府隐性债务。

（二）引入大数据完善风险预警机制

地方政府发行债券的背后隐藏着大量的市场交易信息，主要包括债券价格、债券利率等信息，面对如此庞大的信息和数据，应当积极引入大数据技术来完善风险预警机制，提取出能够反映地方政府债务结构和特征的即时指标，对债务规模和债务风险及时把握，精准防范地方政府隐性债务风险。

一是加强风险预警识别能力。一方面，风险的准确识别要依托设置指标来获得具体数据，指标是获得数据的前提，大数据技术可以为风险识别带来技术保障。因此，提升识别能力的首要任务是在大数据背景下健全风险预警指标体系，借鉴本书第八章防范地方政府性债务风险的国际经验借鉴中第一节和第四节日本、巴西两国政府将新增债务率等指标纳入风险预警指标的做法，尝试设定更丰富的指标，实现对地方政府债务"借""用""还"三个环节的全覆盖，以收集大量的准确数据，协助化解地方政府隐性债务。具体来看，首先是债务的举借环节，基于对债务规模及结构的考虑，建议建立以债务举借规模、担保关联债务率，以及土地收入依赖性债务比率等为主的复合指标体系作为风险预警指标，利用大数据分析举债行为中上述指标的变化情况，评估对地方经济发展产生的影响，及时进行风险预警；其次是债务使用环节，基于对债务资金使用结果和债务负担的考虑，建议对债务资金效率、债务负担率、债务率及人均债务量，进行科学整合，形成更加客观、科学的综合评价指标，并将其作为风险预警指标，及时收集相关数据汇总，以实现对债务使用过程中的风险识别；最后是债务偿还环节，基于对债务到期偿还能力和偿还压力的考虑，建议继续完善关于债务逾期的相关风险预警指标，保证数据的全面、完整。同时，还要对不同阶段的各类指标的权重进行合理设计，使其准确配合风险预警机制发挥作用，提高对地方政府债务风险的预警能力。另一方面，地方政府债务的举债主体主要为地方融资平台、金融机构等，在进行债务数据采集上传时，各个主体之间上报数据所采用的系统不同，造成了数据之间无法及时互联互通，不利于债务风险的识别，容易为地方政府隐性债务提供隐藏空间，增加隐性债务风险。为此，可以利用大数据技术建立一个债务数据共享库，尝试将地方融资平台、金融机构等参与主体之间的数据关联起来。在共享库数据的支撑下，尝试进一步推进多责任方共同监测预警工作的落实，充分发挥风险预警机制对地方政府债务筹融资、债务支出事项等过程的常态化监测功能，实现全方位监控，实时生成数据，科学分析结果，以此来实现风险识别能力的进一步加强，帮助更好地化解地方政府隐性债务。

二是提高风险预警评估能力。风险预警体系运行过程中会随时收集债务相关数据，应根据实际情况调整数据临界值，再运用大数据技术，设定专门的模型，帮助快速收集和整合数据，并开展对比分析和划分风险等级，等级的划分要求能够实时、清晰地反映当前的债务风险水平，对风险等级要能够进行动态调整，并及时向有关部门提供相关信息。以本书第八章防范地方政府性债务风险的国际经验借鉴第一、第二节所提到日本建立的早期预警系统和美国建立的地方债监控和预警机制为例，两者都在一定程度上实现了对地方政府债务风险的评估，对中央政府进一步判断现有隐性债务规模和风险水平起到了关键作用。借鉴这一经验，完善评估判断机制还要重点加强对地方政府隐性债务风险数据的评估判断能力，令其更多地聚焦于隐性债务风险。对于举债主体较为复杂、风险识别难度较大的地方政府隐性债务，不妨应用大数据技术来实现多部门的协同分析研判，使分析结果的准确性得以提升，提高风险预警机制评估的准确性。同时，充分利用大数据技术科学评估地方隐性债务存量，计算隐性债务中的未偿金额和在责任范围内需尽快偿还的债务，利用后台数据进行科学分析，实时给出关于地方政府隐性债务风险情况的相关判断，及时总结现有风险点及存在的问题，形成科学、合理的对策建议，为下一步提出化解地方政府隐性债务的方案提供决策参考，保障地方财政的可持续发展。

第三节　强化财政金融协同效应，化解地方政府隐性债务

一、提升财政金融政策协同效率，健全地方债管理制度

为了防范化解地方政府隐性债务风险，实现地方财政的可持续发展，中央政府需要采取一系列措施来完善财政金融联合治理，促进财政资源和金融资源的有效整合，加强财政金融政策的协同制定，并且对财政金融政策进行监测，及时跟踪和评估财政金融政策的协同实施效果，保证财政金融政策的一致性、协同性与有效性。各地方政府要根据本地实际情况和财政金融政策协同实施效果及时对政策协同进行调整和改进。同时，基于本书第六章政府性债务管理影响地方财政可持续的实证分析中的结果显示，中央政府要通过制定针对性政策、促进财政金融双向监管等方式来强化地方财政与金融机构的合作机制，健全地方政府隐性债务管理制度，以应对各种风险与挑战，加强对地方政府指导和监督的同时确保金融机构对地方政府的债务情况有准确的了解，有效防范化解地方政府隐性债务风险。通过这些举措，中央政府将能够更好地发挥财政和金融政策的协同作用，具体如下。

（一）加强财政政策与金融政策的协同制定

财政金融政策协同作用是防范化解地方政府隐性债务风险的有力工具，因此财政金融政策的协同制定成为关键所在。财政金融政策只有适度协作才

能有效化解地方政府隐性债务风险，缺少合作或过度配合都不能够完全发挥出财政金融政策的作用，甚至有时会适得其反，就如同本书第八章防范地方政府性债务风险的国际经验借鉴中第四节所提及的，巴西地方政府债务危机的原因之一就是财政政策与金融政策缺乏有效合作，巴西各州政府在国际金融市场大规模举债，最终利率提升导致了地方政府隐性债务风险的爆发。所以我国要强化财政金融政策的协同，在措施上相互补充，形成协同效应，避免政策冲突。财政政策要为金融政策的顺利落实营造良好的政策环境，同时金融政策也要补充财政政策以防范化解地方政府隐性债务风险，财政金融政策的协同制定重点在于加强财政金融双向监管、协同优化地方政府融资环境，确保地方政府债务的合规性、可持续性和风险可控性。

一是基于财政政策的视角，通过与金融政策的配合，化解地方政府隐性债务。财政政策是国家制定的指导财政分配活动和处理各种财政分配关系的基本准则，其作用之一就是维持各级政府财政稳定。通过健全地方政府债务管理制度、加强财政金融协同监管、紧密配合金融政策等方式，支持并引导金融政策发挥协同作用，共同化解地方政府隐性债务风险是财政政策的职责所在。例如，财政政策配合金融政策要注意以下两个方面：一方面，财政政策应该紧密配合金融政策支持地方债治理的创新。我国金融政策正在通过银行信贷、债券融资、股权融资等方式，统筹发展和安全，切实防范化解地方债风险，积极稳定市场。财政政策要通过税收减免、项目支持、财政奖励、推动市场化债务转股等方式引导并支持多样化风险管理工具的创新和使用，如债务风险对冲产品、债务保险、利率衍生品等，支持金融政策建设高水平开放型经济新体制，降低地方政府债务成本，减轻偿还压力，统筹发展安全，有效化解地方政府隐性债务。另一方面，财政政策应该紧密配合金融政策有序推进中小金融机构风险化解和处置。财政政策要配合金融政策，以法律法规形式明确地方政府债务管理的指导原则与债务管理要求，规范地方政府在债务融资活动中需要遵守的程序，确保地方政府专项债券资金使用透明，同时还要通过设立财政金融联合审查机制来完善地方政府融资的财政金融监管政策，健全监管流程与债务管理制度，协同金融政策确保地方政府债务融资活动的合法性、合理性与可持续性。

二是基于金融政策的视角，通过与财政政策的配合，化解地方政府隐性债务。结合我国当前的财政政策与地方财政现状，中国人民银行要制定出与财政政策相匹配的金融政策，从金融方面补充财政政策的薄弱点。例如，地方如果采取过度扩张的财政支出措施会增加地方政府的债务压力，金融政策避免相机抉择可以采取相应的货币紧缩措施，限制过度融资和债务增长，以维持债务风险的可控范围；财政政策鼓励地方政府发行债券来偿还隐性债务，金融政策可以在可控范围内提供流动性支持，确保债券市场正常运行，帮助地方政府解决隐性债务问题。中国人民银行要注意加强风险管理和监测，防范财政金融风险的转移与叠加，除此之外，还应该提供合理的融资支持和风险管理工具，以优化地方政府融资环境，保证地方财政和金融体系的稳定运行，主要体现在以下两个方面：一方面，建议中国人民银行可以尝试配合减税降费政策发挥金融政策调节和稳定经济的作用。结合本书第八章防范地方政府性债务风险的国际经验，借鉴第一节中日本在夕张市财政重建之后开通申请财政金融贷款渠道的做法，在减税降费政策的背景下，我国可以创新金融产品、定向融资支持等方式，增加货币供应量，降低基准利率，调节减税降费对地方财政收入的影响，加强财政金融政策协同作用，有效防范化解地方政府隐性债务。另一方面，中国人民银行要配合完善转移支付制度，加快金融风险的改革。基于中央政府对调节地区均衡，增加均衡性转移支出的转移支付制度，金融政策的制定要结合金融分权的改革重点关注金融资源稀缺地区的存量债务再融资问题，中央银行可以通过进一步规范地方政府的举债融资行为和提升金融机构内部风险控制专业化水平，有效防止财政金融风险的转移与叠加，化解地方政府隐性债务。

（二）完善地方财政部门与金融机构的合作机制

强化地方财政部门与金融机构的合作机制是有效防范化解地方政府隐性债务风险必不可少的环节，同时也是强化财政金融协同效应的主要方式，若不能有效合作，将会导致地方政府隐性债务风险暴发，如本书第八章防范地方政府性债务风险的国际经验借鉴第二节提到的底特律市的案例，分析揭示了地方财政与金融机构之间缺乏有效合作会导致地方政府隐性债务的加剧直至风险爆发。

一方面，为了完善地方财政与金融机构的合作机制，地方财政部门要加强与金融机构的合作。可以通过以下渠道实现：一是地方财政部门要建立与地方金融机构稳定有效的沟通渠道。通过举办座谈会、召开论坛等形式加强合作协调，有效应对地方政府隐性债务问题。同时，地方政府要进一步明确地方财政与金融机构的合作范围、内容及各方的职责，确保在合作过程中能够形成互利共赢的局面。二是地方政府要强化金融机构参与地方重点项目的投融资。通过与金融机构的合作，地方政府不仅可以获得必要的资金支持，还可以借助金融机构的专业知识和经验提高项目的专业性和可行性，从而推动项目的实施和发展，有效缓解地方政府财政压力，从根源上化解地方政府隐性债务问题。但是要注意，在与金融机构的合作过程中，地方政府要与金融机构共同探讨风险共担机制，这样可以降低金融机构参与地方项目所面临的风险，同时可以增加金融机构对地方项目的信心，让地方政府间接地获得更多的融资渠道和金融资源，化解地方政府隐性债务问题。三是地方政府要引导并支持金融机构开展因地制宜的金融创新。结合国家融资担保基金（NGF）、房地产信托投资基金（REITs）及创新基金形式，拓宽解决地方政府隐性债务问题的方式方法。四是要加强地方政府与金融监管机构的双向监管和合规合作。如本书第八章防范地方政府性债务风险的国际经验借鉴中所述，德国北威州在经历了债务危机之后，州政府加强了地方财政和金融监管机构的双向监管，通过建立有效的财政金融监管体系预防隐性债务的扩增；美国底特律市进行债务重组之后，中央政府加强了对金融机构对其债券的发行程序的监管，底特律政府也允诺定期向公众公开财务报告，为金融机构和居民树立一定的信心；巴西也通过法律方式加强对地方政府债务的监管，明确规定了地方政府债务如果超过法定上限，将被禁止举借新债，且不能再获得联邦政府非法定的转移支付。借鉴这些措施，再结合我国实际情况，地方政府要通过加强与金融监管机构的配合，定期商讨双向监管政策和措施，协同解决地方财政与金融机构面临的风险和挑战。

另一方面，金融机构在与地方政府合作中，要发挥专业优势，为地方政府解决隐性债务问题，促进经济发展提供有力支持，实现合作共赢的目标，具体包含以下措施：一是金融机构要积极参与地方金融创新，为地方政府提供多样化的金融产品和服务。金融机构应该根据地方政府的现状与需求，从贷款、融资、风险管理等方面为地方政府提供多样化的金融产品和服务。同时，金融机构应该根据地方政府隐性债务规模、地方政府财政特点等，设计合理的债务策略和资金运营计划，帮助地方政府优化债务结构，降低债务成本，提高还款能力，从而减少隐性债务风险。二是金融机构还要加强对地方政府的风险评估。金融机构要对地方政府的财政状况、债务水平、经济发展状况、还款能力等，并且对地方政府项目进行风险评估和可行性分析，金融机构可以与地方政府共同制订风险管理方案，完善风险共担机制，降低风险对双方的影响。以本书第八章防范地方政府性债务风险的国际经验借鉴第四节以巴西地方政府债务风险为例，巴西中央银行系统评估了巴西地方政府债务危机期间各公共部门的债务风险，并严格限制各银行向公共部门贷款，地方政府债务余额与银行净资产的比重必须降低，并控制在合理区间内。

二、完善财政金融风险防控体系，构建风险防范联动机制

防范化解地方政府隐性债务风险不能单一地依靠地方财政或是金融监管，地方政府与金融机构应当贯彻协同监管、宏观审慎的基本理念，继续完善财政金融风险防控体系，构建一个全面、多层次的风险防范联动机制。根据第二章财政金融风险叠加视角下地方政府隐性债务的理论分析中，第一节分析财政金融叠加之后的效应，地方政府的各部门加强联动，金融机构也要加强内部风险的控制与监察，着力破除地方政府与金融机构的"隐性合谋"，防止财政金融风险叠加引起的多米诺、信息传染及杠杆效应。同时，在风险联动防范机制中地方财政部门、金融机构及金融监管机构互相共享信息、资源和经验，采取协同行动来预防和控制地方政府隐性债务的蔓延，提升地方政府债务融资活动的透明度与有效性，从而降低潜在的金融风险和经济不稳定因素。

（一）加强多部门联动，防范财政金融风险叠加

通过深化跨部门合作，加强多部门联动，确保各部门间的信息共享和资源整合，共同应对财政金融风险叠加问题，完善财政金融风险防控体系，构建风险防范联动机制。具体可以从以下几个方面进行。

一是构建财政金融叠加风险的防范机制。基于本书第二章财政金融风险叠加视角下地方政府隐性债务的理论分析第一节及第四章财政金融风险叠加视角下地方政府隐性债务风险的预测与分析的描述，财政金融风险叠加是一个极其复杂的过程，除了风险在财政金融领域互相转化，以地方政府隐性债务风险为中介的财政金融风险叠加更加常见，并且会导致风险叠加具有交叉性、隐蔽性及多变性等特点。因此，加强多部门联动，构建财政金融叠加风险防范机制，从多领域防范化解地方政府隐性债务风险从而避免财政金融风险互相叠加显得尤为重要。首先，政府要跨部门跨地区建立协调机制。为了避免地方政府利用权力迫使金融机构投融资，让财政金融风险恶性叠加，要形成跨地区联动体系，不同地区相关部门代表定期进行交流，充分共享信息促进各部门之间的协作与合作，集思广益，共同研究和讨论风险防范问题，协同制定出更全面、更具针对性的应对策略和措施。其次，建立科学的风险管理长效机制。对于各部门管理层要按照"谁举债，谁负责"的原则进行监管，确保各部门履行职责，发现和纠正问题，对违规行为进行严肃处理。同时，针对地方官员不作为、怕做错的现状，也要建立相应的容错机制避免地方政府行动迟缓和保守，鼓励其更勇敢地推动改革和创新。通过科学的风险管理长效机制，完善财政金融叠加风险防范机制，有效化解地方政府隐性债务风险。

二是注重理论与实践相结合。一方面，积极实现高校及科研院所、地方政府及企业之间的紧密合作和广泛交流，通过开放的交流空间，共享最新研究成果、政策发展和市场趋势等信息，协同应对地方政府隐性债务问题，推动财政金融领域的稳定与可持续发展，实现三方共赢。例如，高校研究团队可以提供风险评估模型，企业可以提供资金支持，地方政府提供原始数据，三方共同开展关于地方政府隐性债务研究项目，促进科研成果的转化与应

用，完善财政金融风险防控体系。另一方面，高校及科研院所可以通过举办专题研讨会、短期培训课程和在线教育等形式为地方政府提供风险管理的专业服务，协助地方政府制定风险防控策略和措施，也可以向地方政府基层人员传授风险管理的理论知识和实践经验，帮助地方政府人员掌握风险管理的基本原理和方法，并提供实际案例分析和解决方案，通过高校的专业服务、研究和培训，地方政府能够更好地应对隐性债务风险，制定有效的风险防控策略和措施。从这两个方面不仅为地方政府提供了专业支持，还促进了学术与实践的融合，提升了整个社会对风险管理的认识和能力，同时为构建稳健的财政金融风险防控体系提供重要支持，助力地方政府实现可持续发展和风险规避的双重目标。

三是在财政金融风险防控体系中引入大数据等创新技术。基于本章第二节所述，在风险防控体系中引入大数据支持可以有效提升监管效能和风险应对能力，促进财政金融协同降低地方政府隐性债务风险。可以从以下几个方面入手：首先，利用大数据和人工智能技术，对地方政府债务数据进行全面、快速的分析和检测，通过数据挖掘和模式识别，解释隐性债务风险的关联因素和潜在规律，帮助地方政府和金融机构更准确地评估和预测地方政府隐性债务风险。同时，基于大数据和人工智能技术可以建立智能决策系统，为地方政府财政部门和金融机构提供实时的风险评估和决策建议。其次，利用大数据技术构建风险评估模型，基于历史数据和风险指标，建立地方政府隐性债务风险的评估模型，综合考虑债务规模、还款能力、债务结构等因素，将地方政府债务水平量化处理，为风险控制提供科学依据。最后，利用区块链技术，建立债务信息系统。将地方政府债务的相关信息记录在区块链上，确保债务信息的真实、透明和可追溯性。将基础监测债务数据即时反馈到顶层决策机构和监管机构有助于两者更好地了解债务情况，降低潜在的信息不对称和舞弊风险。地方政府还可以通过利用这种"数据＋智慧"的应急处置模式，对涉及债务风险信息进行全样本采集、动态感知、关联分析、全景呈现，优化财政金融风险防控体系，有效解决债务灰犀牛问题。

（二）引入第三方机构，注重第三方机构独立性

引入第三方机构能够增加地方政府债务评估的客观性和专业性，为投资者和金融监管机构提供中立的债务信息和风险评估报告，完善财政金融风险防控体系，构建风险防范联动机制。美国截至目前有三大国际评级机构——穆迪、标普、惠誉，他们从经济状况和展望、财政状况、债务状况及管理与治理情况等方面对地方政府进行综合打分，评级结果将决定美国地方政府是否举债成功。这有助于提高债务管理的透明度和可信度，减少债务风险引起财政金融风险叠加，对财政金融稳定造成恶性影响。我国可以借鉴其关于评级机构的做法，结合具体实际情况，不妨尝试从以下三种方式引入第三方评级机构：一是通过上级政府引入第三方机构，对下级政府进行评级；二是加强某些中央企业与第三方机构合作，对地方债资金使用情况进行评级；三是跨地区与第三方机构合作，对地方政府风险防控进行评级，建立跨部门评级机制，形成联动体系，不定期定点抽查、跟踪地方政府风险状况，客观评价并提醒地方政府的风险防控的漏洞和缺点，完善地方政府财政金融风险防控体系。

具体来说，引入第三方评级机构需要注意以下几点：一是独立性。在完善财政金融风险防控体系的过程中，确保第三方评级机构的独立性至关重要，第三方评级机构应该独立于地方政府和金融机构，以客观、中立的立场对地方政府的财政金融风险进行评估和验证。监管机构要制定评级准则，并对评级机构的运营、内部控制和决策过程进行审查和检查。同时，第三方机构应该披露其内部的管理政策，并建立有效的监管和监督机制，确保评估结果的可靠性。只有增加这种独立性，第三方评级机构才可以为投资者和公众提供更加可靠的信息，减少信息不对称和潜在的利益冲突。二是专业性。评估机构应具备相关资质和专业背景，建立一支高素质的专业评级团队，包括具有丰富经验和专业知识的分析师和评级专家，确保评估结果的专业性，同时应该建立专业的评级方法和程序，并遵守严格的道德准则和行业规范。三是科学性。结合本书第二章财政金融风险叠加视角下地方政府隐性债务的理论分析第三节中提到的财政金融风险测度方法，如 Credit Metrics 模型、

Credit Risk＋模型、Credit Portfolio View 模型和 KMV 模型等，第三方评级机构应该在进行债务风险评估时使用相应的评估标准和模型，保障评估工作的质量和科学性，确保评估全过程科学进行，并根据评估结果协同地方政府，有效化解地方政府隐性债务。

三、规范财政金融信息披露过程，优化地方债监督方案

改进财政金融信息披露制度，进一步扩大信息披露范围、提高披露质量，增加信息的可读性，规范财政金融信息披露过程，优化地方债监督方案，这将有助于加强地方财政部门与金融市场的透明度和稳定性，助力财政金融协同效应，有效防范化解地方政府隐性债务风险，投资者和市场参与者也可以更准确地评估地方政府的财务状况和风险水平，提高决策的科学性和准确性。人大、政协机关、审计机构及第三方机构形成的监管体系要根据地方政府隐性债务实际情况优化监督方案，有效遏制增量隐性债务。具体包括以下几个方面。

（一）加强财政金融信息互通，健全共享机制

加强财政金融信息互通，健全共享机制，可以打破部门间的信息屏障，有助于更好地监测和评估地方政府隐性债务风险，规范财政金融信息披露过程，优化地方债监督方案。同时，信息共享机制让财政金融协同效应得以实现，相关部门可以更加密切地合作，共同应对隐性债务问题，确保财政和金融政策的协调和配合。具体可以从以下三个方面进行。

一是规范财政金融信息披露的相关制度。2020 年 10 月 1 日起，我国开始实施《中华人民共和国预算法实施条例》，主要对各地方政府的政府债务进行了限额处理，但是较少提及地方政府债务的信息公开及信息披露问题，因此要从法律法规层面完善信息公开制度。首先，法律法规应该明确要求地方政府信息公开遵循一定的时限和程序。在债务信息公开方面，地方政府要按照相关程序，定时公开共享债务相关信息，如地方政府的债务规模、偿还能力、债务结构，金融机构的风险评估、投融资能力等，从而促进财政金融

协同监管和风险评估，增强市场信心。其次，法律法规应该明确要求信息的规范性和完整性。地方财政部门和金融机构公开共享的债务信息必须符合特定的标准和要求，使用准确、清晰、明确的语言表达信息，避免模棱两可或误导性的表述，确保信息的真实性和可靠性。同时，公开共享信息必须包含全部相关内容，避免遗漏或者缺失，消除信息壁垒，打破部门间信息屏障，确保信息的畅通流动，避免因信息不对称而导致的信息断层和漏洞。最后，法律法规应该规定债务信息公开的适当渠道。确保信息能够广泛传播和获取，提高公众的知情权和监督能力。可以通过新闻媒体、官方公告、网络披露等形式公开地方政府债务信息，如债务发行公告、偿债计划、利息支付通知等，提供方便的途径供公众、投资者和其他利益相关方访问、获取和了解债务信息。

二是设立统一互联的信息共享平台。统一互联不仅可以加强地方政府、金融机构和相关部门之间的债务信息交流，还可以提高财政部门和金融机构对地方政府隐性债务问题的识别和评估能力，加强风险管理和决策制定的科学性。该平台的主要目标是通过集中收集和整合地方政府、金融机构和相关部门的债务信息数据，加强债务数据的标准化和整合，提高数据的一致性、可比性和可用性。首先，信息共享平台应该建立统一的信息标准和报告制度，实现债务情况、评估结果和风险信息的及时共享。信息共享平台的设立会形成地方政府及金融机构的数据库，为地方财政部门和金融机构提供便捷的查询渠道，使其能够更好地获取债务、投融资等相关信息，助力信息披露，加强财政部门与金融机构之间的沟通和合作，实现财政金融的协同目标。其次，平台的建设要注重技术先进性和数据安全性。通过数据加密、使用安全协议（如 SSL/TLS）保护数据在网络中的传输等方式来确保信息的质量和安全性，并且平台应提供高效的数据分析工具和报告功能，以便财政部门和金融机构能够进行全面的债务风险评估和决策制定。最后，平台的建设要注意信息获取的便捷性。现在许多政府网站信息查询和利用极其不方便，为了避免这一现状，信息共享平台应该具有直观、易用的用户界面设计，这样用户就可以迅速找到所需债务信息并进行相关操作，同时，信息共享平台可以采取实时更新和推送机制，通过邮件、短信、移动 App 通知等方式将关键信息推送给用户，可以提高信息获取的便捷性，以加强财政金融信息交流共享。

三是促进地方政府间信息共享。根据本书第二章财政金融风险叠加视角下化解地方政府隐性债务的理论分析第一节所述，财政金融风险叠加具有空间溢出效应，因此除了加强地方政府与金融机构之间的信息共享，还要做好地方政府间的信息共享，地方政府之间共享数据和分析结果，规范信息披露过程，可以更好地识别和评估地方政府隐性债务风险，优化地方债监督方案。一方面，地方政府间可以建立专门的联络机构以加强多个地方政府合作。可借鉴第八章防范地方政府性债务风险的国际经验借鉴中第一节日本做法，在吸取了夕张市财政破产的教训之后，2008年日本全体地方政府为加强信息共享，共同出资成立了地方公共团体金融机构，该金融机构主要保证地方政府间的信息共享，同时对融资能力较弱的市町村级政府提供贷款，以帮助其提高公共基础设施建设，这极大程度地拓宽了日本地方政府的融资渠道，同时也降低了地方政府隐性债务风险。结合我国实际情况，多个地方政府可以联合发起投融资项目，共同融资，共享项目收益和债务责任，降低单一地方政府承担的压力，这种联络机构专门负责协调和推动地方政府之间的信息交流和共享工作，再利用社交平台和网络媒体等工具，建立官方账号和网页，定期发布地方政府信息，快速、方便地进行信息共享和传播，解决信息共享中的问题和障碍。这将有助于各方的资源整合，多个地方政府能够共同应对债务挑战，提高债务管理的效能和风险控制能力，为可持续的地方发展创造良好的条件。另一方面，地方政府可以与国际监管机构、金融机构建立合作关系，加强国际债务风险监测和评估。借鉴本书第八章防范地方政府性债务风险的国际经验借鉴第三节德国北威州案例分析中该州的做法，北威州在财政危机时加强了与欧盟其他国家的贸易往来，并且取得了欧盟其他成员国金融机构的投资以缓解州政府的财政压力，这表明了地方政府加强与国际的合作有助于促进地方经济发展和合作项目的开展。我国地方政府与国际可以从债务监管、政策制定、效率提升等方面加强沟通与合作，共同构建风险防范联动机制，有效化解地方政府隐性债务风险，防止财政金融风险跨国外溢。同时，我国要积极推进多元化的经济合作与贸易伙伴关系，积极参与国际组织、多边机构和双边合作，如联合国、世界贸易组织（WTO）、国际货币基金组织（IMF）等，监测国际金融市场及国外政府债务问题，及时获取国外风险的动态信息，以便及早采取应对措施，防范国外财政金融风险对我国造成冲击。

除此之外，结合本书第六章政府性债务管理影响地方财政可持续的实证分析及第八章防范地方政府性债务风险的国际经验借鉴相关内容，地方政府应该借鉴其他国家防范地方债风险或者化解地方政府隐性债务的经验。地方政府应该通过研究借鉴国际上典型的债务管理实践，包括地方政府隐性债务风险管理的理论规范的债务管理制度、有效的风险评估方法和创新的金融工具，为我国地方政府债务管理提供参考和新的思考点，地方政府还可以通过国际交流、研讨会和专业培训等途径加强与国际金融机构、财政金融专家的学习交流。同时，地方政府还应该与国际合作伙伴共享债务数据，加强对跨国地方政府债务风险的监测和评估，通过共同研究和交流，加深对全球地方政府隐性债务风险的认识，共同制定应对措施和政策，降低隐性债务风险的跨国传播和影响，完善我国财政金融风险防控体系。

（二）提升财政金融信息披露精准度，提升地方政府公信力

作为地方政府、金融机构及市场参与者之间的重要桥梁，信息披露的精准度和细节直接影响着地方政府公信力。尤其是地方政府隐性债务的信息披露，需要更多部门的联动和合作以确保披露信息的细节完善，具体应该从以下三个方面入手。

一是制定统一的债务信息披露标准和流程。在财政金融协同作用的情况下，确立统一的信息披露标准和流程对于完善信息披露细节、提升地方政府公信力至关重要。具体如下：首先，财政金融各部门应该共同参与协商与合作，根据相关法律法规和规范性文件确立统一的信息披露标准和流程，通过对各部门信息披露的标准和流程进行分析和比较，找出差异，经部门协商进行统一确定。其次，要在多部门联动的框架下确定地方政府和金融机构信息披露的具体内容和格式，包括财政、债务、预算、金融机构风险评估、资金使用情况等，确保信息披露内容中有关键数据，并给予文件支持，提升地方

政府公信力。最后，确定信息披露频率及信息披露渠道，部门之间要协商好信息披露的频率与时限，保证信息披露的及时性和一致性，同时拓宽信息披露的渠道，确保信息的广泛传播和易于访问，提高信息披露的透明度和可及性，有效提升政府公信力。

二是加强内外部沟通与协调的反馈机制。在财政金融多部门联动的背景下，内外部的沟通与协调可以确保信息披露细节完善，具体如下：首先，加强地方政府与外部的监管机构的沟通与合作，财政金融部门要定期与监管机构进行汇报信息披露的进展和结果，接受监管机构的指导和建议，并将信息披露的相关指导和建议及时反馈给原部门，帮助其进行整改。其次，要完善信息披露的反馈机制，定期整理公众和利益相关者的建议和意见，及时回应、改进信息披露的不足之处，提升公众对地方信息披露的信任度，切实提升政府公信力。最后，要注重信息披露的协调与整合，让不同部门的信息披露内容相互衔接与支持，并相互反馈信息披露内容所存在的问题，这就要加强部门之间的信息共享，确保信息披露的完整性和连贯性，有效提升公众对地方政府的信任。这种反馈机制有利于帮助地方政府完善信息披露细节，同时促进了各部门之间的有效合作与沟通，提升财政金融信息披露精准度，提升地方政府公信力。

三是财政金融协同规范地方政府预算管理制度。规范预算管理制度可以增加债务信息披露的精准度，是有效降低地方政府隐性债务风险的重要手段，具体如下：一方面，地方政府通过设立明确的预算目标和绩效指标、建立相应的奖惩机制和处罚机制等方式来强化财政金融各部门预算意识，加强预算约束和问责，明确责任主体和责任范围。另一方面，在财政预算表中特别增添债务预算表，以便全面摸清隐性债务情况，对于违规举债和超支行为依法追究相关责任人的责任，确保预算的合法性和合规性。借鉴本书第八章防范地方政府性债务风险的国际经验借鉴第六节澳大利亚实施的举措，在经历过地方政府债务危机之后澳大利亚便十分重视预算信息的公开，国家设立的借款委员会要求各地方政府必须实现对各地方政府年度预算计划和相关执行情况的及时披露，这从一定程度上改变了议会和公众在预算监督方面所面临的信息弱势局面，提高了地方政府财政预算的透明度。借鉴该做法，在我国的地方政府财政预算表中要增添债务预算表，推荐实行全口径资金清算管理，要及时、准确向相关机构和社会公布预算报告、财务报表、预算执行情况等，同时债务预算表要及时向公众披露，公示地方政府举债融资的全流程，让公众和监管机构能够了解债务预算的具体内容和执行情况，增强政府的公信力。

（三）多方协作加强信息披露监管，提高信息披露的透明度

通过多部门之间的紧密协作和联动，加强对地方政府隐性债务的监督和披露，提升财政金融信息披露的透明度，确保信息的真实、准确。要加强人大、政协机构、审计机构及金融监管机构多方合作形成严格的信息披露监管体系，对财政金融信息披露进行监督和管理，优化地方债监督方案，具体如下。

一是强化舆论监督和社会参与，加强对投资者的教育和风险意识的培养。对于地方政府隐性债务信息进行披露时，必须强化舆论监督和社会参与，不让信息披露全过程成为"形式主义"。首先，积极鼓励广大公众、媒体和社会组织协同合作，通过积极查阅相关公开信息、定期评估政府部门的披露情况和披露标准的执行等方式积极参与隐性债务信息披露的监督和评价工作。其次，各部门联动通过拓宽信息监督渠道、强化舆论监督机制、设立投诉举报机制、加强监管和执法力度等方式强化舆论监督和社会参与，接受公众对不完善、不正确、不合规信息披露的举报，及时查处违规行为，规范财政金融信息披露流程，优化地方债监督方案。最后，通过媒体报道解读、开展地方债风险宣传活动等方式，提高投资者对隐性债务的认知水平，培养投资者对隐性债务的敏感性和风险意识，从信息的使用者方面要求各部门协同加强信息披露，保证信息的全面准确。

二是加强人大、政协等部门对于信息披露的监督力度和范围。通过合作协调可以形成对信息披露的全面监督和推动机制，为地方政府债务信息披露的规范化和透明化提供有力支持。首先，人大可以对地方政府债务信息披露制定相关的法律法规，加强人大对信息披露的监管权，同时，在立法过程中广泛征求民意、专家意见，确保法律的科学性和民主性。其次，政协可以通

过民主监督的方式，关注地方政府债务信息披露的情况，并形成监督报告和提案，同时政协还要通过政治协商和建言献策等方式积极发挥参政议政的作用，推进地方政府改进信息披露工作。最后，人大和政协要通过加强与其他部门和机构的合作，推动多部门联动，提升财政金融信息披露的透明度，比如人大应该与财政部门、金融监管机构、审计机构等部门建立密切的合作机制，以解决信息披露差异化问题，共同制定和实施信息披露的标准和措施，加强多部门信息共享和协作，加强信息披露监管，完善信息披露制度。

三是强化地方财政部门与金融监管机构协同作用，优化地方债监督方案。例如，第八章防范地方政府性债务风险的国际经验借鉴第三、第五节对德国北威州和荷兰案例进行分析发现，德国北威州在"债务刹车"条款中提到了要增强地方政府部门与金融监管机构协同合作，建立更加规范透明的财政监管，通过建立有效的财政监管体系预防隐性债务的扩增，并确保财政资源的合理分配和使用；波兰政府也协同金融监管机构从明晰发债主体、规范发债类型等方面对地方政府债务进行了有效监管。结合我国地方政府实际情况，一方面，要强化地方财政部门与金融监管机构的协同监管作用。地方财政部门要与金融监管机构如国家金融监督管理总局和中国证券监督管理委员会密切合作，加强对地方政府融资行为的监督和审查，保证信息披露全面准确；另一方面，要严格管理地方政府的隐性背书行为。地方财政部门与金融监管机构可以聘请第三方专家参与投资项目的调查评估，评估项目的可行性和风险性，减少投资决策的盲目性，也可以通过提高金融市场对项目融资的要求和条件以确保投资项目符合合理的财务指标和风险管理要求。

参 考 文 献

［1］阿蒂夫·迈恩、阿米尔·苏菲：《房债：为什么会出现大衰退，如何避免重蹈覆辙》，中信出版社 2015 年版。

［2］安立伟：《美日加澳四国地方政府债务管理做法对我国的启示》，载《经济研究参考》2012 年第 55 期。

［3］白鹤祥、刘社芳、罗小伟等：《基于房地产市场的我国系统性金融风险测度与预警研究》，载《金融研究》2020 年第 8 期。

［4］包全永：《银行系统性风险的传染模型研究》，载《金融研究》2005 年第 8 期。

［5］鲍静海、王凡、胡恒松：《对当前我国地方政府债务管理问题的探究》，载《金融理论与实践》2017 年第 8 期。

［6］财政部预算司：《德国地方政府债务管理概况》，载《经济研究参考》2008 年第 62 期。

［7］财政部预算司考察团：《美国、加拿大州（省）、地方政府债务情况考察报告》，载《财政研究》2010 年第 2 期。

［8］曹道胜、何明升：《商业银行信用风险模型的比较及其借鉴》，载《金融研究》2006 年第 10 期。

［9］曹裕、陈霞、刘小静：《违约距离视角下的开发性金融信用风险评估》，载《财经理论与实践》2017 年第 5 期。

［10］陈宝东、邓晓兰、Chen 等：《财政分权，金融分权与地方政府债务增长》，载《财政研究》2017 年第 5 期。

［11］陈工、朱峰：《经济"新常态"下地方债的风险管理——国际经

验与借鉴》，载《党政视野》2017 年第 1 期。

[12] 陈守东、李卓、林思涵：《地方政府债务风险对区域性金融风险的空间溢出效应》，载《西安交通大学学报（社会科学版）》2020 年第 6 期。

[13] 陈卫东：《地方债务管理的国际经验》，载《中国金融》2014 年第 22 期。

[14] 陈蔚、黄胜平：《试论我国人大法定职责履行与地方政府隐性债务根治》，载《人大研究》2022 年第 9 期。

[15] 陈小亮、谭涵予、刘哲希：《转移支付对地方政府债务影响的再检验》，载《财经问题研究》2020 年第 10 期。

[16] 丛明、胡哲一：《财政风险若干问题分析》，载《经济研究参考》2001 年第 26 期。

[17] 代梦晗：《债务规范化政策对地方政府债务规模的影响》，暨南大学，2021 年。

[18] 邓晓兰、许晏君、刘若鸿：《结构性减税与地方财政可持续性——基于"营改增"的实证研究》，载《中央财经大学学报》2021 年第 10 期。

[19] 刁伟涛、王楠：《我国各省地方政府偿债能力的空间格局和动态演进——一般债务和专项债务的分类评估》，载《财经论丛》2017 年第 4 期。

[20] 刁伟涛：《新中国地方政府债务 70 年：历程、现状与展望》，载《财政监督》2019 年第 19 期。

[21] 杜烽、林源、熊诗忠：《债务审计、监督力度与地方债务风险治理》，载《财会通讯》2021 年第 13 期。

[22] 杜倩倩、罗叶：《地方政府债务管理及危机处置的国际经验借鉴》，载《西南金融》2020 年第 1 期。

[23] 段艺璇、郭敏：《PPP 项目中的政府财政风险来源研究》，载《管理现代化》2020 年第 2 期。

[24] 樊丽明、黄春蕾：《中国地方政府债务权责划分：实践探索与改

革建议》，载《中央财经大学学报》2006 年第 8 期。

［25］范舒宇：《基于 KMV 模型的地方政府适度债务规模研究》，中国矿业大学，2022 年。

［26］封北麟：《地方政府隐性债务问题分析及对策研究》，载《财政科学》2018 年第 5 期。

［27］封北麟：《财政可持续与金融稳定——基于中国的经验研究》，载《财政科学》2022 年第 2 期。

［28］封北麟：《地方政府投融资平台的财政风险研究》，载《金融与经济》2010 年第 2 期。

［29］弗兰克·奈特：《风险、不确定性与利润》，商务印书馆 2005 年版。

［30］傅智辉：《地方债发行制度分析及改革建议》，载《新金融》2014 年第 4 期。

［31］甘行琼、李玉姣、陈昶旭：《财政支出效率对产业结构转型升级的影响》，载《中南财经政法大学学报》2022 年第 1 期。

［32］高洁：《我国地方政府债务规模变化趋势研究》，南京大学，2020 年。

［33］高然、龚六堂：《土地财政、房地产需求冲击与经济波动》，载《金融研究》2017 年第 4 期。

［34］高惺惟：《传统金融风险与互联网金融风险的共振机理及应对》，载《现代经济探讨》2022 年第 4 期。

［35］格里茨：《金融工程学》（修订版），经济科学出版社 1998 年版。

［36］辜胜阻、杨嵋、吴华君：《金融风险特征及防控风险的战略思考》，载《天津社会科学》2018 年第 4 期。

［37］顾建光：《当前金融风险防范与审计策略研究》，载《审计研究》2004 年第 5 期。

［38］顾建光：《地方政府债务与风险防范对策研究》，载《经济体制改革》2006 年第 1 期。

［39］关海霞：《欧债危机和德国应对危机的政策分析》，化学工业出版社 2016 年版。

［40］郭传辉：《财政金融协同防范地方政府债务风险的实践与思考》，载《地方财政研究》2022 年第 5 期。

［41］郭传辉：《地方政府债务支出效率若干问题思考》，载《地方财政研究》2019 年第 12 期。

［42］郭琳：《现行地方财政债务风险的体制根源》，载《上海财税》2001 年第 10 期。

［43］郭敏、黄亦炫、李金培：《金融风险、政府救助与主权信用风险》，载《金融论坛》2019 年第 5 期。

［44］郭平、李恒：《当前金融风险与财政赤字货币化的共生性分析》，载《当代财经》2005 年第 9 期。

［45］郭玉清、何杨、李龙：《救助预期、公共池激励与地方政府举债融资的大国治理》，载《经济研究》2016 年第 3 期。

［46］郭玉清、毛捷：《新中国 70 年地方政府债务治理：回顾与展望》，载《财贸经济》2019 年第 9 期。

［47］郭玉清、孙希芳、何杨：《地方财政杠杆的激励机制、增长绩效与调整取向研究》，载《经济研究》2017 年第 6 期。

［48］郭长林、胡永刚、李艳鹤：《财政政策扩张、偿债方式与居民消费》，载《管理世界》2013 年第 2 期。

［49］哈维·罗森、特德·盖亚等：《财政学（第 8 版）》，清华大学出版社 2008 年版。

［50］韩健、程宇丹：《因地制宜：化解我国地方政府隐性债务的路径选择》，载《中国行政管理》2020 年第 9 期。

［51］韩健、李林：《金融风险诱发地方政府隐性债务扩张的路径分析与防范》，载《经济研究参考》2018 年第 70 期。

［52］韩健、向森渝：《地方政府隐性债务诱发系统性金融风险的路径与防范》，载《财会月刊》2018 年第 24 期。

［53］韩立岩、郑承利、罗雯等：《中国市政债券信用风险与发展规模研究》，载《金融研究》2003 年第 2 期。

［54］何国华：《金融风险与金融稳定政策设计》，载《改革》2017 年

第 8 期。

［55］洪小东：《"财""政""法"：地方政府债务治理的三维架构——基于新中国成立七十年地方债务史的考察》，载《当代经济管理》2019 年第 9 期。

［56］洪源、胡争荣：《偿债能力与地方政府债务违约风险——基于 KMV 修正模型的实证研究》，载《财贸经济》2018 年第 5 期。

［57］侯世英、宋良荣：《财政－金融分权对地方政府债务扩张的影响研究》，载《经济经纬》2021 年第 4 期。

［58］胡小文：《跨境资本宏观审慎工具选择及货币政策搭配研究》，载《国际金融研究》2020 年第 11 期。

［59］黄芳娜：《我国地方政府自主发债的制度设计》，载《特区经济》2012 年第 1 期。

［60］黄佩华、迪帕克等，吴素萍等译：《中国：国家发展与地方财政》，中信出版社 2003 年版。

［61］黄茜、安广实、姚群：《我国地方政府性债务风险预警机制构建》，载《商业会计》2020 年第 7 期。

［62］黄倩、李江城、熊德平：《金融风险视角下金融杠杆对经济增长的影响研究》，载《改革》2021 年第 4 期。

［63］吉富星：《地方政府隐性债务的实质、规模与风险研究》，载《财政研究》2018 年第 11 期。

［64］吉富星：《地方政府隐性债务治理与投融资规范》，载《银行家》2018 年第 3 期。

［65］吉嘉：《公共债务风险与金融体系稳定性的关联影响分析》，载《广东社会科学》2021 年第 1 期。

［66］季栋伟、江霜铭：《各国中央银行参与地方政府债务处理的主要做法及启示》，载《金融纵横》2017 年第 10 期。

［67］冀云阳、钟世虎：《地方政府债务对全要素生产率的影响研究》，载《财政研究》2022 年第 4 期。

［68］贾康、孙洁：《公私伙伴关系（PPP）的概念、起源、特征与功

能》，载《财政研究》2009 年第 10 期。

　　[69] 贾康、吴昺兵：《PPP 财政支出责任债务属性问题研究——基于政府主体风险合理分担视角》，载《财贸经济》2020 年第 9 期。

　　[70] 贾康：《论中国省以下财政体制改革的深化》，载《地方财政研究》2022 年第 9 期。

　　[71] 贾彦东、刘斌：《我国财政极限的测算及影响因素分析——利用含体制转换的 DSGE 模型对全国及主要省份的研究》，载《金融研究》2015 年第 3 期。

　　[72] 姜迪、汤玉刚：《PPP 如何影响地方财政风险——来自债券市场反应的证据》，载《经济理论与经济管理》2020 年第 10 期。

　　[73] 金成晓、姜旭：《基于宏观审慎视角的财政政策与系统性金融风险防范：作用机制与政策规则》，载《财政研究》2021 年第 2 期。

　　[74] 金荣学、傅鑫：《构建地方政府性债务责任承担机制的国际经验借鉴——以巴西实施〈财政责任法〉为例》，载《财会月刊》2017 年第 18 期。

　　[75] 靳伟凤、张海星、孙艺等：《地方政府债务风险的评价与预警机制研究——基于辽宁省的样本分析》，载《统计与决策》2020 年第 19 期。

　　[76] 雷莉：《1946—1950 年东北解放区公债发行研究》，杭州师范大学，2021 年。

　　[77] 李安安：《地方债务置换风险分配的理论检讨与法治化改造》，载《法学》2018 年第 5 期。

　　[78] 李成威：《不确定性、虚拟理性与风险分配——公共风险视角的财政哲学》，载《财政研究》2020 年第 11 期。

　　[79] 李桂君、田宗博、白彦锋：《财政分权与金融分权的协同性及其对地方政府举债行为的影响研究》，载《财政研究》2022 年第 2 期。

　　[80] 李金泽：《提高我国直接税比重的路径探析》，吉林财经大学，2022 年。

　　[81] 李腊生、耿晓媛、郑杰：《我国地方政府债务风险评价》，载《统计研究》2013 年第 10 期。

［82］李兰英、李伟：《我国房地产金融风险向土地财政风险传导的博弈机制分析》，载《现代财经：天津财经大学学报》2012年第7期。

［83］李丽珍、刘金林：《地方政府隐性债务的形成机理及治理机制——基于财政分权与土地财政视角》，载《社会科学》2019年第5期。

［84］李佩珈、陈巍：《巴西地方政府债务管理的主要经验及借鉴》，载《国际金融》2015年第2期。

［85］李琦、曹国华：《基于Credit Risk＋模型的互联网金融信用风险估计》，载《统计与决策》2015年第19期。

［86］李升、陆琛怡：《地方政府债务风险的形成机理研究：基于显性债务和隐性债务的异质性分析》，载《中央财经大学学报》2020年第7期。

［87］李升：《地方政府隐性债务风险及其治理》，载《地方财政研究》2018年第12期。

［88］李伟：《财政风险和金融风险联动机制的博弈模型分析》，载《河南社会科学》2010年第3期。

［89］李潇璇：《地方政府专项债与城投公司债务规模的关系研究》，青岛理工大学，2022年。

［90］李晓新、疏平：《我国地方政府债发行的法律监督机制研究》，载《天津法学》2012年第4期。

［91］李永刚：《地方政府债务规模影响因素及化解对策》，载《中南财经政法大学学报》2011年第6期。

［92］李玉龙：《地方政府债券、土地财政与系统性金融风险》，载《财经研究》2019年第9期。

［93］梁敏：《化解地方债务风险的国际经验借鉴——以巴西、阿根廷实施财政责任法为例》，载《福建金融》2014年第9期。

［94］梁朋：《防范和化解地方政府性债务风险》，载《中国党政干部论坛》2018年第5期。

［95］廖乾：《地方国库现金管理与地方债发行的协调配合研究》，载《上海金融》2017年第12期。

［96］刘贯春、程飞阳、姚守宇等：《地方政府债务治理与企业投融资

期限错配改善》，载《管理世界》2022 年第 11 期。

[97] 刘昊：《新中国 70 年地方政府债务发展历程与治理经验》，载《经济体制改革》2019 年第 4 期。

[98] 刘红忠、柯蕴含：《地方政府隐性债务、规范举债工作目标与PPP 项目推行》，载《复旦学报（社会科学版）》2021 年第 4 期。

[99] 刘骅、卢亚娟：《转型期地方政府投融资平台债务风险分析与评价》，载《财贸经济》2016 年第 5 期。

[100] 刘佳：《土地财政、房价泡沫与空间扩散效应》，载《统计与决策》2022 年第 12 期。

[101] 刘建国、苏文杰：《金融错配对地方财政可持续性的影响——基于金融发展的调节效应和门槛效应》，载《金融经济学研究》2022 年第2 期。

[102] 刘建民、赵桁、唐畅：《减税降费与地方财政风险防范——基于"营改增"的准自然实验》，载《财经理论与实践》2022 年第 5 期。

[103] 刘金林、程凡：《我国地方政府隐性债务内涵、成因及特征分析》，载《会计之友》2022 年第 4 期。

[104] 刘清杰、任德孝：《税收竞争视角下的地方政府债务规模扩张根源探究》，载《广东财经大学学报》2022 年第 2 期。

[105] 刘穷志、刘夏波：《日本地方政府债务治理及启示》，载《现代日本经济》2020 年第 5 期。

[106] 刘尚希、白景明、傅志华等：《高度警惕风险变形　提升驾驭风险能力——"2017 年地方财政经济运行"调研总报告》，载《财政研究》2018 年第 3 期。

[107] 刘尚希：《宏观金融风险与政府财政责任》，载《管理世界》2006 年第 6 期。

[108] 刘尚希、石英华、武靖州：《制度主义公共债务管理模式的失灵——基于公共风险视角的反思》，载《管理世界》2017 年第 1 期。

[109] 刘尚希：《财政风险：一个分析框架》，载《经济研究》2003 年第 5 期。

［110］刘尚希：《控制公共风险是化解政府性债务风险的源头》，载《经济经纬》2012 年第 2 期。

［111］刘少波、黄文青：《我国地方政府隐性债务状况研究》，载《财政研究》2008 年第 9 期。

［112］刘晓凯、张明：《全球视角下的 PPP：内涵、模式、实践与问题》，载《国际经济评论》2015 年第 4 期。

［113］刘晓泉：《南京临时政府时期地方公债发行探讨》，载《江西财经大学学报》2012 年第 2 期。

［114］刘志强：《财政风险的本质、特征及其转化机制研究》，载《经济纵横》2011 年第 8 期。

［115］刘子园：《我国地方债务风险隐患、成因及对策研究》，载《中国管理信息化》2020 年第 14 期。

［116］龙俊桃、杜碧、欧健：《地方政府债务风险分析和管理安排》，载《西南金融》2018 年第 1 期。

［117］娄飞鹏：《地方政府债务：形成、发展特点与风险防范》，载《金融理论与教学》2018 年第 3 期。

［118］陆江源、盛雯雯、宋立义：《规范地方政府隐性债务的金融风险分析和总体判断》，载《经济研究参考》2022 年第 6 期。

［119］罗林：《政府债务机制研究》，载《金融论坛》2014 年第 11 期。

［120］吕冰洋：《“顾炎武方案”与央地关系构建：寓活力于秩序》，载《财贸经济》2019 年第 10 期。

［121］吕健：《政绩竞赛、经济转型与地方政府债务增长》，载《中国软科学》2014 年第 8 期。

［122］吕珊珊：《晚清地方政府债务及启示》，载《地方财政研究》2011 年第 8 期。

［123］吕炜、王伟同：《党的十八大以来财政领域改革成就、内在逻辑与未来展望》，载《财政研究》2022 年第 9 期。

［124］马蔡琛：《基于政府预算视角的地方隐性债务管理》，载《财政科学》2018 年第 5 期。

［125］马恩涛、姜超：《基于 AHP – TOPSIS 法的我国地方政府债务风险测度研究》，载《南开经济研究》2022 年第 6 期。

［126］马恩涛、吕函枰：《基于 GM – BP 神经网络的地方政府债务风险预警系统研究——以 2015 年重庆市 38 区县样本数据为例》，载《山东财经大学学报》2017 年第 2 期。

［127］马海涛、吕强：《我国地方政府债务风险问题研究》，载《财贸经济》2004 年第 2 期。

［128］马金华、符旺：《近代浙江地方政府债务及启示》，载《地方财政研究》2015 年第 2 期。

［129］马金华、刘锐：《地方政府债务膨胀的历史比较研究》，载《中央财经大学学报》2018 年第 1 期。

［130］马金华、宋晓丹：《地方政府债务：过去、现在和未来》，载《中央财经大学学报》2014 年第 8 期。

［131］马金华：《当前地方政府债务监管存在的问题及对策》，载《财政监督》2010 年第 9 期。

［132］马万里、张敏：《中国地方债务缘何隐性扩张——基于隐性金融分权的视角》，载《当代财经》2020 年第 7 期。

［133］马文扬：《归因视角下的地方政府债务风险化解对策》，载《湖湘论坛》2020 年第 4 期。

［134］毛捷、刘潘、吕冰洋：《地方公共债务增长的制度基础——兼顾财政和金融的视角》，载《中国社会科学》2019 年第 9 期。

［135］毛捷、马光荣：《政府债务规模与财政可持续性：一个研究综述》，载《财政科学》2022 年第 11 期。

［136］毛振华、袁海霞、刘心荷等：《当前我国地方政府债务风险与融资平台转型分析》，载《财政科学》2018 年第 5 期。

［137］梅建明、戴琳、吴昕扬：《中国地方政府投融资改革 70 年：回顾与展望》，载《财政科学》2021 年第 6 期。

［138］明明、李晗、徐烨烽：《地方政府专项债新政对基建投资的拉动作用及对债市的影响》，载《债券》2019 年第 9 期。

［139］缪小林、伏润民：《我国地方政府性债务风险生成与测度研究——基于西部某省的经验数据》，载《财贸经济》2012年第1期。

［140］缪延亮：《欧债危机救助的经验与反思》，载《金融研究》2018年第6期。

［141］倪筱楠、孙夫祥：《大数据背景下地方政府债务审计监督研究》，载《中国市场》2021年第23期。

［142］欧林宏：《关于中国财政风险的几个问题》，载《中央财经大学学报》2003年第10期。

［143］潘国旗：《北洋政府时期的地方公债探析》，载《浙江大学学报（人文社会科学版）》2018年第4期。

［144］潘俊、王亮亮、吴宁等：《财政透明度与城投债信用评级》，载《会计研究》2016年第12期。

［145］庞德良、刘琨：《中国PPP模式财管制度下隐性债务问题与对策研究》，载《宏观经济研究》2020年第5期。

［146］庞德良、唐艺彬：《日本地方债制度及其变革分析》，载《现代日本经济》2011年第5期。

［147］裴育、李永友：《财政政策的两难选择：自动稳定器与相机抉择》，载《中国行政管理》2007年第1期。

［148］钱红军：《地方偿债基金的收支规范性研究》，载《铜陵职业技术学院学报》2016年第1期。

［149］潜力、冯雯静：《地方政府专项债券违约风险——基于KMV模型的分析》，载《统计与信息论坛》2020年第7期。

［150］乔俊峰、黄智琛：《地方政府债务为何持续扩张——基于撤县设区的准自然实验分析》，载《南开经济研究》2021年第6期。

［151］秦朵、卢珊、王惠文等：《经济开放与货币需求：国际金融风险及持币成本的测度》，载《金融研究》2021年第9期。

［152］秦海林、门明：《制度变迁影响财政风险金融化的VEC模型分析》，载《中央财经大学学报》2010年第10期。

［153］秦海林：《财政风险金融化影响经济增长的模型分析与实证检

验》，载《财贸研究》2011 年第 2 期。

［154］秦海林：《金融风险财政化、财政风险金融化与经济增长》，载《上海金融》2010 年第 3 期。

［155］秦海林：《金融风险财政化的理论框架与实证分析》，载《财贸经济》2014 年第 7 期。

［156］秦家顺、秦思明、姜薇：《地方政府隐性债务：膨胀之谜、化解之惑、治理之策》，载《财会通讯》2022 年第 16 期。

［157］卿固、赵淑惠、曹枥元：《基于逐级多次模糊综合评价法构建地方政府债务预警模型——以 D 地方政府为例》，载《农业技术经济》2011 年第 2 期。

［158］邱志刚、王子悦、王卓：《地方政府债务置换与新增隐性债务——基于城投债发行规模与定价的分析》，载《中国工业经济》2022 年第 4 期。

［159］饶云清：《关于我国地方政府债务偿还机制的研究》，载《武汉金融》2014 年第 1 期。

［160］沈坤荣、施宇：《地方政府隐性债务的表现形式、规模测度及风险评估》，载《经济学动态》2022 年第 7 期。

［161］沈丽、范文晓：《地方政府债务扩张对区域金融风险的溢出效应》，载《经济与管理评论》2021 年第 2 期。

［162］沈明高、彭程、龚橙：《地方融资平台远虑与近忧》，载《中国改革》2010 年第 5 期。

［163］施宇、沈坤荣：《地方融资平台债务与银行风险——基于地方政府隐性担保的视角》，载《经济评论》2023 年第 3 期。

［164］石梦飞：《我国地方政府债务规模扩张的影响机制及其优化路径研究》，安徽财经大学，2023 年。

［165］石绍宾、鞠镇远、李敏：《政府与社会资本合作中的隐性财政风险：生成机理与防范策略》，载《公共财政研究》2019 年第 5 期。

［166］石巍：《地方债的国际经验借鉴》，载《中国金融》2016 年第 14 期。

［167］时红秀：《地方政府经济竞争：理论演进和中国的实践》，载《国家行政学院学报》2007年第5期。

［168］史锦华、张亮亮：《区块链破解地方政府债务治理难题的思考》，载《中国行政管理》2021年第4期。

［169］史亚荣：《地方政府隐性债务规模与城镇化水平——基于城投债视角的分析》，载《兰州学刊》2020年第11期。

［170］宋逢明：《对金融风险管理的几点认识》，载《国际金融研究》2001年第12期。

［171］宋立：《体制转型加速阶段我国金融安全的基本现状与对策思路》，载《经济学动态》2005年第5期。

［172］宋琳：《财政风险金融化视阈下的地方债置换法律规制问题研究》，载《西南大学学报（社会科学版）》2018年第1期。

［173］苏英：《基于动态博弈分析的地方政府债务创新监管模式研究》，载《中央财经大学学报》2015年第9期。

［174］苏振兴、扈文秀、章伟果：《地方政府隐性债务转化率测算与债务风险识别》，载《运筹与管理》2022年第2期。

［175］孙焙炜：《公共财政风险及防范研究综述》，载《理论月刊》2011年第12期。

［176］孙小明：《日本财政重建及其效果分析》，吉林大学，2014年。

［177］孙悦：《政府破产与财政重建：日本夕张市的个案研究》，吉林大学，2023年。

［178］孙正、陈旭东、苏晓燕：《地方竞争、产能过剩与财政可持续性》，载《产业经济研究》2019年第1期。

［179］唐龙生：《财政风险层次论》，载《财经问题研究》2001年第2期。

［180］唐云锋、毛军：《房地产与地方政府债务风险叠加机制及其金融空间溢出效应》，载《社会科学战线》2020年第11期。

［181］万立明：《地方经济建设公债发行初探（1959—1961）》，载《中共党史研究》2017年第4期。

［182］汪德华、刘立品：《地方隐性债务估算与风险化解》，载《中国金融》2019 年第 22 期。

［183］汪柱旺：《利率市场化进程中商业银行的风险分析与管理》，载《金融与经济》2004 年第 9 期。

［184］王金龙：《宏观调控要关注财政风险与金融风险的相关性》，载《财政研究》2005 年第 10 期。

［185］王金龙：《或有债务及其造成的财政风险》，载《经济研究参考》2005 年第 90 期。

［186］王金龙：《控制财政风险与金融风险的相互转化》，载《开放导报》2005 年第 6 期。

［187］王美涵：《中国财政风险实证研究》，中国财政经济出版社 1999 年版。

［188］王效彬、王曼：《中小企业信贷融资环境研究》，载《青岛科技大学学报（社会科学版）》2020 年第 1 期。

［189］王妍、王继红：《结构性货币政策、同业业务与系统性金融风险》，载《金融经济学研究》2021 年第 4 期。

［190］宋玉臣、乔木子：《货币政策对我国系统性金融风险的动态影响机制研究》，载《学术研究》2018 年第 3 期。

［191］王银梅、陈志勇：《加强地方政府性债务预算管理的思考》，载《当代财经》2016 年第 9 期。

［192］王菅、曹廷求：《中国区域性金融风险的空间关联及其传染效应：基于社会网络分析法》，载《金融经济学研究》2017 年第 3 期。

［193］王颖心、叶文、唐晓峰：《代际公平理论发展探讨》，载《西南林业大学学报（社会科学）》2018 年第 3 期。

［194］王有鑫、王祎帆、杨翰方：《跨境资本流动宏观审慎政策防范输入性金融风险机制研究》，载《经济学家》2022 年第 9 期。

［195］王宇、李海洋：《管理学研究中的内生性问题及修正方法》，载《管理学季刊》2017 年第 3 期。

［196］王蕴波、景宏军：《地方债管理模式与构建地方政府资产负债管

理能力的探析》，载《经济与管理研究》2012 年第 6 期。

［197］王正耀：《转轨时期中国财政风险与金融风险联动问题研究——基于国有商业银行股份制改造视角的分析》，西南财经大学，2006 年。

［198］王志浩、李永刚：《中国基层政权行政改革的新尝试——江苏省经济发达镇行政管理体制改革观察》，载《理论与改革》2016 年第 3 期。

［199］王竹泉、宋晓缤、王苑琢：《我国实体经济短期金融风险的评价与研判——存量与流量兼顾的短期财务风险综合评估与预警》，载《管理世界》2020 年第 10 期。

［200］魏加宁、宁静、朱太辉：《我国政府性债务的测算框架和风险评估研究》，载《金融监管研究》2012 年第 11 期。

［201］温来成、仇赏月、王鼎：《中央不救助原则下地方政府债务管理的思考》，载《财政监督》2015 年第 6 期。

［202］温来成、张庆澳：《在推进省以下财政体制改革进程中加强地方政府债务管理》，载《地方财政研究》2022 年第 9 期。

［203］温来成：《坚决遏制地方隐性债务蔓延》，载《中国党政干部论坛》2022 年第 6 期。

［204］文婕：《金融风险与金融监管研究》，吉林人民出版社 2016 年版。

［205］吴洪群：《基于审计视角构建下的地方政府债务管理探索》，载《中国市场》2014 年第 47 期。

［206］吴盼文、曹协和、肖毅等：《我国政府性债务扩张对金融稳定的影响——基于隐性债务视角》，载《金融研究》2013 年第 12 期。

［207］吴文锋、胡悦：《财政金融协同视角下的地方政府债务治理——来自金融市场的证据》，载《中国社会科学》2022 年第 8 期。

［208］武彦民：《我国财政风险的现实性和可控性》，载《经济理论与经济管理》2003 年第 4 期。

［209］向辉、俞乔：《债务限额、土地财政与地方政府隐性债务》，载《财政研究》2020 年第 3 期。

［210］肖立晟、袁野：《从省级到市级：全国地方政府隐性债务测算》，http：//bond. he x - un. com/2018 - 08 - 31/193952376. html。

［211］肖瑞卿：《我国地方债信用评级指标构建问题研究》，载《华北金融》2016 年第 1 期。

［212］邢丽、陈龙：《积极财政政策：中国实践的新逻辑》，载《中国社会科学》2023 年第 2 期。

［213］熊琛、金昊：《地方政府债务风险与金融部门风险的"双螺旋"结构——基于非线性 DSGE 模型的分析》，载《中国工业经济》2018 年第 12 期。

［214］熊琛、周颖刚、金昊：《地方政府隐性债务的区域间效应：银行网络关联视角》，载《经济研究》2022 年第 7 期。

［215］徐家杰：《对分税制改革以来我国地方政府债务规模的估计——以浙豫疆三省区为例》，载《经济理论与经济管理》2014 年第 9 期。

［216］徐军伟、毛捷、管星华：《地方政府隐性债务再认识——基于融资平台公司的精准界定和金融势能的视角》，载《管理世界》2020 年第 9 期。

［217］徐军伟、毛捷、孙浩：《地方政府专项债券与 PPP 融合发展》，载《地方财政研究》2020 年第 7 期。

［218］徐珊珊、张洪烈、王筱等：《基于超效率 DEA 模型的云南地方财政科技投入产出绩效分析》，载《中国市场》2014 年第 29 期。

［219］徐秀渠：《Altman's Z - Score 模型在企业风险管理中的应用研究》，载《经济经纬》2010 年第 4 期。

［220］徐玉德、李化龙：《公共风险视角下地方政府隐性债务的治理逻辑》，载《财会月刊》2022 年第 2 期。

［221］徐玉德、刘晓颖：《协同联动　疏堵结合　稳妥化解　隐性债务"灰犀牛"——防范化解隐性债务风险的三大着力点》，载《地方财政研究》2022 年第 4 期。

［222］徐玉德：《地方政府隐性债务的内涵辨析与逻辑溯源》，载《财政研究》2021 年第 9 期。

［223］许宏才：《澳大利亚、新西兰地方政府的债务管理》，载《预算管理与会计》2007 年第 6 期。

［224］闫坤、于树一：《应对地方债务风险的财政政策建议》，载《中国财政》2012 年第 2 期。

［225］阎坤、陈新平：《我国当前金融风险财政化问题及对策》，载《管理世界》2004 年第 10 期。

［226］晏露蓉、黄飞：《欧债危机与德国政府债务管理的启示》，载《福建金融》2011 年第 2 期。

［227］阳建勋：《论我国地方债务风险的金融法规制》，载《法学评论》2016 年第 6 期。

［228］杨灿明、鲁元平：《我国地方债数据存在的问题、测算方法与政策建议》，载《财政研究》2015 年第 3 期。

［229］杨大楷、汪若君：《政府竞争视角下的地方政府债务研究：理论分析与模型构建》，载《管理现代化》2014 年第 1 期。

［230］杨华领、宋常：《地方政府债务、产权属性与公司税负》，载《财经论丛》2015 年第 8 期。

［231］杨璐霞：《金融分权对地方融资平台债务规模扩张的影响》，浙江工商大学，2022 年。

［232］杨晴、方伶俐：《地方政府债务：起源、风险、化解——基于历史发展的分析》，载《行政事业资产与财务》2022 年第 6 期。

［233］杨小军：《关注财政风险》，载《资本市场》1999 年第 7 期。

［234］杨志安、宁宇之、汤旖璆：《我国财政风险预警系统构建与实证预测》，载《地方财政研究》2014 年第 10 期。

［235］杨志勇：《地方政府债务风险：形势、成因与应对》，载《人民论坛》2023 年第 9 期。

［236］杨子晖、陈里璇、陈雨恬：《经济政策不确定性与系统性金融风险的跨市场传染——基于非线性网络关联的研究》，载《经济研究》2020 年第 1 期。

［237］杨子晖、陈雨恬、谢锐楷：《我国金融机构系统性金融风险度量与跨部门风险溢出效应研究》，载《金融研究》2018 年第 10 期。

［238］叶青、陈铭：《新中国 70 年地方政府债务发展问题研究》，载

《财政监督》2019 年第 21 期。

[239] 殷士浩、刘小兵：《政府资产风险：地方财政风险分析的一个新视角》，载《财贸研究》2004 年第 4 期。

[240] 尹李峰、姚驰：《地方政府隐性债务影响金融风险的空间溢出效应研究》，载《浙江社会科学》2022 年第 2 期。

[241] 尹相颐：《宏观审慎指标预警特征与顺周期特性检验》，载《中南财经政法大学学报》2020 年第 5 期。

[242] 于海峰、葛立宇：《积极财政政策下的财政风险研究——基于新冠疫情背景的分析》，载《广东财经大学学报》2021 年第 1 期。

[243] 余红艳：《人口老龄化对地方财政可持续性的影响研究》，载《财经问题研究》2022 年第 11 期。

[244] 余嘉淇：《地方政府发展战略对债务规模的影响》，贵州大学，2021 年。

[245] 余霞民：《中央银行参与地方政府债务风险化解的政策选择：国际比较与经验启示》，载《金融发展评论》2016 年第 2 期。

[246] 喻桂华、陈建青：《我国地方政府直接显性债务规模估算》，载《河南金融管理干部学院学报》2005 年第 2 期。

[247] 袁海霞、刘心荷、汪苑晖等：《2020 年中国地方政府债券分析与展望》，社会科学文献出版社 2021 年版。

[248] 张春霖：《如何评估我国政府债务的可持续性?》，载《经济研究》2000 年第 2 期。

[249] 张大龙：《德国政府债务管理经验及对我国的启示》，载《北京金融评论》2014 年第 4 期。

[250] 张帆、孟磊、毛佳莹：《财政不平衡、转移支付与地方政府债务融资》，载《江南大学学报（人文社会科学版)》2022 年第 5 期。

[251] 张峰、徐波霞：《德国各级政府债务的"刹车"制度及其借鉴》，载《中国财政》2017 年第 23 期。

[252] 张海星、靳伟凤：《基于 KMV 模型的市政债券安全发行规模测度——以大连为实证样本》，载《东北财经大学学报》2016 年第 4 期。

［253］张海星：《地方债放行：制度配套与有效监管》，载《财贸经济》2009 年第 10 期。

［254］张怀文、张秀全：《金融结构市场化推升了系统性金融风险吗——基于国际对比的实证研究》，载《经济学家》2022 年第 6 期。

［255］张冀湘、任治俊、黄然：《澳大利亚联邦政府管理和控制公共部门债务的经验及启示》，载《财政研究》2005 年第 4 期。

［256］张路、龚刚：《房地产周期、地方政府财政压力与融资平台购地》，载《财经研究》2020 年第 6 期。

［257］张牧扬、潘妍、余泳泽：《社会信用、刚兑信仰与地方政府隐性债务》，载《金融研究》2022 年第 10 期。

［258］张守凯、李森：《论我国地方财政风险的个性特征》，载《中央财经大学学报》2003 年第 5 期。

［259］张甜、曹廷求：《地方财政风险金融化：来自城商行的证据》，载《财贸经济》2022 年第 4 期。

［260］张甜、曹廷求：《地方财政风险金融化：来自国企债券信用利差的证据》，载《财经科学》2022 年第 8 期。

［261］张晓晶、常欣：《去杠杆：数据、风险与对策》，载《China Economist》2017 年第 1 期。

［262］张欣瑶：《美国地方政府债务管理研究》，吉林大学，2015 年。

［263］张璇、张梅青、唐云锋：《地方政府债务风险与金融风险的动态交互影响研究——基于系统动力学模型的政策情景仿真》，载《经济与管理研究》2022 年第 7 期。

［264］张亚茹：《地方政府土地财政可持续性分析与风险评估——以宁夏为例》，载《金融发展评论》2021 年第 1 期。

［265］张英杰、张良贵：《地方政府债务风险传导机制分析》，载《新金融》2013 年第 11 期。

［266］张玉瑾、管治华：《地方政府隐性债务规模估算差异及风险研究》，载《洛阳理工学院学报（社会科学版)》2022 年第 2 期。

［267］张圆圆：《财政在防范系统性金融风险中的作用机制研究》，载

《西南金融》2019 年第 7 期。

［268］张震：《分权对地方政府债务的非线性影响研究》，中国科学技术大学，2021 年。

［269］张志华、周娅、尹李峰等：《日本地方政府债务管理》，载《经济研究参考》2008 年第 62 期。

［270］张志华、周娅、尹李峰等：《巴西整治地方政府债务危机的经验教训及启示》，载《经济研究参考》2008 年第 22 期。

［271］张志敏、罗茜、赵雪婷：《宏观经济、金融市场与政府债务——基于中国 20 年历史数据结合 DAG 和 SVAR 分析》，载《宏观经济研究》2019 年第 1 期。

［272］张佐敏：《财政规则与政策效果——基于 DSGE 分析》，载《经济研究》2013 年第 1 期。

［273］赵斌、王朝才、柯鷃：《改革开放以来中国地方政府举债融资演变》，载《地方财政研究》2019 年第 4 期。

［274］赵方亮、王波、刘莉：《地方政府债务风险管理：理论依据与国际借鉴》，载《财会通讯》2018 年第 8 期。

［275］赵扶扬、王忏、龚六堂：《土地财政与中国经济波动》，载《经济研究》2017 年第 12 期。

［276］赵福昌：《PPP 模式的财政功能、本质及风险防范》，载《地方财政研究》2019 年第 11 期。

［277］赵红丽：《我国地方政府性债务治理研究》，云南财经大学，2016 年。

［278］赵聚军：《晋升锦标赛与福利超载——中国地方债务问题与欧债危机的政治学比较》，载《天津社会科学》2014 年第 6 期。

［279］赵军、王辉、陈力等：《借鉴德国"债务刹车"经验防范我国地方政府债务风险》，载《财政监督》2014 年第 18 期。

［280］赵全厚、赵泽明：《我国地方政府隐性债务化解再认识与再探讨》，载《地方财政研究》2021 年第 3 期。

［281］赵全厚：《风险预警，地方政府性债务管理与财政风险监管体系

催生》，载《改革》2014 年第 4 期。

　[282] 赵全厚：《我国地方政府性债务问题研究》，载《经济研究参考》2011 年第 57 期。

　[283] 赵晓宏：《加强我国地方政府债务管理的思考》，载《山东社会科学》2007 年第 12 期。

　[284] 赵修仪、邓创：《中国系统性金融风险及其对金融周期、经济周期的影响动态》，载《经济评论》2022 年第 4 期。

　[285] 赵云旗：《地方政府债务资金的使用与管理》，载《财会研究》2011 年第 10 期。

　[286] 赵治纲：《风险联动视角下我国政府债务风险管理研究——新的分析框架与管理逻辑》，载《中国行政管理》2022 年第 7 期。

　[287] 郑春荣：《强化地方政府债务管理的若干关键环节及监管建议》，载《财政监督》2019 年第 12 期。

　[288] 郑洁、昝志涛：《地方政府隐性债务风险传导路径及对策研究》，载《宏观经济研究》2019 年第 9 期。

　[289] 周飞舟：《分税制十年：制度及其影响》，载《中国社会科学》2006 年第 6 期。

　[290] 周飞舟：《乡镇政府"空壳化"与政权"悬浮"》，载《中国改革》2007 年第 4 期。

　[291] 周海峰：《德国政府债务管理经验与启示》，载《财政科学》2016 年第 5 期。

　[292] 周晔、丁鑫：《"激化"还是"缓释"？数字金融对区域金融风险的影响研究——跨区效应、机制识别与结构特征》，载《国际金融研究》2022 年第 10 期。

　[293] 朱军：《国外地方债务管理中的透明度要求：经验与政策启示》，载《财政研究》2014 年第 11 期。

　[294] 朱祥三：《我国地方政府性债务的风险分析与化解对策》，中央民族大学，2015 年。

　[295] 朱闫闫：《我国地方政府债务问题研究》，吉林大学，2013 年。

［296］庄岩：《波兰公共财政制度转型和改革》，中央财经大学，2017年。

［297］邹小芃、牛嘉、汪娟：《对地方金融风险的研究：文献综述视角》，载《技术经济与管理研究》2008年第4期。

［298］邹晓梅：《日本地方政府债务融资管理的实践及启示》，载《宏观经济管理》2021年第10期。

［299］Acharya V. , Drechsler I. , Schnabl P. A pyrrhic victory? Bank bailouts and sovereign credit risk ［J］. *The Journal of Finance*, 2014, 69 (6): 2689 – 2739.

［300］Afonso G. , H. Shin, System Risk and Liquidity in Payment Systems, Working paper London School of Economics, 2007.

［301］Assibey – Yeboah M. , Mohsin M. The real effects of inflation in a developing economy with external debt and sovereign risk ［J］. *The North American Journal of Economics and Finance*, 2014, 30 (nov.): 40 – 55.

［302］Athanasios Tagkalakis, 2013, The effects of financial crisis on fiscal positions Original Research Article ［J］. *European Journal of Political Economy*, 29 (3): 197 – 213.

［303］Bandiera L. , Tsiropoulos V. A framework to assess debt sustainability and fiscal risks under the Belt and Road Initiative ［J］. *World Bank Policy Research Working Paper*, 2019.

［304］Bandt D. O. , Hartmann P. Systemic Risk: A Survey ［R］. Frankfurt: European Central Bank, 2000.

［305］Beck T. , Demirguc – Kunt A. , Levine R. Bank concentration and crises ［J］. *Social Science Electronic Publishing*, 2003, 14 (35): 137 – 156.

［306］Bergström, Tomas, et al. , eds. The future of local self-government: European trends in autonomy, innovations and central-local relations. Springer Nature, 2021.

［307］Billio M. , M. Getmansky A. W. Lo, and L. Pelizzon, "Econometric Measures of Connectedness and Systemic Risk in the Finance and Insurance

Sectors" [J]. *Journal of Financial Economics*, 2012, 104 (3): 535 – 559.

[308] Bi – Matui T. Weakness in Japan's Civil Society in the Postwar Era The Yubari City Case Study [J]. 立正経営論集, 2015, 48.

[309] Bommer J., Spence R., Erdik M., et al. Development of an earthquake loss model for Turkish catastrophe insurance [J]. *Journal of Seismology*, 2002, 6 (3): 431 – 446.

[310] Borio C. E. V., Lombardi M. J., Zampolli F. Fiscal Sustainability and the Financial Cycle [R]. BIS Working Papers, 2016.

[311] Brixi H. P., Schick A. Government at Risk: Contingent Liabilities and Fiscal Risk [J]. *World Bank Publications*, 2002, 9 (7): 533.

[312] Broner F., Ventura J. Globalization and risk sharing [J]. *The Review of Economic Studies*, 2011, 78 (1): 49 – 82.

[313] Brunnermeier M. K., Pedersen L. H. Market liquidity and funding liquidity [J]. *The Review of Financial Studies*, 2009, 22 (6): 2201 – 2238.

[314] Budina, Nina, Hana Polackova Brixi, and Timothy Irwin. Public-private partnerships in the new EU member states: managing fiscal risks. Vol. 114. World Bank Publications, 2007.

[315] Capozza D. R., Van Order R. The great surge in mortgage defaults 2006 – 2009: the comparative roles of economic conditions, underwriting and moral hazard [J]. *Journal of Housing Economics*, 2011, 20 (2): 141 – 151.

[316] Carmen M. Reinhart and Kenneth S. Rogoff. From Financial Crash to Debt Crisis [J]. *The American Economic Review*, 2011, 101 (5): 1676 – 1706.

[317] Cebotari A. Contingent Liabilities: Issues and Practice [J]. *Social Science Electronic Publishing*, 2008, 8 (245): 1 – 60.

[318] Cebotari A. et al. Fiscal Risks: Sources, Disclosure, and Management. Washington: International Monetary Fund, 2009.

[319] Chatzis S. P., Siakoulis V., Petropoulos A., et al. Forecasting stock market crisis events using deep and statistical machine learning techniques [J]. *Expert Systems with Applications*, 2018, 112: 353 – 371.

［320］Cheol, Liu, Tima, et al. Corruption and State and Local Government Debt Expansion ［J］. *Public Administration Review*, 2017.

［321］Coen Kruger. Valuing and Managing Risk Associated with Government Contingent Liability ［Z］. World Bank.

［322］Corsetti G. , Roubini N. Fiscal deficits, public debt, and government solvency: Evidence from OECD countries ［J］. *Journal of the Japanese and International Economies*, 1991, 5 (4): 354 – 380.

［323］Crockett A. The theory and practice of financial stability ［J］. *De Economist*, 1996, 144 (4): 531 – 568.

［324］Diamond D. W. , Dybvig P. H. Bank runs, deposit insurance, and liquidity ［J］. *Journal of Political Economy*, 1983, 91 (3): 401 – 419.

［325］Diamond D. W. , Rajan R. G. Banks and liquidity ［J］. *American Economic Review*, 2001, 91 (2): 422 – 425.

［326］Easterly W. When is fiscal adjustment an illusion? ［J］. *Economic Policy*, 1999.

［327］Edwards S. The Mexican Peso Crisis: How Much Did We Know? When Did We Know It? ［J］. *World Economy*, 2010, 21 (1): 1 – 30.

［328］Eichengreen B. J. , Kletzer K. M. , Mody A. Crisis Resolution: Next Steps ［J］. *Ssrn Electronic Journal*, 2003.

［329］Embrechts P. , Kaufmann, R. , & Patie, P. (2005). Strategic long-term financial risks: Single risk factors. Computational Optimization and Applications, 32 (1 – 2), 61 – 90.

［330］Gertler M. , Kiyotaki N. Financial intermediation and credit policy in business cycle analysis ［M］//Handbook of monetary economics. Elsevier, 2010, 3: 547 – 599.

［331］Ghosh A. R. , Kim J. I. , Mendoza E. G. , et al. Fiscal Fatigue, Fiscal Space and Debt Sustainability in Advanced Economies ［J］. *Economic Journal*, 2013 (566): F4 – F30.

［332］Gilles Dufrenot, Karine Gente, Fredia Monsia. Macroeconomic imbalances, financial stress and fiscal vulnerability in the euro area before the debt crises: A market view [J]. *Journal of International Money and Finance*, 2016, 67 (10): 123 – 146.

[333] Glick R. , Hutchison M. M. The European currency crisis [J]. *FRBSF Economic Letter*, 1992.

[334] Goldstein M. Asian Financial Crisis: Causes, Cures and Systemic Implications, The [J]. *Peterson Institute Press: Policy Analyses in International Economics*, 1998, 26 (4): 121 – 138.

[335] Hana polackova, Brixi, Contingent, Government Liabilities: A Hidden Risk for Fiscal Stability [J]. *Policy Research Working Paper World Bank*, 1998: 1 – 31.

[336] Hanson S. G. , Scharfstein D. S. , Sunderam A. Fiscal Risk and the Portfolio of Government Programs [R]. National Bureau of Economic Research, 2016.

[337] Hildreth W. B. , Zorn C. K. The Evolution of the State and Local Government Municipal Debt Market over the Past Quarter Century [J]. *Public Budgeting & Finance*, 2010, 25 (4s): 127 – 153.

[338] Hokkaido Shinbunsha (The Hokkaido Shimbun Press). 2009. Tsuiseki Yubari mondai (An investigating into the bankruptcy of Yubari City). Tokyo: Kodansha.

[339] Huang A. , Qiu L. , Li Z. Applying deep learning method in TVP – VAR model under systematic financial risk monitoring and early warning [J]. Journal of Computational and Applied Mathematics, 2021.

[340] Iannotta G. , Nocera G. , Sironi A. The Impact of Government Ownership on Bank Risk [J]. *Journal of Financial Intermediation*, 2013, 22 (2).

[341] IMF. Guidance to Assess the Systemic Importance of Financial Institutions Markets and Instruments: Initial Considerations [R]. Background Papers (Basel), 2009b.

[342] Izmirlioglu A. From Financial Crash to Debt Crisis [J]. *Journal of*

World – Historical Information, 2015, 2 (1): 1676 – 1706.

[343] Jamil Ahmed Channa, Imran Maqbool Thebo, Sindhu Thebo, Mahmood Ahmed. Investiga tion and Scrutinize on Local Government Debt Evils in China [J]. *International Journal of E conomics & Management Sciences*, 2019, 8 (1).

[344] Jermann U. , Quadrini V. Macroeconomic effects of financial shocks [J]. *American Economic Review*, 2012, 102 (1): 238 – 271.

[345] Joshua Aizenman, On the Paradox of Prudential Regulations in the Globalized Economy: International Reserves and the Crisis: A Reassessment, Nber Working Papers, 2009.

[346] Kenneth N. Daniels, Jayaraman Vijayakumar. The Competitive Impact of Commercial Bank Underwriting on the Market for Municipal Revenue Bonds. [J]. *Journal of Financial Services Research*, 2001 (1): 57 – 75.

[347] Kevin Sachs, Charles Trzcinka and Angela K. Gore. Financial Disclosure and Bond Insurance [J]. *Journal of Law and Economics*, 2004, 47 (1): 275 – 306.

[348] Kluza K. Impact of the Economic Slowdown on Local Government Investments, Debt and Productivity in the Eu Countries [J]. *Journal of Economics & Management*, 2014, 18.

[349] Kopits G. Coping with fiscal risk: Analysis and practice [J]. *OECD Journal on Budgeting*, 2014, 14 (1): 47 – 71.

[350] Krugman P. R. , Rogoff K. S. , Fischer S. Currency Crises [J]. *NBER Chapters*, 1999.

[351] Lara – Rubio J. , Rayo – Cantón, Salvador, Navarro – Galera, Andrés, et al. Analysing credit risk in large local governments: an empirical study in Spain [J]. *Local Government Studies*, 2017, 43 (2): 1 – 24.

[352] Leonello A. , Government Guarantees and the Two-way Feedback between Banking and Sovereign Debt Crises. Journal of Financial Economics, 2018, 130 (3): 592 – 619.

［353］Leroy A. and A. Pop. "Macro-financial Linkages: The Role of the Institutional Framework"［J］. *Journal of International Money and Finance*, 2019（92）: 75 – 97.

［354］Li, Lianjie, San Zhang, and Sisi Li. "A Primary Study on Linkage Mechanism Between Financial Risks and Fiscal Risks. " 2017 International Conference on Innovations in Economic Management and Social Science（IEMSS 2017）. Atlantis Press, 2017.

［355］Makin A. J. , Layton A. The global fiscal response to COVID – 19: Risks and repercussions［J］. *Economic Analysis and Policy*, 2021, 69: 340 – 349.

［356］Maquire S. State and Local Government Debt: An Analysis［J］. *Congressional Research Service Reports*, 2011.

［357］Masciandaro D. , Passarelli F. Financial systemic risk: Taxation or regulation?［J］. *Journal of Banking & Finance*, 2013, 37（2）: 587 – 596.

［358］Mehl, Arnaud Jérôme, Reynaud J. P. M. Domestic Debt Structures in Emerging Markets: New Empirical Evidence［C］//HAL. HAL, 2008.

［359］Neill, William J V. Carry on Shrinking?: The Bankruptcy of Urban Policy in Detroit［J］. *Planning Practice & Research*, 2015, 30（1）: 1 – 14.

［360］Obstfeld M. , Shambaugh J. C. , Taylor A. M. Financial stability, the trilemma, and international reserves［J］. *American Economic Journal: Macroeconomics*, 2010, 2（2）: 57 – 94.

［361］Overmans T. , Timm – Arnold K. P. Managing Austerity: Comparing municipal austerity plans in the Netherlands and North Rhine – Westphalia［J］. *Public Management Review*, 2015, 18（7）: 1 – 20.

［362］Park K. To file or not to file: The causes of municipal bankruptcy in the united states［J］. *Journal of Public Budgeting, Accounting & Financial Management*, 1994.

［363］Pei Li, Leo Tang. Bikki Jaggi. Social Capital and the Municipal Bond Market. ［J］. *Journal of Business Ethics*, 2018（153）: 479 – 501.

［364］Richard Dobbs, Susan Lund, Jonathan Woetzel, Mina Mutafchieva, "Debt and (not much) deleveraging". McKins Global Institute, 2015 – 02 – 05.

［365］Richard W. Tresch. Public finance: A Normative Theory. Boston: Academic Press, 2002: 116.

［366］Sanguinetti. Pablo, Tommasi. Mariano. Intergovernmental transfers and fiscal behavior insurance versus aggregate discipline ［J］. *Journal of International Economics*, 2004, 62 (1): 149 – 170.

［367］Sarnes J. Remedies for the public debt problem: The impact of dysfunctional incentive structures and behavioural aspects on German municipal debts ［J］. *Hertie School of Governance*, 2010.

［368］S H Jeong. Does the size of local government debt affect the level of debt of off-budget entities? The case of local government in Korea ［J］. *International Review of Administrative Sciences*, 2020, 86: 333 – 348.

［369］Stephen G Cecchetti, M S Molanty Fabrizio Zampoll, The future of public debt: prospects and implicatie (Switzerland: BIS, 2010), pp. 1 – 22.

［370］Tagkalakis A. The effects of financial crisis on fiscal positions ［J］. *European Journal of Political Economy*, 2013, 29 (3): 197 – 213.

［371］Tamaki, Matsuo. 2013. Yubari ha nani wo kataruka (A people's history of Yubari City). Tokyo: Yoshidashoten.

［372］Thiago Christiano Silva, Solange Maria Guerra, Benjamin Miranda Tabak, Fiscal risk and financial fragility, Emerging Markets Review, Volume 45, 2020, 100711.

［373］Tian X. R. , Jiang H. D. , Liu J. L. The research of financial risk warning model about real estate enterprises in China ［C］//Advanced Materials Research. Trans Tech Publications Ltd, 2014, 989: 2625 – 2628.

［374］Trehan B. , Walsh C. E. Common trends, the government budget constraint & revenue smoothing ［J］. *Journal of Economic Dynamics & Control*, 1988, 12: 425 – 444.

［375］Trehan B. , Walsh C. E. Testing intertemporal budget constraints:

Theory and Applications to U. S. Federal budget and Current Account Deficits [J]. *Journal of Money*, *Credit and Banking*, 1991, 23 (2): 206 – 223.

[376] Umičć. Linkages Between Fiscal Policy and Financial (In) Stability [J]. *Journal of central banking theory and practice*, 2019, 8 (1): 97 – 109.

[377] Wassmer R. W. , Fisher R. C. Debt Burdens of California's State and Local Governments [J]. *California Journal of Politics & Policy*, 2012, 4 (2).